A COMPLETE CATEGORIZED
GREEK – ENGLISH
NEW TESTAMENT
VOCABULARY

A Complete Categorized Greek-English New Testament Vocabulary

DAVID HOLLY

SAMUEL BAGSTER & SONS LTD.
London

Samuel Bagster & Sons Ltd.
a member of the Pentos Group
1 Bath Street, London EC1V 9LB

First Published 1978

ISBN 85150 119 2

Printed in Great Britain by
Hollen Street Press Ltd, Slough
8703L03

Contents

Introduction

THis complete vocabulary of Greek New Testament words divides conveniently into four parts:

Part 1: all words occurring ten times and more;
2: all words occurring nine times and less, according to diminishing frequencies;
3: all proper names, proper adjectives, etc.
4: an alphabetical index of all the words with their respective classification code, frequency occurrence, and page reference, as well as a grammatical index with the frequency.

PART ONE

This section has been arranged according to the paradigm-systems of Eric G. Jay, M.A., Ph.D., as found in his *New Testament Greek: An Introductory Grammar* (The Camelot Press Ltd, London and Southampton) 1970. And according to his various categories, most of the other words occurring nine times and less have been classified. The number in the center column is the frequency occurrence. When there are two, the one on the right follows the *Concordance de la Bible Nouveau Testament* (Editions du Cerf, Desclée de Brouwer) 1970, while the one on the left is my own, determined according to Moulton-Geden's *A Concordance to the Greek New Testament*, etc. (Edinburgh, T. and T. Clark) reprinted 1970, and in view of Nestle-Aland's excellent text, *Das Neue Testament in Griechisch und Lateinisch* (Württembergische Bibelanstalt Stuttgart) 1963. Robert Morgenthaler's *Statistik des neutestamentlichen Wortschatzes* (Zurich) 1958, has also been consulted. He based his statistics on the 21st edition of Nestle, but I fail to see any *textual* differences between this and Nestle-Aland. Critical notes concerning the frequencies will be found on pp. 92-96 of the present work. The method adopted to determine the frequencies is described later in this Introduction. Generally, if a difference occurs in the frequency, it is minimal, while the vast majority of numbers agree. However, in the aforementioned Critical notes I have attempted to give some justification for my choices. The code-system adopted to categorize the words is rather simple, practical, and readily intelligible, once it has been studied. The system is as follows:

1 – as regards the Nouns:

there are, of course, three declensions; the first number *before* the decimal indicates the declension: 1, 2, 3; the number *following* the decimal indicates the diverse varieties of words to be found under each declension; these second numbers have been listed *consecutively* throughout the three declensions; thus:

a) the first declension:	1.1	words like	*ἀρχή*	*ῆς*	*beginning*	*all are feminine*	ca.	245
	1.2	words like	*ἡμέρα*	*ας*	*day*	all are feminine	ca.	378
	1.3	words like	*δόξα*	*ης*	*glory*	all are feminine	ca.	30
	1.4	words like	*προφήτης*	*ου*	*prophet*	all are masculine	ca.	131
	1.5	words like	*νεανίας*	*ου*	*youth*	all are masculine	ca.	22
	1.6	words like	*βορρᾶς*	*ᾶ*	*north (wind)*	all are masculine	ca.	31
b) the second declension:	2.7	words like	*λόγος*	*ου*	*word*	all are masculine	ca.	494
	2.7f	words like	*ἄβυσσος*	*ου*	*abyss*	all are feminine	ca.	64
	2.8	words like	*ἔργον*	*ου*	*work*	all are neuter	ca.	232
c) the third declension:	3.9	words like	*φύλαξ*	*ακος*	*guard*	all are masculine	ca.	12
	3.9f	words like	*ἀλώπηξ*	*εκος*	*fox*	all are feminine	ca.	8
	3.10	words like	*ἅρπαξ*	*αγος*	*robber*	all are masculine	ca.	2
	3.10f	words like	*σάλπιγξ*	*ιγγος*	*trumpet*	all are feminine	ca.	5
	3.11	words like	*Ἄραψ*	*αβος*	*Arab*	all are masculine	ca.	6
	3.11f		*λαῖλαψ*	*απος*	*whirlwind*	feminine		1
	3.12	words like	*παῖς*	*ιδός*	*boy*	all are masculine	ca.	8
	3.12f	words like	*παῖς*	*ιδός*	*girl*	all are feminine	ca.	51
	3.13	words like	*ἄρχων*	*οντος*	*ruler*	all are masculine	ca.	5
	3.14		*ὀδούς*	*όντος*	*tooth*	masculine		1
	3.15		*ἱμάς*	*άντων*	*strap*	masculine		1
	3.16	words like	*ποιμήν*	*ένος*	*shepherd*	all are masculine	ca.	4
	3.16f		*φρήν*	*ένος*	*thinking*	feminine		1
	3.17	words like	*ἡγεμών*	*όνος*	*leader*	all are masculine	ca.	19
	3.17f	words like	*γείτων*	*ονος*	*neighbor*	all are feminine	ca.	6
	3.18	words like	*Ἕλλην*	*ηνος*	*Greek*	all are masculine	ca.	2
	3.19	words like	*αἰών*	*ῶνος*	*an age*	all are masculine	ca.	22
	3.19f	words like	*ἅλων*	*ωνος*	*threshing floor*	all are feminine	ca.	4

c) the third declension :

3.20		*πατήρ*	*τρός*	*father*	masculine		1
3.20f	words like	*γαστήρ*	*τρός*	*belly, womb*	all are feminine	ca.	3
3.21		*ἀνήρ*	*δρός*	*man*	masculine		1
3.22	words like	*ῥήτωρ*	*ορος*	*orator*	all are masculine	ca.	14
3.23	words like	*σωτήρ*	*ῆρος*	*savior*	all are masculine	ca.	5
3.24	words like	*χείρ*	*ρός*	*hand*	all are feminine	ca.	2
3.25	words like	*μάρτυς*	*υρος*	*witness*	all are masculine	ca.	2
3.26	words like	*πόλις*	*εως*	*city*	all are feminine; one is masc.	ca.	175
3.27		*πῆχυς*	*εως*	*cubit, forearm*	masculine		1
3.27nt?		*σίναπι*	*εως*	*mustard seed*	neuter		1
3.28	words like	*ἰχθύς*	*ύος*	*fish*	all are masculine	ca.	4
3.28f	words like	*ἰσχύς*	*ύος*	*strength*	all are feminine	ca.	5
3.29	words like	*βασιλεύς*	*έως*	*king*	all are masculine	ca.	21
3.30	words like	*βοῦς*	*οός*	*ox*	all are masculine	ca.	4
3.31	words like	*γράμμα*	*ατος*	*letter of alphabet*	all are neuter	ca.	155
3.32	words like	*κέρας*	*ατος*	*horn*	all are neuter	ca.	6
3.33	words like	*γένος*	*ους*	*race, offspring*	all are neuter	ca.	62

There are also Greek and foreign indeclinable words (213), some proper names partially declined, but according to no established declension (7), other third declension nouns of an irregular character (5), nouns with special declensions of their own (12), and a group of abstract nouns of the type *ἰσότης, ητος, ἡ, equality*, which, in the vocabulary, are designated under the code "no decl" (36). They are, of course, third declension nouns, but without a proper category. All such words may be reviewed in the Grammatical index, pp. 98-115.

2 – as regards the Adjectives :

there are six main varieties, based upon the three declensions, using either two or three terminations; note that the numbers indicating the declensions have been separated from those indicating the diverse varieties by a *comma*, not a decimal, to distinguish them from those of the nouns in the few cases where they are alike: e.g., 3,19 as against 3.19; thus :

a) for the 2nd and 1st declensions : three terminations :

2-1, 1	adjs like	*ἀγαθός*	*ή*	*όν*	*good*		ca.	180
2-1, 1a		*ἄλλος*	*η*	*ο*	*other*			1
2-1, 2	adjs like	*ἅγιος*	*ία*	*ον*	*holy*	feminine has α-pure	ca.	112
2-1, 3	adjs like	*χρυσοῦς*	*ῆ*	*οῦν*	*golden*	contracted	ca.	6
2-1, 4	adjs like	*ἀργυροῦς*	*ᾶ*	*οῦν*	*silvern*	feminine has α-pure; contracted	ca.	3

b) for the 2nd declension alone : two terminations:

2, 5	adjs like	*ἀδύνατος*	*ον*	*impossible*		ca.	274

c) for the 3rd and 1st declensions : three terminations :

3-1, 6	adjs like	*πᾶς*	*πᾶσα*	*πᾶν*	all, every		ca.	2
3-1, 7		*λυθείς*	*εῖσα*	*έν*	*loosed*	type illustrated by the participle		
3-1, 8	adjs like	*ἑκών*	*οῦσα*	*όν*	*willing*	feminine has α-impure	ca.	2
3-1, 9		*δεικνύς*	*ῦσα*	*ύν*	*showing*	type illustrated by the participle feminine has α-impure		
3-1, 10		*τιμῶν*	*ῶσα*	*ῶν*	*honoring*	type illustrated by the participle feminine has α-impure; contracted		
3-1, 11		*φιλῶν*	*οῦσα*	*οῦν*	*loving*	type illustrated by the participle feminine has α-impure; contracted		
3-1, 12		*φανερῶν*	*οῦσα*	*οῦν*	*manifesting*	type illustrated by the participle feminine has α-impure; contracted		
3-1, 13	adjs like	*ταχύς*	*εῖα*	*ύ*	*swift*	feminine has α-pure	ca.	13
3-1, 14		*λελυκώς*	*υῖα*	*ός*	*having loosed*	type illustrated by the participle feminine has α-pure		
3-1, 15		*ἑστώς*	*ῶσα*	*ός*	*standing*	type illustrated by the participle feminine has α-impure		
3-1, 16		*μέλας*	*αινα*	*αν*	*black*	feminine has α-impure		1

d) for the 3rd and 1st declensions : Irregular : three terminations :

INTRODUCTION

Irreg, 17	μέγας	άλη α great		1
Irreg, 18	πολύς	λλή λύ much; pl: many		1

e) for the 3rd declension alone: two terminations:

3,19 adjs like	ἄφρων	ον foolish		ca.	11
3,20	ἄρσην	εν male			1
3,21 adjs like	μείζων	ον greater	for comparatives in ων	ca.	6
3,22 adjs like	ἀληθής	ές true		ca.	66

f) for 4 varieties of cardinal numerals, being adjectives denoting number:

Adj, 23 in the plural only, with endings like 2-1, 2:			
adjs like χίλιοι	thousand	ca.	13
Adj, 24 in the plural only, with the plural article, and indeclinable:			
adjs like δέκα	ten	ca.	20
Adj, 25 in the plural only, and declinable:			
adjs like δύο	two	ca.	3
Adj, 26 in the singular only, and declinable:			
adjs like εἷς	one	ca.	5

3 – as regards the Verbs:

there are some thirty varieties of verbs, easily distinguishable from the code-system adopted; thus:

C-A	contracted verb with its stem in α :	verbs like τιμάω	honor	ca.	115
C-E	contracted verb with its stem in ε :	verbs like φιλέω	love, kiss	ca.	392
C-O	contracted verb with its stem in ο :	verbs like δηλῶ	show	ca.	112
D	with a dental stem: δ, θ, τ, άζω, ίζω :	verbs like ἁγιάζω	sanctify	ca.	273
D Irr	dental verb with irregularities :	verbs like πίπτω	fall	ca.	26
G	with a guttural stem: γ, κ, χ :	verbs like ἄγω	go, lead	ca.	95
G in pr	a guttural in the present system; other tenses employ suppletives :	verbs like λέγω	say	ca.	32
G-I	a guttural with ι in the present :	verbs like κηρύσσω	proclaim	ca.	56
L	with a liquid stem: λ, ρ :	verbs like ἀποστέλλω	send	ca.	97
LB	with a labial stem: β, π, φ :	verbs like βλέπω	see	ca.	118
N	with a nasal stem: μ, ν :	verbs like γέμω	fill	ca.	81
+αν	stems lengthened in the present by αν :	verbs like αὐξάνω	increase	ca.	10
+αν+	the former, with an added nasal :	verbs like λαμβάνω	take, receive	ca.	28
κει	the κεῖμαι-family of verbs :	verbs like ἀνάκειμαι	recline at table	ca.	10
+ν	stems lengthened in the present by ν :	verbs like πίνω	drink	ca.	12
+ν+	the former, with a vowel change :	verbs like ἀναβαίνω	ascend	ca.	19
-νε-	stems lengthened in the present by νε :	verbs like ἀφικνέομαι	reach, arrive at	ca.	3
+νυ	as occurring before a μι ending :	verbs like περιζώννυμι	gird around	ca.	26
{+ισκ	stems lengthened in the present by ισκ :	verbs like ἀναλίσκω	consume, destroy	ca.	11
{+σκ	stems lengthened in the present by σκ :	verbs like ἀρέσκω	please	ca.	23
ω	a thematic verb :	verbs like θύω	sacrifice	ca.	181
μι 1	the ἵστημι-family of verbs :	verbs like ἀνθίστημι	set against, resist	ca.	24
μι 2	the τίθημι-family of verbs :	verbs like ἐπιτίθημι	place upon, attack	ca.	21
μι 3	the δίδωμι-family of verbs :	verbs like ἀποδίδωμι	give back, sell	ca.	10
μι 4	the δείκνυμι-family of verbs :	verbs like ἐνδείκνυμι	show forth	ca.	7
μι 5	the ἵημι-family of verbs :	verbs like ἀφίημι	let go, forgive, permit	ca.	5
μι 6	the κάθημαι and εἰμι families :	verbs like συνκάθημαι	sit together; σύνειμι, gather;	ca.	7
suppl	suppletives supplying other verbs :	verbs like εἶδον	see, perceive	ca.	11
spec	verbs with special irregularities :	verbs like εἰμί	be, exist, happen	ca.	9
dep	deponent: active meaning, passive form :	verbs like γίνομαι	become, be, happen	ca.	15
impers	impersonal verbs :	verbs like δεῖ	it is necessary	ca.	7

There are other sundry verb forms: middles (4), middle-deponents (15), as well as certain passives (10/11), passive-deponents (3), a perfect-present (ἔοικα), verbs with no designation (6), and Hebrew-Aramaic verbs (5); all such verbs may be reviewed in the Grammatical index, pp. 107-113.

4 – as regards the Adverbs:

the various standard categories have been employed, of which the code-abbreviations are as follows:

adv M	adverbs of manner	: advs like	λίαν	*greatly, very much*	ca.	123
adv PL	adverbs of place	: advs like	ἄνωθεν	*from above*	ca.	49
adv S	simple adverbs, a category to subsume this type	: advs like	ἔτι	*still, yet, even*	ca.	15
adv T	adverbs of time	: advs like	ἅπαξ	*once*	ca.	62
ον, ως	general, catch-all categories	: advs like	μόνον	*alone, only*	ca.	2
			ὁμοίως	*similarly, likewise*	ca.	13

There are other types: comparative (4), enclitic (1), interrogative (8), as well as superlative (1), and of transition (1); all may be reviewed in the Grammatical index, pp. 113–114.

5 – as regards Other words :

categories employed for the remaining types of words — conjunctions (35), contracted forms (7), interjections (6), particles (36), prepositions (57), and pronouns (22) — are, in general, standard and readily intelligible.

6 – as regards Other matters :

ABBREVIATIONS

accord *ing to*
ACC *usative*
accus *ative*
act *ive*
adj *ective*
adv *erb*
advers *ative*
affirm *ative, ation*
aor *ist*
Aram *aic*
attract *ion*
B-A-G : *Bauer-Arndt-Gingrich*
bis : *twice*
ca : *about (circa)*
caus *al*
cf : *compare, confer*
compar *ative*
comparat *ive*
concess *ive*
conj *unction*
constr *uction*

coörd *inate*
correl *ative*
correlat *ive*
DAT *ive*
decl *ension*
defect *ive*
demonst *rative*
demonstr *ative*
dep *onent*
doub *le*
Egyp *tian*
emph *atic*
enclit *ic*
f *eminine*
fem *inine*
figurat *ive*
fut *ure*
GEN *itive*
Heb *rew*
hrs : *hours*
impers *onal*
impf : *imperfect*

imv : *imperative*
incl *usive, uded*
indecl *inable*
indefin *inite*
ind *icative*
indic *ative*
inferent *ial*
inf *initive*
in se : *in itself*
interj *ection*
interr *ogative*
in toto: *totally, in all*
intr *ansitive*
irr *egular*
irreg *ular*
Lat *in*
m *asculine*
M *anner*
mas *culine*
mid *dle*
Morgenth *aler*
n *oun*

neg *ative*
neut *er*
nm : *name*
NOM *inative*
nt : *neuter*
num (s) : *number (s)*
opt *ative*
ozs : *ounces*
p *age*
P *assive*
passim : *in passing*
pass *ive*
person *al*
pf : *perfect*
Phoen *ician*
PL *ace*
pl *ural*
plupf : *pluperfect*
PLUR *al*
poss *essive*
possess *ive*
pr *esent*

prep *osition*
pron *oun*
prop *er*
pt : *participle*
recipr *ocal*
reflex *ive*
relat *ive*
S *imple*
sg, SING *ular*
spec *ial*
subjc(t) : *subjunctive*
subst *antive*
superl, superlat *ive*
suppl *etive(s)*
t *ime* ts : *times*
T *ime, ishendorf*
tempor *al*
tr *ansitive*
transit *ion*
v *erb*
VOC *ative*
w *ith* w/o : *without*

SIGNS

√ *root, stem.* & *and.* + *plus.* ? *uncertainty.* < *derived from.* ↓ *as immediately below.* = *equal to.*
— *no designation.* / *either... or; and... or.* * *indicates the references in Jn 7.53 to 8.11.*

NT BOOKS

Mt Mk Lk Jn Ac / Rm 1-C 2-C Ga Eph Phl Col 1-Th 2-Th 1-Ti 2-Ti Tit Phm Hb / Jm 1-Pt 2-Pt 1-Jn 2-Jn 3-Jn Jd Rv

ORTHOGRAPHY

This vocabulary utilizes the orthography found in Moulton-Geden's *Concordance*, which is basically that of Westcott and Hort. The following table will aid the student in locating certain divergent spellings. In some names ε is substituted by αι, and ι by ει. Also, see pp. 116–118.

ἐγγ	see	ἐνγ	συγχ	see	συνχ	συμπ	see	συνπ
ἐγκ	see	ἐνκ	συζ	see	συνζ	συμφ	see	συνφ
συγ	see	συν	συλλ	see	συνλ	συμψ	see	συνψ
συγκ	see	συνκ	συμβ	see	συνβ	συνσ	see	συσσ
			συμμ	see	συνμ			

INTRODUCTION

PART TWO

This section contains all the words other than ten times and more, arranged in diminishing numerical categories, i.e., with frequencies from nine to one. They have been listed alphabetically, and classified according to the same categories used for the words occurring in Part One. Words found only once, which may be considered as *hapax legomena* for the New Testament (although many occur in the Septuagint Old Testament), have their biblical reference also indicated.

PART THREE

All proper names, proper adjectives, etc., are listed in this section, and arranged alphabetically. When possible, their declension is indicated. In Moulton-Geden's *Concordance,* two or more similar names may occur. E.g., there are two Σίμωνs. However, there are more than two persons, because Σίμων-II actually contains eight different Simons; these have been indicated separately beneath the name, along with the biblical references. In such cases, the number of persons involved may be identified by the Arabic number enclosed in round brackets, placed after the names. English spellings have been adopted from the Lexicon of Bauer-Arndt-Gingrich, published by the University of Chicago Press: *A Greek-English Lexicon of the New Testament and Other Early Christian Literature*, 1973. Names occurring only once have their biblical reference indicated.

PART FOUR

This section contains a general alphabetical index of all the words occurring in Moulton-Geden's *Concordance*. Other words not appearing in Nestle-Aland but in the former *Concordance* may be found on p. 97 of this vocabulary. The first column after the indexed word contains the classification-code; the second column, the frequency; while the third, the page or pages upon which the word may be found in one of the previous Parts. A further Grammatical index follows containing the Greek words with their frequencies under their proper classifications.

The Method Adopted to Determine the Frequencies

It must be understood that the frequency occurrence of the words in these lists was considered to be a matter of secondary importance, to give the student a more-than-general idea of how often the words occur. The major emphasis, therefore, has been on the classification or categorization of words. All the word entries in Moulton-Geden's *Concordance* were underscored and counted, while the variant readings were checked against Nestle-Aland's text. The method is sound, since the underlying text of both is basically that of Westcott and Hort, deeply rooted in the *Codex Vaticanus*. However, John 7.53-8.11, included in Nestle-Aland in fine print, has been counted into the frequency inasmuch as Moulton-Geden have it in their *Concordance,* though in square brackets. The differences may be gathered by comparing pp. 92-96 where all these references have been starred with an asterisk (*). On the other hand, the short ending of Mark's gospel (Πάντα δὲ τὰ παρηγγελμένα ... κήρυγμα τῆς αἰωνίου σωτηρίας.), printed in large type in Nestle-Aland but lacking a verse number, has not been counted because omitted by Moulton-Geden. My frequencies have been compared with those of Morgenthaler, and such comparisons have been registered in the *Critical Notes concerning the Frequencies* found on pp. 92-96. An example of the general method is as follows: under the word ἀνάγκη there are 18 entries in Moulton-Geden; however, at Lu 23.17 there is a notice that in TWHR (Tishendorf, Westcott-Hort, and the English Revisers) the particular verse is omitted; since the verse is also omitted in Nestle-Aland, the frequency for this word would be 17 as Morgenthaler correctly indicates; yet, the *Concordance de la Bible N.T.* has 18; however, this must not be construed to mean that the *Concordance* is thereby indicating the *total* number of frequencies (for example, as occurring in Moulton-Geden) when such a phenomenon is present, since the stated purpose of this *Concordance* is otherwise; again, under ἄγαμος Moulton-Geden have 5 entries; there is a notice at 1 Co 7.34 that WHR (Westcott-Hort and the Revisers) omit ἡ ἄγαμος; here, the French entry *correctly* reads 4 (and not 5!). When a difference occurs between the French *Concordance* and the present vocabulary in words occurring *less* than 10 times, it has generally not been registered.

A further note: some important adjectives used also as substantives have been incorporated into the present work as *substantives,* although many other adjectives are so employed. No attempt has been made to determine the particular frequencies of these as being either adjectives or substantives, and the same frequency has been indicated for both. In other words, the frequency belongs to the Greek word *as such.* This same rule applies to other words used in different grammatical ways; e.g., as with adverbs which are also "improper" prepositions, etc.

In a work of this size and scope, inconsistencies and errors are bound to surface. Let us hope that they prove to be minimal!

That this rather laborious work may be of assistance to the student of the Greek Testament — to deepen his knowledge and love of God ἐν Χριστῷ Ἰησοῦ — is the only wish of the compiler.

Finally, a *Dedication* to my parents:

To Mom & Dad
who have stood by me
in all the great moments
of my life!

The Author, Rome and Camaldoli, — 7 June 1977

Part One

Words Occurring Ten Times and More
Arranged
according to
Categories
of
Similar Types

NOTES

For an explanation of Part One, *see* the Introduction, *p.* vj ff.

For Abbreviations, *see p.* ix.

The General Format:

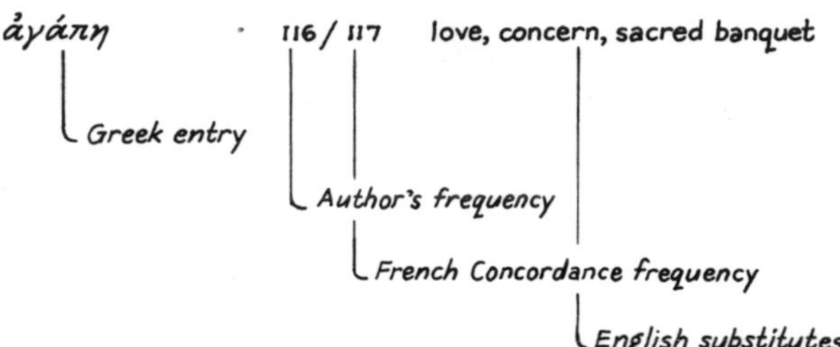

NOUNS : FIRST DECLENSION

1.1 *fem*

SING NOM	GEN	DAT	ACC	VOC	PLUR NOM	GEN	DAT	ACC
ή	ῆς	ῇ	ήν	ή	αί	ῶν	αῖς	άς

ἀγάπη		116/117	love, concern, sacred banquet
ἀδελφή		26	sister
ἀκοή		24	hearing, report
ἀνάγκη		17/18	necessity
ἀναστροφή		13	conduct, behavior, way of life
ἀνατολή		10	east, dawn
ἀρχή		55/56	beginning, ruler, authority
αὐλή		12	court, farm, house
βουλή		12	counsel, purpose
βροντή		12	thunder
γῆ	*only sg*	250/252	earth, soil, ground, land
γραφή		50/51	writing; *pl* Scriptures
διαθήκη		33	last will, compact, covenant
διδαχή		30	teaching, instruction
δικαιοσύνη		91	righteousness, uprightness
εἰρήνη		91/92	peace, harmony, order
ἐλεημοσύνη		13	alms, charitable giving
ἐντολή		67	commandment, command
ἑορτή		25/27	feast, festival
ἐπιστολή		24	letter, epistle
ζύμη		13	leaven, yeast
ζωή		135	life, livelihood
καταβολή		11	foundation, beginning
κεφαλή		75	head, extremity, point
κώμη		27	village, small town
λίμνη		11	lake
λύπη		16	pain, grief
νεφέλη		25	cloud
οἰκοδομή		18	building, edification
οἰκουμένη		15	inhabited world, humankind
ὀργή		36	anger, wrath, indignation
παιδίσκη		13	maidservant, female slave
παραβολή		50	parable, type, figure
παρεμβολή		10	camp, army, battle line
περιτομή		36	circumcision, circumcised
πηγή		11	spring, fountain
πλάνη		10	wandering, error
πληγή		22	blow, wound
πόρνη		12	prostitute, harlot
προσευχή		36/37	prayer, place for prayer
πύλη		10	gate, porch
σκηνή		20	tent, tabernacle, booth
σπουδή		12	haste, diligence
συκῆ		16	figtree
συναγωγή		56	synagogue, assembly
τιμή		41	honor, price, value
τροφή		16	food, nourishment
ὑπακοή		15	obedience
ὑπομονή		32	steadfast endurance
φιάλη		12	cup, bowl
φυλακή		46	guard, prison, watch
φυλή		31	tribe, nation, people
φωνή		139/140	sound, voice
ψυχή		101/103	soul, life, self, being

1.2 *fem*

SING NOM	GEN	DAT	ACC	VOC	PLUR NOM	GEN	DAT	ACC
α	ας	ᾳ	αν	α	αι	ῶν	αις	ας

ἀγορά		11	marketplace
ἀδικία		25	unrighteousness, wickedness
αἰτία		20	cause, accusation
ἀκαθαρσία		10	uncleanness, viciousness
ἀκροβυστία		20	uncircumcision, heathenism
ἀλήθεια		109	truth, dependability, reality
ἁμαρτία		173/174	sin: every departure from right
ἀνομία		15	lawlessness
ἀπιστία		11/12	unbelief, distrust
ἀπώλεια		18	destruction, perdition
ἀσέλγεια		10	licentiousness, debauchery
ἀσθένεια		24	weakness, sickness, timidity
βασιλεία		162/163	kingdom, royal power *or* reign
βλασφημία		18	reproach, blasphemy, calumny
γενεά		43	generation,
διακονία		34	service, ministry, distribution
διάνοια		12	mind, thought, intelligence
διδασκαλία		21	teaching, doctrine, instruction
δωρεά		11	gift, free gift
ἐκκλησία		114	church, assembly
ἐλαία		13	olive tree
ἐλευθερία		11	liberty, freedom
ἐξουσία		102/103	authority, power
ἐπαγγελία		52	promise, announcement
ἐπιθυμία		38	passion, earnest desire
εὐλογία		16	blessing, praise, consecration
εὐσέβεια		15	piety, devotion
εὐχαριστία		15	thanksgiving, gratitude
ἡμέρα		388/389	day
θύρα		39	door, entrance
θυσία		28	sacrifice, (act of) offering
κακία		11	malice, evil, worthlessness
καρδία		156/157	heart, mind
κληρονομία		14	inheritance, property, reward
κοιλία		23	belly, womb, stomach
κοινωνία		19	fellowship, contribution, sharing
λυχνία		12	lampstand
μακροθυμία		14	patience, steadfastness
μαρτυρία		37	testimony, witness
μετάνοια		22	repentance, change of mind
οἰκία		94/93	house, family, dwelling
ὀψία	< 2-1,2 *subst*	14	evening
παρουσία		24	presence, coming, advent
παρρησία		31	boldness, outspokenness
περιστερά		10	dove, pigeon
πέτρα		15	rock, cliff, stone
πλατεῖα		9/10	broad way, street
πλεονεξία		10	covetousness, greediness
πορνεία		25	fornication, prostitution
προφητεία		19	prophecy, prophetic activity
σκοτία		17	darkness, gloom
σοφία		51	wisdom, insight
σωτηρία		45	salvation, deliverance
χαρά		59	joy, delight, gladness
χήρα		26	widow
χρεία		49	need, lack, difficulty, office
χώρα		28	country, land, fields, district

NOUNS : FIRST DECLENSION

ὥρα	106	hour, time

1.3 *fem*

SING NOM	GEN	DAT	ACC	VOC	PLUR NOM	GEN	DAT	ACC
α	ης	ῃ	αν	α	αι	ῶν	αις	ας

ἄκανθα	*only pl*	14	thorn, thorn-plant
γέεννα		12	gehenna, hell
γλῶσσα		50	tongue, language
δόξα		166/167	glory, radiance, splendor, fame
θάλασσα		91/92	sea, lake
μάχαιρα		29	sword, large knife, saber
ῥίζα		17	root, descendant, scion
τράπεζα		15	table, meal

1.4 *mas*

SING NOM	GEN	DAT	ACC	VOC	PLUR NOM	GEN	DAT	ACC
ης	ου	ῃ	ην	α	αι	ῶν	αις	ας

ᾅδης		10/11	Hades, realm of the dead
βαπτιστής		12	baptist, one who baptises
δεσπότης		10	master, lord, owner
ἑκατοντάρχης		15	centurion, captain
ἐργάτης		16	workman, laborer, doer
κλέπτης		16	thief
κριτής		19	judge
λῃστής		15	robber, bandit, revolutionary
μαθητής		262/261	disciple, learner, apprentice
οἰκοδεσπότης		12	householder, master of house
προφήτης		144	prophet
στρατιώτης		26	soldier
συγγενής	*subst*	9/10	kinsman
(*also an adj, 3,22*)			
τελώνης		21	tax-collector, revenue officer
ὑπηρέτης		20	servant, assistant, helper
ψευδοπροφήτης		11	false prophet
ψεύστης		10	liar, deceiver

1.5 *mas*

SING NOM	GEN	DAT	ACC	VOC	PLUR NOM	GEN	DAT	ACC
ας	ου	ᾳ	αν	α	αι	ῶν	αις	ας

none; see νεανίας under words occurring 3 times.

1.6 *mas*

SING NOM	GEN	DAT	ACC	VOC	PLUR NOM	GEN	DAT	ACC
ᾶς	ᾶ	ᾷ	ᾶν	ᾶ	*none.*			

none; see βορρᾶς under words occurring 2 times.

SECOND DECLENSION

2.7 *mas*

SING NOM	GEN	DAT	ACC	VOC	PLUR NOM	GEN	DAT	ACC
ος	ου	ῳ	ον	ε	οι	ων	οις	ους

ἄγγελος		175/176	messenger, envoy, angel
ἁγιασμός		10	sanctification, consecration
ἀγρός		36/37	field, country, farm, hamlet
ἀδελφός		343/345	brother, countryman, neighbor
ἁμαρτωλός	*subst*	47	sinner
(*also an adj, 2,5*)			
ἄνεμος		31	wind
ἄνθρωπος		548/552	man (= *Lat homo*), human being
ἀπόστολος		79/80	apostle
ἀριθμός		18	number, total
ἄρτος		97/98	bread, loaf
ἀσκός		12	bottle, wineskin
ἀσπασμός		10	greeting
βίος		9/10	life, livelihood
γάμος		15/16	marriage, wedding
γεωργός		19	farmer, vine-dresser
δέσμιος		16	prisoner, one bound
δεσμός		18	fetter, bond, prison
διάβολος	*subst*	37/39	devil, accuser, slanderer
(*also an adj, 2,5*)			
διάκονος		29/30	servant, minister, deacon
(*also a fem noun, 2.7f*)			
διαλογισμός		14	reasoning, opinion, dispute
διδάσκαλος		59	teacher, master, rabbi
διωγμός		10	persecution
δόλος		11	guile, deceit, treachery
δοῦλος		124	slave, bondman, subject
ἐνιαυτός		14	year, period of time
ἔπαινος		11	praise, approbation
ἐχθρός	*subst*	32	enemy
(*also an adj, 2-1,2*)			
ζῆλος		16	zeal, fervor, heat, envy
(*also a neut noun, 3.33*)			
ἥλιος		32	sun, light *or* heat of the sun
θάνατος		120	death, fatal illness *or* plague
θεμέλιος		16	foundation, treasure, reserve
θεός		1311/1327	god, God
(*also a fem noun, 2.7f*)			
θερισμός		13	harvest, crop to be harvested
θησαυρός		17	treasure, treasure box, storeroom
θρόνος		62	throne, Thrones
θυμός		18	wrath, anger, rage, passion
ἵππος		17	horse, steed
καιρός		85/86	time, season
κάλαμος		12	reed, staff, rod, reed pen
καπνός		13	smoke
καρπός		66	fruit, offspring, result, gain
κλάδος		11	branch, shoot
κληρονόμος		15	heir
κλῆρος		11	lot, possession, share
κοινωνός		10	partner, sharer, companion
(*also a fem noun, 2.7f*)			

NOUNS : SECOND DECLENSION

Word	Occurrences	Meaning
κόπος	18	labor, trouble, weariness
κόσμος	185/186	world, earth, totality
κράβαττος	11	mattress, pallet, bed
κύριος	719/725	lord, Lord, master, owner
λαός	142	people, nation, crowd
λίθος	59/60	stone
λιμός	12	hunger, famine
(also a fem noun, 2.7f)		
λόγος	331/334	word, matter, statement, motive
λοιπός *subst*	55	the rest, others, remaining
(also an adj, 2-1,1 and an adverb)		
λύχνος	14	lamp
μισθός	29	wage, reward, payment
ναός	45	temple
νεανίσκος	11	youth, young man
νεκρός *subst*	128/130	corpse, dead body
(also an adj, 2-1,2)		
νήπιος (also, 2-1,2)	14/15	infant, child
νομικός *subst*	9/10	lawyer
(also an adj, 2-1,1)		
νόμος	194/197	law, Torah, custom, rule
νυμφίος	16	bridegroom
ξένος *subst*	14	stranger, host, alien
(also an adj, 2-1,1)		
οἰκονόμος	10	steward, manager
οἶκος	114/116	house, household, dwelling, city
οἶνος	34/35	wine
ὅρκος	10	oath
οὐρανός	272/276	heaven, sky
ὀφθαλμός	100	eye, sight, envy
ὄχλος	174	crowd, multitude, throng
παραλυτικός *subst*	10	paralytic, cripple
(the adjectival form is also listed, 2-1,1)		
πειρασμός	21	temptation, trial, test(ing)
πλοῦτος	22	wealth, riches, abundance
πόλεμος	18	war, strife, battle, fight, conflict
πόρνος	10	fornicator
ποταμός	17	river, torrent, stream
πρεσβύτερος *subst*	66	elder
(also an adj, 2-1,2)		
πτωχός *subst*	34	poor, beggarly, miserable
(also an adj, 2-1,1)		
πῶλος	12	colt, foal, young animal
σεισμός	14	earthquake, shaking
σῖτος	14	wheat, grain
σταυρός	27	cross, stake
στέφανος	18	crown, honor, wreath, pride
στρατηγός	10	commander, ruler
σύνδουλος	10	fellow-slave
συνεργός	13	fellow-worker, helper
τόπος	95	place, space, location, region
τρόπος	13	manner, way, kind, guise
τύπος	14/15	mark, example, figure
υἱός	375/380	son, offspring, descendant
φίλος *subst*	29	friend; *fem form found also*
(also an adj, 2-1,1)		
φόβος	47	fear, terror, alarm, fright
χιλίαρχος	21/22	captain, military tribune
χοῖρος	12	pig, swine
χόρτος	15	grass, hay, herbage
χρόνος	54	time, delay, respite
χρυσός	9/12	gold

2.7f *(fem)*

SING PLUR

(as 2.7m, but with the feminine article)

Word	Occurrences	Meaning
βίβλος	10	book
διάκονος	29/30	servant-girl
(also a mas noun, 2.7)		
ἔρημος *subst*	47/48	desert
(also an adj, 2,5)		
Θεός[1]	1	goddess
(also a mas noun, 2.7)		
κοινωνός	10	partner, sharer
(also a mas noun, 2.7)		
λιμός	12	hunger, famine
(also a mas noun, 2.7)		
νόσος	11	disease, illness
ὁδός	101	way, road, journey, conduct
παρθένος	15	virgin
ῥάβδος	12	staff, rod, wand, stick

2.8 *neut*

SING NOM	GEN	DAT	ACC	VOC	PLUR NOM	GEN	DAT	ACC
ον	ου	ῳ	ον	ον	α	ων	οις	α

Word	Occurrences	Meaning
ἀργύριον	21	silver, money
ἀρνίον	30	lamb, young lamb, sheep
βιβλίον	34	book, small book, scroll
δαιμόνιον	63	demon, evil spirit
δεῖπνον	16	supper, dinner, banquet
δένδρον	25	tree
δηνάριον	16	denarius
δίκτυον	12	net, fishing net
δῶρον	19	gift, present, offering
εἴδωλον	11	image, idol, false god
ἔλαιον	11	olive-oil *or* orchard
ἔργον	169/168	work, deed, action, task, thing
εὐαγγέλιον	76	good news, glad tidings
ζῷον	23	animal, creature
θηρίον	45	wild beast, monster
θυσιαστήριον	23	altar, place of sacrifice
ἱερόν	71	temple, sanctuary
ἱμάτιον	60	garment, clothing, robe
μαρτύριον	20	testimony, proof
μέτρον	14	measure
μικρόν *subst*	16	a little, the insignificant, the small, a short time, little while
(a neut adj as a subst)		
μνημεῖον	37/38	tomb, grave, memorial
μύρον	14	ointment, perfume
μυστήριον	27/28	mystery, secret
ξύλον	20	wood, tree, pole, gallows
ὅριον	12	boundary, region, district
παιδίον	52	infant, child
πετεινόν	14	bird, fowl
πλοῖον	66	boat, ship
ποτήριον	31/32	cup, allotted portion
πρόβατον	37	sheep
πρόσωπον	76	face, countenance
σάββατον	68/69	Sabbath, rest, week
σημεῖον	77	sign, token, mark, miracle
σκάνδαλον	15	scandal, stumbling-block, snare

(1) Θεός is placed here for the convenience of comparison; see also under words occurring 1 time.

NOUNS : SECOND DECLENSION

σπλάγχνον		11	entrails, heart, affection
συνέδριον		22	Sanhedrin, council
τάλαντον		14/ 15	talent: a measure of coinage
τέκνον		99/ 100	child; *pl also:* descendants, posterity
φανερόν (also an adj, 2-1,1)	*subst*	18	the open, public
χρυσίον		13	gold, things made of gold
χωρίον		10	place, field, possession

irregular:

δακρυ(ον) DAT PL: δάκρυσι	10	tear; *pl* weeping

THIRD DECLENSION

3.9 *mas and fem*

SING					PLUR			
NOM	GEN	DAT	ACC	VOC	NOM	GEN	DAT	ACC
(ξ)	(κ)ος	(κ)ι	(κ)α	(ξ)	(κ)ες	(κ)ων	ξι(ν)	(κ)ας

γυνή GEN SG: γυναικός VOC: γύναι	ἡ	213/ 216	woman, wife, bride
θρίξ GEN SG: τριχός DAT PL: θριξίν	ἡ	15	hair
νύξ GEN SG: νυκτός DAT PL: νυξί(ν)	ἡ	61	night
σάρξ	ἡ	147/146	flesh, body, living creature, person, human nature, corporeality

3.10 *fem and mas*

SING					PLUR			
NOM	GEN	DAT	ACC	VOC	NOM	GEN	DAT	ACC
ξ	(γ)ος	(γ)ι	(γ)α	ξ	(γ)ες	(γ)ων	ξι(ν)	(γ)ας

σάλπιγξ	ἡ	11	trumpet, sound of a trumpet

3.11 *mas and fem*

SING					PLUR			
NOM	GEN	DAT	ACC	VOC	NOM	GEN	DAT	ACC
ψ	(β)ος	(β)ι	(β)α	ψ	(β)ες	(β)ων	ψι(ν)	(β)ας

none; see Ἄραψ *under "Proper Names, etc."*

3.12 *mas and fem*

SING					PLUR			
NOM	GEN	DAT	ACC	VOC	NOM	GEN	DAT	ACC
ς	(δ)ος	(δ)ι	(δ)α	ς	(δ)ες	(δ)ων	σί(ν)	(δ)ας

ἐλπίς, ίδος	ἡ	53	hope, expectation, prospect
παῖς, παιδός ὁ	ἡ	24	child, boy, girl, servant, son
πούς, πόδος	ὁ	92/ 94	foot; *figurat* of the person
σφραγίς, ῖδος	ἡ	16	seal, signet, mark of a seal
χάρις GEN SG: χάριτος ACC SG: χάριν and χάριτα	ἡ	155/ 156	grace, favor, goodwill, thanks
χιλιάς, άδος	ἡ	23	thousand

3.13 *mas*

SING					PLUR			
NOM	GEN	DAT	ACC	VOC	NOM	GEN	DAT	ACC
ν	(τ)ος	(τ)ι	(τ)α	ν	(τ)ες	(τ)ων	σι(ν)	(τ)ας

ἄρχων, οντος	37	ruler, chief, prince, official
δράκων, οντος	13	dragon, serpent

3.14 *mas*

SING					PLUR			
NOM	GEN	DAT	ACC	VOC	NOM	GEN	DAT	ACC
ς	(τ)ος	(τ)ι	(τ)α	ς	(τ)ες	(τ)ων	οῦσι(ν)	(τ)ας

ὀδούς, ὀδόντος	12	tooth

3.15 *mas*

SING					PLUR			
NOM	GEN	DAT	ACC	VOC	NOM	GEN	DAT	ACC
ς	(τ)ος	(τ)ι	(τ)α	ς	(τ)ες	(τ)ων	ᾶσι(ν)	(τ)ας

none; see ἱμάς *under words occurring 4 times.*

3.16 *mas and fem*

SING					PLUR			
NOM	GEN	DAT	ACC	VOC	NOM	GEN	DAT	ACC
ν	(ν)ος	(ν)ι	(ν)α	ν	(ν)ες	(ν)ων	έσι(ν)	(ν)ας

ποιμήν, ένος	ὁ	18	shepherd, sheep-herder, pastor

3.17 *mas and fem*

SING					PLUR			
NOM	GEN	DAT	ACC	VOC	NOM	GEN	DAT	ACC
ν	(ν)ος	(ν)ι	(ν)α	ν	(ν)ες	(ν)ων	όσι(ν)	(ν)ας

εἰκών, όνος	ἡ	23	image, likeness, form, appearance
ἡγεμών, όνος	ὁ	20	leader, governor, prince

3.18 *mas*

NOUNS : THIRD DECLENSION

SING					PLUR			
NOM	GEN	DAT	ACC	VOC	NOM	GEN	DAT	ACC
ν	(ν)ος	(ν)ι	(ν)α	ν	(ν)ες	(ν)ων	ησι(ν)	(ν)ας

μήν, μηνός		18	month, new moon

3.19 *mas and fem*

SING					PLUR			
NOM	GEN	DAT	ACC	VOC	NOM	GEN	DAT	ACC
ν	(ν)ος	(ν)ι	(ν)α	ν	(ν)ες	(ν)ων	ῶσι(ν)	(ν)ας

αἰών, ῶνος	ὁ	124/126	age, eternity, world
ἀμπελών, ῶνος	ὁ	23	vineyard, orchard
πυλών, ῶνος	ὁ	18	vestibule, gateway, portal
χιτών, ῶνος	ὁ	11	tunic, vest, shirt

3.20 *mas and fem*

SING					PLUR			
NOM	GEN	DAT	ACC	VOC	NOM	GEN	DAT	ACC
ρ	(ρ)ός	(ρ)ί	έρα	ερ	(ρ)ες	(ρ)ων	άσι(ν)	(ρ)ας

θυγάτηρ	ἡ	28	daughter, female descendant
μήτηρ	ἡ	84/85	mother
πατήρ	ὁ	412/415	father, forefather, ancestor

3.21 *mas*

SING					PLUR			
NOM	GEN	DAT	ACC	VOC	NOM	GEN	DAT	ACC
ρ	(ρ)ός	(ρ)ί	(ρ)α	ερ	(ρ)ες	(ρ)ῶν	άσι(ν)	(ρ)ας

ἀνήρ, ἀνδρός	ὁ	216/217	man (= *Lat* vir)

3.22 *mas*

SING					PLUR			
NOM	GEN	DAT	ACC	VOC	NOM	GEN	DAT	ACC
ρ	(ρ)ος	(ρ)ι	(ρ)α	ορ	(ρ)ες	(ρ)ων	ορσι(ν)	(ρ)ας

ἀλέκτωρ, ορος	11/12	rooster
ἀστήρ, ερος DAT PL: ἄστροις	24	star, single star
παντοκράτωρ, ορος	10	ruler of all, the Almighty

3.23 *mas*

SING					PLUR			
NOM	GEN	DAT	ACC	VOC	NOM	GEN	DAT	ACC
ρ	(ρ)ος	(ρ)ι	(ρ)α	ρ	(ρ)ες	(ρ)ων	ήρσι(ν)	(ρ)ας

σωτήρ, ῆρος	24	savior, deliverer

3.24 *fem*

SING					PLUR			
NOM	GEN	DAT	ACC	VOC	NOM	GEN	DAT	ACC
ρ	(ρ)ός	(ρ)ί	(ρ)α	ρ	(ρ)ες	(ρ)ῶν	ερσί(ν)	(ρ)ας

χείρ	175/178	hand; hostile power

3.25 *mas*

SING					PLUR			
NOM	GEN	DAT	ACC	VOC	NOM	GEN	DAT	ACC
ς	(ρ)ος	(ρ)ι	(ρ)α	ς	(ρ)ες	ύρων	υσι(ν)	(ρ)ας

μάρτυς, υρος	35	witness, martyr

3.26 *fem (one mas)*

SING					PLUR			
NOM	GEN	DAT	ACC	VOC	NOM	GEN	DAT	ACC
ς	εως	ει	ιν	ι	εις	εων	εσι(ν)	εις

ἅλυσις		11	chain, handcuffs, imprisonment
ἀνάστασις		42	resurrection, rise
ἀποκάλυψις		18	revelation, disclosure
ἀπολύτρωσις		10	redemption, release
ἄφεσις		17	sending away, deliverance
βρῶσις		11	eating, food, rust
γνῶσις		29	wisdom, knowledge (objective)
δέησις		18	entreaty, prayer
δύναμις		119	power, capability, wonder, resource
ἐπίγνωσις		20	knowledge, recognition
θλῖψις		45	tribulation, affliction, oppression
καύχησις		11	boasting, act of glorying, pride
κλῆσις		11	divine call, invitation, vocation
κρίσις		47	judgment, law, justice, condemnation
κτίσις		19	creation, creature, institution
ὄφις	*mas!*	14	serpent, snake
παράδοσις		13	tradition, giving over, betrayal
παράκλησις		29	exhortation, consolation, appeal
πίστις		243/242	faith, trust, faithfulness, oath, proof, pledge, confidence
πόλις		162/164	city, city-state
πρόθεσις		12	purpose, setting forth
συνείδησις		30/31	conscience, consciousness
φύσις		13/14	nature, birth, propensity

3.27 *mas and neut*

SING					PLUR			
NOM	GEN	DAT	ACC	VOC	NOM	GEN	DAT	ACC
υς	εως εος	ει	υν	—	εις	ῶν εων	εσι(ν)	εις

none; see πῆχυς under words occurring 4 times.

NOUNS: THIRD DECLENSION

3.28 *mas and fem*

SING					PLUR			
NOM	GEN	DAT	ACC	VOC	NOM	GEN	DAT	ACC
ύς	ύος	ύι	ύν	ύ	ύες	ύων	ύσι(ν)	ύας

ἰσχύς	ἡ	10	strength, power, might
ἰχθύς	ὁ	20	fish

3.29 *mas*

SING					PLUR			
NOM	GEN	DAT	ACC	VOC	NOM	GEN	DAT	ACC
εύς	έως	εῖ	έα	εῦ	εῖς	έων	εῦσι(ν)	εῖς

ἀρχιερεύς		122	chief-priest, high priest
βασιλεύς		115	king
γονεύς	*only pl*	20	parent
γραμματεύς		63	scribe, expert in the law
ἱερεύς		31/32	priest

3.30 *mas*

SING					PLUR			
NOM	GEN	DAT	ACC	VOC	NOM	GEN	DAT	ACC
ῦς	ός	ί	ῦν	ῦ	ες	ῶν	υσί(ν)	ας

νοῦς	24	mind, intellect, faculty, understanding, attitude

3.31 *neut*

SING					PLUR			
NOM	GEN	DAT	ACC	VOC	NOM	GEN	DAT	ACC
(μα)	ατος	ατι	(μα)	(μα)	τα	άτων	ασι(ν)	τα

αἷμα	97	blood
βάπτισμα	20	baptism
βῆμα	12	judgment seat, tribunal, space
βρῶμα	17	food
γόνυ, ατος (otherwise declined as here)	12	knee
γράμμα	15	letter of alphabet; *pl:* writings
δικαίωμα	10	regulation, righteous deed
θέλημα	62	will, desire, what is willed
καύχημα	11	boasting, glorying: object of
κρίμα	27	judgment, decree, lawsuit
μνῆμα	10	grave, tomb
ὄνομα	228/231	name, reputation, fame
ὅραμα	12	vision, sight
οὖς, ὠτός (otherwise declined as here)	36/37	ear, hearing
πάθημα	16	suffering, affliction
παράπτωμα	19/20	trespass, false step, sin
πλήρωμα	17	fullness, wholeness, sum
πνεῦμα	378	spirit, Spirit, wind, breath
πρᾶγμα	11	matter, deed, work, thing
ῥῆμα	67	word, utterance, thing
σπέρμα	44	seed, offspring, descendants
στόμα	78	mouth, jaws, edge
σῶμα	142	body: living or dead
ὕδωρ, ὕδατος (otherwise declined as here)	79	water
ὑπόδημα	10	sandal, shoe, footwear
χάρισμα	17	gift, favor bestowed

3.32 *neut*

SING					PLUR			
NOM	GEN	DAT	ACC	VOC	NOM	GEN	DAT	ACC
ς	ατος	ατι	ς	ς	τα	άτων	ασι(ν)	τα

κέρας	11	horn, corner of an altar
τέρας	16	wonder, prodigy, portent, omen
φῶς, φωτός (otherwise declined as here)	72/71	light, fire

3.33 *neut*

SING					PLUR			
NOM	GEN	DAT	ACC	VOC	NOM	GEN	DAT	ACC
ς	ους	ει	ς	ς	η	ῶν	εσι(ν)	η

γένος	20/21	race, kind, offspring
ἔθνος	162/163	nation, people; *pl:* Gentiles
ἔθος	12	custom, usage, habit
ἔλεος	27	pity, mercy, compassion
ἔτος	49	year
κράτος	12	power, dominion, might
μέλος	34/35	member, limb, part
μέρος	42/41	part, portion, side, piece
ὄρος	63	mount(ain), hill
πλῆθος	31/32	multitude, throng, crowd
σκεῦος	23	vessel, instrument
σκότος	30	darkness, gloom
τέλος	41	end, terminus, outcome, tax
ψεῦδος	10	lie, lying, falsehood

INDECLINABLE

πάσχα	τό	29	Passover: lamb *or* meal
ῥαββ(ε)ί	ὁ	15	master, teacher, rabbi

NO DECLENSION

πραΰτης, ητος	ἡ	11	gentleness, meekness
πῦρ, ός	τό	71	fire; *hence,* trial
χρηστότης, ητος	ἡ	10	goodness, kindness, generosity

THE ARTICLE

	SING NOM	GEN	DAT	ACC	PLUR NOM	GEN	DAT	ACC
m	ὁ	τοῦ	τῷ	τόν	οἱ	τῶν	τοῖς	τούς
f	ἡ	τῆς	τῇ	τήν	αἱ	τῶν	ταῖς	τάς
nt	τό	τοῦ	τῷ	τό	τά	τῶν	τοῖς	τά

THE ADJECTIVE : SECOND AND FIRST (1.1) DECLENSIONS

2-1,1

	SING NOM	GEN	DAT	ACC	VOC	PLUR NOM	GEN	DAT	ACC
m	ός	οῦ	ῷ	όν	έ	οί	ῶν	οῖς	ούς
f	ή	ῆς	ῇ	ήν	ή	αί	ῶν	αῖς	άς
nt	όν	οῦ	ῷ	όν	όν	ά	ῶν	οῖς	ά

ἀγαθός	104/103	good; *nt pl:* goods
ἀγαπητός	61/62	beloved, dear, worthy of love
ἀληθινός	28	true, dependable, genuine, real
γνωστός	15	known, intelligible *subst:* acquaintance
γυμνός	15	naked, stripped, bare, ill dressed
δυνατός	32	powerful, possible, mighty, able
ἕκαστος	82/80	each (one), every (one)
ἐκλεκτός	22/24	chosen, elect, select, outstanding
ἕκτος	14	sixth
ἐλάχιστος, ίστη, ον	14	least, smallest, insignificant, few
ἐμός	76	my, mine
(also a possessive pron)		
ἔνατος	10	ninth
ἔσχατος	53	last, extreme, least
ἕτοιμος	17	ready, prepared
ἱκανός	40	sufficient, able, appropriate
καινός	42	new, of another kind, unused
κακός	50	bad, evil, wicked, worthless
καλός	101/102	beautiful, good, useful, noble
κενός	18	empty, vain, senseless
κλητός	10/11	called, invited
κοινός	14	common, unclean, profane
κρυπτός	17	hidden, secret
κωφός	14	deaf, dumb, blunted, dull
λευκός	25	white, bright, brilliant, shining
λοιπός	55	remaining
(also a subst, 2.7, and an adverb)		
μέσος	58/59	middle, in the midst
μόνος	47/48	alone, only, deserted, isolated
νομικός	9/10	pertaining to law; *subst:* lawyer
ξένος	14	strange, foreign
(also a subst, 2.7)		
ὀλίγος	41/43	little, few, small; *nt: as adv*
ὅλος	108/110	whole, all, entire, complete
ὅσος *correlat pron*	110	as great as, as much as
παραλυτικός	10	paralytic, crippled, palsied
(only the masc subst is used, 2.7)		
πιστός	67	faithful, believing, dependable
πνευματικός	26	spiritual, of the spirit
ποικίλος	10	varied, various, manifold
πόσος	27	how great? how much? how much, how many
πρῶτος	93/97	first, earliest, foremost, outer
πτωχός	34	poor, beggarly, miserable
(also a subst, 2.7; the fem form would fall under 1.1)		
σός, σή, σόν	27	thy, thine, yours
(also a possessive pron)		
σοφός	20	wise, skilful, learned
τέταρτος	10	fourth
τοιοῦτος, αύτη, οῦτον	57	such, of this kind, like
(a correlative pron)		
τοσοῦτος, αύτη, οῦτον	19/20	so great, so much
(a correlative adj)		
τρίτος	48/47	third
τυφλός	50	blind, ignorant
ὑψηλός	11	high, elevated, lofty
ὕψιστος	13	highest, most exalted, Most High
φίλος	29	loving, devoted, dear
(also a subst, 2.7m and f)		
χωλός	14	lame, crippled

2-1,1a

	SING NOM	GEN	DAT	ACC	PLUR NOM	GEN	DAT	ACC
m	ος	ου	ῳ	ον	οι	ων	οις	ους
f	η	ης	ῃ	ην	αι	ων	αις	ας
nt	ο	ου	ῳ	ο	α	ων	οις	α

ἄλλος, η, ο	156/157	other, another

2-1,2

SECOND AND FIRST (1.2) DECLENSIONS

	SING NOM	GEN	DAT	ACC	VOC	PLUR NOM	GEN	DAT	ACC
m	ος	ίου	ίῳ	ίον	ε	οι	ίων	ίοις	ίους
f	ια	ίας	ίᾳ	ίαν	ία	αι	ίων	ίαις	ίας
nt	ον	ίου	ίῳ	ον	ον	α	ίων	ίοις	α

ἅγιος	234/236	holy; *pl:* saints
ἀλλότριος	14	another's, alien, hostile
ἄξιος	41	worthy, comparable, fit
ἀρχαῖος	11	old, ancient
δεξιός	54	right (hand)
δεύτερος	44	second
δίκαιος	79/80	upright, just, righteous
ἐλεύθερος	23	free, independent, not bound
ἕτερος	97/98	other, different
ἐχθρός	32	hating, hated
(also a subst, 2.7)		
ἴδιος	113/116	one's own, individual, private
ἰσχυρός	28/29	strong, mighty, powerful
καθαρός	26/27	clean, pure, free
μακάριος	50	happy, blessed, fortunate
μικρός	30	small, little, humble
μωρός	12	foolish, stupid
νεκρός	128/130	dead
(also a subst, 2.7)		
νέος	24/23	new, young, fresh
νήπιος (also, 2.7)	14/15	infant, young
ὅμοιος	45	like, similar, alike
ὄψιος	:	*see* ἡ ὀψία *under 1.2*
παλαιός	19	old, former

ADJECTIVES : SECOND AND FIRST (1.2) DECLENSIONS

περισσότερος	16	more abundant, greater
πλούσιος	28	rich, wealthy
ποῖος *interr adj/pron*	33	what sort ? of what kind ?
πονηρός	78	evil, wicked (one), painful
πρεσβύτερος *(also a subst, 2.7)*	66	elder
πρότερος	11/10	former(ly)
τέλειος	19	complete, mature, perfect
τίμιος	13	precious, honorable
ὑμέτερος *(also a possessive pron)*	10	your
φανερός *(also a subst, 2.8)*	18	manifest, clear, visible, known

2-1,3 SECOND (contracted) AND FIRST (1.1) DECLENSIONS

	SING NOM	GEN	DAT	ACC	VOC	PLUR NOM	GEN	DAT	ACC
m	οῦς	οῦ	ῷ	οῦν	οῦς	οῖ	ῶν	οῖς	οῦς
f	ῆ	ῆς	ῇ	ῆν	ῆ	αῖ	ῶν	αῖς	ᾶς
nt	οῦν	οῦ	ῷ	οῦν	οῦν	ᾶ	ῶν	οῖς	ᾶ

Χρυσοῦς *or* εος	18	golden, made or adorned w/gold

2-1,4 SECOND (contracted) AND FIRST (1.2) DECLENSIONS

	SING NOM	GEN	DAT	ACC	VOC	PLUR NOM	GEN	DAT	ACC
m	οῦς	οῦ	ῷ	οῦν	οῦς	οῖ	ῶν	οῖς	οῦς
f	ᾶ	ᾶς	ᾷ	ᾶν	ᾶ	αῖ	ῶν	αῖς	ᾶς
nt	οῦν	οῦ	ῷ	οῦν	οῦν	ᾶ	ῶν	οῖς	ᾶ

none; see ἀργύρεος *under words occurring 3 times.*

2,5 SECOND DECLENSION: TWO TERMINATIONS (2.7 and 2.8)

	SING NOM	GEN	DAT	ACC	VOC	PLUR NOM	GEN	DAT	ACC
m,f	ος	ου	ῳ	ον	ε	οι	ῶν	οῖς	οῦς
nt	ον	ου	ῳ	ον	ον	α	ῶν	οῖς	α

ἄδικος	12	unjust, unrighteous
ἀδύνατος	10	impossible, impotent, powerless
αἰώνιος	70	eternal, everlasting
ἀκάθαρτος	31	unclean
ἁμαρτωλός *(also a subst, 2.7)*	47	sinful
ἄνομος	9/10	lawless, godless, wicked
ἄπιστος	23	unbelieving, faithless
διάβολος *(also a subst, 2.7)*	39	slanderous
ἔνοχος	10	involved in, guilty, bound
ἐπουράνιος	19	heavenly, celestial
ἔρημος *(also a subst, 2.7)*	48	solitary
φρόνιμος	14	prudent, wise, thoughtful

THIRD AND FIRST DECLENSIONS

3-1,6 THIRD AND FIRST (1.3) DECLENSIONS

	SING NOM	GEN	DAT	ACC	VOC	PLUR NOM	GEN	DAT	ACC	VOC
m	πᾶς	παντός	-τί	´-τα	πᾶς	πάντες	-των	πᾶσι	πάντας	-τες
f	πᾶσα	´-ης	´-ῃ	^-αν	πᾶσα	πᾶσαι	-ῶν	´-αις	´-ας	^-αι
nt	πᾶν	παντός	-τί	πᾶν	πᾶν	πάντα	-των	πᾶσι	πάντα	-τα

ἅπας	32	all, the whole
πᾶς	1238/1249	all, any, of every kind, each, the whole, everyone

3-1,7 THIRD (stem in εντ) AND FIRST (1.3) DECLENSIONS

	SING NOM VOC	GEN	DAT	ACC	PLUR NOM VOC	GEN	DAT	ACC
m	-εῖς	-έντος	´-τι	´-τα	-έντες	´-των	-εῖσι	-έντας
f	-εῖσα	´-ης	´-ῃ	^-αν	-εῖσαι	-ῶν	´-αις	´-ας
nt	-έν	-έντος	´-τι	-έν	-έντα	´-των	-εῖσι	-έντα

none; type illustrated by the participle λυθεῖς, loosed.

3-1,8 THIRD (stem in οντ) AND FIRST (1.3) DECLENSIONS

	SING NOM VOC	GEN	DAT	ACC	PLUR NOM VOC	GEN	DAT	ACC
m	-ών	-όντος	´-τι	´-τα	-όντες	´-των	-οῦσι	-όντας
f	-οῦσα	-ούσης	´-ῃ	-οῦσαν	-οῦσαι	-ουσῶν	-ούσαις	´-ας
nt	-όν	-όντος	´-τι	-όν	-όντα	´-των	-οῦσι	-όντα

none; see ἑκών *under words occurring 2 times.*

3-1,9 THIRD (stem in υντ) AND FIRST (1.3) DECLENSIONS

	SING NOM VOC	GEN	DAT	ACC	PLUR NOM VOC	GEN	DAT	ACC
m	-νύς	-νύντος	´-τι	´-τα	-νύντες	´-των	-νῦσι	´-τας
f	-νῦσα	-νύσης	´-σῃ	^-σαν	-νῦσαι	-σῶν	-νύσαις	´-σας
nt	-νύν	-νύντος	´-τι	-νύν	-νύντα	´-των	-νῦσι	-νύντα

none; type illustrated by the participle δεικνύς, showing.

3-1,10 THIRD (contracted < αοντ) AND FIRST (1.3) DECLENSIONS

	SING NOM VOC	GEN	DAT	ACC	PLUR NOM VOC	GEN	DAT	ACC
m	-ῶν	-ῶντος	^-τι	^-τα	-ῶντες	^-των	-ῶσι	-ῶντας
f	-ῶσα	-ώσης	´-ῃ	^-αν	-ῶσαι	-σῶν	-ώσαις	-ώσας
nt	-ῶν	-ῶντος	^-τι	-ῶν	-ῶντα	^-των	-ῶσι	-ῶντα

none; type illustrated by the participle τιμῶν, honoring.

ADJECTIVES : THIRD AND FIRST DECLENSIONS

3-1,11 THIRD (contracted < εοντ) AND FIRST (1.3) DECLENSIONS

	SING NOM VOC	GEN	DAT	ACC	PLUR NOM VOC	GEN	DAT	ACC
m	-ῶν	-οῦντος	-τι	-τα	-οῦντες	΄-των	-οῦσι	-οῦντας
f	-οῦσα	΄-ης	΄-η	΄-αν	-οῦσαι	-σῶν	΄-αις	΄-ας
nt	-οῦν	-οῦντος	-τι	-οῦν	-οῦντα	΄-των	-οῦσι	-οῦντα

none; type illustrated by the participle φιλῶν, loving.

3-1,12

As 3-1, 11, but contracted from οοντ.

none; type illustrated by the participle φανερῶν, showing.

3-1,13 THIRD (stem in υ; to ε before vowel, and in dat plur) AND FIRST (1.2) DECLENSIONS

	SING NOM VOC	GEN	DAT	ACC	PLUR NOM VOC	GEN	DAT	ACC
m	-ύς	-έως	-εῖ	-ύν	-εῖς	-έων	-έσι	-εῖς
f	-εῖα	-είας	-είᾳ	-εῖαν	-εῖαι	-ειῶν	-είαις	-είας
nt	-ύ	-έως	-εῖ	-ύ	-έα	-έων	-έσι	-έα

ταχύ(ς) 13 / 18 quick, speedy

(*only in the forms* ταχύ, *used as an adv,* quickly, *12 ts, and* ταχύς, *as an adj,* quick, *1 time*)

3-1,14 THIRD (stem in οτ-) AND FIRST (1.2) DECLENSIONS

	SING NOM VOC	GEN	DAT	ACC	PLUR NOM VOC	GEN	DAT	ACC
m	-ώς	-ότος	-ότι	-ότα	-ότες	-ότων	-όσι(ν)	-ότας
f	-υῖα	-υίας	-υίᾳ	-υῖαν	-υῖαι	-υιῶν	-υίαις	-υίας
nt	-ός	-ότος	-ότι	-ός	-ότα	-ότων	-όσι(ν)	-ότα

none; type illustrated by the participle λελυκώς, having loosed.

3-1,15 THIRD (stem in ωτ-) AND FIRST (1.3) DECLENSIONS

	SING NOM VOC	GEN	DAT	ACC	PLUR NOM VOC	GEN	DAT	ACC
m	-ώς	-ῶτος	-ῶτι	-ῶτα	-ῶτες	-ώτων	-ῶσι	-ῶτας
f	-ῶσα	-ώσης	-ώσῃ	-ῶσαν	-ῶσαι	-ωσῶν	-ώσαις	-ώσας
nt	-ός	-ῶτος	-ῶτι	-ός	-ῶτα	-ώτων	-ῶσι	-ῶτα

none; type illustrated by the participle ἑστώς, standing.

3-1,16 THIRD (stem in ν) AND FIRST (1.3) DECLENSIONS

SING NOM VOC	GEN	DAT	ACC	PLUR NOM VOC	GEN	DAT	ACC
-ας, αν	-ανος	-ανι	-ανα	-ανες	-άνων	-ασι	-ανας
-αινα	-αίνης	-αίνῃ	-αιναν	-αιναι	-αινῶν	-αίναις	-αίνας
-αν	-ανος	-ανι	-αν	-ανα	-άνων	-ασι	-ανα

none; see μέλας, black, *and* μέλαν, ink, *under words occurring 3 times.*

Irreg,17 THIRD AND FIRST (1.1) DECLENSIONS

	SING NOM VOC	GEN	DAT	ACC	PLUR NOM VOC	GEN	DAT	ACC
m	-ας	-άλου	-άλῳ	-αν	-άλοι	-άλων	-άλοις	-άλους
f	-άλη	-άλης	-άλῃ	-άλην	-άλαι	-άλων	-άλαις	-άλας
nt	-α	-άλου	-άλῳ	-α	-άλα	-άλων	-άλοις	-άλα

μέγας 194/245 large, great, strong, sublime

(*the French frequency includes* μείζων *and* μέγιστος)

Irreg,18 THIRD AND FIRST (1.1) DECLENSIONS

	SING NOM VOC	GEN	DAT	ACC	PLUR NOM VOC	GEN	DAT	ACC
m	ύς	οῦ	ῷ	ύν	οί	ῶν	οῖς	ούς
f	ή	ῆς	ῇ	ήν	αί	ῶν	αῖς	άς
nt	ύ	οῦ	ῷ	ύ	ά	ῶν	οῖς	ά

πολύς 354/358 much, many, numerous; often

(*two* λ*'s in all forms but nom and acc sg, mas and neut*)

3,19 THIRD (stem in ν) DECLENSION: TWO TERMINATIONS

	SING NOM VOC	GEN	DAT	ACC	PLUR NOM VOC	GEN	DAT	ACC
m,f	ων	ονος	ονι	ονα	ονες	όνων	οσι(ν)	ονας
nt	ον	ονος	ονι	ον	ονα	όνων	οσι(ν)	ονα

ἄφρων	11	foolish, without sense
μείζων	48	greater, larger, *etc*
χείρων	11	worse, inferior, more severe

3,20 THIRD (stem in ν) DECLENSION: TWO TERMINATIONS

	SING NOM VOC	GEN	DAT	ACC	PLUR NOM VOC	GEN	DAT	ACC
m,f	ην	ενος	ενι	ενα	ενες	ένων	εσι(ν)	ενας
nt	εν	ενος	ενι	εν	ενα	ένων	εσι(ν)	ενα

none; see ἄρσην *under words occurring 9 times.*

ADJECTIVES: THIRD DECLENSION

3,21 THIRD (stem in ν) DECLENSION : TWO TERMINATIONS

	SING NOM VOC	GEN	DAT	ACC	PLUR NOM VOC	GEN	DAT	ACC
m,f	ων	ονος	ονι	{ονα / ω}	{ονες / ους}	όνων	οσι(ν)	{ονας / ους}
nt	ον	ονος	ονι	ον	{ονα / ω}	όνων	οσι(ν)	{ονα / ω}

κρείττων	19	better, stronger, more useful
πλείων	55	more; *pl*: many

3,22 THIRD (stem in ες) DECLENSION: TWO TERMINATIONS

	SING NOM	GEN	DAT	ACC	VOC	PLUR NOM	GEN	DAT	ACC	VOC
m,f	ής	οῦς	εῖ	ῆ	ές	εῖς	ῶν	έσι	εῖς	εῖς
nt	ές	οῦς	εῖ	ές	ές	ῆ	ῶν	έσι	ῆ	ῆ

ἀληθής	26	true, honest, real, genuine
ἀσθενής	25	weak, powerless, sick, feeble
πλήρης	16	full, filled
συγγενής (*only as a subst*)	9 / 10	kindred
ὑγιής	11 / 12	whole, healthy, sound

Adj, 23

PLUR *only* (*endings like 2-1, 2*)

ἀμφότεροι, αι, α	14	both, all, *i.e., more than two*
χίλιοι, αι, α	11	thousand

Adj, 24

PLUR *only* (*indeclinable; pl article used*)

δέκα οἱ αἱ τά	22 / 23	ten (*does not include nums 18, 10000*)
δώδεκα	75 / 63	twelve (*includes num 12000: 13 ts*)
εἴκοσι	11	twenty (*includes nums 24: 6 ts, 25: once, 120, 20000, 23000: all once*)
ἑκατόν	17 / 11	hundred (*includes nums 120: once, 144: bis, 153: once, 144000: bis*)
ἕξ	13 / 10	six (*includes nums 46, 276, 666: all once*)
ἑπτά	88 / 86	seven (*includes num 7000: once*)
πέντε	38 / 34	five (*includes nums 25, 5000, 50000: all once*)
τεσσαράκοντα	22	forty (*includes nums 39, i.e., 40 less one: once, 42: bis, 44: once, 46: once, 44000: 3 ts*)
τριάκοντα	11	thirty (*includes nums 38, 430: both once*)

Adj, 25

PLUR *only; declinable*

	NOM	GEN	DAT	ACC
	δύο	δύο	δυσί(ν)	δύο

136/134 two (*includes nums 42: once, 72: bis*)

	NOM	GEN	DAT	ACC
m,f	τρεῖς	τριῶν	τρισί	τρεῖς
nt	τρία	τριῶν	τρισί	τρία

68 three (*includes nums 153, 23000: both once, and prop nm Τριῶν Ταβερνῶν: once*)

	NOM	GEN	DAT	ACC
m,f	τέσσαρες	-άρων	-αρσι	-αρας
nt	τέσσαρα	-άρων	-αρσι	-αρα

41 four (*includes the spelling τέσσερες and nums 24: 5 ts, 84: once, 144: once, 44000: 3 ts*)

Adj, 26

SING *only; declinable*

	NOM	GEN	DAT	ACC
m	εἷς	ἑνός	ἑνί	ἕνα
f	μία	μιᾶς	μιᾷ	μίαν
nt	ἕν	ἑνός	ἑνί	ἕν

338/339 one, a, certain, (an)other, first, *etc* (*includes "one" in 40 less one, i.e., 39*)

μηδείς	88 / 89	no, nobody, nothing, in no way
οὐδείς	228	no one, none, nothing, nobody, worthless, invalid, in no way, in no respect

VERBS

C-A

ἀγαλλιάω	α-pure	11	exult, be glad *or* overjoyed
ἀγαπάω		142/143	love, cherish
βοάω		12	cry aloud, call, shout
γεννάω		96/100	beget, bear, father, produce
διψάω		16	thirst, be thirsty, long for
ἐάω	α-pure	11	permit, let go, leave
ἐπερωτάω		56	ask, question, inquire
ἐπιτιμάω		30	rebuke, warn, reprove
ἐρωτάω		63	ask, request, entreat
ζάω √ζη	spec	140	live, be well, remain alive
καταντάω		13	come to, arrive at, reach
καυχάομαι	dep	36	boast, glory, pride oneself in
κλάω		14	break
κοιμάομαι	pass	18	fall asleep, sleep, die
κολλάομαι	pass w dat	12	join, cleave to, associate with
κοπιάω	α-pure	22/ 23	toil, grow weary, strive
μεριμνάω		19	be anxious, care for

VERBS : C-A

νικάω	28	conquer, prevail, be victor
ὁράω (in se) *w suppls*	114	see, care for
πεινάω	23	hunger, be hungry, long for
πλανάω	39	lead astray, deceive
προσδοκάω	16	wait for, look for, expect
σιγάω	10	keep silence, conceal
σιωπάω	10	be silent, be still, be quiet
τελευτάω	11	die, finish, come to an end
τιμάω	21	honor, estimate
τολμάω	16	dare, have courage
ὑπαντάω	10	meet, go to meet
χράομαι *spec mid dep, w/dat*	11	use, employ, act, proceed, treat

C-E

ἀγνοέω	22	be ignorant, not to know
ἀδικέω	28	do wrong, injure
ἀθετέω	16	reject, set aside
αἰτέω	70	ask, request, supplicate
ἀκολουθέω	90/ 91	follow, go along with, obey
ἀναιρέω	24	take up, kill
ἀναχωρέω	14	depart, withdraw
ἀπαρνέομαι *dep*	11	deny, disown
ἀπειθέω	14	disbelieve, be disobedient
ἀπολογέομαι *dep*	10	defend oneself, answer
ἀρνέομαι *dep*	33	deny, disown, refuse, renounce
ἀσθενέω	33/ 36	be weak, be sick, be in need
ἀφαιρέω *spec*	10	take away, remove
βλασφημέω	34	revile, blaspheme, defame
γαμέω	28	marry, enter into matrimony
γρηγορέω	22/ 23	watch, be alert, be alive to
δέομαι *dep spec*	22	entreat, beseech, ask, beg
δέω	43	bind, tie
διακονέω	37	wait upon, serve, take care of, care for
δοκέω	62/ 63	think, seem, suppose, consider
ἐκχέω	16	pour out, spill, shed (blood)
ἐλεέω *w/o ἐλεάω*	31	have mercy, have pity
ἐνεργέω	21	work, effect, produce
ἐξομολογέω *mid* (*only Lk 22⁶ is active*) :	10	confess, profess, admit consent, promise
ἐξουθενέω	11	despise, disdain, reject with contempt
ἐπιζητέω	13	seek for, inquire, wish
ἐπιθυμέω	16	desire earnestly, long for
ἐπικαλέω	30	call, name; *mid:* invoke
ἐπιτελέω	10	complete, perform, finish
εὐδοκέω	21	think good of, be pleased
εὐλογέω	41	bless, praise, extol
εὐχαριστέω	38	give thanks, praise w thanks
ζητέω	117	seek, look for, search, deliberate
ζωοποιέω	11	make alive, impart life
θεωρέω	57	look at, behold, perceive
καλέω	148/146	call, name, invite, designate
κατανοέω	14	observe, perceive, notice, look at, contemplate, consider
καταργέω	27	bring to naught, set aside, abolish
κατηγορέω	23	accuse, bring charges
κατοικέω	44	inhabit, dwell in, live, settle
κληρονομέω	18	inherit, acquire, obtain
κοσμέω	10	adorn, set in order, decorate
κρατέω	47	grasp, subdue, attain, hold
λαλέω	298/299	speak, sound, assert, proclaim say
λυπέω	26	grieve, pain, be distressed
μακροθυμέω	10	be patient, wait, be forebearing
μαρτυρέω	76	bear witness, testify, approve
μετανοέω	34	repent, change one's mind
μετρέω	11	measure, deal out, apportion
μισέω	39/ 40	hate, detest, abhor
νοέω	14	understand, think over
οἰκοδομέω	40	build, edify, erect, restore
ὁμολογέω	26	profess,
παραιτέομαι *mid dep*	12	make excuse, refuse
παρακαλέω	109	exhort, console, encourage
πενθέω	10	mourn, be sad, grieve
περιπατέω	95	walk, live, behave
πλουτέω	12	be rich, become rich
ποιέω	565/568	do, make, practise, cause
προσκαλέομαι *mid*	29	summon, call in, invite
προσκαρτερέω	10	attend constantly to, adhere to
προσκυνέω	59/ 60	worship, do homage to, bow before
πωλέω	22	sell, offer for sale; *pt:* dealer
συ(ν)ζητέω	10	discuss, dispute, argue
τελέω	28	finish, fulfill, pay
τηρέω	71	keep, guard, protect, observe
ὑστερέω	16	lack, be excluded, be inferior
φιλέω	25	love, kiss, like, have affection for
φοβέομαι *pass dep*	95	fear, be afraid, respect
φρονέω	26	think, judge, be intent on
φωνέω	42/ 43	call, sound, name, summon
χωρέω	10	make room, proceed, grasp
ὠφελέω	15	profit, benefit, be of use (to)

C-O

δικαιόω	39	justify, pronounce righteous
ζηλόω	11	be zealous, desire earnestly
θανατόω	11	put to death, kill, extirpate
κοινόω	14	make common, defile
ὁμοιόω	15	be like, liken, compare
πληρόω	86/ 87	fill, fulfill, complete, finish
σταυρόω	46	crucify, nail to a cross
ταπεινόω	14	humble, make humble, humiliate
τελειόω	23	complete, finish, perfect, consecrate
ὑψόω	20	exalt, lift up, elevate
φανερόω	49	make manifest, reveal, show

D

ἁγιάζω	29/ 28	sanctify, hallow, purify
ἀγοράζω	30	buy, purchase
ἀσπάζομαι *dep*	59	greet, salute, hail, welcome
ἀτενίζω	14	gaze upon intently
ἀφορίζω	10	separate from, appoint
βαπτίζω	76	baptize, dip, immerse
βασανίζω	12	torment, torture
βαστάζω	27	bear, carry, take up, remove
γνωρίζω	26	make known, reveal, know
δαιμονίζομαι *dep*	13	be demon possessed *or* tormented
διαλογίζομαι *mid dep*	16	debate, deliberate, ponder
διαμερίζω	11	divide, distribute, separate

VERBS : D

δοκιμάζω		22	(ap)prove, assay, test
δοξάζω		60/61	glorify, praise, honor
ἐγγίζω		42	come near, approach
ἐλπίζω		31	hope, hope for, expect, foresee
ἐμφανίζω		10	manifest, reveal, make known
ἑτοιμάζω		41	prepare, make ready
εὐαγγελίζομαι	mid & pass	54	bring good news, proclaim (*only act in Rv* 10^7, 14^6)
θαυμάζω		42/43	marvel, wonder at, be astonished
θερίζω		21	reap, gather, harvest
καθαρίζω		31	cleanse, make clean, purify
καταρτίζω		13	mend, fit, perfect, unite
κατασκευάζω		11	prepare, erect, furnish
κομίζω		11/12	receive back, get, bring
κτίζω		15	create; *pt:* creator
λογίζομαι	dep	40/41	compute, reckon, consider
μερίζω		14	divide, bestow, separate
νομίζω		16	suppose, do by custom
ξενίζω		10	entertain, startle, astonish
ὀνειδίζω		9/10	reproach
ὀνομάζω		9/10	name, call upon
πειράζω		39	test, (at)tempt, try
πιάζω		12	take, lay hold of, arrest
ποτίζω		15	give drink to, water
σαλπίζω		12	sound a trumpet
σκανδαλίζω		29/30	cause to stumble, grieve, give offense, anger, shock
σπλαγχνίζομαι	dep w dat	12	compassionate, have pity
σπουδάζω		11	hasten, be eager, take pains
στηρίζω		14	establish, fix firmly
σφάζω		10	slay, kill, slaughter
σφραγίζω		15	seal, accredit
σχίζω		11	split, divide, tear off
φωτίζω		11	light, enlighten, reveal
χαρίζομαι	mid dep & pass	23	give freely, forgive, gratify
χορτάζω		15	eat to the full, satiate
χωρίζω		13	separate, depart

D Irr

ἀναπίπτω		12	recline, lie down, lean
ἐκπίπτω		10	fall away, lose, fail
ἐπιπίπτω		11	fall upon, approach eagerly
ἐργάζομαι	dep	41	work, accomplish, perform
καθαρίζω		31	cleanse, make clean, purify
καθεύδω		22	sleep, sleep in death
καθίζω		46	seat, sit, cause to sit, set
κατεργάζομαι	dep	22	work out, achieve, conquer
πείθω		53	persuade, trust
πίπτω		90	fall (down), fall to pieces, collapse, go down, perish
σῴζω		106/108	save, heal, preserve, rescue

G

ἄγω		67	go, lead, bring, arrest
ἀνάγω		23	lead up; *mid:* set sail
ἀνέχομαι	mid	15	endure, bear with
ἀνοίγω		78	open
ἀπάγω		15/17	lead away, bring before
ἀπέχω		13 or 19	receive, be distant

(ἀπέχομαι *mid is listed under words occurring 6 times*)

ἄρχω		86	rule; *mid w gen:* begin
δέχομαι	dep	56	receive, take, grasp, accept
διώκω		45/46	pursue, persecute, press on, drive out
εἰσάγω		11	lead in, bring in
ἐκλέγομαι	mid	22	pick out, choose, select (for self)
ἐλέγχω		17/18	convict, reprove, expose, punish
ἐξάγω		12	lead out *or* forth, bring out
ἔχω		708	have, hold, possess, preserve
ἥκω	pf-pr	25/26	to have come, be present
κατέχω		17/18	hold back, hold fast, hinder, check
παράγω		10	pass by *or* away, disappear
παρέχω		16	offer, afford, furnish, show
προάγω		20	lead forth, go before, precede
προσδέχομαι	mid dep	14	receive, wait for, expect
προσέχω		24	attend to, fix the mind on
στήκω		11	stand, stand firm, be steadfast
συνάγω		59	gather, bring, call together, invite
συνέχω		12	hold fast, oppress, urge
τίκτω		18	give birth to, bring forth
ὑπάγω		79	depart, go away
ὑπάρχω		60	exist, subsist, be
ὑπάρχοντα			one's belongings (*14 ts*)
φεύγω		29/31	flee, avoid, escape, vanish

G in pr

ἀπέρχομαι	dep	116/118	depart, go, come from
διαλέγομαι	mid	13	dispute, discourse, reason (*only pass in Mk* 9^{34})
διέρχομαι	dep	41	pass through, come, go
εἰσέρχομαι	dep	192/196	go *or* come into, enter
ἐξέρχομαι	dep	217/222	go *or* come out, depart, retire
ἔρχομαι	dep	633/635	come, go, appear
κατέρχομαι	dep	15/16	come down, descend
λέγω	(*in se*); uses suppls	1322	speak, say, tell, order, call, name
παρέρχομαι	dep	29/30	pass by *or* away, come to an end
προέρχομαι	dep	9/10	go in front, precede
προσέρχομαι	dep	87	come to, approach, assent
προσεύχομαι	mid dep	86/87	pray, offer prayer
συνέρχομαι	dep	30/32	come together, assemble, gather
τρέχω	w suppl	19/20	run, proceed quickly

G-I

ἁρπάζω		14	seize, snatch, take away
διατάσσω		16	command, arrange, order
ἐκπλήσσομαι	pass	13	be amazed *or* overwhelmed
ἐμπαίζω		13	mock, ridicule, deceive, trick
ἐπιτάσσω		10	command, enjoin upon, order
κηρύσσω		61	proclaim, preach, announce
κράζω		55	cry out *or* aloud, scream, shriek
πατάσσω		10	smite, strike, hit
πράσσω		39	do, perform, practice
ταράσσω		17/18	trouble, agitate, stir up
τάσσω		8/10	arrange, appoint, order
ὑποτάσσω		38/39	subject, subordinate
φυλάσσω		31	guard, watch, protect, keep

L

αἴρω		101	take up *or* away, raise
ἀναγγέλλω		13	announce, declare, report
ἀναφέρω		9 / 10	bring up, offer up
ἀπαγγέλλω		46	announce, report, tell, proclaim
ἀποστέλλω		131	send forth *or* away
βάλλω		123/122	throw, put, lay, cast
βούλομαι	*dep*	37	wish, determine, will
δέρω		15	beat, strike
διαφέρω		13	differ, carry different ways
ἐγείρω		143/144	raise up, arouse, excite
ἐκβάλλω		81	cast out, expel, release, take out
ἐντέλλομαι	*mid dep*	15/ 16	command, order, give orders
ἐξαποστέλλω		13	send forth, send away
ἐπαίρω		19	lift up, be taken up, rise up
ἐπαγγέλλομαι	*mid*	15	promise, offer, lay claim to
ἐπιβάλλω		18	lay upon, cast over
θέλω		207/209	will, wish, desire, want
καταγγέλλω		18	proclaim, announce
μέλλω		110	to be about to, be destined
ὀφείλω		35	owe, ought, be obligated
παραγγέλλω		30/ 31	command, charge, instruct
περιβάλλω		23	put around, clothe
προσφέρω		46	bring to, offer, present, meet
σπείρω		52	sow; *pt:* sower
συμφέρω		15	bring together; *impers:* it is profitable
φέρω	*w suppl*	68	carry, bear, lead
χαίρω		74	rejoice, hail, farewell!

LB

ἀναβλέπω		25	look up, receive sight
ἀναστρέφω		9 / 10	return; *mid:* live, behave, act
ἀποκαλύπτω		26	reveal, disclose, bring to light
ἅπτομαι	*mid dep w gen*	35	touch, take hold of
βλέπω		132/133	see, look (at), look on
γράφω		191 / 190	write, record, compose
διατρίβω		9 / 10	continue, spend time, stay
ἐγκαταλείπω		10	leave behind, abandon
ἐκκόπτω		10	cut down *or* off, remove
ἐμβλέπω		11	look at, view, consider
ἐπιστρέφω		36	turn to, return
ἐπιτρέπω		18	permit, allow
θάπτω		11	bury
θλίβω		10	(op) press, press upon, narrow
καταλείπω		24	leave behind, give up
κλέπτω		13	steal
κρύπτω		19	conceal, hide, cover
νίπτω		17	wash (hands or feet)
πέμπω		79	send, dismiss, write to
σέβομαι	*dep*	10	reverence, worship
στρέφω		21	turn, convert, change
τύπτω		13	smite, beat, strike
ὑποστρέφω		35/ 36	return, turn back

N

ἀνακρίνω		16	examine, investigate
ἀποκρίνομαι	*dep*	231/ 234	answer, reply, speak up
ἀποκτείνω		74	kill, put to death
γέμω		11	fill, be full
διακρίνω		19	discriminate, judge, differentiate; *mid:* doubt, waver
ἐκτείνω		16	stretch out, spread out, extend, lay on
ἐκχύννομαι	*pass*	11	pour out, shed
ἐπιμένω		16 / 17	continue, remain, stay
εὐφραίνω		14	rejoice, gladden, cheer
καταισχύνω		13	put to shame, be disappointed
κατακρίνω		18	condemn, pronounce sentence
κερδαίνω		17	gain, win
κρίνω		114/ 115	judge, decide, try, prefer
μένω		118/ 120	remain, stay, continue
ξηραίνω		15	dry up, wither, stiffen
πληθύνω		12	multiply, increase, grow
ποιμαίνω		11	shepherd, feed, tend
ὑπομένω		17	tarry, endure, remain
φαίνω		31	shine; *pass:* appear

+αν

ἁμαρτάνω		43	sin, miss the mark
αὐξάνω		22/ 23	cause to grow, grow, increase

+αν+

ἀναλαμβάνω		13	take up
ἐπιλαμβάνομαι	*mid irr*	19	take hold of, grasp, catch
καταλαμβάνω		15 / 16	overtake, seize, grasp, find
λαμβάνω		258/257	take, receive, grasp, remove
μανθάνω		25	learn, find out
παραλαμβάνω		49 / 50	receive, take, accept
προσλαμβάνομαι	*mid*	12	receive, take to oneself
συλλαμβάνω		16	take, seize, arrest, conceive, aid
τυγχάνω	*w gen*	12	obtain, happen, meet, find

κει

ἀνάκειμαι		14	recline (at table)
κατάκειμαι		12	lie down, be sick, recline, dine
κεῖμαι		24	lie down, be set, appear

+ν

περιτέμνω		17	circumcise, cut (off) around
πίνω		73/ 74	drink, give someone a drink

+ν+

ἀναβαίνω		81	go up, ascend, climb up
ἐμβαίνω		17/ 18	embark, go upon *or* into
καταβαίνω		81 / 82	go down, descend, come down
μεταβαίνω		12	depart, pass, move
ὑγιαίνω		12	be in good health

VERBS : +νυ

+νυ

ἀπόλλυμι	as μι[4]	90 / 92	destroy; *mid*: perish

+σκ or ισκ

ἀναγινώσκω		32	read, gather exact knowledge
ἀποθνήσκω		113/112	die, face death, be mortal
ἀρέσκω	w dat	17	please, be pleasing, accommodate
γινώσκω		221	come to know, understand, recognize
διδάσκω		97	teach
ἐπιγινώσκω		44	come to know, recognize, acknowledge
εὑρίσκω		176/175	find, discover, come upon
μιμνήσκομαι	pass	23 / 24	remember, remind oneself, be mentioned
πάσχω		40 / 41	suffer, experience, endure

ω

ἀκούω	w gen	428/431	hear, listen, give a hearing
ἀναπαύω		12	refresh; *mid:* take rest
ἀπολύω		66 / 67	release, dismiss, pardon
βασιλεύω		21	reign, to be king, become king
δουλεύω		25	serve, be a slave, obey
εἰσπορεύομαι	mid	18	enter, go in
ἐκπορεύομαι	mid	33 / 34	go out *or* from, set out, proceed
ἐνδύω		28	put on, clothe, dress, wear
ἐσθίω	w suppl	158/157	eat, consume, devour
θεραπεύω		43	heal, serve, minister to
θύω		14	sacrifice, kill, slay, celebrate
ἰσχύω		28	be strong, valid, able, powerful
καίω		12	burn, light up, be lit
κατακαίω		12 / 13	burn up *or* down, consume
καταλύω		17	destroy, lodge, tear down
κατεσθίω	w suppl	14	eat up, devour, consume
κελεύω		25 / 26	order, command, urge
κλαίω		40	weep, lament, cry, bewail
κλείω		16	shut up, close, lock, bar
κωλύω		23	forbid, hinder, impede
λατρεύω		21	serve, worship
λύω		42	loosen, nullify, destroy
μνημονεύω		21	remember, think of, mention
μοιχεύω		15	commit adultery
νηστεύω		20	fast, abstain
ὀμνύω (also ὄμνυμι -μι[4])		26	swear, take an oath
παιδεύω		13	teach, chastise, train
παύω	mid	15	cease, restrain, stop (*only 1-Pt 3[10] is act*)
περισσεύω		39	abound, be rich, be left over
πιστεύω		241/243	have faith in, believe
πορεύομαι	mid & pass	152/151	go, proceed, set out, travel

(*this verb and its compounds placed here because πορεύω is attested in Pindar +; some consider it deponent*)

προφητεύω		28	prophesy, reveal, foretell
σαλεύω		15	shake, move to and fro, totter
ὑπακούω		21	obey, listen
φονεύω		12	murder, kill
φυτεύω		11	plant

μι[1]

ἀνθίστημι		14	*tr:* set against; *intr:* resist
ἀνίστημι		107/108	*tr:* raise up; *intr:* rise
ἀφίστημι		14	*tr:* put away, move to revolt; *intr:* depart from
δύναμαι	dep	209	to be able, be powerful
ἐξίστημι		17	*tr:* put out, amaze, astound *intr:* retire, be mad, be out of one's senses
ἐπίσταμαι	pass dep	14	understand, know well
ἐφίστημι		21	*tr:* set upon, set by *intr:* be set over, be at hand
ἵστημι		152	*tr:* make to stand, set up *intr:* to stand (e.g., amazed)
καθίστημι		21	*only tr:* set in order, appoint, establish, conduct
παρίστημι		41	*tr:* place beside, provide *intr:* stand by, be present
συνίστημι and συνιστάνω (+αν)		16	*tr:* commend, prove *intr:* stand with, consist of

μι[2]

ἐπιτίθημι		40	place upon; *mid:* attack
παρατίθημι		19	place beside; *mid:* entrust
πίμπλημι		24	fill; *w gen* of what fills
προστίθημι		18	add, add to, place near
τίθημι		99	place, lay, put aside, make

μι[3]

ἀποδίδωμι		48	give back, pay; *mid:* sell
δίδωμι		415	give, grant, bestow, impart
ἐπιδίδωμι		9 / 10	give to, deliver, hand over
παραδίδωμι		120/ 119	hand over, betray, deliver, entrust

μι[4]

δείκνυμι, -νύω (ω)		32 / 33	show, point out, explain, prove
ἐνδείκνυμι	mid	11	show forth, manifest
ὄμνυμι		:	*see ὀμνύω, under* ω *above.*

μι[5]

ἀφίημι		142/146	let go, permit, forgive
συνίημι		26 / 28	understand, consider, be wise

μι[6]

κάθημαι	dep ?	91	sit down, be enthroned, stay, live, reside, settle

Suppl

εἶδον	for ὁράω	337	see, perceive
εἶπον	for λέγω	929	say, answer, speak, call, foretell

VERBS : Suppl

ἐρῶ		96	say, *etc*; *ῥηθέν*: what is written

(various parts of λέγω: act fut, plupf; pass aor[1], pf)

Spec

εἰμί *(in se)*		138	be, exist, happen

(εἶ 92; ἐστίν 895; ἐσμέν 52; ἐστέ 92; εἰσίν 156)
pr subjc 69; pr opt 11; pr imv 21; pr inf 124; pr pt 152; mid impf ind 449; mid fut ind 185; mid fut inf 4; mid fut pt 1)

οἶδα	*pf w pr*	321	know, be acquainted with, experience
πάρειμι		24	be present, come, have
φημί		66/67	say, affirm, mean

Dep

γεύομαι	*w gen*	15	taste, enjoy, experience
γίνομαι		667	become, be, happen, be made
διαμαρτύρομαι		15	testify solemnly, adjure, charge
ἐπαισχύνομαι	*pass dep*	11	be ashamed of
ἐπισκέπτομαι	*mid dep*	11	visit, care for, inspect
ἡγέομαι		28	leader (*pt: 7 ts*); think, consider, regard (*21 ts*)
θεάομαι	*mid, pass dep*	22	behold, witness, gaze upon, greet
ἰάομαι	*mid dep & pass*	26	heal, cure
παραγίνομαι		37/38	come, arrive, be present
πυνθάνομαι	*mid dep*	11	inquire, ask, enquire, learn
ῥύομαι	*mid dep*	17	rescue, deliver, save, preserve
φείδομαι	*mid dep w gen*	10	spare, forbear, refrain
ψεύδομαι	*mid dep*	12	lie, deceive, speak falsely

Impers

δεῖ		102/104	it is necessary, one must
ἔξεστι(ν)		31/33	it is lawful *or* permitted *or* possible *or* proper
μέλει		10	it is a care, it concerns, it matters

ADVERBS

Compar

μᾶλλον		81	more, rather, instead
περισσοτέρως		12	more abundantly, far more, especially, all the more

Interr

πόθεν	*of PL*	29	whence? from where? from what source? in what way?
πότε	*of T*	19	when? how long?
ποῦ	*of PL*	48/46	where? whither?
πῶς	*of M*	104	how?! why? in what way?

M

ἀμήν	*Heb*	126/135	truly, so let it be, amen
κακῶς		16	badly, miserably, wrongly, sickly
λίαν		12	greatly, very much
ὁμοθυμαδόν		11	unanimously, with one accord
ὄντως		10	really, truly, certainly
σφόδρα		11	exceedingly, vehemently
ταχέως		10	quickly, soon, without delay
χωρίς		41	apart from, besides

(also a prep w gen)

ον

μόνον	*nt of adj*	66	only, alone

ως

ἀληθῶς		18	truly, really, actually
καθώς		178	as, even as, according as
καλῶς		37	well, better, commendably
ὁμοίως		31	likewise, like, similarly, so
οὕτω(ς)		208	thus, so, in this manner
ὡς		410	as, that, how, about, when

(also a conj has the same form)

ὡσαύτως		17	likewise, similarly

PL

ἄνω		9/11	above, upwards, up
ἄνωθεν		13	from above; again
δεῦτε		12	hither; come! come on!
ἐγγύς *(also an adv of time)*		31	near, close to
ἐκεῖ		95	there, in that place
ἐκεῖθεν		27	thence, from that place
ἔμπροσθεν	*(also, prep w/gen)*	48	ahead
ἔξω *(also a prep w gen)*		62	outside, out
ἔξωθεν *(also a prep w gen)*		13/12	from the outside, outside
ἐπάνω *(also a prep w gen)*		19	above; more than
ἔσωθεν		12	from within, within, inside
κἀκεῖ	*contracted*	10	and there, there also
κἀκεῖθεν	*contracted*	10	and from there (*Ac* 13^{21} *of time*: and then)
κάτω		10	down, below, downwards
μακράν		10	far away, far off
μακρόθεν		14	from afar, afar
ὅθεν	*relat*	15	whence, wherefore, from which
ὀπίσω *(also a prep w gen)*		35	behind, after, back
ὅπου	*relat*	82	where, whither
οὗ	*relat*	24	where, whither
πέραν *(also a prep w gen)*		23	on the other side
πλησίον		17	near, near by, close by

(also a prep w gen and a masc subst: neighbor*)*

ADVERBS : PL

Word		Freq.	Meaning
ὑποκάτω		11	under, below, down at
ὧδε		60	hither, here, herein

S

Word		Freq.	Meaning
ἔτι		92	still, yet, even
καθάπερ		17	even as, as, as also
λοιπός		55	for the rest, henceforth
(also a subst, 2.7, and an adj, 2-1,1)			
οὐ, οὐκ, οὐχ	*neg*	1525	not
οὐδέ	*neg*	139	and not, neither, nor
(also a coörd conj)			
οὐχί	*neg*	53	not, no, by no means
πλήν		31	however, but, only
(also a prep w gen)			
ὡσεί		21	like, about
ὥσπερ		36	just as, even as

Superl

Word		Freq.	Meaning
μάλιστα		12	most, especially, above all, particularly, greatly

T

Word		Freq.	Meaning
ἅμα		10	at the same time, together
(also a prep w dat)			
ἅπαξ		14	once
ἄρτι		36	now, just now, lately
αὔριον		14	tomorrow, soon
ἐγγύς		31	near, close to
(also an adv of PL)			
εἶτα		13	then, next, furthermore
ἐπαύριον		17	on the morrow, tomorrow
ἔπειτα		16	then, thereupon, next
εὐθέως		33	immediately, at once
εὐθύς		54	immediately, at once
(an adj, 3-1,13, has this same form)			
ἤδη		60	now, already, by this time
μέχρι(ς)		18	until
(also a prep w gen)			
μηκέτι	*neg*	22	no longer, not from now on
νῦν		149	now, at the present time
νυνί		18	now
οὐδέποτε		16	never
οὐκέτι		48	no longer, no more, no further
(of time and logic)			
οὔπω		26/27	not yet, (n)ever
πάλιν		141	again, once more, anew, back
πάντοτε		41	always, at all times
παραχρῆμα		18	immediately, at once
πολλάκις		18	often, many times, frequently
πρίν		13	before, formerly
πρωΐ		12	in the morning, early
πρῶτον		60/61	first, before, above all
σήμερον		41	today, this very day
τότε		159	then, at that time
τρίς		12	thrice, three times
ὕστερον		11	later, then, thereafter, finally

CONJUNCTIONS

Coörd

Word		Freq.	Meaning
ἀλλά		635/636	but, except, yet, rather
δέ		2771	but, and
(not listed in Moulton-Geden's Concordance)			
καί		8947	and, even, also
(not listed in Moulton-Geden's Concordance)			
μηδέ	*neg*	57	but not, nor, not even
μήτε	*neg*	34	neither, nor, and not
οὐδέ	*neg*	139	and not, neither, nor
(also an adv S)			
οὔτε	*neg*	91	neither, nor, and not

Subord

Word		Freq.	Meaning
ἄχρι		48	until
(also a prep w gen)			
γάρ		1036	for, certainly, so, then; what!
ἐάν	*w subjct*	279	if; *sometimes:* when(ever)
ἐὰν μή	*neg*	62	if not, unless
εἰ	*w indic*	295	if
εἰ μή	*neg*	105	if not, otherwise, unless, perhaps
εἰ οὐ	*neg*	33	if not, unless
εἴτε...εἴτε		65	if... if, whether... or
ἐπεί		26	when, since, because, for
ἐπειδή		10	since, because, since then
μήποτε	*neg*	25	not, lest, perhaps, probably
ὅπως		53	in order that, that
ὥστε		84	so that, therefore, for this reason

Caus

Word		Freq.	Meaning
διό	*inferent*	53	on which account, wherefore, therefore
διότι		24	because, therefore, for, that
ὅτι		1281	that, because, since, so that

S

Word		Freq.	Meaning
ἕως	*tempor*	59	until, as long as, while
(a prep w gen has the same form)			
ὡς		93	when, since, while, as, after
(an adv has the same form)			

PARTICLES

Word		Freq.	Meaning
ἄν		166	*makes statement contingent*
ἄρα	*inferent*	49	then, therefore, so
γέ	*enclit*	31	indeed, at least, even
ἤ		340	or, whether (297), than (43)
ἰδού	*demonst*	200	lo ! see ! behold !
ἵνα		565	in order that, that
ἵνα μή		109	in order that not, lest
μέν		181	on the one hand, indeed
μή	*neg*	680	not, lest
μήτι	*neg*	15	surely not, probably not, perhaps

PARTICLES

ναί	*affirm*	34	yea, truly, yes, indeed
ὅταν	*tempor*	123	whenever, at the time that
ὅτε	"	102	when, while, as long as
οὔ	*neg*	17	no, not
οὐ μή	*doub neg*	98	never, certainly not
οὖν	*inferent*	491	therefore, then, accordingly
ποτέ	*indefin*	29	at some time, once, at times
πως w *εἴ, μή*	*enclit*	14	at all, somehow, anyway
τέ	*enclit*	205	and, and so, so

INTERJECTIONS

ἴδε	29	see! behold! look!
οὐαί	46	woe! alas!
ὦ	17	O! oh!

(*a like form is the alphabetical letter, omega*)

CONTRACTED FORMS

κἀγώ = *καὶ ἐγώ*	84	and I, I also, but I
κἀκεῖνος = *καὶ ἐκεῖνος*	22	and he, she, it, this, that (*declined like the demonstr pron ἐκεῖνος*, 2-1,1a)
κἄν = *καὶ ἐάν* = *καὶ ἄν*	18	and if, if only, even if, even though, at least

PRONOUNS

Demonstr

m ἐκεῖνος	243	that, that person *or* thing (*declined like 2-1,1a ἄλλος*) (*accents: acute in all forms except sg nom & acc which have circumflex*)
f ἐκείνη		(*declined like 2-1,1a ἄλλη*) (*accents: acute; circumflex only in nom pl*)
nt ἐκεῖνο		(*declined like 2-1,1a ἄλλο*) (*accents: acute; circumflex in nom & acc, sg & pl*)
ὅδε, ἥδε, τόδε	10	this (here) (*–the article, with δε*)
οὗτος, αὕτη, τοῦτο	1388	this

SING			PLUR		
NOM *m*	*οὗτος*	189	NOM *m*	*οὗτοι*	74
f	*αὕτη*	75	*f*	*αὗται*	3
NOM ACC *nt*	*τοῦτο*	318	NOM ACC *nt*	*ταῦτα*	237
GEN *m,nt*	*τούτου*	69	GEN *m,f,nt*	*τούτων*	72
f	*ταύτης*	34	DAT *m,nt*	*τούτοις*	19
DAT *m,nt*	*τούτῳ*	90	*f*	*ταύταις*	11
f	*ταύτῃ*	32	ACC *m*	*τούτους*	28
ACC *m*	*τοῦτον*	58	*f*	*ταύτας*	9
f	*ταύτην*	52			

τοῦτ' ἔστιν 18 that is (i.e.,)

Indefin

	SING NOM	GEN	DAT	ACC	PLUR NOM	GEN	DAT	ACC
m,f	*τις*	*τινός*	*τινί*	*τινά*	*τινές*	*τινῶν*	*τισί(ν)*	*τινάς*
nt	*τι*	*τινός*	*τινί*	*τι*	*τινά*	*τινῶν*	*τισί(ν)*	*τινά*

518 any, certain one, some one

εἴ τις 83 whoever, whatever

(*these 83 are counted into the 518 occurrences; Moulton-Geden list εἴ τις separately on pp 262f, and repeat the references under τις-proper on pp 949–954*)

Interr

	SING NOM	GEN	DAT	ACC	PLUR NOM	GEN	DAT	ACC
m,f	*τίς*	*τίνος*	*τίνι*	*τίνα*	*τίνες*	*τίνων*	*τίσι(ν)*	*τίνας*
nt	*τί*	*τίνος*	*τίνι*	*τί*	*τίνα*	*τίνων*	*τίσι(ν)*	*τίνα*

553 who? which one? what?

Person

1

SING			PLUR		
NOM	*ἐγώ*	347	NOM	*ἡμεῖς*	127
GEN	*ἐμοῦ*	109	GEN	*ἡμῶν*	393
	μου	559	DAT	*ἡμῖν*	168
DAT	*ἐμοί*	93	ACC	*ἡμᾶς*	167
	μοι	225			
ACC	*ἐμέ*	91			
	με	287			

2566 I; we, *etc.*

2

SING			PLUR		
NOM	*σύ*	173	NOM	*ὑμεῖς*	235
GEN	*σοῦ, σου*	474	GEN	*ὑμῶν*	557
DAT	*σοί, σοι*	213	DAT	*ὑμῖν*	609
ACC	*σέ, σε*	196	ACC	*ὑμᾶς*	432

2889 thou; you, *etc.*

3

SING			PLUR		
NOM *m*	*αὐτός*	151	NOM *m*	*αὐτοί*	87
f	*αὐτή*	7	*f*	*αὐταί*	0
nt	*αὐτό*	2	*nt*	*αὐτά*	0
GEN *m,nt*	*αὐτοῦ*	1400	GEN *m,f,nt*	*αὐτῶν*	555
f	*αὐτῆς*	166	DAT *m,nt*	*αὐτοῖς*	551
DAT *m,nt*	*αὐτῷ*	842	*f*	*αὐταῖς*	17
f	*αὐτῇ*	96	ACC *m*	*αὐτούς*	354
ACC *m*	*αὐτόν*	947	*f*	*αὐτάς*	11
f	*αὐτήν*	127	*nt*	*αὐτά*	45
nt	*αὐτό*	71			

5429 he, she, it; they, *etc.*

PRONOUNS : Person(al)

ὁ αὐτός	75	the same, together
αὐτός ὁ	41	himself, herself, itself, themselves

Possess

ἐμός, ή, όν	76	my, mine
σός, σή, σόν	27	thy, your (*sing*)
(*both declined like the adj, 2-1,1*)		
ὑμέτερος, α, ον	10	your (*plur*)
(*declined like the adj, 2-1,2*)		

Recipr

	PLUR GEN	DAT	ACC
m	ἀλλήλων	-λοις	-λους

100 one another, each other, mutually

Reflex

SING	GEN	DAT	ACC
m	ἑαυτοῦ	ἑαυτῷ	ἑαυτόν
f	ἑαυτῆς	ἑαυτῇ	ἑαυτήν
nt	ἑαυτοῦ	ἑαυτῷ	ἑαυτό

320 himself, herself, itself

m	ἐμαυτοῦ	ἐμαυτῷ	ἐμαυτόν
f	ἐμαυτῆς	ἐμαυτῇ	ἐμαυτήν

37 myself, my own

m	σεαυτοῦ	σεαυτῷ	σεαυτόν
f	σεαυτῆς	σεαυτῇ	σεαυτήν

42 thyself, yourself

Relat

οἷος, α, ον	14 / 15	of what kind, as, such as
(*declined like the adj, 2-1,2*)		

	SING NOM	GEN	DAT	ACC	PLUR NOM	GEN	DAT	ACC
m	ὅς	οὗ	ᾧ	ὅν	οἵ	ὧν	οἷς	οὕς
f	ἥ	ἧς	ᾗ	ἥν	αἵ	ὧν	αἷς	ἅς
nt	ὅ	οὗ	ᾧ	ὅ	ἅ	ὧν	οἷς	ἅ

in se	993	who, which
in toto	1369	
ὅς μέν	38	
ὅς *demonst incl*	199	
ὅς *in constr attract*	139	

	SING NOM	GEN	PLUR NOM
m	ὅστις	ὅτου	οἵτινες
f	ἥτις		αἵτινες
nt	ὅτι	ὅτου	ἅτινα

154 who, whoever, whosoever, whatsoever

PREPOSITIONS

W Gen

ἀντί	22	instead of, for
ἀπό	648	from, away from, out from
ἄχρι(ς)	48	as far as, up to
(*also a subord conj*)		
ἐκ, ἐξ	911	out of, from, away from; by, because of; by reason of, as a result of
ἔμπροσθεν	48	in front of, before, in the presence of; *as adv:* ahead
ἕ(ι)νεκα *or* κεν	26	on account of, because of, for the sake of
ἐνώπιον	93 / 94	before, in the presence of, in the sight of, in the opinion of
ἔξω	62	outside of, out of
(*also an adv of PL*)		
ἔξωθεν	13 / 12	from without, outside, out of
(*also an adv of PL*)		
ἐπάνω	19	above, over, on
(*also an adv of PL*)		
ἕως	86	until, as far as, up to
(*a conj has the same form*)		
μέχρι(ς)	18	until, as far as
(*also an adv of T*)		
ὀπίσω	35	behind, after
(*also an adv of PL*)		
πέραν	23	beyond, to the other side
(*also an adv of PL*)		
πλήν	31	except
(*also an adv S*)		
πλησίον	17	near, close
(*also an adv of PL and a masc subst*)		
πρό	47	before, in front of, at, above all
χωρίς	41	apart from, without
(*also an adv of M*)		

W Gen Dat Acc

ἐπί		879	
	Gen	218	on, upon, at, near, before, over, in, under
	Dat	185	on the basis of, against, by, in addition to
	Acc	476	across, over, up to, toward, against, to, for

PREPOSITIONS : Gen Dat Acc

παρά		191	
	Gen	80	from, of, by, with
	Dat	52	beside, with, before, near
	Acc	59	alongside, by, at, to, above
πρός		694	
	Gen	1	to the advantage of
	Dat	7	near, at, by, around
	Acc	689	toward(s), to, for, on behalf of, against, with, before, with regard to

W Gen Acc

διά		666	
	Gen	386	through, during, for, within, at, by means of, with, because of
	Acc	280	on account of, for the sake of, according to, by
κατά		471	
	Gen	73	down from, against, into, throughout, toward
	Acc	398	along, over, through, in, upon, toward, to, up to, by, at, on, during, for the purpose of, according to
μετά		467	
	Gen	364	with, among, in the company of
	Acc	103	after, behind
περί		331	
	Gen	292	concerning, about, for, of on account of, with reference to
	Acc	38	around, near, of, about
ὑπέρ		149	
	Gen	130	for, on behalf of, concerning
	Acc	19	over, beyond, more than
ὑπό		217	
	Gen	167	under, by
	Acc	50	under

W Dat

ἅμα (also an adv of T)	10	together with
ἐν	2711	in, on, at, near, before, with, within, during
σύν	128	with

W Acc

ἀνά	13	in the midst of, among, between; in turn; each, apiece
εἰς	1757	into, in, toward, to, among, near, in the vicinity of, on, for, against, in order to, with respect to

Part Two

Words Occurring Nine Times and Less
Arranged
Alphabetically
according to
Descending Frequencies

NOTES

For an explanation of Part Two, *see* the Introduction, *p.* x.

For Abbreviations, *see p.* ix.

The General Format:

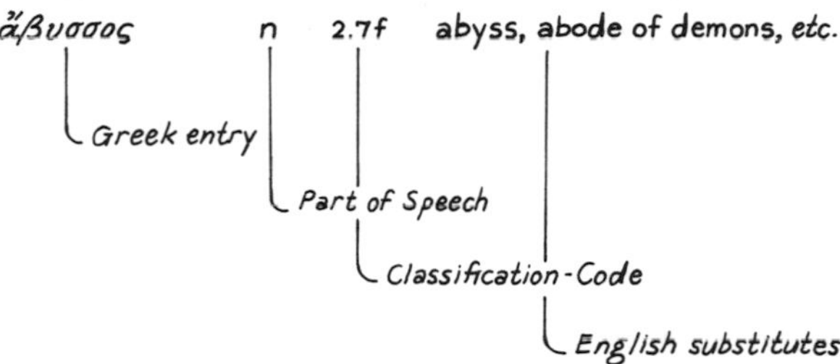

9 ts

Word		Part	Class	Meaning
ἄβυσσος		n	2.7f	abyss, abode of demons and the dead
ἀγαθοποιέω		v	C-E	do good, help, do right
ἄζυμος		adj	2,5	unleavened, without yeast
αἵρεσις		n	3.26	choice, sect, heresy
ἀκριβῶς		adv	M	exactly, accurately, carefully
ἀλείφω		v	LB	anoint
ἄμπελος		n	2.7f	vine, grapevine
ἀναγκάζω		v	D	constrain, force, compel
ἀναστρέφω		v	LB	return; *mid:* live
ἀνατέλλω		v	L	rise up
ἀναφέρω		v	L	bring up, offer up
ἄνομος		adj	2,5	lawless, godless, wicked
ἀντιλέγω		v	G in pr	speak against, oppose
ἄνω		adv	PL	above, upwards, up
ἀπαρχή		n	1.1	first-fruit(s), first
ἀποδοκιμάζω		v	D	reject
ἀπολαμβάνω		v	+αν+	receive; *mid:* take aside
ἀποστρέφω		v	LB	turn away; *mid:* reject
ἀποτίθημι		v	$μι^2$	lay aside, throw off, put
ἄρσην	ὁ	adj	3,20	male
ἀρχισυνάγωγος		n	2.7	synagogue ruler
ἀσεβής		adj	3,22	impious, godless
ἀστραπή		n	1.1	lightning, ray
βέβαιος		adj	2-1,2	firm, sure, stable, reliable
βίος		n	2.7	life, livelihood, property
βόσκω		v	+σκ	tend, feed; *mid:* graze
γαστήρ	ἡ	n	3.20	belly, womb; a glutton
γεμίζω		v	D	fill
γνώμη		n	1.1	judgment, mind, decision
γωνία		n	1.2	angle, corner, keystone
δεῦρο		adv	PL	hither, here, come!
διασκορπίζω		v	D	disperse, scatter, waste
διατρίβω		v	LB	continue, spend time, stay
δωρεάν		adv	M	freely, for nothing
ἕβδομος		adj	2-1,1	seventh
εἰδωλόθυτος, ον	(τό)	adj	2,5; 2.8	sacrificed to idols; *only subst*
ἐκδίκησις		n	3.26	avenging, retribution
ἐντεῦθεν		adv	PL	hence, from this place
ἐντρέπω		v	LB	shame; *mid:* respect
ἑξήκοντα		adj	24	sixty (*includes nums 666: once, and 1260: bis*)
ἐπέρχομαι *dep*		v	G in pr	come upon *or* about, attack
ἐπιδίδωμι		v	$μι^3$	give to, deliver, hand over
ἐπιποθέω		v	C-E	desire earnestly, long for
ἔρις	ἡ	n	irr	contention, strife, rivalry
SING: GEN: ἔριδος; ACC: ἔριν; PLUR: NOM: ἔρεις and ἔριδες; *otherwise like*			3.12	
ἔσω		prep	gen	in, within
		adv	PL	within, inside
εὐάρεστος		adj	2,5	well-pleasing, acceptable
εὐδοκία		n	1.2	delight, pleasure, choice
εὐώνυμος		adj	2,5	left (hand)
θνήσκω		v	+ισκ	die
καθαιρέω	*spec*	v	C-E	overthrow, pull down
κατάγω		v	G	lead down, bring (down)
κατάπαυσις		n	3.26	repose, place of rest
καταφρονέω		v	C-E	contemn, despise
κατέναντι		adv	PL	over against, opposite
		prep	gen	opposite, before
κίνδυνος		n	2.7	danger, peril
κλάσμα		n	3.31	fragment, part, piece
κλαυθμός		n	2.7	lamentation, wailing
κραυγάζω		v	D	cry out, shout, call out
κρούω		v	ω	knock (on a door)
λαμπάς	ἡ	n	cf 3.12	lamp, torch, lantern
λαμπρός		adj	2-1,2	shining, clear, resplendant
λεπρός		n	2.7	leper, one with skin disease
λέων		n	3.13	lion
λιθάζω		v	D	stone
μαργαρίτης		n	1.4	pearl
μεστός		adj	2-1,1	full
μεταξύ		prep	gen	between, among
		adv	PL,T	between, afterward, next
μεταπέμπω		v	LB	send for, summon, dispatch
μνᾶ, μνάας		n	1.2	mina: *a weight and coin*
μονογενής		adj	3,22	only-begotten, unique, only
νῆσος		n	2.7f	island
νομικός		adj	2-1,1	pertaining to the law
		subst	2.7	teacher of the law, lawyer
οἰκονομία		n	1.2	stewardship, work, responsibility
ὀνειδίζω		v	D	reproach, insult, denounce
ὀνομάζω		v	D	name, call upon, mention
οὐράνιος		adj	2,5	heavenly, in *or* from heaven
παρρησιάζομαι *mid dep*		v	D	speak freely, have courage
περίχωρος		adj	2,5	surrounding country *or* region
πιπράσκω		v	+σκ	sell, sell as a slave
πλατεῖα		n	1.2	broad way, street
πλεονάζω		v	D	superabound, increase, grow
προέρχομαι *dep*		v	G in pr	advance, proceed, come *or* go before
προερῶ		v	suppl	foretell, proclaim beforehand
προπέμπω		v	LB	send forward, accompany
προσφορά		n	1.2	offering, sacrifice
σελήνη		n	1.1	moon
στάσις		n	3.26	standing, sedition, dispute
στολή		n	1.1	long garment; *pl:* clothes
συγγενής	ὁ	subst	cf 3,22	kinsman, relative
(*from the adj, 3,22*)				
τάξις		n	3.26	order, nature, manner, division
τεῖχος, ους *and* εος		n	3.33	wall
τρέφω		v	LB	bring up, feed, sustain, nourish
ὑστέρημα		n	3.31	deficiency, poverty, absence
φθείρω		v	L	corrupt, destroy, ruin, seduce
φθόνος		n	2.7	envy, spite, jealousy
φθορά		n	1.2	corruption, decay, depravity
φόνος		n	2.7	murder, killing
χάριν		prep	gen	for the sake of, because of
χρηματίζω		v	D	instruct, reveal, be named
χρυσός		n	2.7	gold, gold image *or* coinage

8 ts

Word		Part	Class	Meaning
ἁγνός		adj	2-1,1	pure, chaste, holy, innocent
ἀγωνίζομαι *mid*		v	D	contend, strive, fight, compete
ἀδόκιμος		adj	2,5	unapproved, rejected
αἰνέω		v	C-E	praise, laud
ἅλας		n	3.32	salt
(ἅλα *is the accusative form in Mk* 9^{50})				
ἄμωμος		adj	2,5	without blame, faultless
ἀναγκαῖος		adj	2-1,2	necessary, urgent, pressing
ἀντίκειμαι		v	κει	oppose, resist
ἀπεκδέχομαι *mid dep*		v	G	expect earnestly, await expectantly, wait

8ts

Word	Note	Part	Class	Meaning
ἀπιστέω		v	C-E	disbelieve, be unfaithful
ἀποκαθιστάνω }		v	+αν	restore, reestablish, cure,
and ἀποκαθίστημι		v	μι^1	send or bring back
ἀπολογία		n	1.2	(verbal) defense, reply
ἀργός		adj	2-1,1	not working, idle, lazy, careless
ἀρκέω	spec	v	C-E	be satisfied with, sufficient
βάθος		n	3.33	depth, greatness
βεβαιόω		v	C-O	establish, confirm
βοηθέω		v	C-E	help, run at a cry
βοῦς		n	3.30	ox, cow
βρέφος, ους and εος		n	3.33	unborn child, babe, infant, childhood
γογγύζω		v	D	murmur, grumble, whisper
δάκτυλος		n	2.7	finger
διακόσιοι		adj	23	two hundred (*includes nums 276: once, and 1260: bis*)
διανοίγω		v	G	open, explain
διασῴζω	irr	v	D	bring safely through, rescue; *pass*: escape
διηγέομαι	dep	v	C-E	recount fully, relate, tell
δουλόω		v	C-O	lead into slavery, enslave; *pass*: be bound
δρέπανον		n	2.8	sickle
εἰσφέρω		v	L	bring in, lead or carry in
ἐκτός		prep	gen	except, out of
		conj	subord	unless, except
ἐκφέρω		v	L	bring forth, yield, lead out
ἐκφεύγω		v	G	flee from, escape, run away
ἑλκύω }		v	ω	draw, drag, haul
and ἕλκω		v		
ἐναντίος		adj	2-1,2	over against, opposite, contrary, hostile, inimical
ἔνδυμα		n	3.31	clothing, garment
ἐνέργεια		n	1.2	working, efficiency, power
ἔνθαδε		adv	PL	hither, here, to this place
ἐξαιρέω	spec	v	C-E	take to or for (oneself)
ἐπιλανθάνομαι	mid w gen	v	+αν+	forget, neglect
ἐπισυνάγω		v	G	gather together, gather
εὐθύς		adj	3-1,13	straight, right, upright
εὐλογητός		adj	2-1,1	blessed, praised
εὐνοῦχος		n	2.7	eunuch, emasculated man
ζηλωτής		n	1.4	zealot, enthusiast
ζιζάνιον		n	2.8	darnel, cheat, weed
ζώνη		n	1.1	belt, girdle, money belt
ἡλικία		n	1.2	age, time of life, maturity
ἡμέτερος		adj	2-1,2	our
		pron	possess	
θησαυρίζω		v	D	store up, gather up, save
ἴσος		adj	2-1,1	like, equal to; *adv*: equally
καλύπτω		v	LB	cover, hide
καρποφορέω		v	C-E	bear fruit, be productive
κατηχέω		v	C-E	instruct, teach, inform, tell
κήρυγμα		n	3.31	preaching, message
κινέω		v	C-E	move, stir, shake, arouse
κλίνη		n	1.1	bed, couch, stretcher, cot
κοινωνέω		v	C-E	partake in, contribute
κόπτω		v	LB	cut, cut off; *mid*: mourn
κοράσιον		n	2.8	girl, maiden, lass
κύκλῳ		adv	PL	in a circle, round about
		prep	gen	round
(*the dat sg of* κύκλος		n	2.7	)
μεγαλύνω		v	N	enlarge, extend, hold in honor
μεθερμηνεύω		v	ω	translate, interpret
μέντοι		conj	S	yet, still, but, however
μετέχω		v	G	partake, eat, live on, belong to
μέτωπον		n	2.8	forehead, front
μυριάς, άδος	ἡ	n	cf 3.12	myriad, ten thousand, innumerable (*nums implied: 50000: once, 100 000 000: once, 200 000 000: once*)
νουθετέω		v	C-E	admonish, teach, warn
νύμφη		n	1.1	bride, daughter-in-law
ξηρός		adj	2-1,2	dry, withered, paralyzed
οἰκέω		v	C-E	*tr*: dwell in; *intr*: live
ὀξύς		adj	3-1,13	sharp, swift, keen
ὀργίζομαι	pass	v	D	be angry or furious
ὁρίζω		v	D	define, determine, appoint
ὅσιος		adj	2-1,2	holy, pious, devout
ὀσφύς, ύος	ἡ	n	3.28	loins, waist, sexual organs
πάντως		adv	M	wholly, certainly, surely
πατρίς, ίδος	ἡ	n	3.12	one's native country
περιτίθημι		v	μι^2	place around, clothe in
πορνεύω		v	ω	commit fornication
πραιτώριον	Lat	n	2.8	prætor's palace, palace guard
προΐστημι		v	μι^1	*tr*: put before, set over; *intr*: rule, preside
προσκόπτω		v	LB	*tr*: strike against; *intr*: take offense, beat against
προσπίπτω	irr	v	D	fall towards or upon
πρωτότοκος		adj	2,5	firstborn, first
ῥίπτω }	classical	v	LB	throw, throw off, let down
and ῥιπτέω	Ac 22^{23}	v	C-E	
σαπρός		adj	2-1,2	rotten, corrupt, harmful
στράτευμα		n	3.31	armed forces, troops
συλλέγω		v	G	gather
συμβαίνω		v	+ν+	happen, befall, come about
συμβούλιον		n	2.8	council, plan, plot, ploy
συνκαλέω		v	C-E	call together; *mid*: summon
σχίσμα		n	3.31	division, split, tear
ταπεινός		adj	2-1,1	humble, poor, mean, meek
τάσσω		v	G-1	arrange, appoint, order
τεκνίον		n	2.8	little child, child
τρίτον	nt acc adj	adv	T	third time or place, third
ὑπερβολή		n	1.1	excess, preëminence, outstanding quality, hyperbole
χάραγμα		n	3.31	stamp, sculpture, image

7ts

Word	Note	Part	Class	Meaning
ἀγανακτέω		v	C-E	be carried to excess, be indignant or angry
ἀγέλη		n	1.1	herd
ἁγνίζω		v	D	purify, cleanse
ἀεί		adv	T	always, unceasingly
ἀήρ, ἀέρος		n	3.22	air, space
ἄκαρπος		adj	2,5	unfruitful, barren, useless
ἀνθρώπινος		adj	2-1,1	human, of mankind
ἀνταποδίδωμι		v	μι^3	recompense, return, repay
ἀξιόω		v	C-O	deem worthy, think best
ἀπάτη		n	1.1	deception; *pl*: devious ways
ἄπειμι	I	v	spec	be absent, depart

7 ts

ἁπλότης, ητος	ἡ	n	no decl	simplicity, generosity
ἀποδέχομαι		v	dep	receive gladly, accept
ἀπολείπω		v	LB	leave, abandon; *pass:* remain
ἀτιμάζω		v	D	dishonor; *pass:* be disgraced
ἀτιμία		n	1.2	dishonor, humiliation
ἀφθαρσία		n	1.2	incorruption, immortality
ἄφθαρτος		adj	2,5	incorruptible, immortal
βραχύς		adj	3-1,13	short (*time or distance*), little, small
βρέχω		v	G	wet, rain, send rain
βρυγμός		n	2.7	gnashing of teeth, grinding
γαμίζω		v	D	give in marriage, marry
δηλόω		v	C-O	make manifest, show
διαστέλλομαι	*mid*	v	L	charge, enjoin, command
διαστρέφω		v	LB	distort, pervert, mislead
διατίθημι	*mid*	v	μι^2	arrange, make a will
δοκιμή		n	1.1	proof, evidence, worth
δόκιμος		adj	2,5	approved, tried, genuine
δῶμα		n	3.31	house, roof, housetop
ἐγκαλέω		v	C-E	call to account, accuse
εἰδωλολάτρης		n	1.4	idolater
ἐκζητέω		v	C-E	seek out, require from
ἐκλογή		n	1.1	choice, what is chosen
ἔκστασις		n	3.26	ecstacy, amazement
ἐλευθερόω		v	C-O	set free, free
ἐμπίπτω	*irr*	v	D	fall into *or* among
ἐνδυναμόω		v	C-O	strengthen; *pass:* become strong
ἐνίστημι		v	μι^1	*tr:* place in; *intr:* be present
ἐπίγειος		adj	2,5	earthly, of the earth
ἐπιδείκνυμι		v	μι^4	show plainly, exhibit
ἐπίκειμαι		v	κει	press upon, crowd, be in force
ἐπιστάτης		n	1.4	master
ἐπιταγή		n	1.1	precept, injunction, order, authority
ἐποικοδομέω		v	C-E	build upon, build up
ἐριθεία		n	1.2	contention, selfishness
ἐσθής, ῆτος	ἡ	n	no decl	robe, vestment, apparel
εὐκοπώτερος	*comparat*	adj	2-1,2	easier
ζήτησις		n	3.26	question, debate
θαρσέω	*only imv*	v	C-E	be of good courage!
θεῖον		n	2.8	sulphur, brimstone
θόρυβος		n	2.7	noise, uproar, din
καθαρισμός		n	2.7	cleansing, purification(s)
καθέζομαι		v	dep?	sit down, remain, stay
καταπίνω		v	+ν	drink up, swallow; *pass:* be drowned
κλίνω		v	N	*tr:* recline; *intr:* wear away
κόκκος		n	2.7	seed, grain, kernel
κρεμάννυμι		v	as μι^1	*tr:* hang; *intr mid:* depend
κτάομαι		v	—	acquire, possess, get
κυριεύω	*w gen*	v	ω	be lord of, rule over, dictate
λάμπω		v	LB	shine, flash, illumine
λιθοβολέω		v	C-E	stone, hurl stones at
μαστιγόω		v	C-O	scourge, whip, discipline
μεθύω		v	ω	be drunk, be intoxicated
μεταλαμβάνω		v	+αν+	partake of, share, have
μνεία		n	1.2	remembrance, mention
μοιχαλίς, ίδος	ἡ	n	3.12	adultress, faithless one
μόλις		adv	M	with difficulty, scarcely
νότος		n	2.7	southwind, south
ὄπισθεν		adv	PL	from behind, outside
		prep	gen	behind, after
οὐθείς, οὐθέν		adj	26	no one, nothing; not at all
ὀφειλέτης		n	1.4	debtor, offender, sinner
πάλαι		adv	T	of old, long ago, already
πανταχοῦ		adv	PL	everywhere
παράβασις		n	3.26	transgression, violation, sin
πεντήκοντα		adj	24	fifty (*includes nums 153 and 450: both once*)
περιβλέπομαι	*mid*	v	LB	look around
πνέω		v	C-E	breathe, blow
πολεμέω		v	C-E	go to war, fight
πονηρία		n	1.2	wickedness, evil intention
ποταπός		adj	2-1,1	of what nature *or* sort
πρέπει		v	impers	it is fitting *or* proper
προσμένω		v	N	remain with, abide in
προστάσσω		v	G-1	enjoin upon, command
προσφωνέω		v	C-E	call to, summon, address
πτῶμα		n	3.31	corpse, body
ῥήγνυμι		v	+νυ as μι^4	break forth, burst, dash
and ῥήσσω		v	G-1	
ῥομφαία		n	1.2	broad sword, pain, sorrow
σαρκικός		adj	2-1,1	fleshly, carnal, human
σκιά		n	1.2	shadow, shade, foreshadowing
σπεῖρα		n	1.3	cohort, band of soldiers
στάδιον		n	2.8	race-course, stadium
στάδιοι	*nom pl*		2.7	stades, furlongs
στοιχεῖον	*only pl*	n	2.8	elements, rudiments
στρατεύομαι		v	ω	serve as a soldier, battle
συνανάκειμαι		v	κει	recline with at table
συνβιβάζω		v	D	unite, gather, teach
σύνεσις		n	3.26	understanding, insight
συντρίβω		v	LB	break, bruise, crush
συνχαίρω		v	L	rejoice with, congratulate
ταπεινοφροσύνη		n	1.1	humility of mind, modesty
τάφος		n	2.7	burial-place, tomb, grave
τάχος		n	3.33	quickness, speed
τράχηλος		n	2.7	neck
ὑπομιμνήσκω		v	+ισκ	remind; *pass:* remember
ὑποπόδιον		n	2.8	footstool
φθάνω		v	+ν	attain, achieve, precede
φίλημα		n	3.31	kiss
φιμόω		v	C-O	silence, muzzle; *pass:* be speechless
φλόξ, φλογός	ἡ	n	3.10	flame
φονεύς		n	3.29	murderer
φρέαρ, έατος	τό	n	as 3.31	pit, well, shaft
φυσιόω		v	C-O	inflate, puff up; *pass:* be arrogant
χαλάω		v	C-A	let down, lower
χεῖλος		n	3.33	lip, language, shore
χρηστός		adj	2-1,1	good, useful, kind, loving
ψαλμός		n	2.7	psalm, hymn (of praise)

6 ts

ἀγών	ὁ	n	3.19	contest, struggle, race
αἰγιαλός		n	2.7	seashore, beach
αἰσχύνη		n	1.1	shame, disgrace
ἄκρον		n	2.8	extreme point, top, tip, end
ἀλλάσσω		v	pass	change, alter, exchange
ἀνάθεμα		n	3.31	thing accursed, execration
ἀνακλίνω		v	N	make to recline; *pass:* sit at table *or* down

6 ts

ἀναμιμνῄσκω		v	+ισκ	remind; *pass:* call to mind
ἀναπληρόω		v	C-O	fill up, meet; *pass:* come true
ἀνόητος		adj	2,5	unwise, ignorant, foolish
ἀνυπόκριτος		adj	2,5	without hypocrisy, sincere
ἀξίως		adv	M	worthily, in a suitable way
ἀπείθεια		n	1.2	unbelief, disobedience
ἀπειθής		adj	3,22	unbelieving, disobedient
ἀπέχομαι	*mid*	v	G	avoid, abstain from
ἀποδημέω		v	C-E	go *or* be from home
ἀποθήκη		n	1.1	storehouse, barn, granary
ἀποκόπτω		v	LB	cut off; *mid:* castrate self
ἀπορέω		v	C-E	be in doubt *or* perplexed
ἀποτάσσομαι	*mid*	v	G-1	take leave of, part with
ἀποφέρω		v	L	carry away *or* off, take
ἀπωθέομαι	*mid*	v	C-E	repulse, fail to listen to
ἀσέβεια		n	1.2	impiety, wickedness
αὑτοῦ		pron	reflex	himself, themselves
ἀφορμή		n	1.1	occasion, starting point
βάρβαρος	< 2,5	n	2.7	foreigner, non-Greek, native
βαρέω		v	C-E	weigh down, overcome
βάρος, ους and εος		n	3.33	weight, heaviness, importance
βαρύς		adj	3-1,13	heavy, important, fierce
βασανισμός		n	2.7	torment, torture
βδέλυγμα		n	3.31	abominable *or* detestable thing
βουλεύομαι	*mid*	v	ω	purpose, consult, plan, decide
διάλεκτος		n	2.7f	speech, language
διαπεράω	*α-pure*	v	C-A	pass over, cross over
διαφθείρω		v	L	corrupt, destroy; *pass:* decay, be depraved
διαφθορά		n	1.2	corruption, rotting, decay
διεγείρω		v	L	arouse, wake up, grow rough
διερμηνεύω		v	ω	interpret, translate
δίς		adv	T	twice
δοκός		n	2.7f	beam of wood, spar, log
εἰκῇ		adv	M	without purpose, in vain
εἴπερ		particle		if indeed, if after all, since
ἐκδέχομαι	*dep*	v	G	receive, wait for, expect
ἐκδικέω		v	C-E	vindicate, punish, avenge
ἐμπτύω		v	ω	spit upon
ἕνδεκα		adj	24	eleven
ἔνι	= ἔνεστιν	v	impers	there is in, there exists
ἐνκακέω		v	C-E	faint, despond, tire of
ἐνκεντρίζω		v	D	insert, graft
ἐνοικέω		v	C-E	dwell *or* live in, inhabit
ἐξαπατάω		v	C-A	deceive, mislead
ἐξαυτῆς		adv	T	immediately, instantly
ἐξηγέομαι	*mid dep*	v	C-E	declare fully, be a leader
ἐπαινέω	*spec*	v	C-E	approve, praise, commend
ἐπιβαίνω		v	+ν+	go upon, embark, mount
ἐπιφάνεια		n	1.2	appearance, coming
ἐραυνάω		v	C-A	investigate, examine, search
ἐργασία		n	1.2	business, profit
εὔχομαι		v	dep	pray, wish for, long
ἔχθρα		n	1.2	enmity, ill will, hostility
ζημιόω	*pass*	v	C-O	suffer loss, be punished
ζυγός		n	2.7	yoke, balance, scale
θαρρέω		v	C-E	be of good courage *or* bold
θαυμαστός		adj	2-1,1	wonderful, astonishing
θερμαίνομαι	*mid*	v	N	warm oneself, keep warm
θνητός		adj	2-1,1	mortal
θυμίαμα		n	3.31	incense, offering of incense
ἰατρός		n	2.7	physician, doctor
ἵνα τί		conj	interr	wherefore? why?
καθότι		—	—	because, according as

κακόω		v	C-O	ill-treat, oppress, harm
κάμηλος		n	2.7; 2.7f	camel
κάρφος		n	3.33	dry stubble, speck, splinter
καταλλάσσω		v	pass	reconcile
καταπέτασμα		n	3.31	veil, curtain
κατάρα		n	1.2	execration, something cursed
καταφιλέω		v	C-E	kiss affectionately
κιβωτός		n	2.7f	hollow vessel, ark
κλείς, ειδός	ἡ	n	3.12	key
SING: ACC: κλεῖν and κλεῖδα				PLUR: NOM: κλεῖς and κλεῖδες
κόκκινος		adj	2-1,1	crimson, scarlet
κόλπος		n	2.7	bosom, chest, bay, creek, inlet
κόφινος		n	2.7	hand basket
κραυγή		n	1.1	outcry, shout, clamor, crying
λανθάνω		v	+αν+	be hidden, ignore, be unaware
λείπω	*tr & intr*	v	LB	leave, forsake, be wanting
λειτουργία		n	1.2	service, worship, sacrifice
λύκος		n	2.7	wolf
μάγος		n	2.7	wise man, sorcerer, magician
μάστιξ, ιγος	ἡ	n	3.10	whip, scourge, disease
μάταιος		adj	2-1,2	vain, empty, fallacious
μέριμνα		n	1.2	care, burden, anxiety
μεσίτης		n	1.4	mediator, intermediary
μεταμέλομαι		v	p dep	repent, change one's mind
μετατίθημι		v	μι^{2}	transpose; *mid:* desert
μέτοχος		n	2.7	companion, partaker
μιμητής		n	1.4	imitator
μόσχος		n	2.7	calf, young bullock
νήφω		v	LB	be sober, sober-minded
νόημα		n	3.31	thought, mind, plot
ὀκτώ		adj	24	eight
(Lk 2^{21} 9^{28}; Jn 20^{26}; Ac 9^{33} 25^{6}; 1-Pt 3^{20})				
ὁμοίωμα		n	3.31	likeness, shape, figure
ὁμολογία		n	1.2	profession, assent, consent
ὄναρ	τό	n	indecl	dream
ὄξος		n	3.33	vinegar, sour wine
ὅπλον		n	2.8	implement; *pl:* weapons
ὀσμή		n	1.1	odor, savor, fragrance
παιδεία		n	1.2	training, discipline, correction
παραδέχομαι	*dep*	v	G	receive, approve
παρασκευή		n	1.1	preparation (for a feast)
παρατηρέω		v	C-E	examine well, keep, observe
πενθερά		n	1.2	mother-in-law
πεντακισχίλιοι		adj	23	five thousand
πεποίθησις		n	3.26	trust, confidence
περιάγω		v	G	*tr:* take along; *intr:* lead around
περιζώννυμι	}	v	{+νυ, as μι^{4}	gird around; *mid:* get ready
and περιζωννύω	}	v	ω	
περισσός		adj	2-1,1	abundant, excessive; *adv:* to the full; *subst nt:* advantage
πηλός		n	2.7	clay, mire, mud
πήρα		n	1.2	traveler's bag, knapsack
πλέω	*spec*	v	C-E	sail
πληροφορέω		v	C-E	render full, accomplish
πλοιάριον		n	2.8	small ship, boat
ποιητής		n	1.4	maker, doer; poet
πρᾶξις		n	3.26	mode of action, practice
προκόπτω		v	LB	go forward, advance
προορίζω		v	D	pre-determine, predestine
πρόσκομμα		n	3.31	stumbling-block, offense
πρόφασις		n	3.26	pretext, excuse, pretense
πυρετός		n	2.7	fever
πυρόομαι	*pass*	v	C-O	set on fire, burn, be refined
πώποτε		adv	T	at any time, ever

6 ts

σβέννυμι	v	+νυ as μι^4	extinguish; *pass:* go out
σημαίνω	v	N	signify, indicate, predict
σινδών, όνος ἡ	n	3.17	linen cloth
σκληρύνω	v	N	make stubborn; *pass:* be hardened
σκοπέω	v	C-E	mark, take heed, be careful
σπεύδω	v	D	hasten, desire earnestly
σπήλαιον	n	2.8	cave, hideaway
στενάζω	v	G-1	sigh, groan, grumble
στρώννυμι and στρωννύω	v v	+νυ as μι^4 ω	strew, furnish, spread
συμφωνέω	v	C-E	agree with, fit together
συναντάω	v	C-A	meet with, happen
συνβάλλω	v	L	confer, combat, help
συνευδοκέω	v	C-E	consent to, approve of
συνλαλέω	v	C-E	converse with, confer with
συντέλεια	n	1.2	finishing, completion, end
συντελέω	v	C-E	accomplish, end, establish
σωφρονέω	v	C-E	be sober-minded *or* serious
τρώγω	v	G	eat, chew
ὕπνος	n	2.7	sleep
ὑπόδειγμα	n	3.31	copy, example, imitation
ὑποδείκνυμι	v	μι^4	show secretly, teach, warn
ὑπόκρισις	n	3.26	dissimulation, pretense
ὕψος	n	3.33	exaltation, height, heaven
φαῦλος	adj	2-1,1	vile, wicked, evil, wrong
φθαρτός	adj	2-1,1	corruptible, mortal
φιλαδελφία	n	1.2	brotherly love
φορέω	v	C-E	bear about, wear, hold power
φορτίον	n	2.8	load, burden, cargo
φύλλον	n	2.8	leaf
χειμών, ῶνος ὁ	n	3.19	winter, foul weather
χειροποίητος	adj	2,5	made by hand, material
χρῆμα	n	3.31	thing, money; *pl:* wealth
ψυχικός	adj	2-1,1	animal, natural, sensual
ᾠδή	n	1.1	ode, song, song of praise
ὡσαννά *Heb*	v	—	hosanna! save now!
הוֹשִׁיעָה־נָּא		:	*Hiphʿîl imv emph sg masc, w the particle of entreaty; = an energic form.*

5ts

ἀγαλλίασις	n	3.26	exultation, extreme joy
ᾄδω	v	D	sing
ἀετός	n	2.7	eagle, vulture
αἰσχύνομαι *mid & pass*	v	N	be ashamed, be put to shame
ἀκαταστασία	n	1.2	instability, insurrection
ἁλεεύς	n	3.29	fisherman
ἄμεμπτος	adj	2,5	without blame, faultless
ἄμμος	n	2.7f	sand, seashore
ἀνακράζω	v	G-1	cry aloud *or* out
ἀνάπαυσις	n	3.26	rest, relief
ἀναπέμπω	v	LB	send back *or* up, send
ἀνέγκλητος	adj	2,5	irreproachable, faultless
ἀνεκτότερος *compar*	adj	2-1,1	more tolerable
ἄνεσις	n	3.26	liberty, relief
ἀνθύπατος	n	2.7	proconsul
ἀντίδικος	n	2.7	legal opponent, adversary
ἀντιτάσσομαι *mid*	v	G-1	oppose, resist
ἀντίχριστος	n	2.7	antichrist
ἀόρατος	adj	2,5	unseen, invisible

ἀποστερέω	v	C-E	defraud, steal, rob
ἀρετή	n	1.1	goodness, virtue, power
ἅρπαξ, αγος	n *and* adj	3.10m	rapacious, greedy
ἄρρωστος	adj	2,5	infirm, sick, ill
ἀσύνετος	adj	2,5	senseless, unintelligent
ἀσφαλής	adj	3,22	secure, firm, sure, definite
ἀφανίζω	v	D	render invisible, destroy
βασιλικός	adj	2-1,1	regal, royal
βάτος	n	2.7;2.7f	bush, bramble, thornbush
βέβηλος	adj	2,5	common, profane, unhallowed
βύσσινος	adj	2-1,1	made of fine linen
γαζοφυλάκιον	n	2.8	treasury, contribution box
γάλα, ακτος τό	n	3 decl	milk
γένεσις	n	3.26	birth, genealogy, lineage
δαπανάω	v	C-A	spend, spend freely
δεκατέσσαρες οἱ αἱ δεκατέσσαρα τά	adj	24	fourteen
δεκτός	adj	2-1,1	accepted, acceptable
δή	particle	emph	truly, indeed; then, now
διαμένω	v	N	remain with, continue in
διαπορεύομαι *w dat*	v	ω dep	pass through, go by
δια(ρ)ρήσσω	v	G-1	break asunder, tear, rip
(some also indicate διαρρήγνυμι - +νυ, as μι^4)			
δικαίως	adv	M	justly, uprightly
δόγμα	n	3.31	decree, ordinance, rule
δουλεία	n	1.2	slavery
δυσμή	n	1.1	setting (of the sun), west
ἑβδομήκοντα	adj	24	seventy *(includes nums 72: bis, and 75, 276: both once)*
εἶδος	n	3.33	appearance, form, kind, sort
εἰσακούω	v	ω	listen to, hear, obey
εἴσοδος	n	2.7f	entering, entrance, visit
ἑκατόνταρχος	n	2.7	centurion, officer
ἐκδύω	v	ω	unclothe, strip off; *mid:* be naked
ἐκλύομαι *pass*	v	ω	become weary, give out, lose heart, faint
ἐκμάσσω	v	G-1	wipe off, dry
ἐκτρέπομαι	v	LB	turn from, forsake, avoid
(pass w mid sense)			
ἐλαύνω	v	+υ+	urge forward, drive, row
ἐμβριμάομαι *dep*	v	C-A	be moved with anger, criticize
ἐμπίμπλημι and ἐμπιπλάω	v v	as μι^2 C-A	fill up, satisfy, enjoy
ἔμπορος	n	2.7	merchant
ἔμφοβος	adj	2,5	afraid, startled, terrified
ἐναντίον	prep	gen	before, in the sight of
ἐνκόπτω	v	LB	hinder, prevent, detain
ἔντιμος	adj	2,5	renowned, respected, valuable, precious
ἐντυγχάνω *w gen*	v	+αν+	approach, appeal to
ἐξαίφνης	adv	M	suddenly, unexpectedly
ἐξαλείφω	v	LB	wipe away, erase, destroy
ἑξῆς	adv	T	on the next day, afterwards
ἔπειμι		:	*see* ἐπιοῦσα
ἐπέχω	v	G	*tr:* hold fast, offer; *intr:* notice, attend to, stay
ἐπιγραφή	n	1.1	inscription, superscription
ἐπιγράφω	v	LB	inscribe, write on *or* in
ἐπιεικής	adj	3,22	yielding, gentle, kind
ἐπιοῦσα	pt	μι^6	next, following

(appears only as f pt pr dat sg: ἐπιούσῃ of the v ἔπειμι; B-A-G presents it as ἐπιοῦσα, ης, ἡ the next day*)*

5ts

ἐπισκιάζω		v	D	overshadow, cover, fall upon
ἐπίσκοπος		n	2.7	overseer, guardian
ἐπιτυγχάνω	w gen	v	+αν+	obtain, attain to, reach
ἐπιχορηγέω		v	C-E	furnish, grant, support
ἐρημόω	pass	v	C-O	lay waste, depopulate
εὖ		adv	M	well, good
εὐπρόσδεκτος		adj	2,5	acceptable, pleasant, welcome
εὐσχήμων		adv	M	decently, becomingly
ἐφάπαξ		adv	T	at once, at one time
ἔχιδνα		n	1.3	viper, snake
ζήτημα		n	3.31	question, issue
ζόφος		n	2.7	darkness, gloom
ἡδέως } and ἥδιστα	superl }	adv	M	sweetly, with pleasure; most gladly
ἡδονή		n	1.1	pleasure, enjoyment
ἥμισυ	τά	n	3 decl	half

(in Nestle-Aland, used only as a nt noun in the following forms: sg: gen: ἡμίσους Mk 6^{23}; acc: ἥμισυ Rv $11^{9,11}$ 12^{14}; pl: acc: τὰ ἡμίσυ Lk 19^{8}; in Moulton-Geden, Lk 19^{8} reads ἡμίσια [T: ἡμίσεια], which B-A-G list as an adj [pl acc nt]; the adjectival forms are ἥμισυς, εια, υ : cf 3-1,13)

ἡσυχάζω		v	D	be quiet, rest, abstain
θεμελιόω		v	C-O	found, lay foundations
θηλάζω		v	D	suckle, suck, nurse
θῆλυς		adj	3-1,13	female
θώραξ, ακος	ὁ	n	3.9	chest, breastplate
ἰδιώτης		n	1.4	untrained man, layman
ἱματισμός		n	2.7	clothing, apparel
καθεξῆς		adv	M	in order, one after another
καίπερ		conj	concess	although, though
καταδικάζω		v	D	condemn
κατακλίνω		v	N	cause to lie down; *pass:* sit, recline (at table), dine
καταλαλέω		v	C-E	speak against, slander
καταπατέω		v	C-E	tread down, trample, despise
καταράομαι	α-pure mid dep	v	C-A	curse, execrate
κενόω		v	C-O	empty, void of power
κῆπος		n	2.7	garden
κολαφίζω		v	D	buffet, strike with the fist
κονιορτός		n	2.7	dust
κράσπεδον		n	2.8	hem, fringe, tassel, edge
κύων, κυνός	ὁ	n	3.17	dog
PLUR: DAT: κυσί				√ κυν-
λατρεία		n	1.2	service (to God), worship; *pl:* rites, duties
λειτουργός		n	2.7	public servant, minister
ληνός		n	2.7f	wine-press
λούω		v	ω	wash, cleanse, bathe
μαίνομαι		v	dep	be mad, insane, uncontrolled
μαρτύρομαι		v	dep?	testify, affirm, implore
μεθίστημι } and μεθιστάνω }		v / v	$μι^1$ / +αν	*tr:* change, remove, pervert; *pass:* lose
μερίς, ίδος	ἡ	n	3.12	part of a whole, share
μεταδίδωμι		v	$μι^3$	impart, share, give
μετασχηματίζω		v	D	transform, transfer; *mid:* disguise
μιαίνω		v	N	stain, defile, contaminate
μῦθος		n	2.7	tale, legend, story, myth
μωρία		n	1.2	folly, foolishness
νηστεία		n	1.2	fast, fasting, starvation
ὄγδοος	num	adj	2-1,1	eighth

(does not contract)

ὁδηγέω		v	C-E	lead, guide
ὁδηγός		n	2.7	leader, guide
οἰκτιρμός		n	2.7	mercy, compassion, pity
ὀλιγόπιστος		adj	2,5	of little faith *or* trust
ὀνειδισμός		n	2.7	reproach, disgrace, insult
ὄνος		n	2.7;2.7f	donkey, ass
ὁποῖος		pron	correl	of what sort

(declined like the adj 2-1,2)

ὁρμάω		v	C-A	set out, run headlong
οὐρά		n	1.2	tail
ὀψάριον		n	2.8	little fish, fish
ὁ ὢν καὶ ὁ ἦν		—	—	the One who is and the One who was
παγίς, ίδος	ἡ	n	3.12	snare, trap
παίω		v	ω	strike, hit, sting
πανουργία		n	1.2	shrewdness, trickery
παραβάτης		n	1.4	transgressor
παραγγελία		n	1.2	charge, command, advice
παράκλητος		n	2.7	advocate, mediator, helper
παραλύομαι	pass	v	ω	be paralyzed, weak
παραπορεύομαι	mid dep	v	ω	go *or* pass by
παροιμία		n	1.2	proverb, enigma, parable
πατέω		v	C-E	tread on, trample on; *intr:* walk
πένθος		n	3.33	grief, sadness, mourning
περίκειμαι		v	κει	place around, bound, beset

(B-A-G indentify as mid dep)

περιποίησις		n	3.26	preserving, gaining, property, acquisition
περίσσευμα		n	3.31	abundance, fulness, scraps
πέτομαι		v	dep?	fly
πίναξ, ακος	ἡ	n	3.9	platter, dish, plate
πλάνος		adj	2,5	deceitful
		subst	2.7	imposter, deceiver
πλεονεκτέω		v	C-E	take advantage of, defraud
πλευρά		n	1.2	side (of the body)
ποίμνη		n	1.1	flock
ποίμνιον		n	2.8	little flock, flock
προβαίνω		v	+ν+	go ahead *or* on, advance
προγινώσκω		v	+σκ	know in advance, choose beforehand
προθυμία		n	1.2	willingness, readiness
πρόκειμαι		v	κει	be exposed, set before

(B-A-G list as a defective deponent)

προσάγω		v	G	*tr:* bring forward; *intr:* come near
πρωτοκλισία		n	1.2	place of honor
πταίω		v	ω	stumble, trip, fall into ruin
πτέρυξ, υγος	ἡ	n	3.10	wing, pinion
πωρόω		v	C-O	harden, make dull; *pass:* be stubborn
ῥαντίζω		v	D	sprinkle, purify; *mid:* wash oneself; *pass:* be cleansed
σείω		v	ω	shake, agitate, stir up
σιδήρεος *or* οῦς		adj	2-1,4	made of iron, ferrous
σίναπι, εως	τό	n	3.27	mustard seed, mustard
σκηνόω		v	C-O	live, dwell, tent (with)
σκληρός		adj	2-1,2	hard, rough, violent, cruel
σκορπίζω		v	D	disperse, scatter; be kind
σκορπίος		n	2.7	scorpion
σκοτίζομαι	pass	v	D	to be darkened
σπόρος		n	2.7	sowing, seed
σπυρίς, ίδος	ἡ	n	3.12	basket, hamper
στάχυς, υος	ὁ	n	3.28	ear (of grain)

5 ts

στῆθος		n	3.33	breast, chest
στοιχέω		v	C-E	stand beside, agree with, follow
συνεργέω		v	C-E	work with, coöperate, help
συνεσθίω	*w suppl*	v	ω	eat with
συνπνίγω		v	G	suffocate, choke, crush
συνσταυρόομαι	*pass*	v	C-O	crucify with, be crucified together
σύρω		v	L	draw, drag, pull
τάχειον *or* -ιον	*compar*	adv	M,T	more swiftly, quickly, at once
τετρακισχίλιοι		adj	23	four thousand
τρόμος		n	2.7	trembling, quivering
ὑβρίζω		v	D	insult, be insolent, mistreat
ὑετός		n	2.7	rain
υἱοθεσία		n	1.2	adoption, sonship
ὑπερβάλλω		v	L	go beyond, surpass, outdo
ὑπερέχω		v	G	rise above, excel, surpass
ὑπερήφανος		adj	2,5	haughty, proud, excellent
ὑπολαμβάνω		v	+αν+	take up, suppose, assume
ὑπόστασις		n	3.26	assurance, substance
φόρος		n	2.7	tribute, tax
φύραμα		n	3.31	kneaded dough, lump
φωτεινός		adj	2-1,1	shining, bright, radiant
χαλκός		n	2.7	copper, brass, bronze
χρῄζω	*w gen*	v	D ?	have need of, need
χρίω		v	ω	anoint
χρονίζω		v	D	linger, delay
ψάλλω		v	L	sing (to a harp), sing praise
ψευδομαρτυρέω		v	C-E	witness falsely

4ts

ἀγαθωσύνη		n	1.1	goodness, uprightness, generosity
ἄγαμος		n	2.7;2.7f	unmarried man or woman, single
ἄγκυρα		n	1.2	anchor
ἄγνοια		n	1.2	ignorance, unawareness
ἀγρυπνέω		v	C-E	be awake, alert, watchful
ἀδιαλείπτως		adv	M	constantly, unceasingly
αἰσχρός		adj	2-1,2	ugly, shameful, base
αἴτιον	τό	subst	2.8	cause, accusation
(from the adj αἴτιος, ία, ον, *2-1,2)*				
αἰχμαλωτίζω		v	D	lead captive, get control
ἀκριβέστερον	*compar*	adv	M	more exact
ἀκρίς, ίδος	ἡ	n	3.12	grasshopper, locust
ἀκροατής		n	1.4	hearer, listener
ἀλάβαστρον		n	2.8	alabaster (flask)
ἁλληλουϊά	*Heb*	v	—	halleluia! praise Yah!
הַלְלוּ־יָהּ				*Pi''ēl imv pl masc w the divine Name.*
ἁμάρτημα		n	3.31	sin, transgression
ἀμελέω		v	C-E	disregard, neglect
ἀμίαντος		adj	2,5	undefiled, pure, unstained
ἀμνός		n	2.7	lamb
ἀναθεματίζω		v	D	bind by an oath, curse
ἀνακάμπτω		v	LB	return, turn back again
ἀνακύπτω		v	LB	raise oneself up, stand up *or* erect, look up
ἀνάμνησις		n	3.26	reminder, remembrance
ἄνθος		n	3.33	blossom, flower
ἀνίημι		v	μι^5	unfasten, abandon, cease
ἀντέχομαι	*mid w gen*	v	G	hold firmly, take interest in
ἀντιλογία		n	1.2	contradiction, dispute
ἀντλέω		v	C-E	draw (water, *etc*)
ἄνυδρος		adj	2,5	waterless, dry; desert
ἀνυπότακτος		adj	2,5	independent, non-subject
ἀπέναντι		prep	gen	opposite, contrary to, before
ἀποβαίνω		v	+ν+	go away, turn out, lead to
ἀπογράφομαι	*mid & pass*	v	LB	enrol, register, record
ἀποδείκνυμι		v	μι^4	demonstrate, proclaim, display
ἀπόκειμαι		v	κει	be reserved, laid up
ἀποκεφαλίζω		v	D	behead, decapitate
ἀπόκρισις		n	3.26	answer, reply
ἀποκρύπτω		v	LB	hide, conceal, keep secret
ἀποπλέω		v	C-E	sail away, set sail
ἀποσπάω		v	C-A	draw out *or* away; *pass:* leave
ἀποστολή		n	1.1	sending forth, apostleship
ἅπτω		v	LB	kindle, light (fire, light)
ἄργυρος		n	2.7	silver, money, silver image
ἀρεστός		adj	2-1,1	pleasing
ἀριστερός		adj	2-1,2	left (*as opposite to right*)
ἅρμα		n	3.31	chariot, carriage
ἀρχηγός		n	2.7	leader, ruler, prince, beginner, founder
ἄρωμα		n	3.31	spice, perfume, aromatic oil
ἄσπιλος		adj	2,5	spotless, without blemish
ἄστρον		n	2.8	constellation, star
ἀσφαλίζω		v	D	make secure, safeguard
ἄτιμος		adj	2,5	unhonored, dishonored, insignificant, unattractive
ἄτοπος		adj	2,5	unusual, morally improper
αὐτοῦ		adv	PL	here, there
ἀφόβως		adv	M	fearlessly, irreverently
ἀφροσύνη		n	1.1	foolishness, lack of sense
ἄφωνος		adj	2,5	dumb, silent, meaningless
βαθύς		adj	3-1,13	deep
βαλλάντιον		n	2.8	purse, money-bag
βάπτω		v	LB	dip, dip into dye
βασίλισσα		n	1.3	queen
βλαστάνω		v	+αν	sprout, bud; *tr:* produce
βλάσφημος		adj	2,5	slanderous, blasphemous
γείτων, ονος	ὁ ἡ	n	3.17	neighbor
γένημα		n	3.31	product, fruit, yield
γέννημα		n	3.31	offspring
γλυκύς		adj	3-1,13	sweet
γνήσιος		adj	2-1,2	born in wedlock, legitimate
γογγυσμός		n	2.7	grumbling, secret talk
γονυπετέω		v	C-E	kneel down
γυμνάζω		v	D	exercise naked, train
δαμάζω		v	D	subdue, control, tame
δανίζω		v	D	lend; *mid:* borrow
δειπνέω		v	C-E	eat, dine
δεκάτη	*adj as*	subst	1.1	tenth, tithe
δεσμωτήριον		n	2.8	prison, jail
δῆμος		n	2.7	people, populace, crowd
δημόσιος		adj	2-1,2	public, common
διαδίδωμι		v	μι^3	distribute, give
διαπορέω		v	C-E	be in doubt, perplexed
διάφορος		adj	2,5	different, outstanding
διηνεκής		adj	3,22	continuous, uninterrupted
διορύσσω		v	G-I	dig through, break in
διπλοῦς		adj	2-1,3	double, twofold; *compar:* twice as much, much more
δόμα, τος		n	3.31	gift
ἐγκράτεια		n	1.2	self-control

4ts

ἐθνικός		adj	2-1,1	Gentile, heathen, pagan
ἔθω to εἴωθα		v	D	be accustomed
(pf of an obsolete pr ἔθω: pf w pr meaning)				
εἰδωλολατρία		n	1.2	worship of idols, idolatry
εἰρηνεύω		v	ω	be at peace, reconcile
εἴσειμι		v	μι⁶	go in, enter
ἐκδίδομαι	*mid*	v	μι³	let out for hire, lease
ἐκθαμβέομαι	*pass*	v	C-E	be alarmed, amazed, distressed
ἐκλείπω		v	LB	fail, give out, die, end, leave
ἐκπειράζω		v	D	try, prove, tempt, test
ἐκριζόω		v	C-O	uproot
ἐκτίθεμαι	*mid*	v	μι²	expose, explain, abandon
ἐκτινάσσω		v	G-I	shake off *or* out
ἐλάσσων	*compar*	adj	3,21	smaller, less, inferior
and ἔλαττον		adv	compar	less than
(of μικρός; Moulton-Geden list both together)				
ἐμμένω		v	N	persevere in, stand by
ἔνδειξις		n	3.26	sign, omen, proof, evidence
ἔνδοξος		adj	2,5	honored, eminent, glorious
ἐνενήκοντα-ἐννέα		adj	24	ninety-nine
ἐνθύμησις		n	3.26	thought, reflection, idea
ἐξαγοράζω		v	D	redeem, buy from, deliver; *mid:* make good use of
ἔξειμι		v	μι⁶	go out *or* away, leave, depart
ἐξουσιάζω		v	D	exercise authority over; *pass:* become a slave
ἐπακολουθέω		v	C-E	follow, come after, appear
ἐπίβλημα		n	3.31	patch, piece
ἐπιβουλή		n	1.1	a plot against
ἐπίθεσις		n	3.26	laying on (*of hands*)
ἐπισκοπή		n	1.1	visitation, overseership, office, place of service
ἐπιφαίνω		v	N	show, appear, make an appearance; *pass:* be revealed
ἐπιφωνέω		v	C-E	cry out *or* aloud, shout
ἑπτάκις		adv	T	seven times
ἐρημία		n	1.2	uninhabited region, desert
ἑρπετόν		n	2.8	reptile
εὐλαβής		adj	3,22	devout, cautious, reverent
εὐοδόομαι	*pass*	v	C-O	prosper, succeed, be possible
ζημία		n	1.2	damage, loss, forfeit
ζυμόω		v	C-O	ferment, leaven; *pass:* rise
ἡσυχία		n	1.2	quietness, rest, silence
θορυβέω		v	C-E	throw into disorder; *pass:* be distressed
θρηνέω		v	C-E	*tr:* weep for; *intr:* mourn
θρησκεία		n	1.2	religion, worship of God
θυρωρός		n	2.7;2.7f	doorkeeper
ἴασπις, ιδος	ἡ	n	3.12	jasper
ἱμάς		n	3.15	strap, thong (*of a shoe*)
καθίημι		v	μι⁵	let *or* send down
καθό		adv	{M *and* degree	as is fitting, according as, as to the degree that
κακολογέω		v	C-E	speak evil of, revile, curse
κακοποιέω		v	C-E	do evil, wrong, injure, harm
κακοῦργος	*adj (2,5) as subst*		2.7	evildoer, criminal
κάλυμμα		n	3.31	covering, veil
κάμινος		n	2.7f	oven, furnace
κάμπτω		v	LB	*tr. & intr:* bend, bow
κανών, όνος	ὁ	n	3.17	rule, standard, sphere
κατάγνυμι		v	{+νυ, as μι+	break
κατακαυχάομαι	*mid dep*	v	C-O	boast against, triumph over

κατακλυσμός		n	2.7	deluge, flood
κατακυριεύω		v	ω	become master, lord it over, overpower
καταλλαγή		n	1.1	reconciliation, friendship with God
καταπαύω		v	ω	*tr:* bring to rest, stop; *intr:* cease, rest
κατασείω		v	ω	shake, wave, beckon
κατασκηνόω		v	C-O	live, settle, pitch a tent
καταφέρω		v	L	bring *or* bear down, sink
κατήγορος		n	2.7	accuser
καυματίζω		v	D	burn, scorch
κείρω		v	L	shear; *mid:* cut off (*hair*)
κέντρον		n	2.8	sting, goad
κῆνσος		n	2.7	tax, poll-tax, registration
κιθάρα		n	1.2	lyre, harp
κινδυνεύω		v	ω	be in danger, run a risk; *impers:* there is danger
κλῆμα		n	3.31	branch, shoot
κοίτη		n	1.1	marriage bed, bed, sexual intercourse
κολοβόω		v	C-O	mutilate, curtail, shorten
κρανίον		n	2.8	skull
κραταιόομαι	*pass*	v	C-O	strengthen, become strong
κράτιστος		adj	2-1,1	most noble *or* excellent
(superlative of κρατύς)				
κτῆμα		n	3.31	possession, field, land-piece
κτῆνος		n	3.33	pack-animal; *pl:* animal
κτίσμα		n	3.31	creature, created thing
κυκλόω		v	C-O	surround, encircle, go around, march around
κυλλός		adj	2-1,1	crippled, deformed
κῦμα		n	3.31	wave (*of the sea*)
κυνάριον		n	2.8	little dog, dog, house dog
κυριότης, ητος	ἡ	n	no decl	lordship, dominion, power
λαγχάνω	*w gen*	v	+αν+	receive, obtain, be chosen by lot
λάθρα		adv	M	secretly, quietly
λάχανον		n	2.8	garden-herb, vegetable
λεγιών	*Lat* ὁ	n	3.19	legion, large number
λέπρα		n	1.2	leprosy, skin disease
λόγιον	*only pl*	n	2.8	(divine) oracle, message
λοιδορέω		v	C-E	revile, abuse, curse, insult
μαθητεύω		v	ω	*tr:* make a disciple of; *intr:* become *or* be a disciple
μακρός		adj	2-1,2	long, remote, distant, far off
μαλακός		adj	2-1,1	soft, effeminate (*homosexually*)
μαμωνᾶς, ᾶ	ὁ	n	Aram	mammon, wealth, property
μάννα	*Heb* τό	n	indecl	manna
μάχη	*only pl*	n	1.1	fighting, quarreling, strife
μάχομαι		v	mid dep	fight, quarrel, dispute
μέλι, ιτος	τό	n	3.32?	honey
μεσονύκτιον		n	2.8	midnight
μετακαλέομαι	*mid*	v	C-E	call for, summon, invite
μεταμορφόομαι	*pass*	v	C-O	be changed in form *or* transformed
μετοικεσία		n	1.2	deportation, carrying off
μηνύω		v	ω	make known, disclose
μίγνυμι		v	{+νυ, as μι+	mix, mingle
μιμέομαι	*mid dep*	v	C-E	imitate, emulate, follow
μοιχάομαι	*pass dep*	v	C-A	commit adultery
μύλος		n	2.7	(hand)mill, millstone
μωραίνω		v	N	make foolish; *pass:* become insipid

4 ts

νεότης, τητος	ἡ	n	no decl	youth, youthfulness
νῖκος		n	3.33	victory
νυμφών, ῶνος	ὁ	n	3.19	wedding hall, bridal chamber
ὀδυνάομαι	*pass*	v	C-A	suffer pain, be in agony
ὀθόνιον		n	2.8	linen cloth *or* wrapping
οἰκέτης		n	1.4	house servant, domestic
ὄλεθρος		n	2.7	destruction, ruin, death
ὅλως		adv	ως	altogether, actually, at all
ὁμιλέω		v	C-E	speak, converse, address
ὁμοῦ		adv	M	together
ὀπτασία		n	1.2	vision
ὅρασις		n	3.26	appearance, aspect, face
ὀρθῶς		adv	M	rightly, correctly, plainly
ὁρκωμοσία		n	1.2	oath, oath-taking
ὀρχέομαι	*mid dep*	v	C-E	dance
ὀστέον, ου		n	2.8	bone
and ὀστοῦν, οῦ *contracted*				
οὐδέπω		adv	T	not yet
ὄφελον		pt	{as a particle	O that! would that!
ὀψέ		adv	T	late, at the end of
		prep	gen	after
ὀψώνιον		n	2.8	wage, pay, compensation, support, expense
παλαιόω		v	C-O	make *or* declare obsolete, old; *pass*: become old
παραζηλόω		v	C-O	provoke to jealousy
παρακολουθέω		v	C-E	follow closely, attend
παρακύπτω		v	LB	bend over, stoop, look into
παραμυθέομαι	*mid dep*	v	C-E	encourage, cheer up, console
παρασκευάζω		v	D	prepare a meal; *mid*: get ready
παραφέρω		v	L	carry away, remove, drive
παραχειμάζω		v	D	winter, spend the winter
πάροικος		n	2.7	stranger, alien, exile
πατριάρχης		n	1.4	patriarch, ancestor
πειθαρχέω	*w dat*	v	C-E	obey, follow advice, listen to
πέμπτος		adj	2-1,1	fifth
πέρας		n	3.32	limit, bound, end, conclusion
περιαιρέω	*spec*	v	C-E	take away, remove; *pass*: be abandoned
περιέρχομαι	*dep*	v	G in pr	go about, wander, sail around
περιΐστημι		v	μι^I	*tr*: place around; *intr*: stand around
περίλυπος		adj	2,5	very sad, deeply grieved
περισσεία		n	1.2	abundance, fulness, overflow
περισσῶς		adv	ως	exceedingly, beyond measure
πετρώδης		adj	3,22	rocky, stony, rocky ground
πῆχυς, εως	ὁ	n	3.27	cubit, forearm
πικραίνω		v	N	embitter; *pass*: become bitter
πικρία		n	1.2	bitterness, animosity, anger
πλάτος		n	3.33	breadth, width
πλεῖστος (of πολύς)	*superlat*	adj	2-1,1	most, large
πλεονέκτης		n	1.4	greedy *or* covetous person
πληροφορία		n	1.2	full assurance, certainty
πλουσίως		adv	M	richly, abundantly
πολίτης		n	1.4	citizen, fellow-townsman
πόνος		n	2.7	labor, toil, pain, suffering
πόρρω		adv	PL	far off *or* away, far
πορφύρα		n	1.2	purple *or* crimson thing
πορφύρεος		adj	2-1,4	purple, crimson
πού		adv	enclit	somewhere, approximately, almost

πραΰς		adj	3-1,13	meek, gentle, considerate
προγράφω		v	LB	write beforehand, mark out
προσήλυτος		n	2.7	proselyte
πρόσκαιρος		adj	2,5	temporary, transitory
προσωπολημψία		n	1.2	partiality, respect of persons
πρωτοκαθεδρία		n	1.2	place of honor, chief seat
πύργος		n	2.7	fortress, tower
ῥύμη		n	1.1	narrow street, lane, alley
σάκκος		n	2.7	sack, sackcloth
σάρκινος		adj	2-1,1	fleshy, fleshly, worldly
σεμνός		adj	2-1,1	honorable, venerable, sublime
σκολιός		adj	2-1,2	crooked, dishonest, perverse, unscrupulous
σκύλλω		v	L	vex, harass, weary, trouble
σουδάριον	*Lat*	n	2.8	facecloth, handkerchief
σπουδαίως		adv	M	earnestly, diligently, zealously, eagerly
στέγω		v	G	cover, keep confidential
στεῖρα		subst	1.2	barren woman, sterile
(Moulton-Geden have στεῖρος, *an adj, 2-1,2)*				
στενοχωρία		n	1.2	distress, difficulty, anguish
στερεός		adj	2-1,2	firm, stable, steadfast
στοά		n	1.2	colonnade, portico, porch
στρουθίον		n	2.8	sparrow
στύλος *(or,* ῦ*)*		n	2.7	pillar, column
σῦκον		n	2.8	fig, ripe fig
συμβουλεύω		v	ω	consult together, advise
συναρπάζω		v	G-I	seize, drag away; *pass*: be caught, dragged off course
σύνδεσμος		n	2.7	bond, band, fetter
συνετός		adj	2-1,1	wise, intelligent
συνκλείω		v	ω	enclose, hem in, keep *or* declare a prisoner, catch
συνκληρονόμος		adj	2,5	inheriting together, joint-heir
συνκοινωνός		n	2.7	associate, partner, sharer
συνπαραλαμβάνω		v	+αν+	take along with
συνπορεύομαι	*dep*	v	ω	go along with, flock to
συνχύννω		v	N	confuse, confound, trouble
σωτήριον		n	2.8	deliverance, salvation
σώφρων		adj	3,19	prudent, thoughtful, self-controlled
ταμεῖον		n	2.8	storeroom, secret room, inner *or* private room
ταπείνωσις		n	3.26	humiliation, humility, self-abasement, humble state
ταῦρος		n	2.7	bull, ox
τετραάρχης		n	1.4	tetrarch
τετρακόσιοι		adj	23	four hundred *(includes nums 430 and 450: both once)*
τεχνίτης		n	1.4	craftsman, artisan, designer
τηλικοῦτος		pron	demonst	so great, so large
(declined like οὗτος, *p 19)*				
τράγος		n	2.7	he-goat
ὑμνέω		v	C-E	sing praise, sing hymns
ὑπερῷον		n	2.8	upper room, upper story
ὑποδέχομαι		v	mid dep	welcome, entertain as a guest
ὑποστέλλω		v	L	draw back; *mid*: withdraw
ὑποταγή		n	1.1	subjection, subordination, obedience, submission
φάτνη		n	1.1	manger, crib, stall, stable
φραγμός		n	2.7	hedge, fence, wall

4ts

φρόνημα		n	3.31	aim, aspiration, thinking
φρουρέω		v	C-E	guard, confine, protect
χάλαζα		n	1.3	hail, hailstorm, hailstones
χλωρός		adj	2-1,2	greenish yellow, pale green
χοϊκός		adj	2-1,1	made of earth, earthy
ψηλαφάω		v	C-A	touch, feel after, handle
ψυχρός		adj	2-1,2	cold; cold water
(*Mt 10[42] is the neut form used as a subst*)				
ψωμίον		n	2.8	bit, morsel, piece (*of bread*)
ὠδίν, ὠδῖνος	ἡ	n	as 3.19	birth-pain(s), woe, pain
ὡραῖος		adj	2-1,2	ripe, mature, beautiful
ὠφέλιμος		adj	2,5	useful, beneficial, advantageous, valuable

3ts

ἀββά	Aram	n	indecl	father
ἀγγαρεύω		v	ω	press into service, compel
ἁγιωσύνη		n	1.1	holiness, consecration
ἄγριος, ία, ον		adj	2-1,2	wild, found in an open field
ἀδημονέω		v	C-E	be in anxiety, troubled
ἀδίκημα		n	3.31	wrong, misdeed, mistreatment
ἀθανασία		n	1.2	immortality
αἱρέομαι	*mid*	v	C-E	choose, prefer, decide
αἴτημα		n	3.31	request, demand
αἰχμαλωσία		n	1.2	captivity, prisoner of war
ἀκέραιος		adj	2,5	pure, innocent, harmless
ἀκυρόω		v	C-O	invalidate, void, cancel
ἄλαλος		adj	2,5	mute, dumb
ἅλλομαι		v	—	leap, spring up
ἀλοάω		v	C-A	thresh
ἄλογος		adj	2,5	without *or* contrary to reason
ἄλφα	τό	n	indecl	alpha, first, beginning
ἀλώπηξ, εκος	ἡ	n	3.9	fox
ἀμφιέννυμι		v	{+νυ, as μι[4]	clothe, dress
ἀνάγνωσις		n	3.26	reading, public reading
ἀναζητέω		v	C-E	look for, search after
ἀναστατόω		v	C-O	disturb, trouble, upset, revolt
ἀνατρέπω		v	LB	overturn, destroy, upset
ἀνατρέφω		v	LB	nourish, rear, train
ἀνεπίλημπτος		adj	2,5	irreproachable
ἀνέρχομαι	*dep*	v	G in pr	go *or* come up
ἄνευ		prep	gen	without, apart from
ἀνήκω		v	G	refer, belong; *impers:* it is proper
ἀνθρωποκτόνος (*from the adj, 2,5*)		subst	2.7	murderer
ἀνορθόω		v	C-O	rebuild, restore; *pass:* be straightened
ἀντιλαμβάνομαι	*mid*	v	+αν+	take part, help, notice
ἀπαίρομαι	*pass*	v	L	take away
ἀπαλλάσσω		v	{mid & pass	*tr:* free; *pass:* be released; *intr: mid:* leave, depart
ἀπαλλοτριόομαι	*pass*	v	C-O	be estranged, alienated
ἀπάντησις		n	3.26	meeting
ἀπατάω		v	C-A	deceive, cheat, mislead
ἀπειλή		n	1.1	threat
ἀποδεκατόω		v	C-O	tithe, give one tenth
ἀποκαταλλάσσω		v	pass	reconcile in one
ἀπόκρυφος		adj	2,5	hidden, concealed, secret
ἀποκυλίω		v	ω	roll away
ἀποπνίγω		v	G	choke, drown
ἀποστάσιον		n	2.8	divorce, written bill of same
ἀποσυνάγωγος		adj	2,5	expelled from the synagogue
ἀποφεύγω		v	G	flee from, escape
ἀποφθέγγομαι		v	—	declare, speak out, address
ἀποχωρέω		v	C-E	go away, leave, desert
ἀπρόσκοπος		adj	2,5	without offense, clear
ἆρα		particle	interr	whether? is it so?
ἀργύρεος *or* οῦς		adj	2-1,4	silvern, made of silver
ἀριθμέω		v	C-E	number, count
ἀριστάω		v	C-A	eat breakfast, dine
ἄριστον		n	2.8	breakfast, noon meal, feast
ἀρκετός		adj	2-1,1	enough, sufficient, adequate
ἀροτριάω		v	C-A	plow
ἁρπαγή		n	1.1	plunder, robbery, greed
ἀρραβών, ῶνος	ὁ	n	3.19	deposit, down payment
ἀρτύω		v	ω	prepare, season, restore
ἀρχιτρίκλινος		n	2.7	head waiter, butler
ἄσβεστος		adj	2,5	inextinguishable
ἀστοχέω		v	C-E	miss, fail, deviate, depart
ἀσφάλεια		n	1.2	security, safety
ἀσφαλῶς		adv	M	securely, safely, certainly
ἀσωτία		n	1.2	profligacy, debauchery
αὐλέω		v	C-E	play on the flute
ἄφνω		adv	T	suddenly
ἀχειροποίητος		adj	2,5	not made by hand, spiritual
βαπτισμός		n	2.7	dipping, washing, baptism
βάσανος		n	2.7f	torture, torment, pain
βία		n	1.2	force, violence, use of force
βιβλαρίδιον		n	2.8	little roll *or* book
βιωτικός		adj	2-1,1	belonging to daily life
βόθυνος		n	2.7	pit, well, ditch
βούλημα		n	3.31	purpose, will, intention
βραδύς		adj	3-1,13	slow
βραχίων, ονος	ὁ	n	3.17	arm
βυρσεύς		n	3.29	tanner, leather worker
γαλήνη		n	1.1	calm (*of the sea*)
γόμος		n	2.7	burden, wares, load, freight
γυμνότης, ητος	ἡ	n	no decl	nakedness, destitution
δειλός		adj	2-1,1	timid, cowardly, afraid
δέκα (καὶ) ὀκτώ		adj	24	eighteen
δεκαπέντε		adj	24	fifteen
δέκατος		adj	2-1,1	tenth; *fem:* tithe
δελεάζω		v	D	entrap, lure, entice, catch
δεσμεύω		v	ω	bind, tie up
δεσμοφύλαξ, ακος, ὁ		n	3.9	jailor, prison-keeper
δῆλος		adj	2-1,1	plain, manifest, evident
διαβαίνω		v	+ν+	pass through, cross over
διαβλέπω		v	LB	see clearly, open one's eyes
διαγγέλλω		v	L	announce, proclaim afar
διαγίνομαι		v	dep	pass, elapse
διάδημα		n	3.31	diadem, crown
διαζώννυμι		v	{+νυ, as μι[4]	gird up, tie around, put on
διαίρεσις		n	3.26	diversity, apportionment
διάκρισις		n	3.26	differentiation, quarrel
διαρπάζω		v	G-1	plunder thoroughly, steal
διασπείρω		v	L	scatter
διασπορά		n	1.2	scattering, dispersion
διαστολή		n	1.1	distinction, difference
διαφημίζω		v	D	proclaim, spread around
διδακτός		adj	2-1,1	instructed, imparted, taught
διΐστημι		v	μι[1]	*tr:* set apart, intervene; *intr:* part, withdraw, set sail
δίκη		n	1.1	penalty, punishment, justice
δίστομος		adj	2,5	double-edged

3ts

δούλη		n	1.1	female slave, bondmaid
δραχμή		n	1.1	drachma: *Greek silver coin*
δρόμος		n	2.7	course, career
δυνάστης		n	1.4	ruler, sovereign, court official
δυνατέω		v	C-E	be strong, able, powerful
δυσκόλως		adv	M	hardly, with difficulty
δωρέομαι	*mid*	v	C-E	give, present, bestow
ἐγγράφω			:	*see* ἐνγράφομαι
ἑδραῖος, (αία), αῖον		adj	2-1,2	firm, steadfast
εἰλικρίν(ε)ια		n	1.2	sincerity, purity of motive
ἐκδημέω		v	C-E	leave one's country, journey
ἐκκλάομαι	*pass*	v	C-A	break off (*of branches*)
ἐκκλίνω		v	N	turn away *or* aside
ἐκπλέω	*spec*	v	C-E	sail away *or* out, set sail
ἐκπνέω	*spec*	v	C-E	breathe out, expire, die
ἐκτενῶς		adv	M	intensely, eagerly, constantly
ἐκψύχω		v	G	breathe one's last, die
ἐλαιών, ῶνος	ὁ	n	3.19	olive grove *or* orchard
ἐλαττόω		v	C-O	make lower, diminish; *pass:* be worse off, be in need
ἐλεάω	*only in pr*	v	C-A	have mercy on, pity; *pass:* be shown mercy
ἕλκος		n	3.33	ulcer, sore, abcess, boil
ἐνγράφομαι	*pass*	v	LB	inscribe, enrol, write in
ἑνδέκατος		adj	2-1,1	eleventh
ἐνδημέω		v	C-E	be at home *or* present
ἐνεργής		adj	3,22	effective, active, powerful
ἐνέχω		v	G	have a grudge; *pass:* be subject to
ἔνταλμα		n	3.31	commandment, rule
ἔντρομος		adj	2,5	terrified, trembling
ἐντυλίσσω		v	G-1	enwrap, wrap up, fold up
ἐξακολουθέω		v	C-E	obey, follow, depend on
ἐξανίστημι		v	μι^{1}	*tr:* raise up; *intr:* rise
ἐξετάζω		v	D	scrutinize, examine, inquire
ἔξοδος		n	2.7f	going out, Exodus, departure, death
ἐξώτερος		adj	2-1,2	outer, outside, outmost
ἐπάγω		v	G	bring upon
ἐπάν		conj	tempor	when, as soon as
ἐπανάγω		v	G	put out, lead back, return
ἐπαρκέω	*spec*	v	C-E	give relief to, help, aid
ἐπιβαρέω		v	C-E	weigh down, burden
ἐπιβιβάζω		v	D	cause to mount *or* ascend
ἐπιβλέπω		v	LB	look at, gaze upon, care for
ἐπιμελέομαι	*pass dep w gen*	v	C-E	care for, take care of, look after
ἐπιστέλλω		v	L	inform, instruct by letter
ἐπιστηρίζω		v	D	strengthen
ἐπίτροπος		n	2.7	manager, foreman, steward
ἐπιχειρέω		v	C-E	take in hand, try, attempt
ἐρήμωσις		n	3.26	desolation, devastation
ἑρμηνεύω		v	ω	interpret, explain; *pass:* be translated, mean
ἑσπέρα		n	1.2	evening
ἑταῖρος		n	2.7	companion, comrade, friend
ἑτοίμως		adv	M	readily
εὐαγγελιστής		n	1.4	evangelist, gospel preacher
εὐαρεστέω		v	C-E	be pleasing *or* satisfied with
εὐγενής		adj	3,22	well-born, high-born
εὔθετος		adj	2,5	useful, fit, suitable
εὐθυμέω		v	C-E	be cheerful, courageous
εὐκαιρέω		v	C-E	have time, leisure, opportunity

εὐσεβής		adj	3,22	pious, devout, reverent
εὐσχημόνως		adv	M	becomingly, properly, decently
εὐχή		n	1.1	prayer, vow, oath
εὔχρηστος		adj	2,5	highly useful, serviceable
εὐωδία		n	1.2	good odor, aroma, fragrance
ἐχθές		adv	T	yesterday
ζεστός		adj	2-1,1	hot
ζώννυμι	*like* μι^{4}	v	+νυ	gird, fasten, dress
ζωογονέω		v	C-E	give *or* preserve life; *pass:* remain alive
ἡττάομαι		v	pass	be defeated, succumb
ἦχος		n	2.7	sound, tone, noise, news
θαμβέομαι	*pass*	v	C-E	be astounded, amazed
θάμβος		n	3.33	astonishment, fear, wonder
θέατρον		n	2.8	theater, spectacle
θεῖος, εία, εῖον		adj	2-1,2	divine; *τό:* divine being
θεραπεία		n	1.2	service, care; servants
θέρος		n	3.33	summer
θιγγάνω	*w gen*	v	+αν+	touch
θροέομαι	*pass*	v	C-E	be disturbed, inwardly aroused
ἴαμα		n	3.31	healing
ἴασις		n	3.26	healing
ἱερωσύνη		n	1.1	priesthood, priestly office
ἰός		n	2.7	poison, rust
ἰσότης, ητος	ἡ	n	no decl	equality, fairness
ἴχνος		n	3.33	footstep, footprint, step, example
καθαίρεσις		n	3.26	overthrowing, destruction
καθέδρα		n	1.2	seat, chair
κακοπαθέω		v	C-E	suffer evil, bear patiently
κακοποιός (*from the adj, 2,5*)		subst	2.7	evildoer, criminal
καταγελάω		v	C-A	deride, ridicule, laugh at
καταγινώσκω		v	+σκ	condemn
κατακαλύπτομαι	*mid*	v	LB	be veiled, cover oneself
κατάκριμα		n	3.31	punishment, doom
κατάλυμα		n	3.31	inn, lodging-place, guest-room, dining room
καταμαρτυρέω		v	C-E	testify against
καταναρκάω		v	C-A	be burdensome, torpid
καταξιόομαι	*pass*	v	C-O	consider worthy
καταπίπτω	*irr*	v	D	fall down, fall
καταστρέφω		v	LB	overturn, destroy, ruin
κατατίθημι		v	μι^{2}	place, lay (down); *mid:* do a favor, grant a favor
κατενώπιον		adv	PL	
	as	prep	gen	in the presence of, before
κατευθύνω		v	N	make straight, lead, direct
κατηγορία		n	1.2	accusation, charge
κατισχύω	*w gen*	v	ω	be strong against, prevail
καύσων, ωνος	ὁ	n	3.19	burning heat *or* sun
κεντυρίων, ὁ	*Lat*	n	3.19	centurion
κεραμεύς		n	3.29	potter
κεράννυμι	*like* μι^{4}	v	+νυ	mix, unite, pour
κέρδος		n	3.33	gain, advantage
κῆρυξ, κήρυκος	ὁ	n	3.9	herald, preacher
κλίμα		n	3.31	region, district
κολλυβιστής		n	1.4	moneychanger
κολυμβήθρα		n	1.2	pool, swimming-pool
κοπάζω		v	D	rest, abate, grow weary
κουστωδία	*Lat*	n	1.2	guard, watch
κρημνός		n	2.7	precipice, cliff, steep bank
κριτήριον		n	2.8	tribunal, lawcourt, case
κυκλόθεν		adv	PL	all around, from all sides
		prep	gen	round, about

3 ts

κῶμος	n	2.7	carousing, revelry, orgy
λαῖλαψ, απος ἡ	n	cf 3.11	whirlwind, hurricane
λαλιά	n	1.2	speech, speaking, accent
λειτουργέω	v	C-E	serve, minister publicly
λεπτόν	subst	2.8	lepton, mite: *a copper coin*
(from the adj, 2-1,1)			
λίθινος, ίνη, ον	adj	2-1,1	of stone
λιμήν, ένος ὁ	n	3.16	harbor, port, haven
λοιδορία	n	1.2	reviling, reproach, abuse
λυτρόομαι *mid,pass*	v	C-O	ransom, redeem, rescue
λύτρωσις	n	3.26	redemption, releasing
μακαρισμός	n	2.7	blessing, happiness
μαλακία	n	1.2	softness, weakness, ailment
μαστός	n	2.7	breast, chest
ματαιότης, ητος, ἡ	n	no decl	vanity, emptiness, futility
μεγαλειότης, ητος, ἡ	n	no decl	grandeur, sublimity
μεγαλωσύνη	n	1.1	majesty, greatness
μεγιστάν, ᾶνος, ὁ	n	cf 3.16	great man, courtier, magnate
μέθη	n	1.1	intoxication, drunkenness
μεθύσκομαι *pass*	v	+σκ	get drunk, become intoxicated
μέλαν, ανος τό	subst	3 decl	ink
(from the adj μέλας, 3-1,16 : 2-C 3^3; 2-Jn 12; 3-Jn 13)			
μέλας, αινα, αν	adj	3-1,16	black
(Moulton-Geden place the former two words together)			
μενοῦν γε	particle	emph	yes indeed, on the contrary
μεσουράνημα	n	3.31	mid-heaven, zenith
μετάθεσις	n	3.26	removal, transformation
μῆκος	n	3.33	length
μισθαποδοσία	n	1.2	recompense, penalty
μισθωτός	n	2.7	hired servant *or* man
μνημόσυνον	n	2.8	memory, memorial offering
μνηστεύομαι *mid,pass*	v	ω	be betrothed *or* engaged
μόδιος, ίου, ὁ *Lat*	n	2.7	dry measure, peck-measure, basket, bucket
μοιχεία	n	1.2	adultery, adulterous act
μοιχός	n	2.7	adulterer
μολύνω	v	N	pollute, stain, defile
μορφή	n	1.1	form, shape, nature
μόχθος	n	2.7	toil, distress, hardship
μυρίος	adj	2-1,2	countless, innumerable
ναύτης	n	1.4	seaman, sailor
νεανίας	n	1.5	young man, youth
νεκρόω	v	C-O	put to death
νηφάλιος, ία, ον	adj	2-1,2	sober, temperate
νομοδιδάσκαλος	n	2.7	teacher of the law, interpreter
νοσφίζομαι *mid*	v	D	misappropriate, embezzle
νουθεσία	n	1.2	admonition, instruction
ξυράομαι *mid,pass*	v	C-A	shear, shave, be shaved
οἰκεῖος	subst	2.7	member of a household *or* family
(from the adj οἰκεῖος, (α), ον, 2-1,2)			
οἰκτίρμων, ον	adj	3,19	compassionate, merciful
οἶμαι	v	—	think, suppose, expect
ὀκνηρός	adj	2-1,2	slothful, idle, lazy
ὁλοκαύτωμα	n	3.31	whole burnt-offering
ὅμως	adv	M	even, yet, all the same
ὀρέγομαι *mid*	v	G	stretch out, aspire to
ὄρθρος	n	2.7	daybreak, dawn
ὄρνεον	n	2.8	bird, fowl
ὀρύσσω	v	G-1	dig, dig out
ὁσάκις	adv	T	as often as, whenever
ὀφειλή	n	1.1	debt, duty, obligation
ὄφελος	n	3.33	profit, benefit, good
ὄψις	n	3.26	face, aspect, appearance

πάθος	n	3.33	suffering, emotion, passion
παιδαγωγός	n	2.7	attendant, guide, custodian
πανοπλία	n	1.2	panoply, armor
πάντοθεν	adv	PL	on all sides, entirely, from all directions *or* quarters
παραβαίνω	v	+ν+	go aside from, transgress
παράδεισος	n	2.7	paradise
παραθήκη	n	1.1	deposit
παρακοή	n	1.1	disobedience, unwillingness to hear
παρακούω	v	ω	disregard, overhear
παραμένω	v	N	remain by, stay on, serve
παρεκτός	prep	gen	without, except, apart from
as adj	adv	M	besides, outside, external
παρεπίδημος	subst	2.7	foreigner, exile, sojourner
(from the adj, 2,5)			
πατριά	n	1.2	ancestry, family, clan
πατρῷος	adj	2-1,2	hereditary, paternal
πέδη	n	1.1	fetter, shackle, chain
πεντηκοστή	n	1.1	fiftieth, Pentecost
περικαλύπτω	v	LB	cover around, conceal
περιπίπτω *irr*	v	D	encounter, fall in with
περιποιέομαι *mid*	v	C-E	acquire for oneself, preserve
περιφέρω	v	L	carry around, blow about
πλάξ, πλακός ἡ	n	3.9	tablet, flat stone
πλατύνω	v	N	enlarge, open wide, widen
πλέκω	v	G	weave, braid, plait, twist
πλόος *(or,* οῦς*)*	n	3.30	sailing, voyage, navigation
πλουτίζω	v	D	make rich, enrich
πλύνω	v	N	wash
πνικτός	adj	2-1,1	strangled, choked to death
πολυτελής	adj	3,22	(very) expensive, costly
πολύτιμος	adj	2,5	very precious, valuable
πορθέω	v	C-E	lay waste, pillage, destroy
ποσάκις	adv	interr	how often? how many times?
πόσις	n	3.26	drink, drinking
πρεσβυτέριον	n	2.8	body of elders, presbytery
πρεσβύτης	n	1.4	old *or* aged man
πρόδηλος	adj	2.5	evident, manifest, clear
προδότης	n	1.4	betrayer, traitor
προεῖπον *defect*	v	suppl	foretell, say previously
(used as aor^2 for προλέγω*)*			
πρόθυμος	adj	2,5	ready, zealous, eager, prompt
προκοπή	n	1.1	progress, advancement
προλαμβάνω	v	+αν+	anticipate, take, get, catch
προλέγω *uses suppl*	v	G in pr	tell in advance, predict, be stated above
προνοέω	v	C-E	care for, provide beforehand
προσαγωγή	n	1.1	approach, freedom of access
προστρέχω *w suppl*	v	G in pr	run up to
προτίθεμαι *mid*	v	$μι^2$	place before, plan, intend
προχειρίζομαι *mid dep*	v	D	appoint, select, choose *(only Ac 3^{20} is pass)*
πρύμνα	n	1.3	stern *(of a ship)*
πτύω	v	ω	spit
πτωχεία	n	1.2	poverty, beggarliness
πυκνός	adj	2-1,1	frequent, numerous
πύρωσις	n	3.26	burning, fiery ordeal
πώρωσις	n	3.26	hardness, dulness
ῥάπισμα	n	3.31	blow with a club, hand-slap
ῥύσις	n	3.26	flux, issue, flowing, flow
σαρόω	v	C-O	sweep, cleanse, clean
σεβαστός	adj	2-1,1	venerable, revered, august
σεμνότης, τητος ἡ	n	no decl	dignity, gravity, holiness

3 ts

σής, σητός		n	—	moth
(*the classical gen is* σεός)				
σιτευτός		adj	2-1,1	fattened, fatted
σκάπτω		v	L	dig
σκάφη		n	1.1	boat, skiff, ship's boat
σκέλος		n	3.33	leg
σκήνωμα		n	3.31	tent, tabernacle, dwelling, body, house, abode
σκιρτάω		v	C-A	leap, spring about, stir
σκληροκαρδία		n	1.2	hardness of heart, coldness, obstinacy, stubborness
σκοτεινός		adj	2-1,1	dark, darksome
σκοτόομαι	*pass*	v	C-O	become darkened *or* be so
σπαράσσω		v	G-1	tear, convulse, pull to and fro
σπόγγος		n	2.7	sponge
σποδός		n	2.7f	ash(es)
σπόριμα, ων	τά	subst	2.8	grainfields, standing grain
(*from the adj* σπόριμος, 2,5)				
σπουδαῖος		adj	2-1,2	earnest, diligent, eager
σταφυλή		n	1.1	(bunch of) grapes
στέγη		n	1.1	cover, roof
στενός		adj	2-1,1	narrow
στενοχωρέομαι	*pass*	v	C-E	be confined *or* restricted
στερεόω		v	C-O	make firm, become strong
στεφανόω		v	C-O	crown as victor, wreathe
συγγένεια		n	1.2	kindred, family, relatives
συναίρω		v	L	settle accounts, settle
συναιχμάλωτος		n	2.7	fellow-prisoner
συνακολουθέω		v	C-E	accompany, follow
συναναμίγνυμι	*like* μι^4	v	+νυ	mix together, mingle, associate with
συναπάγομαι	*pass*	v	G	be led away with, be led astray
συναποθνήσκω		v	+ισκ	die with, die together
συνεγείρω		v	L	rise up with, awaken with
συνζάω	*spec*	v	C-A	live with, live together
συνήθεια		n	1.2	custom, habit, usage
συνκοινωνέω		v	C-E	participate in, partake with
συνκρίνω		v	N	combine, compare, interpret
συνμαρτυρέω		v	C-E	testify together, confirm
συνπληρόω		v	C-O	fill up, draw near, swamp
συντάσσω		v	G-1	arrange, appoint, instruct
συντηρέω		v	C-E	preserve, keep, defend, remember, treasure
συντίθεμαι	*mid*	v	μι^2	agree, decide, arrange
συντρέχω	*w suppl*	v	G in pr	run together, go with, join with, plunge with
σφαγή		n	1.1	slaughter
σχεδόν		adv	M	nearly, almost
σωφροσύνη		n	1.1	reasonableness, soberness
τελώνιον		n	2.8	tax-office, revenue office
τετρααρχέω		v	C-E	be a tetrarch *or* ruler
τετράποδα	τά	subst	—	four-footed animal, quadruped
(*from the adj* τετράπους, ουν, *gen:* ποδος, *cf* 2-1,3)				
τέχνη		n	1.1	skill, craft, trade
τήρησις		n	3.26	prison; keeping, observance
τίλλω		v	L	pluck off, pick
τοίνυν		particle inferent		now, therefore, hence, for that reason, then
τοὐναντίον		adv	ον	on the contrary *or* other hand
τρέμω		v	N	tremble, quiver, stand in awe
τρίβος		n	2.7f	road, way, beaten path
τρυγάω		v	C-A	gather (grapes), pick
τυφλόω		v	C-O	make blind, deprive of sight
τυφόομαι	*pass*	v	C-O	be puffed up, conceited
ὑάλινος		adj	2-1,1	of glass, transparent
ὕβρις		n	3.26	insolence, injury, insult
ὑδρία		n	1.2	water jar
ὑπάντησις		n	3.26	meeting, coming to meet
ὑπεραίρομαι	*mid,pass*	v	L	rise up, exalt oneself, be elated
ὑπεράνω	*adv as*	prep	gen	far above, above, over
ὑπήκοος		adj	2,5	submissive, obedient
ὑπηρετέω		v	C-E	assist, serve, be helpful
ὑποδέομαι	*mid*	v	C-E	bind on sandals *or* shoes
ὑπόμνησις		n	3.26	recollection, remembering
ὑπονοέω		v	C-E	suspect, suppose, think
ὑποφέρω		v	L	bear up under, endure
φανερῶς		adv	M	manifestly, publicly, clearly
φαρμακία		n	1.2	sorcery, magic, enchantment
φάσκω		v	+σκ	assert, profess, say, claim
φέγγος		n	3.33	brightness, splendor, light
φθέγγομαι		v	mid dep	speak aloud, proclaim
φιλόξενος		adj	2,5	hospitable
φιλοτιμέομαι	*dep*	v	C-E	be ambitious, aspire, aim
φοβερός		adj	2-1,2	fearful, terrible, frightful
φράσσω		v	G-1	fence, stop, shut, close
φύλαξ, ακος	ὁ	n	3.9	keeper, guard, sentinel
φυσικός		adj	2-1,1	natural, according to nature
φύω		v	ω	produce, grow, come up
χρίσμα		n	3.31	unction, unguent, anointing
Χριστιανός		n	2.7	Christian
ψευδής		adj	3.22	false, lying; *subst:* ὁ liar
ψῆφος		n	2.7f	pebble, vote
ψῦχος		n	3.33	cold
^{3}Ω		—	—	omega: *last letter of the alphabet*
ὠδίνω		v	N	be in travail, suffer birth-pains *or* pangs
ὠτίον		n	2.8	ear

2ts

ἀγγελία		n	1.2	message, good news, command
ἄγε		interj	—	come (now)!
(*pres imv of* ἄγω)				
ἁγιότης, ητος	ἡ	n	no decl	holiness, holy character
ἄγναφος		adj	2,5	unbleached, unshrunken, new
ἁγνεία		n	1.2	purity, chastity
ἁγνότης, ητος	ἡ	n	no decl	purity, sincerity
ἀγνωσία		n	1.2	ignorance, lack of knowledge
ἀγοραῖος	*only pl*	subst	2.7	market people *or* crowd, rabble, court sessions
(*from the adj,* 2,5)				
ἄγρα		n	1.2	catch, catching
ἀγριέλαιος		subst	2.7f	wild olive tree
(*B-A-G say it is really an adj used as a subst*)				
ἀγρυπνία		n	1.2	watching, wakefulness, sleeplessness
ἀδελφότης, ητος	ἡ	n	no decl	brotherhood (*of believers*)
ἄδηλος		adj	2,5	uncertain, indistinct
ἀδιάλειπτος		adj	2,5	unceasing, constant

2ts

Word		POS	Class	Meaning
ἀδυνατέω		v	C-E	be impossible; *only impers:* ἀδυνατεῖ: it is impossible
ἀθέμιτος		adj	2,5	unlawful, lawless, wanton
ἄθεσμος		adj	2,5	lawless, unprincipled
ἀθέτησις		n	3.26	setting aside, annulment
ἀθλέω		v	C-E	contend, compete (*in games*)
ἀθῷος		adj	2,5	innocent, guiltless
ἀΐδιος		adj	2,5	eternal, everlasting
αἶνος		n	2.7	praise
αἰσχροκερδής		adj	3,22	fond of dishonest gain
αἰφνίδιος		adj	2,5	unexpected, sudden
ἄκακος		adj	2,5	guileless, innocent
ἀκάνθινος		adj	2-1,1	thorny, made of thorns
ἀκατακάλυπτος		adj	2,5	unveiled, uncovered
ἀκατάκριτος		adj	2,5	uncondemned, without a proper trial
ἀκατάστατος		adj	2,5	unstable, restless
ἀκρασία		n	1.2	incontinence, self-indulgence, lack of self-control
ἀκριβόω		v	C-O	enquire exactly, ascertain
ἀκρογωνιαῖος		adj	2-1,2	chief corner (stone), capstone, keystone
ἀλαζονία		n	1.2	ostentation, pretension
ἀλαζών, όνος	ὁ	n	3.17	ostentatious braggart, arrogant boaster
ἀλαλάζω		v	D	cry aloud, wail loudly
ἄλευρον		n	2.8	meal, wheat flour, farina
ἀληθεύω		v	ω	speak the truth, be honest
ἀλήθω		v	D	grind (*grain*)
ἁλίζω		v	D	salt, season, restore flavor
ἀλλ᾽ ἤ		particle advers		but rather, other than
ἅλων, ωνος	ἡ	n	3.19	threshing floor, what is threshed
ἄμαχος		adj	2,5	not contentious, peaceable
ἀμέμπτως		adv	M	blamelessly
ἀμέριμνος		adj	2,5	without care, free from care
ἀμετάθετος		adj	2,5	unchangeable
ἀμεταμέλητος		adj	2,5	not to be regretted, irrevocable
ἄμετρος		adj	2,5	immeasureable, unmeasured
ἀναβαθμός		n	2.7	means of ascent, flight of steps
ἀνάγαιον		n	2.8	room upstairs
ἀναγεννάω		v	C-A	beget again, give new life to
ἀναδείκνυμι		v	μι^4	show clearly, commission
ἀναδέχομαι	dep	v	G	accept, receive, welcome
ἀναζάω	spec	v	C-A	live again, spring into life
ἀναθεωρέω		v	C-E	view attentively, examine
ἀναίτιος		adj	2,5	guiltless, innocent
ἀνακαθίζω		v	D	sit up *or* upright
ἀνακαινόω	pass	v	C-O	renew again, remake
ἀνακαίνωσις		n	3.26	renewing, renewal
ἀνακαλύπτω		v	LB	unveil, uncover
ἀνακεφαλαιόομαι	mid and pass	v	C-O	be summed up, recapitulate, bring together
ἀναλίσκω		v	+ισκ	consume, destroy
and ἀναλόω		v	C-O	
ἀναλύω		v	ω	depart, return, come home
ἀνάπειρος (or, -πηρ-)		adj	2,5	maimed, crippled
ἀναπολόγητος		adj	2,5	inexcusable, without excuse
ἀνάπτω		v	LB	kindle, set ablaze
ἀνασείω		v	ω	stir up, incite
ἀνασπάω		v	C-A	draw up, pull up
ἀνατίθεμαι	mid	v	μι^2	lay before, declare, refer

Word		POS	Class	Meaning
ἀναφαίνω		v	N	light up; *pass:* cause to appear
ἀνεξιχνίαστος		adj	2,5	inscrutable, incomprehensible
ἀνετάζω		v	D	examine strictly, give a hearing
ἀνευρίσκω		v	+ισκ	find by search, look for
ἀνθρακιά		n	1.2	charcoal fire
ἀνθρωπάρεσκος		adj	2,5	man-pleaser
ἄνιπτος		adj	2,5	unwashed ritually
ἄνοια		n	1.2	folly, stupidity, rage, fury
ἀνοικοδομέω		v	C-E	build up again, rebuild
ἀνόμως		adv	ως	without law
ἀνόσιος		adj	2,5	unholy, wicked, irreligious
ἀνοχή		n	1.1	forbearance, delay, pause
ἀντάλλαγμα		n	3.31	something in exchange
ἀνταπόδομα		n	3.31	recompense, repayment
ἀνταποκρίνομαι	dep	v	N	answer in turn
ἀντεῖπον	for ἀντιλέγω	v	suppl	gainsay, contradict
ἀντιμισθία		n	1.2	reward, penalty, exchange
ἀντιπαρέρχομαι		v	G in pr	pass on the opposite side

(both instances: act ind aor^2, 3 sg)

Word		POS	Class	Meaning
ἀντίτυπος		adj	2,5	antitypical, fulfilment of type
ἀνώτερον	neut	adv	PL	higher, above, first, better

(the comparative of the adj ἀνώτερος, έρα, ον, 2-1,2 for ἄνω)

Word		POS	Class	Meaning
ἀνωφελής		adj	3,22	useless, harmful
ἀξίνη		n	1.1	axe (*for cutting wood*)
ἀπαιτέω		v	C-E	ask for again, demand back
ἁπαλός		adj	2-1,1	tender, soft, putting out leaves
ἀπαντάω		v	C-A	meet
ἀπειλέω		v	C-E	threaten, warn
ἀπεκδύομαι	mid	v	ω	strip off, take off, disarm
ἁπλοῦς		adj	2-1,3	simple, single, sincere, sound
ἀποβάλλω		v	L	cast away, take off, lose
ἀποβολή		n	1.1	casting away, rejection, loss
ἀπογραφή		n	1.1	enrolment, census
ἀπόδεκτος		adj	2,5	acceptable, pleasing
ἀποδοχή		n	1.1	reception, acceptance
ἀπόθεσις		n	3.26	removal, getting rid of
ἀποκαραδοκία		n	1.2	eager expectation
ἀποκυέω		v	C-E	bring forth, bear, breed
ἀπόλαυσις		n	3.26	enjoyment, pleasure
ἀπολούομαι	mid	v	ω	wash away, cleanse oneself
ἀποπλανάω		v	C-A	cause to wander, mislead; *pass:* wander away
ἀποστασία		n	1.2	rebellion, apostacy
ἀποτελέω		v	C-E	perfect, complete, finish
ἀποτινάσσω		v	G-1	shake off
ἀποτομία		n	1.2	severity
ἀποτόμως		adv	M	severely, rigorously
ἀποχωρίζομαι	pass	v	D	separate, be split
ἀρσενοκοίτης		n	1.4	male homosexual, pederast
ἀρχάγγελος		n	2.7	archangel
ἀσάλευτος		adj	2,5	unshaken, immovable
ἀσεβέω		v	C-E	be impious, act unpiously
ἀσσάριον	Lat	n	2.8	as *or* assarion: *Roman coin*
ἀστεῖος		adj	2-1,2	beautiful, well-pleasing
ἀστήρικτος		adj	2,5	unstable, weak
ἄστοργος		adj	2,5	unloving, without affection
ἀστράπτω		v	LB	lighten, flash, gleam, dazzle
ἀσχημονέω		v	C-E	act unseemly *or* disgracefully
ἀσχημοσύνη		n	1.1	shameless deed, shame
ἀτάκτως		adv	M	disorderly, immorally, idly
ἄτεκνος		adj	2,5	childless
ἄτερ		prep	gen	without, apart from
ἀτμίς, ίδος	ἡ	n	3.12	vapor, mist

2 ts

αὐθάδης		adj	3,22	self-pleasing, self-willed
αὐθαίρετος		adj	2,5	of one's own accord
αὐλητής		n	1.4	flute-player
αὐλίζομαι	*pass*	v	D	lodge, spend the night
αὔξησις		n	3.26	growth, increase
αὐστηρός		adj	2-1,2	harsh, austere, exacting
αὐτάρκεια		n	1.2	sufficiency, competence
αὐτόματος		adj	2-1,1	by itself, of its own accord
(also w two endings: 2,5)				
ἀφεδρών, ῶνος	ὁ	n	3.19	privy, latrine
ἁφή		n	1.1	joint, ligament
ἀφιλάργυρος		adj	2,5	not loving the good, not greedy for money
ἀφοράω		v	C-A	fix one's eyes trustingly, see
ἀφρίζω		v	D	foam at the mouth
ἀχάριστος		adj	2,5	unthankful, ungrateful
ἀχρεῖος		adj	2,5	useless, worthless, mere
ἄχυρον		n	2.8	chaff, straw
ἄψινθος		n	2.7;2.7f	wormwood
βαρέως		adv	M	heavily, with difficulty
βασίλειος		adj	2,5	royal, regal; palace
βδελύσσομαι	*pass*	v	G-I	abhor, detest, abominate
βεβαίωσις		n	3.26	confirmation, establishment
βεβηλόω		v	C-O	profane, desecrate
βιάζομαι	*mid dep*	v	D	enter forcibly into; *mid:* exert force; *pass:* bear violence
βλάπτω		v	LB	harm, injure
βοήθεια		n	1.2	help, support; rope, cable
βολίζω		v	D	fathom, sound, heave the lead
βορρᾶς		n	1.6	north (wind)
βουλευτής		n	1.4	counsellor, council member
βουνός		n	2.7	hill
βραβεῖον		n	2.8	award, prize
βραδύνω		v	N	delay, hesitate
βροχή		n	1.1	rain
βυθίζω		v	D	immerse, plunge, sink
γελάω		v	C-A	laugh, rejoice
γενεαλογία		n	1.2	genealogy
γενέσια, ίων, τά	*pl*	subst	2.8	birthday celebration
(from the adj γενέσιος, ον, 2,5; declined like the nt pl of this)				
γεννητός		adj	2-1,1	born, begotten
γηράσκω		v	+σκ	grow old, age
γλωσσόκομον		n	2.8	case, container, money box
δειγματίζω		v	D	expose, make example of
δεινῶς		adv	M	terribly, fearfully, with hostility
δεκατόω		v	C-O	tithe, receive *or* pay tithes
δερμάτινος		adj	2-1,1	leathern, of leather
δεσμώτης		n	1.4	prisoner
διαβεβαιόομαι	*mid dep*	v	C-O	speak confidently, insist
διαγινώσκω		v	+σκ	examine, decide, determine
διαγογγύζω		v	D	murmur greatly, grumble
διάγω		v	G	lead a life, live, spend one's life
διαιρέω	*spec*	v	C-E	divide, distribute
διαλαλέω		v	C-E	talk, converse, discuss
διαπονέομαι	*pass*	v	C-E	labor, be pained *or* annoyed
διαπρίομαι	*pass*	v	ω	be cut to the quick, infuriated
διασαφέω		v	C-E	declare, explain, make clear
διασπάω		v	C-A	rend asunder, tear apart
διαταγή		n	1.1	disposition, direction
διατηρέω		v	C-E	treasure up, keep free of
διαχειρίζομαι	*mid*	v	D	lay violent hands on, murder
διδακτικός		adj	2-1,1	skilful in teaching
δίδραχμον		n	2.8	double drachma: *Greek coin*
διετία		n	1.2	period of two years
διϊσχυρίζομαι	*mid, pass*	v	D	insist, maintain firmly
δικαίωσις		n	3.26	justification, vindication
δικάστης *or* τής		n	1.4	judge, highest regent
διοδεύω		v	ω	travel through, go about
διόπερ	*inferent*	conj	caus	for this reason, therefore
διστάζω		v	D	doubt, waver, hesitate
διχοστασία		n	1.2	dissention, division, variance
διχοτομέω		v	C-E	cut in two, punish severely
δίψυχος		adj	2,5	double-mined, hesitating
δοκίμιον		n	2.8	testing, genuineness
δόσις		n	3.26	gift, giving
δοῦλος		adj	2-1,1	enslaved, servile, as a slave
δοχή		n	1.1	banquet, reception
δυναμόω		v	C-O	strengthen, make strong
δύνω		v	+ν	sink, go down, set *(of the sun)*
δώρημα		n	3.31	free gift, present
ἐάνπερ		conj	subord	if indeed, supposing that
ἔγκλημα		n	3.31	charge, accusation, reproach
ἐγκρατεύομαι	*mid dep*	v	ω	restrain self, abstain
εἰλικρινής		adj	3,22	spotless, unmixed, pure
εἰρηνικός		adj	2-1,1	peaceable, peaceful
εἶτεν		adv	transit	furthermore, then
ἑκατονταπλασίων		adv	S	hundredfold
(the nt pl of the adj, 3,21 used as an adv)				
ἔκβασις		n	3,26	a way out, end, outcome
ἐκδιηγέομαι	*dep ?*	v	C-E	rehearse, tell in detail
ἔκδικος		subst	2.7	avenger, one who punishes
(from the adj, 2,5)				
ἐκεῖσε		adv	PL	there, to that place
ἐκκαθαίρω		v	L	purge out, cleanse, purify
ἐκκεντέω		v	C-E	pierce through
ἐκκλείω		v	ω	shut out, exclude
ἐκμυκτηρίζω		v	D	mock, ridicule, sneer
ἑκουσίως		adv	M	spontaneously, willingly
ἔκπαλαι		adv	T	of old, long ago, for a long time
ἐκπέμπω		v	LB	send out *or* off *or* away
ἐκτελέω	*spec*	v	C-E	complete, finish
ἐκτρέφω		v	LB	nourish, rear, bring up
ἔκφοβος		adj	2,5	terrified, frightened
ἐκφύω		v	ω	put forth *or* out *(leaves)*
ἑκών		adj	3-1,8	willing(ly), glad(ly)
ἐλαφρός		adj	2-1,2	light in weight, insignificant
ἐλεεινός		adj	2-1,1	miserable, pitiable
ἐλεήμων		adj	3,19	merciful, sympathetic
ἑλίσσω		v	G-I	roll up
ἕλκω			:	*see under ἑλκύω, 8 ts*
ἐλλογάω *and* -έω			:	*see under words occurring once*
ἐλωΐ אֱלָהִי		n	Aram	my God *(Mk 15[34])*
ἐμβάπτω		v	LB	immerse, dip (in, into)
ἐμπαίκτης		n	1.4	mocker, one who makes fun
ἐμπλέκομαι	*pass*	v	G	intertwine, entangle, be involved in
ἐμπορεύομαι	*dep*	v	ω	trade in, carry on business
ἐμφανής		adj	3,22	manifest, visible, revealed
ἐναγκαλίζομαι	*dep*	v	D	take into one's arms
ἔναντι		prep	gen	in the presence of, before
(an adv used as an improper prep w gen)				
ἐνάρχομαι	*dep*	v	G	begin, make a beginning
ἐνδιδύσκω		v	+σκ	dress, clothe in; *mid:* dress oneself in
ἔνδικος		adj	2,5	just, righteous, deserved
ἐνδοξάζομαι	*pass*	v	D	be glorified *or* honored
ἐνέδρα		n	1.2	ambush, plot

2 ts

ἐνεδρεύω		v	ω	lie in ambush *or* wait, plot
ἐνέργημα		n	3.31	activity, thing effected
ἐνευλογέομαι	*pass*	v	C-E	be blessed in λόγος
ἔνθεν		adv	PL	hence, from here
ἐνθυμέομαι	*dep*	v	C-E	meditate on, reflect, think
ἐνισχύω		v	ω	*intr:* regain strength; *tr:* make strong, strengthen
ἐνκαινίζω		v	D	dedicate, renew, open
ἔννοια		n	1.2	notion, idea, thought, insight
ἔννομος		adj	2,5	legal, lawful, duly subject
ἑνότης, ητος	ἡ	n	no decl	unity, concord, unison
ἐνοχλέω		v	C-E	trouble, annoy, cause trouble
ἐνταφιάζω		v	D	prepare for burial
ἐνταφιασμός		n	2.7	preparation for burial
ἔντευξις		n	3.26	intercession, request
ἐντός		prep	gen	within, inside

(an adv of PL used as an improper prep w gen)

ἐντροπή		n	1.1	shame, reproach, humiliation
ἐνυπνιάζομαι	*dep*	v	D	dream, have visions in dreams
ἑξακόσιοι		adj	23	six hundred *(composed of nums 666, 1600)*
ἐξανατέλλω		v	L	spring up, sprout
ἐξαπορέομαι	*pass dep*	v	C-E	be in utter perplexity, despair
ἐξαρτίζω		v	D	perfect, finish, equip
ἐξεγείρω		v	L	arouse, awaken, raise
ἐξορύσσω		v	G-1	dig out, tear out, open
ἐξωθέω		v	C-E	drive out, expel, run ashore
ἔοικα		v	pf w pr	be like, resemble
ἐπάγγελμα		n	3.31	promise, announcement
ἐπαιτέω		v	C-E	beg, ask alms
ἐπαναπαύομαι	*pass, mid*	v	ω	rest upon, find support
ἐπανέρχομαι	*dep*	v	G in pr	return
ἐπανίσταμαι	*mid*	v	μι[1]	*tr:* raise up against; *intr:* rise up against
ἐπεγείρω		v	L	arouse, excite, stir up
ἐπεῖδον	*for ἐφοράω*	v	suppl	look at, concern oneself with
ἐπενδύομαι	*mid*	v	ω	put on *(in addition)*, be fully clothed
ἐπηρεάζω		v	D	injure, threaten, mistreat
ἐπιδέχομαι	*dep*	v	G	welcome as a guest, accept
ἐπιδημέω		v	C-E	sojourn, stay as a visitor
ἐπιεικία		n	1.2	clemency, gentleness
ἐπικατάρατος		adj	2,5	accursed, cursed
ἐπιλέγομαι	*mid, pass*	v	G	choose, select; *pass:* to be called, named
ἐπιλύω		v	ω	solve, interpret, settle
ἐπιούσιος		adj	2,5	sufficient *(for the day)*

(B-A-G have an interesting discussion of this word)

ἐπιπόθησις		n	3.26	longing, eager desire
ἐπιρίπτω		v	LB	throw on, cast upon
ἐπίσημος		adj	2,5	prominent, splendid, notorious
ἐπίστασις		n	3.26	attention, care, checking, collection, conspiring
ἐπισυναγωγή		n	1.1	gathering, meeting
ἐπιφέρω		v	L	bring upon, pronounce
ἐπιφώσκω		v	+σκ	shine upon, dawn, break
ἐπιχορηγία		n	1.2	supply, assistance, help
ἐποπτεύω		v	ω	be witness of, observe, see
ἐρεθίζω		v	D	arouse, provoke, irritate
ἔριον		n	2.8	wool
ἔριφος		n	2.7	goat, kid, he-goat
ἑρμηνία		n	1.2	interpretation, translation
ἐρυθρός		adj	2-1,2	red
ἔσοπτρον		n	2.8	mirror
ἐσώτερος		adj	2-1,2	inner, interior
		prep	gen	behind, inside
ἑτεροδιδασκαλέω		v	C-E	teach heretical doctrine
εὐεργεσία		n	1.2	good deed, benefit, kindness
εὐθυδρομέω		v	C-E	run a straight course
εὐθύνω		v	N	straighten, steer
εὐκαιρία		n	1.2	favorable opportunity
εὔκαιρος		adj	2,5	well-timed, suitable
εὐκαίρως		adv	M	opportunely, conveniently
εὐλάβεια		n	1.2	reverence, awe, godly fear
εὐνουχίζω		v	D	castrate, emasculate
εὐσεβέω		v	C-E	exercise piety, worship
εὐσεβῶς		adv	M	piously, in a godly manner
εὔσπλαγχνος		adj	2,5	tender-hearted, compassionate, kind
εὐτόνως		adv	M	strenuously, vigorously
εὐφροσύνη		n	1.1	gladness, cheerfulness, joy
ἐφημερία		n	1.2	daily service, class or division of priests for this
ἐφικνέομαι	*mid dep*	v	-νε-	come to, reach
ζεῦγος		n	3.33	yoke, pair, team
ζέω		v	C-E	be hot, fervent, boil, seethe
ζωγρέω		v	C-E	take *or* capture alive
ἡγεμονεύω		v	ω	be governor, command, rule
ἡδύοσμον		n	2.8	mint: *the herb*
ἠλί אֵלִי		n	Aram	my God (*Mt* 27[46])
ἡλίκος		adj	2-1,1	how great *or* large *or* small
ἧλος		n	2.7	nail
ἡνίκα		particle	T	when, at the time when
ἤπιος		adj	2-1,2	placid, mild, gentle
ἥσσων		adj	3,21	worse, less

(comparative of κακός, bad)

ἡσύχιος		adj	2,5	quiet, gentle, peaceful
ἥττημα		n	3.31	inferior condition, defeat
θάλπω		v	LB	warm, cherish, comfort
θαῦμα		n	3.31	wonder, amazement
θεριστής		n	1.4	harvester, reaper
θριαμβεύω		v	ω	triumph over, lead captive in a victory procession
θυγάτριον		n	2.8	little daughter
θυρίς, ίδος	ἡ	n	3.12	opening, window
ἱερατεία		n	1.2	priestly office *or* service
ἱεράτευμα		n	3.31	priesthood
ἱερός		adj	2-1,2	sacred, holy, of the temple
and τὰ ἱερά	*pl*	subst	2.8	holy things
ἱκανόω		v	C-O	make sufficient, empower
ἱλάσκομαι	*mid dep*	v	+σκ	propitiate, conciliate, expiate, *pass:* have mercy
ἱλασμός		n	2.7	expiation, propitiation
ἱλαστήριον		n	2.8	means of expiation, mercy-seat
ἵλεως		adj	↓	propitious, gracious

SING NOM VOC	GEN	DAT	ACC		PLUR NOM VOC	GEN	DAT	ACC
εως	εω	εῳ	εων	*m,f*	εῳ	εων	εῳς	εως
εων	εω	εῳ	εων	*nt*	εω	εων	εῳς	εω

ἱματίζομαι	*pass*	v	D	be clothed, dressed
Ἰουδαϊσμός		n	2.7	Judaism, Jewish way of life
ἱππεύς		n	3.29	horseman, cavalryman
ἶρις, ιδος	ἡ	n	3.12	rainbow, halo of colors
ἰχθύδιον		n	2.8	small fish, fish

2 ts

καθηγητής		n	1.4	leader, teacher, master
καθήκει	*impers*	v	G	it is fitting, proper
καινότης, ητος	ἡ	n	no decl	newness
καίτοι		particle	emph	and yet, yet, although
κακουχέομαι	*pass*	v	C-E	be maltreated, tormented
καμμύω		v	ω	shut *or* close *(the eyes)*
κάμνω		v	+ν	be weary, ill, fatigued
καρδιογνώστης		n	1.4	knower of hearts
καταβάλλω		v	L	cast *or* strike down; *mid:* lay *(a foundation)*
καταδουλόω		v	C-O	enslave, take advantage of
καταδυναστεύω		v	ω	oppress, exploit, dominate
κατακλάω		v	C-A	break in pieces
κατακλείω		v	ω	shut up, lock up
κατακολουθέω	*w dat*	v	C-E	follow after, accompany
κατάκρισις		n	3.26	condemnation, punishment
καταλαλιά		n	1.2	evil speech, slander, detraction, insult
καταμένω		v	N	remain, stay, live
καταπονέομαι	*pass*	v	C-E	be oppressed, subdued
καταποντίζομαι	*pass*	v	D	be sunk *or* drowned
κατασκήνωσις		n	3.26	place to live, nest
καταστέλλω		v	L	repress, restrain, quiet
καταστροφή		n	1.1	ruin, destruction, overthrow
κατάσχεσις		n	3.26	possession, act of possessing, dispossession
καταφεύγω		v	G	flee away, take refuge
καταχέω	*spec*	v	C-E	pour upon *or* out *or* over
καταχράομαι	*pass*	v	C-A	make full use of, use
κατεξουσιάζω		v	D	exercise authority, tyrannize, rule over
κατοικητήριον		n	2.8	dwelling, home, haunt
καῦμα		n	3.31	heat, scorching, burning
καυσόομαι	*pass*	v	C-O	be consumed by heat, burned
κενοφωνία		n	1.2	chatter, empty talk
κεραία		n	1.2	projection, hook, serif
κεράμιον		n	2.8	earthenware vessel, jar
κεφάλαιον		n	2.8	main point *or* thing, sum
κιθαρίζω		v	D	play on a harp *or* lyre
κιθαρῳδός		n	2.7	harpist, lyre-player
κλάσις		n	3.26	breaking *(of bread)*
κλίβανος		n	2.7	oven, furnace
κλινίδιον		n	2.8	small bed, pallet, stretcher
κλοπή		n	1.1	theft, stealing
κλύδων, ωνος	ὁ	n	3.17	wave, surge, rough water
κοδράντης	*Lat*	n	1.4	quadrans (= ¼ *of an* as)
κολάζω	*act, mid*	v	D	punish
κόλασις		n	3.26	punishment
κομάω		v	C-A	wear long hair
κονιάω	*α-pure*	v	C-A	whitewash
κορέννυμι	*like* μι[4]	v	+νυ	fill; *pass:* be satisfied, satiated
κοσμικός		adj	2-1,1	earthly, worldly, material
κόσμιος, (ία), ον		adj *or*	2-1,2 / 2,5 ?	decorous, respectable
κρέας	τό	n	↓	meat, flesh

SING NOM VOC	GEN	DAT	ACC	PLUR NOM VOC	GEN	DAT	ACC
κρέας	-ατος *or* -έως	-ατι	κρέας	κρέα	-ατων	-ασι	κρέα

κρίθινος		adj	2-1,1	made of barley flour
κρίνον		n	2.8	lily, wild flower
κρύσταλλος		n	2.7	rock-crystal, ice
κρυφαῖος, αία, αῖον		adj	2-1,2	secret, hidden
κυβερνήτης		n	1.4	steersman, pilot
κύπτω		v	LB	stoop *or* bend down
κυρία		n	1.2	lady, mistress
κυριακός		adj	2-1,1	the Lord's
κυρόω		v	C-O	confirm, ratify, reaffirm
λατομέω		v	C-E	hew out of rock, cut
λέντιον	*Lat*	n	2.8	linen cloth, towel
λευκαίνω		v	N	whiten, make white
λίβανος		n	2.7	frankincense, incense
λιβανωτός		n	2.7	censer, incense container
λικμάω		v	C-A	scatter, winnow, grind, crush
λίνον		n	2.8	linen, flax, lamp-wick
λίτρα	*Lat*	n	1.2	(Roman) pound: *ca 12 ozs*
λογία		n	1.2	collection, contribution

(B-A-G hold that λογεία is etymologically correct)

λογικός		adj	2-1,1	rational, mental, spiritual
λογισμός		n	2.7	reasoning, calculation, reflection, thought
λοίδορος		n	2.7	reviler, abusive person
λοιμός		n	2.7	pestilence, plague, disease, nuisance
λουτρόν		n	2.8	bathing, bath, washing
λύτρον		n	2.8	ransom, price of release
μακαρίζω	*spec*	v	D	bless, consider happy *or* fortunate
μάτην		adv	M	in vain, to no end *or* purpose
μεθοδία		n	1.2	artifice, scheming, craftiness
μέθυσος		subst	2.7	intoxicated man, drunkard

(B-A-G hold that it is from the adj)

μελετάω		v	C-A	think *or* meditate upon, cultivate, practice
μέμφομαι		v	dep?	complain, blame, find fault
μερισμός		n	2.7	division, separation, distribution, apportionment
μεσημβρία		n	1.2	midday, noon
μετάγω		v	G	turn about, steer, guide
μεταίρω		v	L	go away, leave
μεταλλάσσω		v	pass	exchange
μεταστρέφω		v	LB	turn, change, alter, pervert
μετοικίζω		v	D	resettle, cause to migrate
μηδαμῶς		adv	ως	by no means, certainly not
μήπω		adv	T	not yet
μήτρα		n	1.2	womb
μίσθιος		subst	2.7	hired servant, day laborer

(B-A-G hold this to be an adj of two or three terminations)

μισθόομαι	*mid*	v	C-O	hire, engage
μονή		n	1.1	abode, dwelling; tarrying
μονόφθαλμος		adj	2,5	one-eyed
μόρφωσις		n	3.26	embodiment, formulation
μωμάομαι	*middep*	v	C-A	blame, find fault with; *pass:* be found fault with
νάρδος		n	2.7f	spikenard, oil of nard
ναυαγέω		v	C-E	suffer shipwreck
νέκρωσις		n	3.26	death, putting to death, barrenness
νεύω		v	ω	nod, beckon, signal
νήθω		v	D	spin
νῆστις, ιος *and* ιδος		n	3.12	fasting, not eating, hungry

(the genitives: ιος is Ionic, corresponding to the Attic εως, the latter forms used in the NT; ιδος is Attic as well; B-A-G indicate both a mas and fem article; authorities preferring the genitive in ιδος are followed here; thus, 3.12 not 3.26)

2 ts

νομή	n	1.1	pasturage, spreading
νομίμως	adv	M	lawfully, according to rule
νομοθετέομαι *pass*	v	C-E	be given the law, be based on the law
νυστάζω	v	D	sleep, delay, become drowsy
νωθρός	adj	2-1,2	lazy, sluggish, hard
ξενία	n	1.2	lodging, guest room, room
ξύλινος	adj	2-1,1	wooden
ὀγδοήκοντα	adj	24	eighty *(includes the num 84: once)*
ὁδοιπορία	n	1.2	journeying, walking
ὀδύνη	n	1.1	pain, distress, woe, sorrow
ὀδυρμός	n	2.7	lamentation, mourning
ὀθόνη	n	1.1	linen cloth, sheet
οἰκητήριον	n	2.8	dwelling, habitation, home
οἰκιακός	n	2.7	domestic, member of a household
οἰκτείρω	v	L	have compassion on
οἰνοπότης	n	1.4	wine-drinker, drunkard
ὁλόκληρος	adj	2,5	whole, sound, intact
ὄμμα	n	3.31	eye
ὁμοιοπαθής	adj	3,22	with the same nature
ὁμοιότης, ητος ἡ	n	no decl	likeness, similarity
ὀνικός	adj	2-1,1	pertaining to a donkey
ὀπή	n	1.1	opening, hole, cave
ὀργυιά	n	1.2	fathom: *ca two yards*
ὀρεινή < 2-1,1	subst	1.1	hilly, mountainous
ὀρθός	adj	2-1,1	upright, straight, erect
ὁρκίζω	v	D	adjure, implore, make swear
ὁρμή	n	1.1	impulse, attempt, will
ὄρνις, ιθος ἡ	n	↓	fowl, bird, hen

SING NOM VOC	GEN	DAT	ACC	PLUR NOM VOC	GEN	DAT	ACC
ὄρνις	-ιθος	-ιθι	-ιθα *and* ὄρνιν	ὄρνιθες	-ίθων	-ισι(ν)	-ιθας *and* ὄρνις

(cf 3.12; can also be mas: cock, rooster)

ὀρφανός	adj	2-1,1	bereaved, orphaned
ὁσιότης, τητος ἡ	n	no decl	holiness, devoutness, piety
ὀστράκινος	adj	2-1,1	earthen, made of earth *or* clay, pottery
οὐρανόθεν	adv	PL	from heaven
οὐσία	n	1.2	property, wealth, money
ὀφείλημα	n	3.31	debt, one's due, guilt, sin
ὀφθαλμοδουλία	n	1.2	eye-service: *to be noticed*
παιδευτής	n	1.4	preceptor, instructor, teacher
παλιγγενεσία	n	1.2	regeneration, rebirth, next world, new age
παντελής	adj	3,22	perfect, complete, at all
παραβιάζομαι *mid dep*	v	D	constrain, urge, persuade
παραινέω	v	C-E	exhort, advise, urge
παράκειμαι	v	κει	be present with, be ready
παραλέγομαι	v	G	skirt, coast along, sail past
παραλογίζομαι *mid dep*	v	D	deceive, delude, defraud
παραπικρασμός	n	2.7	provocation, rebellion
παρεισέρχομαι *mid dep*	v	G in pr	slip in, come in, sneak in
παρίημι	v	μι⁵	let pass, relax, neglect
παροικέω	v	C-E	dwell as a stranger, live in
παροικία	n	1.2	sojourning in a strange place
πάροινος	adj	2,5	given to wine, drunken
παροξύνομαι *pass*	v	N	be provoked, irritated
παροξυσμός	n	2.7	stirring up, provocation, encouragement, disagreement
παροργίζω	v	D	irritate, make angry
παροψίς, ιδος ἡ	n	3.12	dish, side-dish, plate
παχύνομαι *pass*	v	N	become gross, dull, insensitive
πεζῇ	adv	M	on foot, by land
πεῖρα	n	1.2	attempt, experiment
πέλαγος	n	3.33	deep, sea, depths
πεντακόσιοι	adj	23	five hundred
περιαστράπτω	v	LB	shine around, flash around
περιβόλαιον	n	2.8	covering, wrap, mantle, cloak
περίεργος	adj	2,5	meddlesome, pertaining to magic

(1-Ti 5¹³ is used as a subst, 2.7 pl: busybody)

περιέχω	v	G	*tr:* encompass, encircle, surround; *intr:* stand, say
περικεφαλαία	n	1.2	helmet
περιλάμπω	v	LB	shine around
περιλείπομαι *pass*	v	LB	remain, be left over
πέρυσι	adv	T	a year ago, last year
πηδάλιον	n	2.8	rudder, steering paddle
πηλίκος	adj	2-1,1	how large! how great!

(in both instances, in an exclamation)

πικρός	adj	2-1,2	bitter, embittered, harsh
πικρῶς	adv	M	bitterly
πιστικός	adj	2-1,1	pure, unadulterated
πλάσσω	v	G-1	form, fashion, mold, create
πλήκτης	n	1.4	pugnacious man, bully
πνευματικῶς	adv	M	spiritually, symbolically
πνίγω	v	G	strangle, choke; *pass:* drown
πνοή	n	1.1	wind, breath, blowing
ποίημα	n	3.31	workmanship, creation
πολιτάρχης	n	1.4	civic magistrate, politarch
πολιτεία	n	1.2	citizenship, commonwealth
πολιτεύομαι *mid*	v	ω	be a citizen, lead one's life
πολλαπλασίων	adj	3,19	manifold, more; *nt pl:* many times as much
πόμα	n	3.31	drink
πορεία	n	1.2	way, course of life, journey
πορισμός	n	2.7	gain, means of gain
πόρρωθεν	adv	PL	at *or* from a distance
πράκτωρ	n	3.22	official, bailiff, constable
πρασιά	n	1.2	garden plot, group; *bis:* group by group
πρεσβεία	n	1.2	embassy, ambassador
πρεσβεύω	v	ω	travel *or* work as an ambassador, be a representative
προαμαρτάνω	v	+αν	sin beforehand *or* in the past
προβάλλω	v	L	put forth *or* forward; *intr:* put out leaves
προβάτιον	n	2.8	little sheep, lamb, sheep
πρόγνωσις	n	3.26	foreknowledge, purpose
πρόγονος *(from the adj, 2,5)*	subst	2.7	ancestor, forefather, parent
προεῖδον for προοράω	v	suppl	foresee, see previously
προενάρχομαι *dep*	v	G	begin beforehand, begin
προεπαγγέλλομαι *mid & pass*	v	L	promise beforehand, promise long ago
προετοιμάζω	v	D	prepare beforehand
προκαταγγέλλω	v	L	pre-announce, promise
πρόνοια	n	1.2	providence, foresight, care
προοράω *spec (uses a suppl)*	v	C-A	foresee; *mid:* see before one
προπετής	adj	3,22	rash, precipitate, thoughtless

2 ts

Word	Note	Part	Class	Meaning
προπορεύομαι	*dep*	v	ω	precede, go on before
προσαίτης		n	1.4	beggar
προσαναπληρόω		v	C-O	fill up, replenish besides
προσανατίθεμαι	*mid*	v	$\mu\iota^2$	confer, add, contribute
προσδοκία		n	1.2	expectation, foreboding
προσκυλίω		v	ω	roll to *or* upon *or* against
προσλαλέω		v	C-E	converse with, address
προσοχθίζω		v	D	be grieved with, provoked
προσρήγνυμι	*like* $\mu\iota^4$	v	+νυ	dash against, burst upon
προτρέχω	*w suppl*	v	G in pr	run before *or* up to
προϋπάρχω		v	G	be *or* exist before
προφέρω		v	L	bring forth, produce
προφητικός		adj	2-1,1	prophetic
προφῆτις, ιδος	ἡ	n	3.12	prophetess
πρωΐα		n	1.2	(early) morning
πρωϊνός		adj	2-1,1	early, belonging to morning
πρῷρα		n	1.3	forepart, prow of a ship
πτερύγιον		n	2.8	little wing, pinnacle, edge
πτοέομαι	*pass*	v	C-E	be terrified, frightened
πτύον		n	2.8	winnowing-shovel
πτῶσις		n	3.26	fall, falling, collapse
πυρά		n	1.2	fire, combustible pile
πυρέσσω		v	G-1	have a fever
πυρράζω		v	D	grow red, glow (*of the sky*)
πυρρός		adj	2-1,2	fiery-red, red (*as fire*)
ῥαββουνεί רַבּוֹנִי		n	Aram	my lord *or* master
ῥαβδίζω		v	D	beat with a rod, whip
ῥαβδοῦχος		n	2.7	lictor: *staff-bearer*
ῥάκος		n	3.33	piece of cloth, patch
ῥαντισμός		n	2.7	sprinkling
ῥαπίζω		v	D	strike with the open hand, slap
ῥαφίς, ίδος	ἡ	n	3.12	needle
ῥιζόομαι	*pass*	v	C-O	cause to take root, fix firmly
ῥυπαρός		adj	2-1,2	filthy, dirty, shabby
σαβαχθανεί		v	Aram	forsake: you have forsaken me שְׁבַקְתַּנִי
Σαβαώθ	*Heb*	n	indecl	armies, hosts צְבָאוֹת *pl*
σανδάλιον		n	2.8	sandal
σάρδιον		n	2.8	carnelian, sard(ius): *stone*
σάτον		n	2.8	seah, saton: *measure*: 1½ peck
(*Aram* סָאתָא ; *Heb* סְאָה)				
σέβασμα		n	3.31	object of worship, sanctuary
σεληνιάζομαι	*pass*	v	D	be moon-struck, lunatic *or* epileptic
σιαγών, όνος	ἡ	n	3.17	cheek, jaw-bone
σιγή		n	1.1	silence, quiet
σκῆνος		n	3.33	tent, lodging (*of one's body*)
σκυθρωπός, (ή), όν		adj	2-1,1	sad, gloomy, sullen
σμύρνα		n	1.3	myrrh
σοφίζω		v	D	make wise, teach, instruct
σπάομαι	*mid*	v	C-A	draw (*of swords*)
σπαργανόω		v	C-O	swathe, wrap in swaddling
σπαταλάω		v	C-A	live luxuriously *or* voluptuously
σπένδομαι	*pass*	v	D	to be offered up *or* poured out
σπίλος		n	2.7	blot, stain, blemish
σπιλόω		v	C-O	stain, defile, pollute, spot
στέλλομαι	*mid*	v	L	keep away, avoid, stand aloof
στεναγμός		n	2.7	groaning, sigh
στρατεία		n	1.2	warfare, fight
στρατιά		n	1.2	army, host
στρηνιάω	*α-pure*	v	C-A	live in luxury *or* sensuality
στυγνάζω		v	D	be sad, gloomy, appalled

Word	Note	Part	Class	Meaning
συγγενεύς		subst	3.29	brother, kinsman, relative
(*from the adj συγγενής, ες* : 3,22)				
συκοφαντέω		v	C-E	defraud, slander, cheat
σύμμορφος		adj	2,5	conformed to, similar in
συμπόσιον		n	2.8	drinking party, party
σύμφορον		subst	{2.8 / < 2,5	profitable, beneficial
συναθλέω		v	C-E	contend with, struggle along with, work with
συναθροίζω		v	D	collect together, gather
συναναβαίνω		v	+ν+	ascend with, go up with
συναντιλαμβάνομαι	*mid*	v	+αν+	join in helping, come to the aid of, help, come to help
συναρμολογέομαι	*pass*	v	C-E	fit *or* join together, be fit together *or* joined
συνβασιλεύω		v	ω	reign together, live together as kings
συνεῖδον	*for συνοράω*	v	suppl	become aware of, perceive
σύνειμι	II	v	spec	be with, be present
συνεισέρχομαι	*dep*	v	G in pr	enter with, go in(to) with
συνέκδημος		n	2.7	fellow-traveller, traveling companion
συνευωχέομαι	*pass*	v	C-E	feast together, carouse
συνζεύγνυμι	*like* $\mu\iota^4$	v	+νυ	yoke together, pair, join
συνζωοποιέω		v	C-E	make alive together with
συνθάπτομαι	*pass*	v	LB	be buried with
συνθλάομαι	*pass*	v	C-A	be broken, crushed, dashed
συνθλίβω		v	LB	press upon *or* together
συνκάθημαι		v	$\mu\iota^6$	be seated with, sit with
συνκαθίζω		v	D	cause to sit down with, sit down with
συνκακοπαθέω		v	C-E	suffer together with
συνκεράννυμι	*like* $\mu\iota^4$	v	+νυ	mix, blend, unite
συνμέτοχος		adj	2,5	sharing with someone
(*some consider this a subst*: 2.7: sharer, participant)				
συνοχή		n	1.1	distress, dismay, anguish
συνπαθέω		v	C-E	sympathize with
συνπάσχω		v	+σκ	suffer with, have sympathy
συνπέμπω		v	LB	send with *or* at the same time
συνστέλλω		v	L	draw together, limit, shorten
συνστρατιώτης		n	1.4	fellow-soldier, comrade in arms
συνσχηματίζομαι	*pass*	v	D	be conformed to, guided by
συσπαράσσω		v	G-1	tear, convulse, pull about
συστρέφω		v	LB	gather *or* come together
συστροφή		n	1.1	conspiracy, seditious gathering, plot, plan
σχῆμα		n	3.31	fashion, habit, form, shape
σχοινίον		n	2.8	cord, rope
σχολάζω		v	D	devote oneself to, have time for, be unoccupied
σωματικός		adj	2-1,1	bodily, corporeal, physical
σωρεύω		v	ω	heap up, fill with, overwhelm
ταλαιπωρία		n	1.2	misery, wretchedness
ταλαίπωρος		adj	2,5	miserable, distressed
τάραχος		n	2.7	commotion, mental agitation
τάχα		adv	M	perhaps, possibly, probably
ταχινός		adj	2-1,1	swift, immanent, speedy
τέκτων, ονος	ὁ	n	3.17	carpenter, builder
τελειότης, ητος	ἡ	n	no decl	perfection, completeness
τελείωσις		n	3.26	fulfilment, perfection
τεσσαρεσκαιδέκατος		adj	2-1,1	fourteenth
τεσσερακονταετής		adj	3,22	of forty years
τιμωρέω		v	C-E	punish
τίτλος	*Lat*	n	2.7	title, inscription, notice
τοιγαροῦν		particle inferent		consequently, therefore

2 ts

τόκος		n	2.7	interest *(on money)*
τραυματίζω		v	D	wound, injure
τραχύς, εῖα, ύ		adj	3-1,13	rugged, rough, uneven
τρῆμα		n	3.31	hole, opening, eye *(of a needle)*
τριακόσιοι		adj	23	three hundred
τρίβολος		n	2.7	thistle, briar
τρύβλιον		n	2.8	dish, platter, bowl
τρυφή		n	1.1	luxury, enjoyment
ὕαλος		n	2.7f	crystal, glass
ὑβριστής		n	1.4	insolent person, violent man
ὕμνος		n	2.7	hymn, song of praise
ὕπαρξις		n	3.26	property, possession
ὑπεναντίος		adj	2-1,2	adverse, opposed, hostile
and οἱ ὑπεναντίοι		subst	2.7	adversaries
ὑπερεκπερισσοῦ		adv	M	very highly indeed
		prep	gen	far beyond
ὑπερλίαν	*adv as*	adj	—	extra-special, outstanding
ὑπέρογκος		adj	2,5	immoderate, bombastic
ὑπεροχή		n	1.1	preëminence, projection
ὑπερπερισσεύω		v	ω	superabound; *pass:* overflow
ὑποζύγιον		n	2.8	pack animal, beast of burden
ὑποπλέω	*spec*	v	C-E	sail under the shelter of
ὑποτίθημι		v	μι²	risk; *mid:* suggest, point out
ὑποτύπωσις		n	3.26	outline, delineation, prototype, standard, pattern
ὑποχωρέω		v	C-E	withdraw, retreat, retire
ὑπωπιάζω		v	D	bruise, weary out, annoy, treat roughly, torment
ὕσσωπος	*Heb*	n	2.7; 2.7f	hyssop אֵזוֹב

(there is the possibility of ὕσσωπον : 2.8)

ὑστέρησις		n	3.26	poverty, need, lack, want
ὕστερος		adj	2-1,2	latter, last, future, second
ὕψωμα		n	3.31	elevation, height, stronghold
φάγος		n	2.7	glutton
φανέρωσις		n	3.26	manifestation, disclosure
φάντασμα		n	3.31	phantom, apparition, ghost
φαρμακός		n	2.7	magician, sorcerer
φειδομένως		adv	M	sparingly
φήμη		n	1.1	voice, rumor, report, news
φθόγγος		n	2.7	sound, tone, voice
φιλανθρωπία		n	1.2	philanthropy, love for mankind, lovingkindness, hospitality, kindness
φιλάργυρος		adj	2,5	money-loving, avaricious
φιλοξενία		n	1.2	hospitality
φλογίζω		v	D	inflame, set on fire
φοῖνιξ, ικος	ὁ	n	3.9	palm-branch, date-palm
φορτίζω		v	D	load, burden
φραγελλόω	*Lat*	v	C-O	whip, scourge, flog
φρήν, φρενός	ἡ	n	3.16	thinking, understanding
φρόνησις		n	3.26	understanding, frame of mind, way of thinking
φωλεός		n	2.7	den, lair, hole
φωστήρ		n	3.23	light-bearer, star, radiance
φωτισμός		n	2.7	radiance, shining, illumination, enlightenment, light
χαλεπός		adj	2-1,1	hard, harsh, difficult
χαλιναγωγέω		v	C-E	bridle, curb, hold in check
χαλινός		n	2.7	bridle, bit
χαλκολίβανον		n	2.8	fine brass, bronze
χαμαί		adv	PL	on *or* to the ground
χαριτόω		v	C-O	take into favor, favor highly
χειραγωγέω		v	C-E	lead *or* take by the hand
χειροτονέω		v	C-E	choose by vote, elect by raising hands
χιών, όνος	ἡ	n	3.17	snow
χλαμύς, ύδος	ἡ	n	cf 3.12	robe, cloak
χοῖνιξ, ικος	ἡ	n	3.9	choenix: *measure = a quart*
χολή		n	1.1	gall, bitter wrath, bile
χορηγέω		v	C-E	supply *(in abundance)* provide
χοῦς, χοός	ὁ	n	3.30	dust, soil
χρεοφειλέτης		n	1.4	debtor
χρῆσις		n	3.26	manner of using, function
χρυσόω		v	C-O	adorn with gold, gild
ψευδάδελφος		n	2.7	false brother
ψευδομαρτυρία		n	1.2	false testimony, perjury
ψευδομάρτυς, υρος, ὁ		n	3.25	false witness
ψευδόχριστος		n	2.7	false-Christ *or* Messiah
ψηφίζω		v	D	calculate, count, reckon
ψιχίον		n	2.8	crumb, very little bit
ψωμίζω		v	D	feed, give food to, give away
ὦμος		n	2.7	shoulder
ὠτάριον		n	2.8	a (small) ear
ὠφέλεια		n	1.2	usefulness, profit

1 t

ἀβαρής		adj	3,22	2-C 11.9	not burdensome
ἀγαθοεργέω		v	C-E	1-Ti 6.18	do good, help
ἀγαθοποιΐα		n	1.2	1-Pt 4.19	well-doing
ἀγαθοποιός		subst	2.7<2,5	1-Pt 2.14	welldoer
ἀγαθουργέω		v	C-E	Ac 14.17	do good, show kindness
ἀγανάκτησις		n	3.26	2-C 7.11	vexation, indignation
ἀγγεῖον		n	2.8	Mt 25.4	vessel, flask, container
ἀγγέλλω		v	L	Jn 20.18	announce, tell
ἄγγος		n	3.33	Mt 13.48	container
ἀγενεαλόγητος		adj	2,5	Hb 7.3	without geneology
ἀγενής		adj	3,22	1-C 1.28	base, low, insignificant
ἀγκάλη		n	1.1	Lk 2.28	arm
ἄγκιστρον		n	2.8	Mt 17.27	fishhook
ἁγνισμός		n	2.7	Ac 21.26	purification
ἀγνόημα		n	3.31	Hb 9.7	sin of ignorance
ἁγνῶς		adv	M	Phl 1.17	purely, sincerely
ἄγνωστος		adj	2,5	Ac 17.23	unknown
ἀγράμματος		adj	2,5	Ac 4.13	illiterate, uneducated
ἀγραυλέω		v	C-E	Lk 2.8	abide in a field, outdoors
ἀγρεύω		v	ω	Mk 12.13	catch, ensnare, trap
ἀγωγή		n	1.1	2-Ti 3.10	manner of life, conduct
ἀγωνία		n	1.2	Lk 22.44	agony, anxiety, anguish
ἀδάπανος		adj	2,5	1-C 9.18	free of charge
ἀδηλότης, ητος	ἡ	n	no decl	1-Ti 6.17	uncertainty
ἀδήλως		adv	M	1-C 9.26	uncertainly
ἀδιάκριτος		adj	2,5	Jm 3.17	impartial
ἀδίκως		adv	M	1-Pt 2.19	unjustly
ἄδολος		adj	2,5	1-Pt 2.2	without deceit, pure
ἁδρότης, ητος	ἡ	n	no decl	2-C 8.20	liberality, generous amount
ἄθεος		adj	2,5	Eph 2.12	without God
ἄθλησις		n	3.26	Hb 10.32	contest, struggle
ἀθροίζω		v	D	Lk 24.33	gather together
ἀθυμέω		v	C-E	Co 3.21	lose heart
αἴγειος, εία, ειον		adj	2-1,2	Hb 11.37	of a goat
αἰδώς, οῦς	ἡ	n	↓	1-Ti 2.9	modesty, propriety

SING

NOM	GEN	DAT	ACC	VOC
αἰδώς	αἰδόος *or* αἰδοῦς	αἰδόϊ *or* αἰδοῖ	αἰδόα *or* αἰδῶ	αἰδοῖ

1 t

αἱματεκχυσία		n	1.2	Hb 9.22	shedding of blood
αἱμορροέω		v	C-E	Mt 9.20	suffer hemorrhage
αἴνεσις		n	3.26	Hb 13.15	praise, adoration
αἴνιγμα		n	3.31	1-C 13.12	indistinct image
αἱρετίζω		v	D	Mt 12.18	choose, appoint
αἱρετικός		adj	2-1,1	Tit 3.10	factious, heretical
αἰσθάνομαι	*dep*	v	+αν	Lk 9.45	understand, perceive
αἴσθησις		n	3.26	Phl 1.9	experience, insight
αἰσθητήριον		n	2.8	Hb 5.14	sense, faculty
αἰσχροκερδῶς		adv	M	1-Pt 5.2	fond of base gain
αἰσχρολογία		n	1.2	Co 3.8	abusive speech
αἰσχρότης, ητος ἡ		n	no decl	Eph 5.4	ugliness, wickedness
αἴτιος		subst	2.7	Hb 5.9	cause, source
(from the adj, 2-1,2)					
αἰτίωμα		n	3.31	Ac 25.7	charge, complaint
αἰχμαλωτεύω		v	ω	Eph 4.8	capture, take captive
αἰχμάλωτος, ώτου		n	2.7	Lk 4.18	captive, prisoner
ἀκαιρέομαι	*pass*	v	C-E	Phl 4.10	have no time, opportunity
ἀκαίρως		adv	T	2-Ti 4.2	out of season
ἀκατάγνωστος		adj	2,5	Tit 2.8	beyond reproach
ἀκατάλυτος		adj	2,5	Hb 7.16	indestructible, endless
ἀκατάπαυστος		adj	2,5	2-Pt 2.14	unceasing, restless
ἀκλινής		adj	3,22	Hb 10.23	unwavering, firm
ἀκμάζω		v	D	Rv 14.18	be ripe, ripen
ἀκμήν	*accus*	adv	S	Mt 15.16	even yet, still
ἀκρατής		adj	3,22	2-Ti 3.3	dissolute, violent
ἄκρατος		adj	2,5	Rv 14.10	unmixed, full strength
ἀκρίβεια		n	1.2	Ac 22.3	exactness, strictness
ἀκριβής		adj	3,22	Ac 26.5	exact, strict
ἀκροατήριον		n	2.8	Ac 25.23	audience room *or* hall
ἀκροθίνιον		n	2.8	Hb 7.4	first-fruits, spoil
ἀκωλύτως		adv	M	Ac 28.31	without hindrance
ἄκων		adj	3-1,8	1-C 9.17	unwilling, inadvertent
(to be translated as an adv: unwillingly, inadvertently)					
ἀλάλητος		adj	2,5	Rm 8.26	inexpressible
ἀλεκτοροφωνία		n	1.2	Mk 13.35	cockcrow, before dawn
ἁλιεύω		v	ω	Jn 21.3	fish, go fishing
ἀλίσγημα		n	3.31	Ac 15.20	pollution, defilement
ἀλλαχόθεν		adv	PL	Jn 10.1	from another place
ἀλλαχοῦ		adv	PL	Mk 1.38	in another direction
ἀλληγορέω		v	C-E	Ga 4.24	speak allegorically
ἀλλογενής		adj	3,22	Lk 17.18	foreign(er)
(used as a mas subst)					
ἀλλοτριεπίσκοπος		n	2.7	1-Pt 4.15	spy, informer, busybody
ἀλλόφυλος		adj	2,5	Ac 10.28	Gentile, heathen
ἄλλως		adv	M	1-Ti 5.25	otherwise
ἀλόη		n	1.1	Jn 19.39	aloes
ἁλυκός		adj	2-1,1	Jm 3.12	salty
ἄλυπος		adj	2,5	Phl 2.28	free from anxiety
ἀλυσιτελής		adj	3,22	Hb 13.17	unprofitable
ἅλωσις		n	3.26	2-Pt 2.12	capture, catching
ἀμαθής		adj	3,22	2-Pt 3.16	ignorant
ἀμαράντινος		adj	2-1,1	1-Pt 5.4	unfading
ἀμάραντος		adj	2,5	1-Pt 1.4	unfading, permanent
ἀμάρτυρος		adj	2,5	Ac 14.17	witnessless
ἀμάω		v	C-A	Jm 5.4	mow
ἀμέθυστος		n	2.7f	Rv 21.20	amethyst
ἀμετακίνητος		adj	2,5	1-C 15.58	immovable, steadfast
ἀμετανόητος		adj	2,5	Rm 2.5	unrepentant, obstinate
ἀμήτωρ, ορος		n ?	3.22	Hb 7.3	motherless
ἀμοιβή		n	1.1	1-Ti 5.4	return, recompense
ἀμπελουργός		n	2.7	Lk 13.7	vine-dresser, gardener
ἀμύνομαι	*mid*	v	N	Ac 7.24	help, aid, defend

ἀμφιάζω		v	D	Lk 12.28	clothe, array
ἀμφιβάλλω		v	L	Mk 1.16	cast a fishnet
ἀμφίβληστρον		n	2.8	Mt 4.18	casting-net
ἄμφοδον		n	2.8	Mk 11.4	street
ἀμώμητος		adj	2,5	2-Pt 3.14	blameless, unblemished
ἄμωμον		n	2.8	Rv 18.13	amomum: *splice plant*
ἀναβάλλομαι	*mid*	v	L	Ac 24.22	adjourn, postpone
ἀναβιβάζω		v	D	Mt 13.48	bring *or* pull up
ἀνάβλεψις		n	3.26	Lk 4.18	recovery of sight
ἀναβοάω		v	C-A	Mt 27.46	cry out
ἀναβολή		n	1.1	Ac 25.17	delay, postponement
ἀναγκαστῶς		adv	M	1-Pt 5.2	compulsively
ἀνάδειξις		n	3.26	Lk 1.80	commissioning, installation
ἀναδίδωμι		v	μι³	Ac 23.33	deliver, hand over
ἀναζώννυμι	*as μι⁴*	v	+νυ	1-Pt 1.13	*mid:* bind *or* gird up
ἀναζωπυρέω		v	C-E	2-Ti 1.6	rekindle, stir into flame
ἀναθάλλω		v	L	Phl 4.10	revive, bloom again
ἀνάθημα		n	3.31	Lk 21.5	votive-offering
ἀναιδία		n	1.2	Lk 11.8	persistence, impudence
ἀναίρεσις		n	3.26	Ac 8.1	murder, killing
ἀνακαινίζω		v	D	Hb 6.6	renew, restore
ἀνάκρισις		n	3.26	Ac 25.26	preliminary hearing
ἀνακυλίω		v	ω	Mk 16.4	roll away
ἀνάλημψις		n	3.26	Lk 9.51	ascension, decease
ἀναλογία		n	1.2	Rm 12.6	proportion, agreement
ἀναλογίζομαι	*dep*	v	D	Hb 12.3	consider, compare
ἄναλος		adj	2,5	Mk 9.50	saltless, insipid
ἀνάλυσις		n	3.26	2-Ti 4.6	departure, death
ἀναμάρτητος		adj	2,5	Jn 8.7	sinless, innocent
ἀναμένω		v	N	1-Th 1.10	wait for, expect
ἀνανεόομαι	*mid*	v	C-O	Eph 4.23	renew
ἀνανήφω		v	LB	2-Ti 2.26	become sober
ἀνατίρητος		adj	2,5	Ac 19.36	undeniable
ἀνατιρήτως		adv	M	Ac 10.29	without objection
ἀνάξιος		adj	2,5	1-C 6.2	unworthy, trivial
ἀναξίως		adv	M	1-C 11.27	carelessly, improperly
ἀναπείθω		v	D	Ac 18.13	persuade, induce
ἀναπηδάω		v	C-A	Mk 10.50	jump up, stand up
ἀναρίθμητος		adj	2,5	Hb 11.12	innumerable
ἀνασκευάζω		v	D	Ac 15.24	tear down, upset
ἀνασταυρόω		v	C-O	Hb 6.6	crucify again, crucify
ἀναστενάζω		v	G-1	Mk 8.12	sigh deeply, groan
ἀνατάσσομαι	*mid*	v	G-1	Lk 1.1	reproduce a narrative
ἀναφωνέω		v	C-E	Lk 1.42	cry out, exclaim
ἀνάχυσις		n	3.26	1-Pt 4.4	pouring out, flood
ἀνάψυξις		n	3.26	Ac 3.19	relaxation, time of rest
ἀναψύχω		v	G	2-Ti 1.16	revive, refresh, cheer
ἀνδραποδιστής		n	1.4	1-Ti 1.10	slave-dealer, kidnapper
ἀνδρίζομαι	*mid*	v	D	1-C 16.13	be courageous, be a man
ἀνδροφόνος		n	2.7	1-Ti 1.9	murderer
ἀνεκδιήγητος		adj	2,5	2-C 9.15	indescribable
ἀνεκλάλητος		adj	2,5	1-Pt 1.8	inexpressible
ἀνέκλειπτος		adj	2,5	Lk 12.33	inexhaustible
ἀνελεήμων		adj	3,21	Rm 1.31	unmerciful
ἀνέλεος		adj	2,5	Jm 2.13	merciless
ἀνεμίζομαι	*pass*	v	D	Jm 1.6	be moved by the wind
ἀνένδεκτος		adj	2,5	Lk 17.1	impossible
ἀνεξεραύνητος		adj	2,5	Rm 11.33	unfathomable
ἀνεξίκακος		adj	2,5	2-Ti 2.24	patient, relentless
ἀνεπαίσχυντος		adj	2,5	2-Ti 2.15	without cause of shame
ἀνεύθετος		adj	2,5	Ac 27.12	unfavorable, unsuitable
ἀνεψιός		n	2.7	Col 4.10	cousin
ἄνηθον		n	2.8	Mt 23.23	dill: *plant for seasoning*
ἀνήμερος		adj	2,5	2-Ti 3.3	savage, brutal, untamed

1 t

ἀνθομολογέομαι *mid*	v	C-E	Lk 2.38	praise, thank
ἄνθραξ, ακος ὁ	n	3.9	Rm 12.20	charcoal, coal
ἄνοιξις	n	3.26	Eph 6.19	act of opening
ἀνταγωνίζομαι *dep?*	v	D	Hb 12.4	struggle against
ἀνταναπληρόω	v	C-O	Col 1.24	fill up, complete
ἀνταπόδοσις	n	3.26	Col 3.24	reward, compensation
ἀντιβάλλω	v	L	Lk 24.17	place against, exchange
ἀντιδιατίθεμαι *mid*	v	μι²	2-Ti 2.25	oppose oneself to
ἀντίθεσις	n	3.26	1-Ti 6.20	opposition, objection
ἀντικαθίστημι	v	μι¹	Hb 12.4	*intr:* oppose, resist
ἀντικαλέω	v	C-E	Lk 14.12	invite in return
ἄντικρυς	prep	gen	Ac 20.15	opposite, off
ἀντίλημψις	n	3.26	1-C 12.28	help, ability to assist
ἀντιλοιδορέω	v	C-E	1-Pt 2.23	revile in return
ἀντίλυτρον	n	2.8	1-Ti 2.6	ransom, way to freedom
ἀντιμετρέομαι *pass*	v	C-E	Lk 6.38	measure in return
ἀντίπερα	prep	gen	Lk 8.26	opposite
ἀντιπίπτω *irr*	v	D	Ac 7.51	resist, oppose, fight
ἀντιστρατεύομαι *dep?*	v	ω	Rm 7.23	be at war with
ἄντλημα	n	3.31	Jn 4.11	bucket
ἀντοφθαλμέω	v	C-E	Ac 27.15	look directly at
ἀνωτερικός	adj	2-1,1	Ac 19.1	upper, interior, inland
ἀπάγχομαι *mid*	v	ω	Mt 27.5	hang oneself
ἀπαίδευτος	adj	2,5	2-Ti 2.23	uneducated, stupid
ἀπαλγέω	v	C-E	Eph 4.19	become callous, languish
ἀπαράβατος	adj	2,5	Hb 7.24	permanent, unchangeable
ἀπαρασκεύαστος	adj	2,5	2-C 9.4	unprepared, not ready
ἀπαρτισμός	n	2.7	Lk 14.28	completion
ἀπασπάζομαι *mid?*	v	D	Ac 21.6	take leave, say farewell
ἀπάτωρ, ορος	n ?	3.22	Hb 7.3	without a father

(a descriptive determinative : the first element – ἀ – being an adv; the second – πάτωρ – possibly a noun)

ἀπαύγασμα	n	3.31	Hb 1.3	radiance, effulgence
ἄπειμι II	v	μι⁶	Ac 17.10	go, come
ἀπεῖπον *(aor² mid)*	v	suppl	2-C 4.2	disown, renounce
ἀπείραστος	adj	2,5	Jm 1.13	without temptation
ἄπειρος	adj	2,5	Hb 5.13	unacquainted with
ἀπέκδυσις	n	3.26	Col 2.11	removal, stripping off
ἀπελαύνω	v	N	Ac 18.16	drive away
ἀπελεγμός	n	2.7	Ac 19.27	refutation, discredit
ἀπελεύθερος	n	2.7	1-C 7.22	freedman
ἀπελπίζω	v	D	Lk 6.35	despair; *here:* lend, expect no return
ἀπέραντος	adj	2,5	1-Ti 1.4	endless, limitless
ἀπερισπάστως	adv	M	1-C 7.35	without distraction
ἀπερίτμητος	adj	2,5	Ac 7.51	uncircumcised
ἁπλῶς	adv	M	Jm 1.5	generously, without reserve
ἀποβλέπω	v	LB	Hb 11.26	look, pay attention
ἀπόβλητος	adj	2,5	1-Ti 4.4	rejected
ἀπογίνομαι	v	dep	1-Pt 2.24	die, have no part in
ἀπόδειξις	n	3.26	1-C 2.4	proof, demonstration
ἀποδεκατεύω	v	ω	Lk 18.12	tithe, give one tenth
ἀπόδημος	adj	2,5	Mk 13.34	away on a journey
ἀποδιορίζω	v	D	Jd 19	divide, separate
ἀποθησαυρίζω	v	D	1-Ti 6.19	store up, lay up
ἀποθλίβω	v	LB	Lk 8.45	press upon, crowd
ἀποκατάστασις	n	3.26	Ac 3.21	restoration
ἀποκλείω	v	ω	Lk 13.25	close, shut, lock
ἀπόκριμα	n	3.31	2-C 1.9	official report, decision
ἀπομάσσομαι *mid*	v	G-I	Lk 10.11	wipe off
ἀπονέμω	v	N	1-Pt 3.7	show honor to
ἀπονίπτω	v	LB	Mt 27.24	wash off

ἀποπίπτω *irr*	v	D	Ac 9.18	fall away from
ἀπορία	n	1.2	Lk 21.25	perplexity, anxiety
ἀπορίπτω	v	LB	Ac 27.43	throw oneself down
ἀπορφανίζω	v	D	1-Th 2.17	make an orphan of, separate from
ἀποσκίασμα	n	3.31	Jm 1.17	shadow, darkness
ἀποστεγάζω	v	G-I	Mk 2.4	unroof, remove a roof
ἀποστοματίζω	v	D	Lk 11.53	question, interrogate
ἀποστυγέω	v	C-E	Rm 12.9	hate, abhor
ἀποτίνω	v	N	Phm 19	pay the damages
ἀποτολμάω	v	C-A	Rm 10.20	be bold
ἀποτρέπομαι *mid*	v	LB	2-Ti 3.5	turn away from, avoid
ἀπουσία	n	1.2	Phl 2.12	absence
ἀποφορτίζομαι *dep?*	v	D	Ac 21.3	unload
ἀπόχρησις	n	3.26	Col 2.22	consuming, using up
ἀποψύχω	v	G	Lk 21.26	breathe out, faint, die
ἀπρόσιτος	adj	2,5	1-Ti 6.16	unapproachable
ἀπροσωπολήμπτως	adv	M	1-Pt 1.17	impartially
ἄπταιστος	adj	2,5	Jd 24	without stumbling
ἀρά	n	1.2	Rm 3.14	curse, cursing
ἄραφος	adj	2,5	Jn 19.23	seamless
ἀργέω	v	C-E	2-Pt 2.3	be idle, grow weary
ἀργυροκόπος	n	2.7	Ac 19.24	silversmith
ἀρεσκία	n	1.2	Col 1.10	desire to please
ἀρήν, ἀρνός ὁ	n	↓	Lk 10.3	lamb

PLUR	
GEN	ACC
ἀρνῶν	ἄρνας

ἄρκος	n	2.7;2.7f	Rv 13.2	bear
ἁρμόζομαι *mid*	v	D	2-C 11.2	betroth
ἁρμός	n	2.7	Hb 4.12	joint *(of the body)*
ἄροτρον	n	2.8	Lk 9.62	plow
ἁρπαγμός	n	2.7	Phl 2.6	robbery? windfall?
ἄρρητος	adj	2,5	2-C 12.4	inexpressible
ἀρτέμων, ωνος ὁ	n	3.19	Ac 27.40	sail, foresail
ἀρτιγέννητος	adj	2,5	1-Pt 2.2	newborn
ἄρτιος, ία, ον	adj	2-1,2	2-Ti 3.17	capable, proficient
ἀρχιερατικός	adj	2,5	Ac 4.6	highpriestly
ἀρχιποίμην, ενος, ὁ	n	3.16	1-Pt 5.4	chief shepherd
ἀρχιτέκτων, ονος, ὁ	n	3.17	1-C 3.10	master builder
ἀρχιτελώνης	n	1.4	Lk 19.2	chief tax-collector
ἄσημος	adj	2,5	Ac 21.39	insignificant, obscure
ἀσθένημα	n	3.31	Rm 15.1	weakness
ἀσιτία	n	1.2	Ac 27.21	lack of appetite
ἄσιτος	adj	2,5	Ac 27.33	without eating, fasting
ἀσκέω	v	C-E	Ac 24.16	practice, engage in
ἀσμένως	adv	M	Ac 21.17	gladly, warmly
ἄσοφος	adj	2,5	Eph 5.15	unwise, foolish
ἀσπίς, ιδος ἡ	n	3.12	Rm 3.13	asp, Egyptian cobra
ἄσπονδος	adj	2,5	2-Ti 3.3	irreconcilable
ἆσσον	adv	PL	Ac 27.13	nearer, closer

(the comparative of ἄγχι)

ἀστατέω	v	C-E	1-C 4.11	be homeless, vagabond
ἀσύμφωνος	adj	2,5	Ac 28.25	harmful, disadvantageous
ἀσύνθετος	adj	2,5	Rm 1.31	faithless, undutiful
ἀσχήμων	adj	3,19	1-C 12.23	shameful, unpresentable
ἀσώτως	adv	M	Lk 15.13	dissolutely, loosely
ἀτακτέω	v	C-E	2-Th 3.7	be idle, lazy
ἄτακτος	adj	2,5	1-Th 5.14	disorderly, lazy
ἄτομος	adj	2,5	1-C 15.52	indivisible, momentary
αὐγάζω	v	D	2-C 4.4	shine forth, see
αὐγή	n	1.1	Ac 20.11	dawn, daybreak
αὐθεντέω	v	C-E	1-Ti 2.12	domineer
αὐλός	n	2.7	1-C 14.7	flute

1 t

αὐτάρκης		adj	3,22	Phl 4.11	self-sufficient, content
αὐτοκατάκριτος		adj	2,5	Tit 3.11	self-condemned
αὐτόπτης		n	1.4	Lk 1.2	eyewitness
αὐτόφωρος		adj	2,5	Jn 8.4	(caught) in the act
αὐτόχειρ, ος		n ?	3.24	Ac 27.19	with one's own hand
(a possessive compound; no gender is indicated, although χείρ, in itself, is fem)					
αὐχέω		v	C-E	Jm 3.5	boast, make wild claims
αὐχμηρός		adj	2-1,2	2-Pt 1.19	dry, dirty, dark
ἀφανής		adj	3,22	Hb 4.13	invisible, hidden
ἀφανισμός		n	2.7	Hb 8.13	destruction
ἄφαντος		adj	2,5	Lk 24.31	invisible
ἀφειδία		n	1.2	Col 2.23	severe treatment
ἀφελότης, ητος	ἡ	n	no decl	Ac 2.46	simplicity, humility
ἀφθορία		n	1.2	Tit 2.7	soundness, integrity
ἀφικνέομαι	mid	v	-νε-	Rm 16.19	reach, arrive at
ἀφιλάγαθος		adj	2,5	2-Ti 3.3	not loving the good
ἄφιξις		n	3.26	Ac 20.29	departure
ἀφομοιόομαι	pass	v	C-O	Hb 7.3	be like, resemble
ἀφρός		n	2.7	Lk 9.39	foam
ἀφυπνόω		v	C-O	Lk 8.23	fall asleep
ἀφυστερέω		v	C-E	Jm 5.4	withhold
ἀχλύς, ύος	ἡ	n	3.28	Ac 13.11	mistiness
ἀχρεόομαι	pass	v	C-O	Rm 3.12	become depraved
ἄχρηστος		adj	2,5	Phm 11	useless, worthless
ἀψευδής		adj	3,22	Tit 1.2	truthful, trustworthy
ἄψυχος		adj	2,5	1-C 14.7	inanimate, lifeless
βαθμός		n	2.7	1-Ti 3.13	step, standing, rank
βαθύνω		v	N	Lk 6.48	make *or* go deep
βαΐον	Egyp	n	2.8	Jn 12.13	palm branch
βαρύτιμος		adj	2,5	Mt 26.7	very expensive, precious
βασανιστής		n	1.4	Mt 18.34	torturer, avenger
βάσις		n	3.26	Ac 3.7	foot *(of the body)*
βασκαίνω		v	N	Ga 3.1	bewitch
βάτος		n	2.7	Lk 16.6	bath: *Heb liquid measure*
βάτραχος		n	2.7	Rv 16.13	frog
βατταλογέω		v	C-E	Mt 6.7	babble, use many words
βδελυκτός		adj	2-1,1	Tit 1.16	abominable, detestable
βελόνη		n	1.1	Lk 18.25	needle *(for sewing)*
βέλος		n	3.33	Eph 6.16	arrow
βέλτιον		adv	M	2-Ti 1.18	well, very well
(the nt comparative form of the adj, used as an adv)					
βήρυλλος		n	2.7;2.7f	Rv 21.20	beryl
βίαιος		adj	2-1,2	Ac 2.2	violent, strong
βιαστής		n	1.4	Mt 11.12	violent, impetuous man
βιβρώσκω		v	+σκ	Jn 6.13	eat
βιόω		v	C-O	1-Pt 4.2	live
βίωσις		n	3.26	Ac 26.4	life, way of life
βλαβερός		adj	2-1,2	1-Ti 6.9	harmful
βλέμμα		n	3.31	2-Pt 2.8	glance, look, what is seen
βλητέος		adj	2-1,2	Lk 5.38	must be put *or* poured
βοή		n	1.1	Jm 5.4	cry, shout, outcry
βοηθός		subst	2.7	Hb 13.6	helper
(from the adj, 2,5)					
βολή		n	1.1	Lk 22.41	throw *(of a stone)*
βόρβορος		n	2.7	2-Pt 2.22	mud, mire, filth, slime
βοτάνη		n	1.1	Hb 6.7	fodder, herb, plant
βότρυς, υος	ὁ	n	3.28	Rv 14.18	bunch of grapes
βραβεύω		v	ω	Col 3.15	decide, control, rule
βραδυπλοέω		v	C-E	Ac 27.7	sail slowly
βραδυτής, ητος	ἡ	n	no decl	2-Pt 3.9	slowness, negligence
βρόχος		n	2.7	1-C 7.35	noose, restriction
βρύχω		v	G	Ac 7.54	gnash, grind

βρύω		v	ω	Jm 3.11	pour forth *or* out, gush
βρώσιμος		adj	2,5	Lk 24.41	eatable
βυθός		n	2.7	2-C 11.25	depth, open sea
βύσσος		n	2.7f	Lk 16.19	fine linen
βωμός		n	2.7	Ac 17.23	altar
γάγγραινα		n	1.3	2-Ti 2.17	gangrene, cancer
γάζα		n	1.3	Ac 8.27	treasury
γαμίσκομαι	pass	v	+σκ	Lk 20.34	be given in marriage
γέλως, ωτος	ὁ	n	cf 3.12	Jm 4.9	laughter
γενεαλογέομαι	pass	v	C-E	Hb 7.6	trace descent
γενετή		n	1.1	Jn 9.1	birth
γερουσία		n	1.2	Ac 5.21	council of elders
γέρων, οντος	ὁ	n	3.13	Jn 3.4	old man, grown man
γεωργέομαι	pass	v	C-E	Hb 6.7	cultivate, till
γεώργιον		n	2.8	1-C 3.9	cultivated land, field
γῆρας, ως *or* ους, τό		n	cf 3.33	Lk 1.36	old age
(SING: DAT: γήρει)					
γλεῦκος		n	3.33	Ac 2.13	sweet new wine
γναφεύς		n	3.29	Mk 9.3	bleacher, fuller
γνησίως		adv	M	Phl 2.20	sincerely, genuinely
γνόφος		n	2.7	Hb 12.18	darkness
γνώστης		n	1.4	Ac 26.3	expert
γογγυστής		n	1.4	Jd 16	grumbler
γόης, ητος	ὁ	n	cf 3.12	2-Ti 3.13	swindler, cheat
γραπτός		adj	2-1,1	Rm 2.15	written, inscribed
γραώδης		adj	3,22	1-Ti 4.7	old womenly, foolish
γυμνασία		n	1.2	1-Ti 4.8	training, discipline
γυμνιτεύω		v	ω	1-C 4.11	be poorly clothed
γυναικάριον		n	2.8	2-Ti 3.6	idle, silly woman
γυναικεῖος		adj	2-1,2	1-Pt 3.7	feminine, female
δαιμονιώδης		adj	3,22	Jm 3.15	demonic, devilish
δαίμων, ονος	ὁ	n	3.17	Mt 8.31	demon, evil spirit
δάκνω		v	+ν	Ga 5.15	bite
δακρύω		v	ω	Jn 11.35	weep
δακτύλιος		n	2.7	Lk 15.22	ring *(for a finger)*
δάμαλις		n	3.26	Hb 9.13	heifer, young cow
δάνειον		n	2.8	Mt 18.27	loan, debt
δανιστής		n	1.4	Lk 7.41	money-lender, creditor
δαπάνη		n	1.1	Lk 14.28	cost, expense
δεῖγμα		n	3.31	Jd 7	example, warning
δειλία		n	1.2	2-Ti 1.7	cowardice, timidity
δειλιάω	α-pure	v	C-A	Jn 14.27	be cowardly, timid
δεῖνα		n	↓	Mt 26.18	somebody, a certain man

SING				PLUR	
NOM	GEN	DAT	ACC	NOM	GEN
δεῖνα	δεῖνος	δεῖνι	δεῖνα	δεῖνες	δείνων

δεισιδαιμονία		n	1.2	Ac 25.19	religion
δεισιδαίμων		adj	3,21	Ac 17.22	religious
δέκα χιλιάσιν		adj	23	Lk 14.31	ten thousands *(dat pl)*
δεξιολάβος		n	2.7	Ac 23.23	bowman, slinger (?)
δέος		n	3.33	Hb 12.28	fear, awe
δέρμα		n	3.31	Hb 11.37	skin
δέσμη		n	1.1	Mt 13.30	bundle
δευτεραῖος, αία, ον		adj	2-1,2	Ac 28.13	on the second day
δημηγορέω		v	C-E	Ac 12.21	deliver a public address
δημιουργός		n	2.7	Hb 11.10	craftsman, maker, creator
δήπου		adv	M	Hb 2.16	of course, surely
διαβάλλω		v	L	Lk 16.1	bring charges
διάγνωσις		n	3.26	Ac 25.21	decision
διαγρηγορέω		v	C-E	Lk 9.32	keep awake
διαδέχομαι	dep	v	G	Ac 7.45	receive in turn, succeed to
διάδοχος		n	2.7	Ac 24.27	successor

1 t

διακαθαίρω	v	L	Lk 3.17	clean out, thresh out
διακαθαρίζω *irr*	v	D	Mt 3.12	clean out, thresh out
διακατελέγχομαι *mid or pass*	v	G	Ac 18.28	refute, defeat via debate
διακούω	v	ω	Ac 23.35	give a hearing
διακωλύω	v	ω	Mt 3.14	prevent
διαλείπω	v	LB	Lk 7.45	stop, cease
διαλλάσσομαι	v	pass	Mt 5.24	become reconciled
διαλύομαι *pass*	v	ω	Ac 5.36	disperse, scatter
διαμάχομαι *mid or pass*	v	G	Ac 23.9	contend sharply
διαμερισμός	n	2.7	Lk 12.51	dissension, disunity
διανέμομαι *pass*	v	N	Ac 4.17	distribute, spread
διανεύω	v	ω	Lk 1.22	nod, beckon, make signs
διανόημα	n	3.31	Lk 11.17	thought
διανυκτερεύω	v	ω	Lk 6.12	spend the whole night
διανύω	v	ω	Ac 21.7	complete, continue
διαπαρατριβή	n	1.1	1-Ti 6.5	constant irritation
διαπλέω *spec*	v	C-E	Ac 27.5	sail through
διαπραγματεύομαι *mid dep*	v	ω	Lk 19.15	gain by trading, earn
διασείω	v	ω	Lk 3.14	extort money violently
διάστημα	n	3.31	Ac 5.7	interval
διάταγμα	n	3.31	Hb 11.23	edict, command
διαταράσσομαι *pass*	v	G-I	Lk 1.29	confuse, perplex
διατελέω *spec*	v	C-E	Ac 27.33	continue, remain
διατροφή	n	1.1	1-Ti 6.8	subsistence, food
διαυγάζω	v	D	2-Pt 1.19	dawn, break through
διαυγής	adj	3,22	Rv 21.21	transparent, pure
διαφεύγω	v	G	Ac 27.42	escape
διαφυλάσσω	v	G-I	Lk 4.10	guard, protect
διαχλευάζω	v	D	Ac 2.13	deride, mock
διαχωρίζομαι *pass*	v	D	Lk 9.33	be separated, part, go away
διενθυμέομαι *mid or pass*	v	C-E	Ac 10.19	ponder, try to understand, think over
διέξοδος	n	2.7f	Mt 22.9	a way out through
διερμηνευτής	n	1.4	1-C 14.28	interpretor, translator
διερωτάω	v	C-A	Ac 10.17	find out by inquiry
διετής	adj	3,22	Mt 2.16	two years old
διήγησις	n	3.26	Lk 1.1	narrative, account
διθάλασσος	adj	2,5	Ac 27.41	with the sea on both sides, between the seas
διϊκνέομαι *mid*	v	-νε-	Hb 4.12	pierce, penetrate
δικαιοκρισία	n	1.2	Rm 2.5	righteous judgment
δίλογος	adj	2,5	1-Ti 3.8	double-tongued, insincere
διοπετής	adj	3,22	Ac 19.35	fallen from heaven
διόρθωμα	n	3.31	Ac 24.2	reform, improvement
διόρθωσις	n	3.26	Hb 9.10	reformation, new order
διπλόω	v	C-O	Rv 18.6	pay back double
δισμυριάς, άδος, ἡ	n	cf 3.12	Rv 9.16	two myriads, a double myriad (= 20000)
δισχίλιοι	adj	23	Mk 5.13	two thousand
διϋλίζω	v	D	Mt 23.24	filter *or* strain out
διχάζω	v	D	Mt 10.35	separate, turn against
δίψος	n	3.33	2-C 11.27	thirst
διώκτης	n	1.4	1-Ti 1.13	persecutor
δογματίζομαι *pass*	v	D	Col 2.20	submit to rules
δοκιμασία	n	1.2	Hb 3.9	testing, examination
δόλιος, ία, ον	adj	2-1,2	2-C 11.13	deceitful, treacherous
δολιόω	v	C-O	Rm 3.13	deceive, be treacherous
δολόω	v	C-O	2-C 4.2	falsify, adulterate
δότης	n	1.4	2-C 9.7	giver
δουλαγωγέω	v	C-E	1-C 9.27	enslave, subject
δράσσομαι *dep?*	v	G-I	1-C 3.19	catch, seize, trap
δυσβάστακτος	adj	2,5	Lk 11.46	oppressive, hard to bear
δυσεντέριον	n	2.8	Ac 28.8	dysentery
δυσερμήνευτος	adj	2,5	Hb 5.11	hard to explain
δύσκολος	adj	2,5	Mk 10.24	hard, difficult
δυσνόητος	adj	2,5	2-Pt 3.16	hard to understand
δυσφημέω	v	C-E	1-C 4.13	slander, defame
δυσφημία	n	1.2	2-C 6.8	slander, ill repute
δωδέκατος	adj	2-1,1	Rv 21.20	twelfth
δωδεκάφυλον	n	2.8	Ac 26.7	twelve tribes
ἔα	interj	—	Lk 4.34	ah! ha!
ἑβδομηκοντάκις	adv	T	Mt 18.22	seventy times
ἔγγυος (*from the adj, 2,5*)	subst	2.7	Hb 7.22	guarantor, guarantee
ἔγερσις	n	3.26	Mt 27.53	resurrection
ἐγκομβόομαι *mid*	v	C-O	1-Pt 5.5	put *or* tie on oneself
ἐγκοπή *or* ἐκκοπή :				*see* ἐνκοπή
ἐγκρατής	adj	3,22	Tit 1.8	self-controlled
ἐγκρύπτω	v	LB	Mt 13.33	hide, place, mix in
ἐγχρίω	v	ω	Rv 3.18	rub on (*ointment*)
ἐδαφίζω *spec*	v	D	Lk 19.44	raze to the ground
ἔδαφος	n	3.33	Ac 22.7	ground
ἑδραίωμα	n	3.31	1-Ti 3.15	foundation, mainstay
ἐθελοθρησκία	n	1.2	Col 2.23	self-made religion
ἐθίζω	v	D	Lk 2.27	accustom
ἐθνάρχης	n	1.4	2-C 11.32	ethnarch, governor
ἐθνικῶς	adv	M	Ga 2.14	like the heathen
εἰδέα	n	1.2	Mt 28.3	appearance
εἰδώλιον	n	2.8	1-C 8.10	an idol's temple
εἴκω	v	G	Ga 2.5	yield, give in to
εἰρηνοποιέω	v	C-E	Col 1.20	make peace
εἰρηνοποιός (*from the adj, 2,5*)	subst	2.7	Mt 5.9	peace-maker
εἰσδέχομαι *dep*	v	G	2-C 6.17	take in, welcome
εἰσκαλέομαι *mid*	v	C-E	Ac 10.23	invite in
εἰσπηδάω	v	C-A	Ac 16.29	leap in, rush in
εἰστρέχω	v	G in pr	Ac 12.14	run in
ἑκάστοτε	adv	T	2-Pt 1.15	at any time, always, at all times
ἑκατονταετής	adj	3,22	Rm 4.19	a hundred years ago
ἐκβαίνω	v	+ν+	Hb 11.15	go out, come from
ἐκβολή	n	1.1	Ac 27.18	jettisoning
ἔκγονον (*from the adj, 2,5*)	subst	2.8	1-Ti 5.4	descendands, grandchildren
ἐκδαπανάομαι *pass*	v	C-A	2-C 12.15	be spent fully
ἔκδηλος	adj	2,5	2-Ti 3.9	quite evident, plain
ἐκδιώκω	v	G	1-Th 2.15	persecute severely
ἔκδοτος	adj	2,5	Ac 2.23	given *or* delivered up
ἐκδοχή	n	1.1	Hb 10.27	expectation, prospect
ἐκζήτησις	n	3.26	1-Ti 1.4	useless speculation
ἔκθαμβος	adj	2,5	Ac 3.11	utterly astonished
ἐκθαυμάζω	v	D	Mk 12.17	wonder greatly
ἔκθετος	adj	2,5	Ac 7.19	exposed, abandoned
ἐκκαίομαι *pass*	v	ω	Rm 1.27	be inflamed (*of lust*)
ἐκκολυμβάω	v	C-A	Ac 27.42	swim away
ἐκκομίζομαι *pass*	v	D	Lk 7.12	carry out for burial
ἐκκρεμάννυμι *like μι*[4]	v	+νυ	Lk 19.48	hang on, cling to
ἐκλαλέω	v	C-E	Ac 23.22	tell
ἐκλάμπω	v	LB	Mt 13.43	shine (out)
ἐκλανθάνομαι *mid*	v	+αν+	Hb 12.5	forget (altogether)
ἐκνεύω	v	ω	Jn 5.13	turn aside, withdraw
ἐκνήφω	v	LB	1-C 15.34	come to one's senses
ἑκούσιος, ία, ιον	adj	2-1,2	Phm 14	voluntary, willing

1 t

Word	Part	Class	Ref	Meaning
ἐκπερισσῶς	adv	M	Mk 14.31	excessively, with emphasis, again and again
ἐκπετάννυμι *as μι*[4]	v	+νυ	Rm 10.21	spread *or* hold out
ἐκπηδάω	v	C-A	Ac 14.14	rush out
ἐκπληρόω	v	C-O	Ac 13.33	fulfill, make come true
ἐκπλήρωσις	n	3.26	Ac 21.26	completion, end
ἐκπορνεύω	v	ω	Jd 7	indulge in immorality
ἐκπτύω	v	ω	Ga 4.14	disdain, spit out, reject
ἐκστρέφομαι *pass*	v	LB	Tit 3.11	be perverted *or* corrupt
ἐκταράσσω	v	G-1	Ac 16.20	agitate, confuse
ἐκτένεια	n	1.2	Ac 26.7	earnestness, perseverance
ἐκτενής	adj	3,22	1-Pt 4.8	eager, earnest, constant
ἔκτρωμα	n	3.31	1-C 15.8	untimely birth, miscarriage
ἐκφοβέω	v	C-E	2-C 10.9	frighten, terrify
ἐκχωρέω	v	C-E	Lk 21.21	go out *or* away, depart
ἐλαττονέω	v	C-E	2-C 8.15	have less *or* too little
ἐλαφρία	n	1.2	2-C 1.17	vacillation, levity
ἐλεγμός	n	2.7	2-Ti 3.16	punishment, reproof, refutation of error
ἔλεγξις	n	3.26	2-Pt 2.16	rebuke, reproof
ἔλεγχος	n	2.7	Hb 11.1	proving, conviction, certainty, verification
ἔλευσις	n	3.26	Ac 7.52	coming, advent
ἐλεφάντινος	adj	2-1,1	Rv 18.12	made of ivory
ἑλκόομαι *pass*	v	C-O	Lk 16.20	covered with sores, ulcers
ἐλλογάω	v	C-A	Phm 18	charge to one's account
ἐλλογέω	v	C-E	Rm 5.13	keep record of
ἐμβάλλω	v	L	Lk 12.5	set into, throw (in)
ἐμβατεύω	v	ω	Col 2.18	enter into detail
ἐμβιβάζω	v	D	Ac 27.6	put in *or* on
ἐμέω	v	C-E	Rv 3.16	spit out, vomit
ἐμμαίνομαι	v	dep	Ac 26.11	be enraged, infuriated
ἐμπαιγμονή	n	1.1	2-Pt 3.3	mocking, ridicule
ἐμπαιγμός	n	2.7	Hb 11.36	derisive torture
ἐμπλοκή	n	1.1	1-Pt 3.3	braiding (*of the hair*)
ἐμπορία	n	1.2	Mt 22.5	business, trade
ἐμπόριον	n	2.8	Jn 2.16	market
ἐμπρήθω	v	D	Mt 22.7	set on fire, burn
(*B-A-G have ἐμπί(μ)πρημι, like μι*[2] *in the pr and impf*)				
ἐμφυσάω	v	C-A	Jn 20.22	breathe on
ἔμφυτος	adj	2,5	Jm 1.21	implanted, planted
ἐνάλιον	subst	2.8	Jm 3.7	belonging to the sea, sea creature, fish (*pl*)
(*from the adj, 2,5*)				
ἐνδεής	adj	3,22	Ac 4.34	poor, impoverished
ἔνδειγμα	n	3.31	2-Th 1.5	evidence, plain indication, proof
ἐνδέχεται *dep, impers*	v	G	Lk 13.33	it is possible
ἐνδύνω	v	+ν	2-Ti 3.6	creep (in), worm (into)
ἔνδυσις	n	3.26	1-Pt 3.3	adornment, clothing
ἐνδώμησις	n	3.26	Rv 21.18	material, foundation
ἐνειλέω	v	C-E	Mk 15.46	wrap up, confine
ἔνειμι	v	spec	Lk 11.41	be in; contents
ἐνεός	adj	2-1,2	Ac 9.7	speechless
ἐνκάθετος	subst	2.7	Lk 20.20	spy (*pl*)
(*from the adj, 2,5*)				
ἐνκαίνια, ίων τά	n	2.8	Jn 10.22	festival of rededication
ἐνκατοικέω	v	C-E	2-Pt 2.8	live, dwell, live among
ἐνκαυχάομαι *mid dep*	v	C-O	2-Th 1.4	boast
ἐνκοπή	n	1.1	1-C 9.12	hindrance
ἐνκρίνω	v	N	2-C 10.12	class, classify with
ἔνκυος	adj	2,5	Lk 2.5	pregnant

Word	Part	Class	Ref	Meaning
ἐννέα	adj	24	Lk 17.17	nine
ἐννεύω	v	ω	Lk 1.62	nod, make signs, motion
ἔννυχα	adv	T	Mk 1.35	at night-time
(*the adj, 2,5 used as an adv*)				
ἐνορκίζω	v	D	1-Th 5.27	adjure, cause to swear
ἐνπεριπατέω	v	C-E	2-C 6.16	walk about, move
ἐνπνέω *spec*	v	C-E	Ac 9.1	breathe
ἐντόπιος, ία, ον	subst	2.7	Ac 21.12	local resident (*pl*)
(*from the adj, 2-1,2*)				
ἐντρέφομαι *pass*	v	LB	1-Ti 4.6	bring up, rear, train in
ἐντρυφάω	v	C-A	2-Pt 2.13	revel, carouse
ἐντυπόω	v	C-O	2-C 3.7	carve, impress, engrave
ἐνυβρίζω	v	D	Hb 10.29	insult, outrage
ἐνύπνιον	n	2.8	Ac 2.17	dream
ἐνωτίζομαι *dep?*	v	D	Ac 2.14	give ear, pay attention
ἐξαγγέλλω	v	L	1-Pt 2.9	proclaim, report
ἐξαίρω	v	L	1-C 5.13	remove, drive away
ἐξαιτέομαι *mid*	v	C-E	Lk 22.31	ask for, demand
ἐξάλλομαι	v	mid?	Ac 3.8	leap up, jump up
ἐξανάστασις	n	3.26	Phl 3.11	resurrection
ἐξάπινα	adv	M	Mk 9.8	suddenly, unexpectedly
ἐξαστράπτω	v	LB	Lk 9.29	flash, gleam like lightning
ἐξέλκομαι *pass*	v	G	Jm 1.14	be taken in tow
ἐξέραμα	n	3.31	2-Pt 2.22	vomit
ἐξεραυνάω	v	C-A	1-Pt 1.10	inquire carefully
ἐξηχέομαι *mid dep*	v	C-E	1-Th 1.8	describe, interpret
ἕξις	n	3.26	Hb 5.14	exercise, practice, use
ἐξισχύω	v	ω	Eph 3.18	be able, strong enough
ἐξολεθρεύομαι *pass*	v	ω	Ac 3.23	destroy utterly, root out
ἐξορκίζω	v	D	Mt 26.63	adjure, charge under oath
ἐξορκιστής	n	1.4	Ac 19.13	exorcist
ἐξουδενέω	v	C-E	Mk 9.12	treat with contempt
ἐξοχή	n	1.1	Ac 25.23	prominence, excellence
ἐξυπνίζω	v	D	Jn 11.11	wake up, arouse
ἔξυπνος	adj	2,5	Ac 16.27	awake, aroused
ἑορτάζω	v	D	1-C 5.8	celebrate a festival
ἐπαγωνίζομαι *dep?*	v	D	Jd 3	fight, contend
ἐπαθροίζομαι *pass*	v	D	Lk 11.29	be collected besides
ἐπακούω	v	ω	2-C 6.2	hear, listen to
ἐπακροάομαι *mid or pass*	v	C-A	Ac 16.25	listen to
ἐπάναγκες	adv	M	Ac 15.28	by compulsion, necessarily
ἐπαναμιμνήσκω	v	+ισκ	Rm 15.15	call to mind, remember
ἐπανόρθωσις	n	3.26	2-Ti 3.16	improvement, restoration
ἐπάρατος	adj	2,5	Jn 7.49	accursed (*by God*)
ἐπαρχεία	n	1.2	Ac 23.34	province
ἐπάρχειος	adj	2,5	Ac 25.1	eparch's province
ἔπαυλις	n	3.26	Ac 1.20	farm, homestead
ἐπαφρίζω	v	D	Jd 13	splash up like foam
ἐπειδήπερ	conj	subord	Lk 1.1	inasmuch as, since
ἐπεισαγωγή	n	1.1	Hb 7.19	introduction
ἐπεισέρχομαι *dep*	v	G in pr	Lk 21.35	rush in forcibly
ἐπέκεινα	prep	gen	Ac 7.43	beyond
ἐπεκτείνομαι *mid*	v	N	Phl 3.13	stretch out, spread
ἐπενδύτης	n	1.4	Jn 21.7	outer garment, coat
ἐπερώτημα	n	3.31	1-Pt 3.21	request, appeal
ἐπιγαμβρεύω	v	ω	Mt 22.24	marry as next of kin
ἐπιγίνομαι	v	dep	Ac 28.13	come up, spring up
ἐπιδιατάσσομαι *pass*	v	G-1	Ga 3.15	add a codicil, add to (*a will*)
ἐπιδιορθόω	v	C-O	Tit 1.5	set right, correct
ἐπιδύω	v	ω	Eph 4.26	set (*of the sun*)
ἐπιθανάτιος	adj	2.5	1-C 4.9	condemned to death
ἐπιθυμητής	n	1.4	1-C 10.6	one who desires

1 t

ἐπικαθίζω *irr*	v	D	Mt 21. 7	sit, sit down (on)
ἐπικάλυμμα	n	3.31	1-Pt 2.16	cover, veil, pretext
ἐπικαλύπτω	v	LB	Rm 4. 7	cover (*sin*)
ἐπικέλλω	v	L	Ac 27.41	run aground
ἐπικουρία	n	1.2	Ac 26.22	help
ἐπικρίνω	v	N	Lk 23.24	decide, determine
ἐπιλείπω	v	LB	Hb 11.32	leave behind, fail
ἐπιλείχω	v	G	Lk 16.21	lick
ἐπιλησμονή	n	1.1	Jm 1.25	forgetfulness
ἐπίλοιπος	adj	2,5	1-Pt 4. 2	left, remaining
ἐπίλυσις	n	3.26	2-Pt 1.20	explanation, interpretation
ἐπιμαρτυρέω	v	C-E	1-Pt 5.12	bear witness, testify
ἐπιμέλεια	n	1.2	Ac 27. 3	care, attention
ἐπιμελῶς	adv	M	Lk 15. 8	carefully, diligently
ἐπινεύω	v	ω	Ac 18.20	give consent, consent
ἐπίνοια	n	1.2	Ac 8.22	intent, thought
ἐπιορκέω	v	C-E	Mt 5.33	break an oath, perjure oneself, swear falsely
ἐπίορκος (*from the adj, 2,5*)	subst	2.7	1-Ti 1.10	perjurer
ἐπιπλήσσω	v	G-1	1-Ti 5. 1	strike at, rebuke, reprove, reprimand
ἐπιπόθητος	adj	2,5	Phl 4. 1	longed-for, desired
ἐπιποθία	n	1.2	Rm 15.23	longing, desire
ἐπιπορεύομαι *dep*	v	ω	Lk 8. 4	go *or* journey (to), come
ἐπιράπτω	v	LB	Mk 2.21	sew (on)
ἐπισιτισμός	n	2.7	Lk 9.12	something to eat, food
ἐπισκευάζομαι *mid*	v	D	Ac 21.15	make preparations, pack up, make ready
ἐπισκηνόω	v	C-O	2-C 12. 9	take up one's abode, live in, rest upon
ἐπισκοπέω	v	C-E	Hb 12.15	look at, oversee, care for
ἐπισπάομαι *mid*	v	C-A	1-C 7.18	pull over the foreskin
ἐπισπείρω	v	L	Mt 13.25	sow afterward
ἐπιστήμων	adj	3,19	Jm 3.13	expert, learned
ἐπιστομίζω	v	D	Tit 1.11	silence, bridle, hinder
ἐπιστροφή	n	1.1	Ac 15. 3	conversion
ἐπισυντρέχω	v	G in pr	Mk 9.25	run together
ἐπισφαλής	adj	3,22	Ac 27. 9	unsafe, dangerous
ἐπισχύω	v	ω	Lk 23.5	grow strong, insist
ἐπισωρεύω	v	ω	2-Ti 4. 3	heap up, accumulate
ἐπιτήδειος, εία, ον	adj	2-1,2	Jm 2.16	necessary, suitable
ἐπιτιμία	n	1.2	2-C 2. 6	punishment
ἐπιτροπή	n	1.1	Ac 26.12	commission, full power
ἐπιφανής	adj	3,22	Ac 2.20	splendid, remarkable
ἐπιφαύσκω	v	+σκ	Eph 5.14	arise, appear, shine
ἐπιχέω *spec*	v	C-E	Lk 10.34	pour over *or* on
ἐπιχρίω	v	ω	Jn 9.11	spread on, smear on, anoint
ἐπονομάζομαι *pass*	v	D	Rm 2.17	call *or* name oneself
ἐπόπτης	n	1.4	2-Pt 1.16	eyewitness
ἔπος	n	3.33	Hb 7. 9	word
ἑπτακισχίλιοι	adj	23	Rm 11. 4	seven thousand
ἐρείδω	v	D	Ac 27.41	jam fast, become fixed
ἐρεύγομαι *dep?*	v	G	Mt 13.35	utter, proclaim, tell
ἐρίζω	v	D	Mt 12.19	quarrel, wrangle
ἐρίφιον	n	2.8	Mt 25.33	kid, goat
ἔσθησις (*B-A-G have ἐσθής, ῆτος, ἡ : no decl*)	n	3.26	Ac 1.10	clothing
ἐσχάτως	adv	T	Mk 5.23	finally, at death's point
ἑτερόγλωσσος	adj	2,5	1-C 14.21	of strange tongue
ἑτεροζυγέω	v	C-E	2-C 6.14	be mismated
ἑτέρως	adv	M	Phl 3.15	differently, otherwise
ἑτοιμασία	n	1.2	Eph 6.15	readiness, preparation
εὐαρέστως	adv	M	Hb 12.28	in an acceptable way
εὖ γε	adv	M	Lk 19.17	well done! excellent!
εὐδία	n	1.2	Mt 16. 2	fair weather
εὐεργετέω	v	C-E	Ac 10.38	do good to, benefit
εὐεργέτης	n	1.4	Lk 22.25	benefactor
εὔθυμος	adj	2,5	Ac 27.36	cheerful, encouraged
εὐθύμως	adv	M	Ac 24.10	cheerfully, confidently
εὐθύτης, ητος ἡ	n	no decl	Hb 1. 8	uprightness, righteousness, justice
εὐλαβέομαι *pass dep*	v	C-E	Hb 11. 7	be afraid *or* concerned
εὐμετάδοτος	adj	2,5	1-Ti 6.18	generous, liberal
εὐνοέω	v	C-E	Mt 5.25	make friends, be well-disposed, come to terms
εὔνοια	n	1.2	Eph 6. 7	zeal, enthusiasm, good will, eagerness
εὐπάρεδρον (*from the adj, 2,5*)	subst	2.8	1-C 7.35	constancy, devotedness, devotion
εὐπειθής	adj	3,22	Jm 3.17	obedient, compliant
εὐπερίστατος	adj	2,5	Hb 12. 1	easily distracting
εὐποιΐα	n	1.2	Hb 13.16	doing of good
εὐπορέομαι *mid*	v	C-E	Ac 11.29	have plenty, be well off
εὐπορία	n	1.2	Ac 19.25	prosperity, means
εὐπρέπεια	n	1.2	Jm 1.11	fine appearance, beauty
εὐπροσωπέω	v	C-E	Ga 6.12	make a good showing
Εὐρακύλων, ωνος, ὁ	n	3.17	Ac 27.14	northeast wind, Euraquilo
εὐρύχωρος	adj	2,5	Mt 7.13	broad, spacious, roomy
εὔσημος	adj	2,5	1-C 14. 9	clear, distinct, intelligible
εὐσχημοσύνη	n	1.1	1-C 12.23	propriety, presentability
εὐτραπελία	n	1.2	Eph 5. 4	coarse jesting, buffoonery, vulgar talk
εὐφημία	n	1.2	2-C 6. 8	good report *or* repute
εὔφημος	adj	2,5	Phl 4. 8	auspicious, praiseworthy
εὐφορέω	v	C-E	Lk 12.16	bear good crops, yield well
εὐχάριστος	adj	2,5	Col 3.15	thankful, grateful
εὐψυχέω	v	C-E	Phl 2.19	be glad, have courage
ἐφάλλομαι	v	—	Ac 19.16	leap upon, jump on
ἐφευρετής	n	1.4	Rm 1.30	inventor, contriver
ἐφήμερος	adj	2,5	Jm 2.15	for the day, daily
ἐφφαθά אֶתְפַּתַּח	v	Aram	Mk 7.34	be opened!
ζευκτηρία	n	1.2	Ac 27.40	rope(s), band(s)
ζηλεύω	v	ω	Rv 3.19	be eager, earnest
ἡγεμονία	n	1.2	Lk 3. 1	management, chief command, reign, rule
ἦθος	n	3.33	1-C 15.33	custom, usage, habit; *pl:* morals
ἡμιθανής	adj	3,22	Lk 10.30	half dead
ἡμίωρον	n	2.8	Rv 3. 1	half hour
ἤπερ	particle	—	Jn 12.43	than
ἤρεμος	adj	2,5	1-Ti 2. 2	quiet, tranquil
ἤτοι	conj	coörd	Rm 6.16	whether, or
ἠχέω	v	C-E	1-C 13. 1	sound, ring out
ἦχος II	n	3.33	Lk 21.25	sound
θανάσιμον (*from the adj, 2,5*)	subst	2.8	Mk 16.18	deadly poison
θανατηφόρος	adj	2,5	Jm 3. 8	death-bringing, deadly
θάρσος	n	3.33	Ac 28.15	courage
θαυμάσιος	adj	2-1,2	Mt 21.15	wonderful, admirable
θεά	n	1.2	Ac 19.27	goddess
θεατρίζομαι *pass*	v	D	Hb 10.33	expose publicly
θειότης, ητος ἡ	n	no decl	Rm 1.20	divinity, divine nature
θειώδης	adj	3,22	Rv 9.17	sulphurous
θέλησις	n	3.26	Hb 2. 4	will

I t

Word	Part of speech	Form	Reference	Meaning
θεοδίδακτος	adj	2,5	1-Th 4.9	instructed by God
θεομάχος	adj	2,5	Ac 5.39	fighting against God
θεόπνευστος	adj	2,5	2-Ti 3.16	inspired by God
θεός	n	2.7f	Ac 19.37	goddess
θεοσέβεια	n	1.2	1-Ti 2.10	reverence for God
θεοσεβής	adj	3,22	Jn 9.31	god-fearing, devout
θεοστυγής	adj	3,22	Rm 1.30	hating God, hateful to God
θεότης, ητος ἡ	n	no decl	Col 2.9	deity, divinity
θεράπων, οντος, ὁ	n	3.17	Hb 3.5	servant
θέρμη	n	1.1	Ac 28.3	heat
θεωρία	n	1.2	Lk 23.48	spectacle, sight
θήκη	n	1.1	Jn 18.11	sheath (*for a sword*)
θήρα	n	1.2	Rm 11.9	net, trap
θηρεύω	v	ω	Lk 11.54	hunt, catch, pounce on
θηριομαχέω	v	C-E	1-C 15.32	fight with wild animals
θορυβάζω *pass*	v	D	Lk 10.41	be troubled, distracted
θραύω *pass*	v	ω	Lk 4.18	be downtrodden
θρέμμα	n	3.31	Jn 4.12	domesticated animal; *pl*: cattle, flocks, herds
θρῆσκος	adj	2,5	Jm 1.26	religious
θρόμβος	n	2.7	Lk 22.44	clot of blood
θύελλα	n	1.3	Hb 12.18	storm, whirlwind
θύϊνος	adj	2-1,1	Rm 18.12	from the citron tree
θυμιατήριον	n	2.8	Hb 9.4	altar of incense
θυμιάω *α-pure*	v	C-A	Lk 1.9	offer incense
θυμομαχέω	v	C-E	Ac 12.20	be very angry
θυμόομαι *pass*	v	C-O	Mt 2.16	become angry, furious
θυρεός	n	2.7	Eph 6.16	shield
ἱδρώς, ῶτος ὁ	n	cf 3.12	Lk 22.44	sweat, perspiration
ἱερατεύω	v	ω	Lk 1.8	function as a priest
ἱερόθυτος	adj	2,5	1-C 10.28	sacrificed to idols
ἱεροπρεπής	adj	3,22	Tit 2.3	worthy of reverence
ἱεροσυλέω	v	C-E	Rm 2.22	rob temples
ἱερόσυλος (*from the adj, 2,5*)	subst	2.7	Ac 19.37	temple robber, sacrilegious person
ἱερουργέω	v	C-E	Rm 15.16	perform a holy service
ἱκανότης, ητος ἡ	n	no decl	2-C 3.5	fitness, qualification
ἱκετηρία	n	1.2	Hb 5.7	supplication, request
ἰκμάς, άδος ἡ	n	cf 3.12	Lk 8.6	moisture
ἱλαρός	adj	2-1,2	2-C 9.7	cheerful, glad
ἱλαρότης, ητος ἡ	n	no decl	Rm 12.8	cheerfulness, graciousness
ἰουδαΐζω	v	D	Ga 2.14	live as a Jew
ἱππικόν (*from the adj, 2-1,1*)	subst	2.8	Rv 9.16	cavalry, horsemen
ἰσάγγελος	adj	2,5	Lk 20.36	like an angel
ἰσότιμος	adj	2,5	2-Pt 1.1	of the same kind
ἰσόψυχος	adj	2,5	Phl 2.20	of a like mind
ἱστορέω	v	C-E	Ga 1.18	visit (in order to know)
ἴσως	adv	ως	Lk 20.13	perhaps, probably
ἰῶτα τό	n	indecl	Mt 5.18	iota (= *Heb* יוד), jot
καθά (*some consider it as a conj*)	adv	S	Mt 27.10	just as
καθαίρω	v	L	Jn 15.2	clean, clear, prune
καθάπτω	v	LB	Ac 28.3	take hold of, seize
καθαρότης, ητος, ἡ	n	no decl	Hb 9.13	purity, purification
καθημερινός	adj	2-1,1	Ac 6.1	daily
καθόλου	adv	M	Ac 4.18	completely, at all
καθοπλίζομαι *pass*	v	D	Lk 11.21	arm fully, equip
καθοράω *α-pure*	v	C-A	Rm 1.20	perceive, notice clearly
καθώσπερ	adv	S	Hb 5.4	just as, as
καίτοι γε	particle	—	Jn 4.2	and yet, although

Word	Part of speech	Form	Reference	Meaning
κακοήθεια	n	1.2	Rm 1.29	malice, craftiness
κακοπάθεια	n	1.2	Jm 5.10	perseverance, suffering, endurance
κάκωσις	n	3.26	Ac 7.34	mistreatment
καλάμη	n	1.1	1-C 3.12	stalk, straw, stubble
καλλιέλαιος	n	2.7	Rm 11.24	cultivated olive tree
καλοδιδάσκαλος	adj	2,5	Tit 2.3	teaching what is good
καλοποιέω	v	C-E	2-Th 3.13	do what is right
καπηλεύω	v	ω	2-C 2.17	trade in, peddle
καρποφόρος	adj	2,5	Ac 14.17	fruitbearing, fruitful
καρτερέω	v	C-E	Hb 11.27	be steadfast, endure
καταβαρέω	v	C-E	2-C 12.16	burden, weigh
καταβαρύνω	v	N	Mk 14.40	weigh down, oppress
κατάβασις	n	3.26	Lk 19.37	slope, declivity
καταβραβεύω	v	ω	Col 2.18	rob of a prize, condemn
καταγγελεύς	n	3.29	Ac 17.18	proclaimer, preacher
καταγράφω	v	LB	Jn 8.6	write, draw figures
καταγωνίζομαι *mid dep*	v	D	Hb 11.33	conquer, defeat
καταδέω *spec*	v	C-E	Lk 10.34	bind up, bandage
κατάδηλος	adj	2,5	Hb 7.15	very clear, quite plain
καταδίκη	n	1.1	Ac 25.15	sentence, condemnation
καταδιώκω	v	G	Mk 1.36	search *or* hunt for
κατάθεμα	n	3.31	Rv 22.3	accursed thing
καταθεματίζω	v	D	Mt 26.74	curse
κατακληρονομέω	v	C-E	Ac 13.19	give as inheritance
κατακλύζω *pass*	v	D	2-Pt 3.6	become flooded
κατακόπτω	v	LB	Mk 5.5	beat, bruise, cut
κατακρημνίζω	v	D	Lk 4.29	throw down
κατακύπτω	v	LB	Jn 8.8	bend down
κατάλαλος (*from the adj, 2,5*)	subst	2.7	Rm 1.30	slanderer
καταλέγομαι *pass*	v	G	1-Ti 5.9	be enrolled, selected
καταλιθάζω	v	D	Lk 20.6	stone to death
κατάλοιπος	subst	2.7	Ac 15.17	rest, remaining (*pl*)
καταμανθάνω	v	+αν+	Mt 6.28	observe, notice, learn
καταναλίσκω	v	+ισκ	Hb 12.29	consume, devour
κατανεύω	v	ω	Lk 5.7	signal by a nod
κατάνυξις	n	3.26	Rm 11.8	stupor, stupefaction
κατανύσσομαι *pass*	v	G-1	Ac 2.37	be pierced, cut
καταπλέω *spec*	v	C-E	Lk 8.26	sail down *or* toward
καταριθμέω	v	C-E	Ac 1.17	count among, belong to
κατάρτισις	n	3.26	2-C 13.9	completion, something complete
καταρτισμός	n	2.7	Eph 4.12	equipping, training
κατασκάπτω	v	LB	Rm 11.3	tear down, raze
κατασκιάζω	v	D	Hb 9.5	overshadow
κατασκοπέω	v	C-E	Ga 2.4	spy out, lie in wait
κατάσκοπος	n	2.7	Hb 11.31	spy
κατασοφίζομαι *mid dep*	v	D	Ac 7.19	take advantage of by trickery
κατάστημα	n	3.31	Tit 2.3	behavior, demeanor
καταστολή	n	1.1	1-Ti 2.9	deportment, clothing
καταστρηνιάω *α-pure*	v	C-A	1-Ti 5.11	become wanton against, be sensuously impelled
καταστρώννυμαι *like μι[4] pass*	v	+νυ	1-C 10.5	lay low, kill, strike down, put to death
κατασύρω	v	L	Lk 12.58	drag away (*by force*)
κατασφάζω	v	D	Lk 19.27	slaughter, strike down
κατασφραγίζω	v	D	Rv 5.1	seal (up)
κατατομή	n	1.1	Phl 3.2	mutilation
κατατρέχω	v	G in pr	Ac 21.32	run down
καταφθείρω *pass*	v	L	2-Ti 3.8	be ruined, depraved
καταφρονητής	n	1.4	Ac 13.41	despiser, scoffer

1 t

Word	Pos	Class	Ref	Meaning
καταχθόνιος	adj	2,5	Phl 2.10	subterranean
καταψύχω	v	G	Lk 16.24	cool off, refresh
κατείδωλος	adj	2,5	Ac 17.16	full of idols
κατευλογέω	v	C-E	Mk 10.16	bless
κατεφίστημι	v	μι I	Ac 18.12	rise up against, attack
κατήγωρ	n	3.22	Rv 12.10	accuser
κατήφεια	n	1.2	Jm 4. 9	gloominess, dejection
κατιόομαι *pass*	v	C-O	Jm 5. 3	become rusty, corroded
κατοίκησις	n	3.26	Mk 5. 3	living, dwelling, home
κατοικία	n	1.2	Ac 17.26	dwelling, habitation
κατοικίζω	v	D	Jm 4.5	cause to dwell, settle
κατοπτρίζομαι *mid*	v	D	2-C 3.18	look at as in a mirror
κατώτερος	adj	2-1,2	Eph 4. 9	lower
καῦσις	n	3.26	Hb 6. 8	burning
καυστηριάζομαι *pass*	v	D	1-Ti 4. 2	branded, seared so as to deaden feeling
κειρία	n	1.2	Jn 11.44	bandage, grave-clothes
κέλευσμα	n	3.31	1-Th 4.16	signal, (cry of) command
κενοδοξία	n	1.2	Phl 2. 3	empty conceit
κενόδοξος	adj	2,5	Ga 5.26	conceited, boastful
κενῶς	adv	M	Jm 4. 5	idly, in vain, to no purpose
κεραμικός	adj	2-1,1	Rv 2.27	made of clay, by a potter
κέραμος	n	2.7	Lk 5.19	roof tile
κεράτιον	n	2.8	Lk 15.16	carob pod
κέρμα	n	3.31	Jn 2.15	coin, piece of money
κερματιστής	n	1.4	Jn 2.14	money-changer
κεφαλιόω	v	C-O	Mk 12. 4	strike on the head
κεφαλίς, ίδος ἡ	n	3.12	Hb 10. 7	roll *(of a scroll or book)*
κημόω	v	C-O	1-C 9.9	muzzle
κηπουρός	n	2.7	Jn 20.15	gardener
κῆτος	n	3.33	Mt 12.40	sea-monster
κιννάμωμον	n	2.8	Rv 18.13	cinnamon
κλέμμα	n	3.31	Rv 9.21	stealing, theft
κλέος	n	3.33	1-Pt 2.20	fame, credit, honor
κληρόομαι *pass*	v	C-O	Eph 1.11	be appointed by lot
κλινάριον	n	2.8	Ac 5.15	small bed, cot
κλισία	n	1.2	Lk 9.14	group
κλυδωνίζομαι *pass?*	v	D	Eph 4.14	be tossed by waves
κνήθομαι *mid*	v	D	2-Ti 4. 3	feel an itching, tickle
κοίμησις	n	3.26	Jn 11.13	sleep
κοινωνικός	adj	2-1,1	1-Ti 6.18	liberal, generous
κοιτών, ῶνος ὁ	n	3.19	Ac 12.20	bedroom, bed-chamber
κολακία	n	1.2	1-Th 2.5	flattery
κολλούριον	n	2.8	Rv 3.18	eye-salve
κολυμβάω	v	C-A	Ac 27.43	swim
κολωνία *Lat*	n	1.2	Ac 16.12	colony
κόμη	n	1.1	1-C 11.15	hair
κομψότερον *(the comparative form of κομψός)*	adv	compar	Jn 4.52	better
κοπετός	n	2.7	Ac 8. 2	lamentation, mourning
κοπή	n	1.1	Hb 7. 1	slaughter, defeating
κοπρία	n	1.2	Lk 14.35	dung *or* rubbish heap
κόπριον	n	2.8	Lk 13. 8	filth, dirt, manure
κόραξ, ακος ὁ	n	3.9	Lk 12.24	crow, raven
Κορβάν *Heb*	n	indecl	Mk 7.11	corban: *a gift for God*
κορβανᾶς, ᾶ ὁ	n	Aram	Mt 27. 6	temple treasury
κόρος	n	2.7	Lk 16. 7	measure: *10-12 bushels*
κοσμοκράτωρ	n	3.22	Eph 6.12	world-ruler, ruler
κούμ (קוּמִי) *imv*	v	Aram	Mk 5.41	stand up! rise!
κουφίζω	v	D	Ac 27.38	lighten, make light
κραιπάλη	n	1.1	Lk 21.34	carousing
κραταιός	adj	2-1,2	1-Pt 5. 6	powerful, mighty
κριθή	n	1.1	Rv 6.6	barley
κριτικός	adj	2-1,1	Hb 4.12	able to discern *or* judge
κρύπτη	n	1.1	Lk 11.33	cellar, dark place
κρυσταλλίζω	v	D	Rv 21.11	shine like crystal
κρυφῇ	adv	M	Eph 5.12	in secret
κτήτωρ	n	3.22	Ac 4.34	owner, possessor
κτίστης	n	1.4	1-Pt 4.19	creator
κυβέρνησις	n	3.26	1-C 12.28	administration
κυβία	n	1.2	Eph 4.14	craftiness, trickery
κυκλεύω	v	ω	Rv 20. 9	surround, encircle
κυλίομαι *pass*	v	ω	Mk 9.20	roll (oneself)
κυλισμός	n	2.7	2-Pt 2.22	rolling, wallowing
κύμβαλον	n	2.8	1-C 13. 1	cymbal
κύμινον *Phœn*	n	2.8	Mt 23.23	cum(m)in
κῶλον	n	2.8	Hb 3.17	dead body, corpse
κωμόπολις	n	3.26	Mk 1.38	market-town, town
κώνωψ, ωπος ὁ	n	cf 3.11	Mt 23.24	gnat, mosquito
λακάω *or* λακέω	v	C-A / C-E	Ac 1.18	burst apart *or* open
λακτίζω	v	D	Ac 26.14	kick
λαμά *Heb*	adv	interr	Mk 15.34	why? (לָמָּה)
λαμπρότης, ητος, ἡ	n	no decl	Ac 26.13	brightness
λαμπρῶς	adv	M	Lk 16.19	splendidly, sumptuously
λαξευτός	adj	2-1,1	Lk 23.53	hewn in rock
λάρυγξ, γγος ὁ	n	3.10	Rm 3.13	throat, gullet
λάσκω *(B-A-G trace this form to λακάω)*	v	+σκ	Ac 1.18	crash, burst open
λεῖμμα	n	3.31	Rm 11. 5	remnant, remainder
λεῖος	adj	2-1,2	Lk 3. 5	smooth, level
λειτουργικός	adj	2-1,1	Hb 1.14	engaged in a holy service, ministering
λεμά *Aram*	adv	interr	Mt 27.46	why? (לְמָא)
λεπίς, ίδος ἡ	n	3.12	Ac 9.18	scale *(of a fish)*, flake
λήθη	n	1.1	2-Pt 1. 9	forgetfulness
λῆμψις	n	3.26	Phl 4.15	receiving, credit
λῆρος	n	2.7	Lk 24.11	nonsense, idle talk
Λιβερτῖνος *Lat*	n	2.7	Ac 6. 9	Freedman
λιθόστρωτον *(from the adj, 2,5)*	subst	2.8	Jn 19.13	stone pavement
λιπαρόν *(from the adj, 2-1,2)*	subst	2.8	Rv 18.14	luxury
λίψ, λιβός ὁ	n	3.11	Ac 27.12	southwest wind
λόγιος, ία, ιον	adj	2-1,2	Ac 18.24	learned, cultured
λογομαχέω	v	C-E	2-Ti 2.14	dispute about words
λογομαχία	n	1.2	1-Ti 6. 4	word-battle
λόγχη	n	1.1	Jn 19.34	spear-point, spear
λυμαίνομαι *mid dep*	v	N	Ac 8. 3	harm, ruin, destroy
λύσις	n	3.26	1-C 7.27	release, divorce
λυσιτελεῖ *impers*	v	C-E	Lk 17. 2	it is better
λυτρωτής	n	1.4	Ac 7.35	redeemer, liberator
μαγεύω	v	ω	Ac 8. 9	practice magic
μαγία	n	1.2	Ac 8.11	magic, magical art
μαθήτρια	n	1.2	Ac 9.36	woman disciple
μάκελλον	n	2.8	1-C 10.25	meat market
μακροθύμως	adv	M	Ac 26. 3	patiently
μακροχρόνιος	adj	2,5	Eph 6. 3	long-lived
μάμμη	n	1.1	2-Ti 1. 5	grandmother
μανία	n	1.2	Ac 26.24	madness, eccentricity
μαντεύομαι *mid dep*	v	ω	Ac 16.16	prophesy, give an oracle
μαραίνομαι *pass*	v	N	Jm 1.11	fade, disappear, wither
μαρὰν ἀθά	n-v	Aram	1-C 16.22	our Lord has come! (מָרַן אֲתָא)
μάρμαρος	n	2.7	Rv 18.12	marble
μασάομαι (?)	v	C-A	Rv 16.10	bite, gnaw
μαστίζω	v	D	Ac 22.25	scourge, whip, lash
ματαιολογία	n	1.2	1-Ti 1.6	fruitless discussion

1 t

Word	Part	Class	Ref	Meaning
ματαιολόγος	subst	2.7	Tit 1.10	idle talker, babbler
(*from the adj, 2,5*)				
ματαιόομαι pass	v	C-O	Rm 1.21	be given to worthlessness
μεγαλεῖον	subst	2.8	Ac 2.11	great act *or* deed (*pl*)
(*from the adj, 2-1,2*)				
μεγαλοπρεπής	adj	3,22	2-Pt 1.17	magnificent, sublime
μεγάλως	adv	M	Phl 4.10	greatly, gloriously
μέγεθος	n	3.33	Eph 1.19	greatness, size
μέγιστος	adj	2-1,1	2-Pt 1.4	greatest
(*the superlative of μέγας*)				
μεμβράνα Lat	n	1.3	2-Ti 4.13	parchment
μεμψίμοιρος	adj	2,5	Jd 16	fault-finding, complaining
μενοῦν	particle emph		Lk 11.28	rather, on the contrary
μεριστής	n	1.4	Lk 12.14	divider, arbitrator
μεσιτεύω	v	ω	Hb 6.17	guarantee, act as surety
μεσότοιχον	n	2.8	Eph 2.14	dividing wall
μεσόω	v	C-O	Jn 7.14	be in *or* at the middle
μεστόομαι pass	v	C-O	Ac 2.13	be full
μεταβάλλομαι mid	v	L	Ac 28.6	change one's mind
μετακινέω mid	v	C-E	Col 1.23	shift, remove, dislodge
μετάλημψις	n	3.26	1-Ti 4.3	receiving, sharing
μετατρέπω pass	v	LB	Jm 4.9	be turned around
μετέπειτα	adv	T	Hb 12.17	afterwards
μετεωρίζομαι pass	v	D	Lk 12.29	be anxious *or* worried
μετοχή	n	1.1	2-C 6.14	sharing, participation
μετρητής	n	1.4	Jn 2.6	measure (= *9 gallons*)
μετριοπαθέω	v	C-E	Hb 5.2	deal gently with
μετρίως	adv	M	Ac 20.12	moderately
μηδέποτε	adv	T	2-Ti 3.7	never
μηδέπω	adv	T	Hb 11.7	not yet, never yet
μηθείς	adj	26	Ac 27.33	nobody; *here*: nothing
μηκύνομαι pass	v	N	Mk 4.27	become *or* grow long
μηλωτή	n	1.1	Hb 11.37	sheepskin
μήν	particle —		Hb 6.14	surely, certainly
μηρός	n	2.7	Rv 19.16	thigh, leg
μήτιγε	particle ellipt		1-C 6.3	not to speak of, let alone
μητρολῴης	n	1.4	1-Ti 1.9	matricide
(B-A-G *have* *-λῴας, ου, ὁ* : 1.5)				
μίασμα	n	3.31	2-Pt 2.20	shameful deed, crime
μιασμός	n	2.7	2-Pt 2.10	pollution, corruption
μίγμα	n	3.31	Jn 19.39	mixture, compound
μίλιον	n	2.8	Mt 5.41	mile (= *4,854 feet*)
μισθαποδότης	n	1.4	Hb 11.6	rewarder
μίσθωμα	n	3.31	Ac 28.30	contract price, rent
μνήμη	n	1.1	2-Pt 1.15	remembrance, memory
μογιλάλος	adj	2,5	Mk 7.32	mute, dumb
μολυσμός	n	2.7	2-C 7.1	defilement
μομφή	n	1.1	Col 3.13	complaint, cause for blame
μονόομαι pass	v	C-O	1-Ti 5.5	be left alone
μορφόομαι pass	v	C-O	Ga 4.19	be formed, take on form
μοσχοποιέω	v	C-E	Ac 7.41	make a calf
μουσικός	subst	2.7	Rv 18.22	musician
(*from the adj, 2-1,1*)				
μυελός	n	2.7	Hb 4.12	marrow, inmost part
μυέομαι pass	v	C-E	Phl 4.12	initiate (*into mysteries*)
μυκάομαι dep?	v	C-A	Rv 10.3	roar (*of lions*)
μυκτηρίζομαι pass	v	D	Ga 6.7	to be mocked, contemned
μυλικός	adj	2-1,1	Lk 17.2	belonging to a mill
μύλινος	adj	2-1,1	Rv 18.21	pertaining to a mill
μυρίζω	v	D	Mk 14.8	anoint, pour perfume
μυωπάζω	v	D	2-Pt 1.9	be shortsighted

Word	Part	Class	Ref	Meaning
μώλωψ, ωπος ὁ	n	cf 3.11	1-Pt 2.24	welt, bruise, wound
μῶμος	n	2.7	2-Pt 2.13	defect, bodily blemish
μωρολογία	n	1.2	Eph 5.4	foolish *or* silly talk
ναύκληρος	n	2.7	Ac 27.11	ship-owner, captain
ναῦς	n	irr	Ac 27.41	ship
SING: GEN: *νεώς*; ACC: *ναῦν*				
νεομηνία	n	1.2	Col 2.16	new moon, first of month
νεόφυτος	adj	2,5	1-Ti 3.6	newly converted
νέφος	n	3.33	Hb 12.1	cloud
νεφρός	n	2.7	Rv 2.23	mind, thought
νεωκόρος	n	2.7	Ac 19.35	temple keeper, guardian
νεωτερικός	adj	2-1,1	2-Ti 2.22	youthful
νή	particle affirm		1-C 15.31	by
νηπιάζω	v	D	1-C 14.20	be (as) a child
νησίον	n	2.8	Ac 27.16	little island
νίκη	n	1.1	1-Jn 5.4	victory, means for winning
νιπτήρ, ῆρος ὁ	n	3.23	Jn 13.5	(wash) basin
νόθος	adj	2-1,1	Hb 12.8	illegitimate, baseborn
νόμισμα	n	3.31	Mt 22.19	coin, money
νομοθεσία	n	1.2	Rm 9.4	legislation, law
νομοθέτης	n	1.4	Jm 4.12	lawgiver
νοσέω	v	C-E	1-Ti 6.4	be sick, ailing
νόσημα	n	3.31	Jn 5.4	disease, illness
νοσσιά	n	1.2	Lk 13.34	brood, nest
νοσσίον	n	2.8	Mt 23.37	young (*of a bird*)
νοσσός	n	2.7	Lk 2.24	young (*of a bird*)
νουνεχῶς	adv	M	Mk 12.34	wisely, thoughtfully
νύσσω	v	G-1	Jn 19.34	prick, stab, pierce
νυχθήμερον	adv	T	2-C 11.25	night and day (= *24 hrs*)
(*from the noun, 2,8*)				
νῶτος	n	2.7	Rm 11.10	back
ξενοδοχέω	v	C-E	1-Ti 5.10	show hospitality
ξέστης	n	1.4	Mk 7.4	pitcher, jug, pot
ὄγκος	n	2.7	Hb 12.1	impediment, burden
ὁδεύω	v	ω	Lk 10.33	go, travel, journey
ὁδοιπορέω	v	C-E	Ac 10.9	travel, be on the way
ὄζω	v	D?	Jn 11.39	smell, give off an odor
οἰκετεία	n	1.2	Mt 24.45	slaves in a household
οἴκημα	n	3.31	Ac 12.7	prison cell, apartment
οἰκοδεσποτέω	v	C-E	1-Ti 5.14	keep house
οἰκοδόμος	n	2.7	Ac 4.11	builder
οἰκονομέω	v	C-E	Lk 16.2	be a manager
οἰκουργός	adj	2,5	Tit 2.5	working at home duties
οἰνοφλυγία	n	1.2	1-Pt 4.3	drunkenness
ὀκνέω	v	C-E	Ac 9.38	hesitate, delay
ὀκταήμερος	adj	2,5	Phl 3.5	on the eighth day
ὀλιγοπιστία	n	1.2	Mt 17.20	littleness of faith
ὀλιγόψυχος	adj	2,5	1-Th 5.14	fainthearted, discouraged
ὀλιγωρέω	v	C-E	Hb 12.5	think lightly of
ὀλίγως	adv	M	2-Pt 2.18	scarcely, barely, just
ὀλοθρευτής	n	1.4	1-C 10.10	destroyer
ὀλοθρεύω	v	ω	Hb 11.28	destroy, ruin
ὁλοκληρία	n	1.2	Ac 3.16	wholeness, soundness
ὀλολύζω	v	D?	Jm 5.1	cry out *or* aloud
ὁλοτελής	adj	3,22	1-Th 5.23	quite complete, wholly
ὄλυνθος	n	2.7	Rv 6.13	late *or* summer fig
ὄμβρος	n	2.7	Lk 12.54	rain-storm, thunderstorm
ὁμείρομαι	v	—	1-Th 2.8	have a kindly feeling
ὁμιλία	n	1.2	1-C 15.33	company, association
ὁμίχλη	n	1.1	2-Pt 2.17	mist, fog
ὁμοίωσις	n	3.26	Jm 3.9	likeness, resemblance
ὁμολογουμένως	adv	M	1-Ti 3.16	undeniably, most certainly
ὁμότεχνος	adj	2,5	Ac 18.3	practicing the same trade
ὁμόφρων	adj	3,19	1-Pt 3.8	like-minded, harmonious

1 t

Word		Class	Ref	Meaning
ὀνάριον	n	2.8	Jn 12.14	(little) donkey
ὄνειδος	n	3.33	Lk 1.25	disgrace, insult
ὀνίναμαι	v	mid	Phm 20	have joy, benefit
ὁπλίζομαι *mid*	v	D	1-Pt 4.1	equip, arm
ὁπότε	particle tempor		Lk 6.3	when
(some consider it an adv)				
ὀπτάνομαι	v	pass	Ac 1.3	appear, be seen
ὀπτός	adj	2-1,1	Lk 24.42	roasted, baked, broiled
ὀπώρα	n	1.2	Rv 18.14	fruit
ὁρατός	adj	2-1,1	Col 1.16	visible
ὀργίλος	adj	2-1,1	Tit 1.7	quick-tempered
ὄρεξις	n	3.26	Rm 1.27	longing, desire, passion
ὀρθοποδέω	v	C-E	Ga 2.14	be straightforward
ὀρθοτομέω	v	C-E	2-Ti 2.15	cut a straight path
ὀρθρίζω	v	D	Lk 21.38	rise early in the morning
ὀρθρινός	adj	2-1,1	Lk 24.22	early in the morning
ὅρμημα	n	3.31	Rv 18.21	violent rush, onset
ὁροθεσία	n	1.2	Ac 17.26	fixed boundary
ὁσίως	adv	M	1-Th 2.10	devoutly, in a holy way
ὄσφρησις	n	3.26	1-C 12.17	sense of smell, nose
οὐά	interj	—	Mk 15.29	aha! ha!
οὐδαμῶς	adv	ως	Mt 2.6	by no means, not at all
οὐκοῦν *inferential*	adv	interr	Jn 18.37	so, then?
ὀφρύς, ύος ἡ	n	3.28	Lk 4.29	brow, edge *(of a hill)*
ὀχλέομαι *pass*	v	C-E	Ac 5.16	troubled, tormented
ὀχλοποιέω	v	C-E	Ac 17.5	form a mob
ὀχύρωμα	n	3.31	2-C 10.4	stronghold, fortress
ὄψιμος	subst	2.7	Jm 5.7	late *or* spring rain
(from the adj, 2,5)				
παγιδεύω	v	ω	Mt 22.15	set a trap, entrap
παθητός	adj	2-1,1	Ac 26.23	subject to suffering
παιδάριον	n	2.8	Jn 6.9	youth, boy
παιδιόθεν	adv	T	Mk 9.21	from childhood
παίζω	v	G-1	1-C 10.7	play, amuse oneself
παλαιότης, ητος, ἡ	n	no decl	Rm 7.6	age, obsoleteness
πάλη	n	1.1	Eph 6.12	struggle, fight
πανδοχεῖον	n	2.8	Lk 10.34	inn, lodge
πανδοχεύς	n	3.29	Lk 10.35	inn-keeper
πανήγυρις	n	3.26	Hb 12.23	festal gathering
πανοικεί	adv	M	Ac 16.34	with one's household
πανοῦργος	adj	2,5	2-C 12.16	clever, crafty, sly
πανπληθεί	adv	M	Lk 23.18	all together
πανταχῇ	adv	PL	Ac 21.28	everywhere
πάντῃ	adv	M	Ac 24.3	altogether, in every way
παραβάλλω	v	L	Ac 20.15	come near, approach
παραβολεύομαι *mid*	v	ω	Phl 2.30	expose to danger, risk
παραδειγματίζω	v	D	Hb 6.6	hold up to contempt
παράδοξον	subst	2.8	Lk 5.26	wonderful things *(pl)*
(from the adj, 2,5)				
παραθαλάσσιος, ία, ον	adj	2-1,2	Mt 4.13	by the sea *or* lake
παραθεωρέομαι *pass*	v	C-E	Ac 6.1	overlook, neglect
παρακαθέζομαι *mid dep*	v	D	Lk 10.39	have seated oneself beside, sit, seat oneself
παρακαλύπτομαι *pass*	v	LB	Lk 9.45	be hidden, concealed
παράλιος	subst	2.7f	Lk 6.17	seacoast district
(from the adj, 2,5)				
παραλλαγή	n	1.1	Jm 1.17	change, variation
παραμυθία	n	1.2	1-C 14.3	encouragement, solace
παραμύθιον	n	2.8	Phl 2.1	consolation, alleviation
παρανομέω	v	C-E	Ac 23.3	act contrary to law
παρανομία	n	1.2	2-Pt 2.16	lawlessness, evildoing
παραπικραίνω *pass*	v	+ν+	Hb 3.16	be disobedient, rebellious
παραπίπτω *irr*	v	D	Hb 6.6	fall away, apostatize
παραπλέω *spec*	v	C-E	Ac 20.16	sail past
παραπλήσιον	adv	M	Phl 2.27	nearly, almost
(from the adj, 2-1,2 or 2,5)				
παραπλησίως	adv	M	Hb 2.14	in just the same way
παραρέω *pass spec*	v	C-E	Hb 2.1	drift away
παράσημος	adj	2,5	Ac 28.11	distinguished, marked
παρατείνω	v	N	Ac 20.7	extend, prolong
παρατήρησις	n	3.26	Lk 17.20	observation
παρατυγχάνω	v	+αν+	Ac 17.17	happen to be near
παραυτίκα	adj	—	2-C 4.17	momentary
(an adv of T used as an adj, with τό)				
παραφρονέω	v	C-E	2-C 11.23	be beside oneself
παραφρονία	n	1.2	2-Pt 2.16	madness, insanity
παραχειμασία	n	1.2	Ac 27.12	wintering
πάρδαλις	n	3.26	Rv 13.2	leopard
παρεδρεύω	v	ω	1-C 9.13	concern oneself with
παρεισάγω	v	G	2-Pt 2.1	bring in (secretly)
παρείσακτος	adj	2,5	Ga 2.4	smuggled in
παρεισδύ(ν)ω	v	ω or +ν	Jd 4	slip in stealthily
παρεισφέρω	v	L	2-Pt 1.5	apply, make an effort
παρεμβάλλω	v	L	Lk 19.43	throw up against, set up
παρενοχλέω	v	C-E	Ac 15.19	cause difficulty, annoy
πάρεσις	n	3.26	Rm 3.25	passing over unpunished
παρηγορία	n	1.2	Col 4.11	comfort
παρθενία	n	1.2	Lk 2.36	virginity
πάροδος	n	2.7f	1-C 16.7	passing by, passage
παροίχομαι	v	mid dep	Ac 14.16	pass by, be done
παρομοιάζω	v	D	Mt 23.27	be like, resemble
παρόμοιος, (α), ον	adj	2-1,2 or 2,5	Mk 7.13	like, similar
παροργισμός	n	2.7	Eph 4.26	angry mood, anger
παροτρύνω	v	N	Ac 13.50	arouse, incite, encourage
πατρικός	adj	2-1,1	Ga 1.14	from one's father, paternal
πατρολῴης	n	1.4	1-Ti 1.9	parricide
(B-A-G have -λῴας, ου, ὁ : 1.5)				
πατροπαράδοτος	adj	2,5	1-Pt 1.18	inherited, from a father
πεδινός	adj	2-1,1	Lk 6.17	flat, level
πεζεύω	v	ω	Ac 20.13	travel by land *or* foot
πειθός	adj	2-1,1	1-C 2.4	persuasive, skillful
πειράομαι *α-pure, mid*	v	C-A	Ac 26.21	try, attempt, endeavor
πεισμονή	n	1.1	Ga 5.8	persuasion
πελεκίζομαι *pass*	v	D	Rv 20.4	behead with an ax
πένης, ητος ὁ	subst	no decl	2-C 9.9	poor *or* needy man
(from the adj)				
πενθερός	n	2.7	Jn 18.13	father-in-law
πενιχρός	adj	2-1,2	Lk 21.2	poor, needy
πεντάκις	adv	T	2-C 11.24	five times
πεντεκαιδέκατος	adj	2-1,1	Lk 3.1	fifteenth
περαιτέρω	adv	PL	Ac 19.39	further, beyond
(comparative of πέραν)				
περιάπτω	v	LB	Lk 22.55	kindle
περιδέομαι *pass*	v	C-E	Jn 11.44	bind, wrap around
περιεργάζομαι *mid dep*	v	D	2-Th 3.11	be a busybody
περίθεσις	n	3.26	1-Pt 3.3	putting around *or* on
περικάθαρμα	n	3.31	1-C 4.13	offscouring, refuse
περικρατής	adj	3,22	Ac 27.16	being in command
περικρύπτω *mid*	v	LB	Lk 1.24	hide, conceal
(B-A-G use περικρύβω)				
περικυκλόω *mid*	v	C-O	Lk 19.43	surround, encircle
περιμένω	v	N	Ac 1.4	wait for
πέριξ	adv	PL	Ac 5.16	(all) around
περιοικέω	v	C-E	Lk 1.65	live in the neighborhood of
περίοικος	subst	2.7	Lk 1.58	neighbors *(pl)*
(from the adj, 2,5)				

I t

περιούσιος	adj	2,5	Tit 2.14	chosen, especial
περιοχή	n	1.1	Ac 8.32	content *or* wording of scripture, passage
περιπείρω	v	L	1-Ti 6.10	pierce through, impale
περιρήγνυμι *as* $\mu\iota^4$	v	+νυ	Ac 16.22	tear off
περισπάομαι *pass*	v	C-A	Lk 10.40	become quite busy *or* distracted, worried
περιτρέπω	v	LB	Ac 26.24	turn to an opposite, drive (insane)
περιτρέχω	v	G in pr	Mk 6.55	run about, go about in
περιφρονέω	v	C-E	Tit 2.15	disregard, look down on
περίψημα	n	3.31	1-C 4.13	offscouring, dirt, scum
περπερεύομαι *mid dep?*	v	ω	1-C 13.4	boast, brag, be conceited
πήγανον	n	2.8	Lk 11.42	rue: *a garden herb*
πήγνυμι *as* $\mu\iota^4$	v	+νυ	Hb 8.2	set *or* put up, build
πιέζω *pass*	v	D	Lk 6.38	press down
πιθανολογία	n	1.2	Col 2.4	plausible argument
πίμπρημι	v	*as* $\mu\iota^2$	Ac 28.6	become distended, swell up
πινακίδιον	n	2.8	Lk 1.63	little tablet
πιότης, ητος ἡ	n	no decl	Rm 11.17	richness, fatness
πιστόομαι *pass*	v	C-O	2-Ti 3.14	be convinced
πλανήτης, ητος ὁ	n	no decl	Jd 13	wanderer, roamer
πλάσμα	n	3.31	Rm 9.20	image, figure
πλαστός	adj	2-1,1	2-Pt 2.3	fabricated, false
πλατύς, εῖα, ύ	adj	3-1,13	Mt 7.13	broad, wide
πλέγμα	n	3.31	1-Ti 2.9	anything entwined
πλήμμυρα	n	1.3	Lk 6.48	high water, flood
πλησμονή	n	1.1	Col 2.23	indulgence, gratification
πλήσσω	v	G-I	Rv 8.12	strike
ποδήρης ὁ *(from the adj, 3,22)*	subst	cf 3,22	Rv 1.13	reaching to the feet, a long robe
ποίησις	n	3.26	Jm 1.25	doing, working
πολίτευμα	n	3.31	Phl 3.20	commonwealth, state
πολυλογία	n	1.2	Mt 6.7	much speaking, wordiness
πολυμερῶς	adv	M	Hb 1.1	in many ways
πολυποίκιλος	adj	2,5	Eph 3.10	many-sided
πολύσπλαγχνος	adj	2,5	Jm 5.11	sympathetic, merciful
πολυτρόπως	adv	M	Hb 1.1	in various ways
πορφυρόπωλις, ιδος, ἡ	n	3.12	Ac 16.14	(woman) dealer in purple
ποταμοφόρητος	adj	2,5	Rv 12.15	overwhelmed by a stream
πότερον	adv	S	Jn 7.17	whether
(B-A-G consider this as an adj used as an interrogative; 2-1,2)				
πότος	n	2.7	1-Pt 4.3	drinking party, carousal
πραγματεύομαι *mid dep*	v	ω	Lk 19.13	do business, trade
πραγματία *(pl)*	n	1.2	2-Ti 2.4	affairs, undertakings
πραϋπαθία	n	1.2	1-Ti 6.11	gentleness, humility
πρεσβῦτις, ιδος, ἡ	n	3.12	Tit 2.3	older woman, elderly lady
πρηνής	adj	3,22	Ac 1.18	headlong, head-first
πρίζω	v	D	Hb 11.37	saw in two
προαιρέομαι *mid*	v	C-E	2-C 9.7	make up one's mind
προαιτιάομαι *mid dep*	v	C-A	Rm 3.9	accuse beforehand
προακούω	v	ω	Col 1.5	hear beforehand
προαύλιον	n	2.8	Mk 14.68	forecourt, gateway
προβατικός	adj	2-1,1	Jn 5.2	pertaining to sheep
προβιβάζω	v	D	Mt 14.8	bring forward, prompt
προβλέπομαι *mid*	v	LB	Hb 11.40	select *or* provide
προγίνομαι	v	dep	Rm 3.25	be done beforetime
προδίδωμι	v	$\mu\iota^3$	Rm 11.35	give in advance
πρόδρομος *(from the adj, 2,5)*	subst	2.7	Hb 6.20	forerunner
προελπίζω	v	D	Eph 1.12	be first to hope
προευαγγελίζομαι *dep*	v	D	Ga 3.8	proclaim the good news in advance
προέχομαι *mid or pass*	v	G	Rm 3.9	*mid:* have an advantage; *pass:* be excelled
προηγέομαι *mid dep*	v	C-E	Rm 12.10	go before someone, try to outdo, esteem more
προθεσμία	n	1.2	Ga 4.2	a time set *or* fixed
προθύμως	adv	M	1-Pt 5.2	willingly, eagerly, freely
πρόϊμος *(from the adj, 2,5)*	subst	2.7	Jm 5.7	early rain *or* crops
προκαλέομαι *mid*	v	C-E	Ga 5.26	provoke, challenge
προκαταρτίζω	v	D	2-C 9.5	get ready, prearrange
προκηρύσσω	v	G-I	Ac 13.24	proclaim beforehand
πρόκριμα	n	3.31	1-Ti 5.21	prejudgment, discrimination, prejudice
προκυρόομαι *pass*	v	C-O	Ga 3.17	ratify previously
προμαρτύρομαι	v	mid dep	1-Pt 1.11	witness beforehand, predict, foretell
προμελετάω	v	C-A	Lk 21.14	practice beforehand, prepare
προμεριμνάω	v	C-A	Mk 13.11	be anxious beforehand
προπάσχω	v	+σκ	1-Th 2.2	suffer previously
προπάτωρ, ορος ὁ	n	3.22	Rm 4.1	forefather
προσάββατον	n	2.8	Mk 15.42	day before the Sabbath
προσαγορεύω	v	ω	Hb 5.10	call, name, designate
προσαιτέω	v	C-E	Jn 9.8	beg, ask alms
προσαναβαίνω	v	+ν+	Lk 14.10	go up, move up
προσαπειλέομαι *mid*	v	C-E	Ac 4.21	threaten in addition
προσδαπανάω	v	C-A	Lk 10.35	spend in addition
προσδέομαι	v	C-E pass-dep	Ac 17.25	need in addition
προσεάω *α-pure*	v	C-A	Ac 27.7	permit to go farther
προσεργάζομαι *dep*	v	D	Lk 19.16	earn in addition
προσηλόω	v	C-O	Col 2.14	nail (fast)
προσκαρτέρησις	n	3.26	Eph 6.18	perseverance, patience
προσκεφάλαιον	n	2.8	Mk 4.38	pillow, cushion
προσκληρόομαι *pass*	v	C-O	Ac 17.4	be attached to, join
προσκλίνομαι *pass*	v	N	Ac 5.36	incline toward, join
πρόσκλισις	n	3.26	1-Ti 5.21	inclination, favoritism
προσκολλάομαι *pass*	v	C-A	Eph 5.31	join oneself with, adhere to closely
προσκοπή	n	1.1	2-C 6.3	occasion of offense
προσκυνητής	n	1.4	Jn 4.23	worshiper
πρόσλημψις	n	3.26	Rm 11.15	acceptance
προσορμίζομαι *pass*	v	D	Mk 6.53	come into harbor, anchor
προσοφείλω	v	L ?	Phm 19	owe besides, owe
πρόσπεινος	adj	2,5	Ac 10.10	hungry
προσπήγνυμι *as* $\mu\iota^4$	v	+νυ	Ac 2.23	fix, fasten, nail to
προσποιέομαι *mid*	v	C-E	Lk 24.28	pretend, act as though
προσπορεύομαι *dep*	v	ω	Mk 10.35	approach, come up to
προστάτις, ιδος ἡ	n	3.12	Rm 16.2	patroness, helper
προσφάγιον	n	2.8	Jn 21.5	fish, relish
πρόσφατος	adj	2,5	Hb 10.20	new, recent
προσφάτως	adv	T	Ac 18.2	recently
προσφιλής	adj	3,22	Phl 4.8	pleasing, amiable
πρόσχυσις	n	3.26	Hb 11.28	sprinkling, pouring
προσψαύω	v	ω	Lk 11.46	touch
προσωπολημπτέω	v	C-E	Jm 2.9	show partiality
προσωπολήμπτης	n	1.4	Ac 10.34	one who shows partiality
προτείνω	v	N	Ac 22.25	stretch *or* spread out
προτρέπομαι *mid*	v	LB	Ac 18.27	encourage, persuade
προφθάνω	v	+ν	Mt 17.25	anticipate, come before
προχειροτονέω	v	C-E	Ac 10.41	appoint beforehand
πρωτεύω	v	ω	Col 1.18	be first, have first place
πρωτοστάτης	n	1.4	Ac 24.5	leader, ringleader
πρωτοτόκια τά	n	2.8	Hb 12.16	birthright(s) *(pl)*
πρώτως	adv	T	Ac 11.26	for the first time
πτέρνα	n	1.3	Jn 13.18	heal *(of a foot)*

1 t

Word		Class	Ref	Meaning
πτηνόν	subst	2.8	1-C 15.39	bird
(from the adj πτηνός, (ή), όν: 2-1,1)				
πτόησις	n	3.26	1-Pt 3.6	intimidation, terror
πτύρομαι pass	v	L	Phl 1.28	be frightened, terrified
πτύσμα	n	3.31	Jn 9.6	saliva, spit(tle)
πτύσσω	v	G-1	Lk 4.20	fold up, roll up, close
πτωχεύω	v	ω	2-C 8.9	be (extremely) poor
πυγμή	n	1.1	Mk 7.3	fist, wrist; carefully
πύθων, ωνος ὁ	n	3.17	Ac 16.16	spirit of divination
πυκτεύω	v	ω	1-C 9.26	fight with the fists, box
πύρινος	adj	2-1,1	Rv 9.17	fiery, color of fire
ῥᾳδιούργημα	n	3.31	Ac 18.14	prank, roguish trick
ῥᾳδιουργία	n	1.2	Ac 13.10	frivolity, villainy
ῥακά רֵיקָא	n	Aram	Mt 5.22	fool, empty-head
ῥέδη	n	1.1	Rv 18.13	carriage *(of four wheels)*
ῥέω spec	v	C-E	Jn 7.38	flow
ῥῆγμα	n	3.31	Lk 6.49	wreck, collapse, ruin
ῥήτωρ, ορος ὁ	n	3.22	Ac 24.1	public speaker, orator
ῥητῶς	adv	M	1-Ti 4.1	expressly, explicitly
ῥιπή	n	1.1	1-C 15.52	twinkling, rapid movement, blinking *(of the eye)*
ῥιπίζομαι pass	v	D	Jm 1.6	be blow about, tossed
ῥοιζηδόν	adv	M	2-Pt 3.10	with a loud, hissing sound
ῥυπαίνομαι pass	v	+ν+	Rv 22.11	be defiled, polluted
ῥυπαρία	n	1.2	Jm 1.21	sordid avarice, greed
ῥύπος	n	2.7	1-Pt 3.21	dirt
ῥυτίς, ίδος ἡ	n	3.12	Eph 5.27	wrinkle
ῥώννυμαι as μι+ pass	v	+νυ	Ac 15.29	be strong, healthy; bid farewell, good-bye
σαββατισμός	n	2.7	Hb 4.9	Sabbath observance
σαγήνη	n	1.1	Mt 13.47	dragnet *(for fishing)*
σαίνομαι pass	v	N	1-Th 3.3	be disturbed, agitated
σάλος	n	2.7	Lk 21.25	rolling, tossing wave
σαλπιστής	n	1.4	Rv 18.22	trumpeter
σανίς, ίδος ἡ	n	3.12	Ac 27.44	board, plank
σάπφειρος	n	2.7f	Rv 21.19	sapphire
σαργάνη	n	1.1	2-C 11.33	basket *(of rope)*
σαρδόνυξ, υχος ὁ	n	cf 3.9	Rv 21.20	sardonyx
σεβάζομαι dep	v	D	Rm 1.25	worship, show reverence
σειρός	n	2.7	2-Pt 2.4	pit, cave
σεμίδαλις	n	3.26	Rv 18.13	fine flour *(of wheat)*
σημειόομαι mid	v	C-O	2-Th 3.14	mark, take special note
σήπω pass	v	LB	Jm 5.2	be decayed, rotten
σητόβρωτος	adj	2,5	Jm 5.2	motheaten
σθενόω	v	C-O	1-Pt 5.10	strengthen, make strong
σίδηρος	n	2.7	Rv 18.12	iron
σικάριος	n	2.7	Ac 21.38	dagger man, assassin
σίκερα τό	n	indecl	Lk 1.15	strong drink
σιμικίνθιον	n	2.8	Ac 19.12	apron, handkerchief
σινιάζω	v	D	Lk 22.31	shake in a sieve, sift
σιρικόν	subst	2.8	Rv 18.12	silk(en) cloth
(from the adj, 2-1,1)				
σιτίον	n	2.8	Ac 7.12	grain; *pl:* food
σιτιστός	adj	2-1,1	Mt 22.4	fattened
σιτομέτριον	n	2.8	Lk 12.42	food-allowance, ration
σκέπασμα	n	3.31	1-Ti 6.8	clothing, covering
σκευή	n	1.1	Ac 27.19	ship's tackle *or* rigging
σκηνοπηγία	n	1.2	Jn 7.12	Feast of Booths *or* Tents
σκηνοποιός	n	2.7	Ac 18.3	tent-maker
σκληρότης, ητος, ἡ	n	no decl	Rm 2.5	harshness, roughness
σκληροτράχηλος	adj	2.5	Ac 7.51	stiffnecked, stubborn
σκόλοψ, οπος ὁ	n	cf 3.11	2-C 12.7	thorn, splinter
σκοπός	n	2.7	Phl 3.14	goal, mark

Word		Class	Ref	Meaning
σκύβαλον	n	2.8	Phl 3.8	rubbish, dirt, dung
σκῦλον (pl used)	n	2.8	Lk 11.22	booty, spoils
σκωληκόβρωτος	adj	2,5	Ac 12.23	eaten by worms
σκώληξ, ηκος ὁ	n	3.9	Mk 9.48	worm
σμαράγδινος	adj	2-1,1	Rv 4.3	(of) emerald
σμάραγδος	n	2.7	Rv 21.19	emerald
σμυρνίζω	v	D	Mk 15.23	treat with myrrh
σορός	n	2.7f	Lk 7.14	coffin, bier
σπεκουλάτωρ, ορος, ὁ Lat	n	3.22	Mk 6.27	executioner, courier
σπερμολόγος	subst	2.7	Ac 17.18	babbler, rag-picker
(from the adj, 2,5)				
σπιλάς, άδος ἡ	n	3.12	Jd 12	spot, stain, blemish
σπορά	n	1.2	1-Pt 1.23	seed, parentage
στάμνος	n	2.7;2.7f	Hb 9.4	jar
(ἡ is Attic, ὁ is Doric)				
στασιαστής	n	1.4	Mk 15.7	rebel, revolutionary
στατήρ, ῆρος ὁ	n	3.23	Mt 17.27	stater *(= two didrachmas or four denarii)*
στέμμα	n	3.31	Ac 14.13	wreath *or* garland of flowers
στερέωμα	n	3.31	Col 2.5	firmness, steadfastness
στηριγμός	n	2.7	2-Pt 3.17	firmness, firm footing
στιβάς, άδος ἡ	n	cf 3.12	Mk 11.8	leaf, leafy branch
στίγμα	n	3.31	Ga 6.17	mark, brand, stigma
στιγμή	n	1.1	Lk 4.5	point, moment
στίλβω	v	LB	Mk 9.3	shine, be radiant
στόμαχος	n	2.7	1-Ti 5.23	stomach
στρατολογέω	v	C-E	2-Ti 2.4	gather an army, enlist soldiers
στρατόπεδον	n	2.8	Lk 21.20	body of troops, army
στρεβλόω	v	C-O	2-Pt 3.16	twist, distort
στρῆνος	n	3.33	Rv 18.3	sensuality, luxury
στυγητός	adj	2-1,1	Tit 3.3	hated, hateful
συγγενίς, ίδος ἡ	n	3.12	Lk 1.36	kinswoman, female relative
συγκυρία	n	1.2	Lk 10.31	coincidence, chance
σύγχυσις	n	3.26	Ac 19.29	confusion, tumult
συκάμινος	n	2.7f	Lk 17.6	mulberry tree
συκομορέα	n	1.2	Lk 19.4	sycamore *or* fig tree
συλαγωγέω	v	C-E	Col 2.8	carry off as booty, rob
συλάω	v	C-A	2-C 11.8	rob someone
συλλογίζομαι mid	v	D	Lk 20.5	reason, discuss, debate
σύμβουλος	n	2.7	Rm 11.34	advisor, counsellor
συμμορφίζομαι mid	v	D	Phl 3.10	share with someone
συμπαθής	adj	3,22	1-Pt 3.8	sympathetic
συμφυλέτης	n	1.4	1-Th 2.14	compatriot, countryman
σύμφυτος	adj	2,5	Rm 6.5	grown together, united
συμφώνησις	n	3.26	2-C 6.15	agreement, accord
συμφωνία	n	1.2	Lk 15.25	music, orchestra, bagpipe
σύμφωνον	subst	2.8	1-C 7.5	agreement, consent
(from the adj, 2,5)				
συμψηφίζω	v	D	Ac 19.19	count up, compute
συναγωνίζομαι mid dep	v	D	Rm 15.30	help, assist, join with
συναλίζομαι pass	v	D	Ac 1.4	come together, meet
συναλλάσσω	v	G-1	Ac 7.26	reconcile, make peace
συναναπαύομαι mid	v	ω	Rm 15.32	rest, find rest
συναπόλλυμαι as μι+ mid	v	+νυ	Hb 11.31	be destroyed, perish with, be killed with
συναποστέλλω	v	L	2-C 12.18	send at the same time
συναυξάνομαι pass	v	+αν	Mt 13.30	grow side by side
συγγνώμη	n	1.1	1-C 7.6	concession, indulgence
συνδέομαι pass	v	C-E	Hb 13.3	put in chains, bind

1 t

Word	Part	Class	Ref	Meaning
συνδοξάζομαι *pass*	v	D	Rm 8.17	be glorified with
συνδρομή	n	1.1	Ac 21.30	rushing together, forming of a mob
σύνειμι I	v	μι⁶	Lk 8.4	come together, gather
συνεκλεκτή (*from the adj, 2-1,1*)	subst	1.1	1-Pt 5.13	co-chosen
συνεπιμαρτυρέω	v	C-E	Hb 2.4	testify by means of
συνεπιτίθεμαι *mid*	v	μι²	Ac 24.9	join in an attack
συνέπομαι	v	mid-dep	Ac 20.4	accompany, go with
συνεφίστημι *mid*	v	μι¹	Ac 16.22	*intr:* rise up together
συνζητητής	n	1.4	1-C 1.20	disputant, debater
σύνζυγος (*from the adj, 2,5*)	subst	2.7	Phl 4.3	comrade, yoke-fellow
συνήδομαι	v	pass-dep	Rm 7.22	(joyfully) agree
συνηλικιώτης	n	1.4	Ga 1.14	contemporary
συνθρύπτω	v	LB	Ac 21.13	break in pieces
συνκακουχέομαι	v	{C-E pass?	Hb 11.25	be mistreated with
συνκαλύπτω	v	LB	Lk 12.2	cover (completely)
συνκάμπτω	v	LB	Rm 11.10	cause to bend
συνκαταβαίνω	v	+ν+	Ac 25.5	go down with
συνκατάθεσις	n	3.26	2-C 6.16	agreement, union
συνκατατίθεμαι *mid*	v	μι²	Lk 23.51	agree with, consent to
συνκαταψηφίζομαι *pass*	v	D	Ac 1.26	be chosen together with
συνκινέω *pass*	v	C-E	Ac 6.12	be set in motion
συνκομίζω *pass*	v	D	Ac 8.2	be brought in, buried
συνκύπτω	v	LB	Lk 13.11	be bent over double
συνλυπέομαι *pass*	v	C-E	Mk 3.5	be grieved with
συνμαθητής	n	1.4	Jn 11.16	fellow-disciple
συνμερίζομαι *mid*	v	D	1-C 9.13	share with
συνμιμητής	n	1.4	Phl 3.17	fellow-imitator
συνοδεύω	v	ω	Ac 9.7	travel with
συνοδία	n	1.2	Lk 2.44	caravan, group of travelers
συνοικέω	v	C-E	1-Pt 3.7	live with
συνοικοδομέω *pass*	v	C-E	Eph 2.22	be built up together
συνομιλέω	v	C-E	Ac 10.27	talk, converse with
συνομορέω	v	C-E	Ac 18.7	border on, be next to
συνπαραγίνομαι	v	mid-dep	Lk 23.48	come together
συνπαρακαλέομαι *pass*	v	C-E	Rm 1.12	receive comfort together
συνπάρειμι	v	spec	Ac 25.24	be present with
συνπεριλαμβάνω	v	+αν+	Ac 20.10	embrace, throw one's arms around, hug
συνπίνω	v	+ν	Ac 10.41	drink with
συνπίπτω *irr*	v	D	Lk 6.49	fall in, collapse
συνπολίτης	n	1.4	Eph 2.19	fellow-citizen
συνπρεσβύτερος	n	2.7	1-Pt 5.1	fellow-elder
συνστενάζω	v	G-1	Rm 8.22	lament *or* groan together
συνστοιχέω	v	C-E	Ga 4.25	correspond
σύνσωμος	adj	2,5	Eph 3.6	belonging to the same body
συντέμνω	v	+ν	Rm 9.28	cut short, limit
συντόμως	adv	M	Ac 24.4	briefly, concisely
σύντριμμα	n	3.31	Rm 3.16	destruction, ruin
σύντροφος (*from the adj, 2,5*)	subst	2.7	Ac 13.1	foster-brother, companion
συντυγχάνω	v	+αν+	Lk 8.19	come together with, join
συνυποκρίνομαι *dep*	v	N	Ga 2.13	join in pretending
συνυπουργέω	v	C-E	2-C 1.11	join in helping, coöperate
σύνφημι	v	spec	Rm 7.16	agree with
συνφύομαι *pass*	v	ω	Lk 8.7	*intr:* grow up with
συνχέω	v	C-E	Ac 21.27	confuse, trouble, stir up
συνχράομαι	v	C-A, mid-dep	Jn 4.9	associate on friendly terms
σύνψυχος	adj	2,5	Phl 2.2	harmonious, united in spirit
συνωδίνω	v	N	Rm 8.22	suffer agony together
συνωμοσία	n	1.2	Ac 23.13	conspiracy, plot
σύσσημον	n	2.8	Mk 14.44	sign, token, standard
συστατικός	adj	2-1,1	2-C 3.1	commendatory, introducing
σφάγιον	n	2.8	Ac 7.42	victim, offering
σφοδρῶς	adv	M	Ac 27.18	violently, greatly
σφυδρόν	n	2.8	Ac 3.7	ankle
σχολή	n	1.1	Ac 19.9	school, lecture hall
σωματικῶς	adv	M	Col 2.9	bodily, corporeally
σωτήριος	adj	2,5	Tit 2.11	delivering, bringing salvation
σωφρονίζω	v	D	Tit 2.4	encourage, advise, urge
σωφρονισμός	n	2.7	2-Ti 1.7	self-discipline, prudence
σωφρόνως	adv	M	Tit 2.12	soberly, moderately
τάγμα	n	3.31	1-C 15.23	class, group, order, turn
τακτός	adj	2-1,1	Ac 12.21	fixed, appointed
ταλαιπωρέω	v	C-E	Jm 4.9	be wretched, lament
ταλαντιαῖος	adj	2-1,2	Rv 16.21	weighing a talent
ταλειθά	n	Aram	Mk 5.41	girl, little girl
ταπεινόφρων	adj	3,19	1-Pt 3.8	humble, humble-minded
ταρταρόω	v	C-O	2-Pt 2.4	hold captive in Tartarus
ταφή	n	1.1	Mt 27.7	burial-place
τάχιστα (*the superlative of ταχέως*)	adv	M	Ac 17.15	as quickly as possible
ταχύς, εῖα, ύ	adj	3-1,13	Jm 1.19	quick, swift, speedy
τεκμήριον	n	2.8	Ac 1.3	proof
τεκνογονέω	v	C-E	1-Ti 5.14	bear *or* beget children
τεκνογονία	n	1.2	1-Ti 2.15	bearing of children
τεκνοτροφέω	v	C-E	1-Ti 5.10	bring up children
τελείως	adv	M	1-Pt 1.13	fully, perfectly
τελειωτής	n	1.4	Hb 12.2	perfecter
τελεσφορέω	v	C-E	Lk 8.14	bear fruit to maturity
τελευτή	n	1.1	Mt 2.15	end, death
τεταρταῖος	adj	2-1,2	Jn 11.39	happening on the fourth day
τετράγωνος	adj	2,5	Rv 21.16	square, rectangular
τετράδιον	n	2.8	Ac 12.4	squad of four soldiers
τετράμηνος (*from the adj, 2,5*)	subst	2.7f	Jn 4.35	four-month period
τετραπλόος (*B-A-G have -πλοῦς, ῆ, οῦν*)	adj	2-1,3	Lk 19.8	four times, fourfold
τεφρόω	v	C-O	2-Pt 2.6	cover with *or* reduce to ashes
τήκομαι *pass*	v	G	2-Pt 3.12	be melted, dissolved
τηλαυγῶς	adv	M	Mk 8.25	(very) plainly, clearly
τιμιότης, ητος ἡ	n	nodecl	Rv 18.19	costliness, abundance
τιμωρία	n	1.2	Hb 10.29	punishment, penalty
τίνω	v	N	2-Th 1.9	pay, undergo a penalty
τοιόσδε, άδε, όνδε	adj	2-1,2	2-Pt 1.17	such as this, of this kind
τοῖχος	n	2.7	Ac 23.3	wall
τολμηροτέρως	adv	M	Rm 15.15	rather boldly
τολμητής	n	1.4	2-Pt 2.10	bold, audacious man
τομός	adj	2-1,1	Hb 4.12	cutting, sharp
τόξον	n	2.8	Rv 6.2	bow (*i.e., the weapon*)
τοπάζιον	n	2.8	Rv 21.20	topaz
τοὔνομα (*via crasis for τὸ ὄνομα : accusative*)	n	3.31	Mt 27.57	the name, *i.e.,* by name
τραπεζείτης	n	1.4	Mt 25.27	money-changer, banker
τραῦμα	n	3.31	Lk 10.34	wound
τραχηλίζομαι *pass*	v	D	Hb 4.13	be revealed, exposed

1 t

Word		Class	Ref	Meaning
τριετία	n	1.2	Ac 20.31	(period of) three years
τρίζω	v	D	Mk 9.18	gnash, grind *(the teeth)*
τρίμηνον	subst	2.8	Hb 11.23	(period of) three months
(from the adj, 2,5)				
τρίστεγον	subst	2.8	Ac 20.9	third story *or* floor
(from the adj, 2,5)				
τρισχίλιοι	adj	23	Ac 2.41	three thousand
τρίχινος	adj	2-1,1	Rv 6.12	made of hair
τροπή	n	1.1	Jm 1.17	variation, change
τροποφορέω	v	C-E	Ac 13.18	put up with
τροφός	n	2.7f	1-Th 2.7	nurse, mother
τροχιά	n	1.2	Hb 12.13	wheeltrack, course, way
τροχός	n	2.7	Jm 3.6	wheel, cycle, course
τρυγών, όνος ἡ	n	3.17	Lk 2.24	turtle-dove, dove
τρυμαλιά	n	1.2	Mk 10.25	hole, eye *(of a needle)*
τρυφάω	v	C-A	Jm 5.5	lead a self-indulgent life
τυμπανίζω *pass*	v	D	Hb 11.35	torture, torment
τυπικῶς	adv	M	1-C 10.11	typologically
τύφομαι *pass*	v	LB	Mt 12.20	smolder, glimmer
τυφωνικός	adj	2-1,1	Ac 27.14	like a whirlwind
ὑακίνθινος, ίνη, ινον	adj	2-1,1	Rv 9.17	hyacinth-colored
ὑάκινθος	n	2.7	Rv 21.20	jacinth, hyacinth
ὑγρός	adj	2-1,2	Lk 23.31	moist, pliant, green
ὑδροποτέω	v	C-E	1-Ti 5.23	drink water (only)
ὑδρωπικός	adj	2-1,1	Lk 14.2	suffering from dropsy
ὕλη	n	1.1	Jm 3.5	firewood, building wood
ὕπανδρος	adj	2,5	Rm 7.2	under the power of
ὑπείκω	v	G	Hb 13.17	yield, give way, submit
ὑπέρ	adv	S	2-C 11.23	even more
ὑπέρακμος	adj	2,5	1-C 7.36	past one's prime
ὑπεραυξάνω	v	+αν	2-Th 1.3	increase abundantly
ὑπερβαίνω	v	+ν+	1-Th 4.6	trespass, sin, wrong
ὑπερβαλλόντως	adv	M	2-C 11.23	immeasurably
ὑπερεῖδον	v	suppl	Ac 17.30	overlook, disregard
(used as the aor² for ὑπεροράω)				
ὑπερέκεινα	prep	gen	2-C 10.16	beyond
ὑπερεκπερισσῶς	adv	M	1-Th 5.13	beyond all measure
ὑπερεκτείνω	v	N	2-C 10.14	overextend
ὑπερεκχύννομαι *pass*	v	N	Lk 6.38	pour out over, run over
ὑπερεντυγχάνω	v	+αν+	Rm 8.26	plead, intercede for
ὑπερηφανία	n	1.2	Mk 7.22	arrogance, haughtiness
ὑπερνικάω	v	C-A	Rm 8.37	win a glorious victory
ὑπερπερισσῶς	adv	M	Mk 7.37	completely, limitlessly
ὑπερπλεονάζω	v	D	1-Ti 1.14	be present in great abundance, overflow
ὑπερυψόω	v	C-O	Phl 2.9	raise to the loftiest height *or* position
ὑπερφρονέω	v	C-E	Rm 12.3	think too highly of self
ὑπέχω	v	G	Jd 7	undergo, suffer
ὑποβάλλω	v	L	Ac 6.11	instigate, suborn
ὑπογραμμός	n	2.7	1-Pt 2.21	model, pattern, example
ὑπόδικος	adj	2,5	Rm 3.19	answerable, accountable
ὑποζώννυμι *asμι*⁴	v	+νυ	Ac 27.17	undergird, brace
ὑποκρίνομαι *pass*	v	N	Lk 20.20	pretend, make believe
ὑπόλειμμα	n	3.31	Rm 9.27	remnant
ὑπολείπομαι *pass*	v	LB	Rm 11.3	be left (remaining)
ὑπολήνιον	n	2.8	Mk 12.1	vat, trough
ὑπολιμπάνω	v	N ?	1-Pt 2.21	leave (behind)
ὑπόνοια	n	1.2	1-Ti 6.4	suspicion, conjecture
ὑποπνέω *spec*	v	C-E	Ac 27.13	blow gently
ὑποστολή	n	1.1	Hb 10.39	shrinking, timidity
ὑποστρωννύω	v	ω	Lk 19.36	spread underneath
ὑποτρέχω	v	G inpr	Ac 27.16	sail under the lee of
ὗς, ὑός ἡ	n	3.28	2-Pt 2.22	sow, female swine
ὑφαίνω	v	N	Lk 12.27	weave
ὑφαντός	adj	2-1,1	Jn 19.23	woven
ὑψηλοφρονέω	v	C-E	1-Ti 6.17	be proud, haughty
φανός	n	2.7	Jn 18.3	lamp, torch, lantern
φαντάζομαι *pass*	v	D	Hb 12.21	become visible, appear
φαντασία	n	1.2	Ac 25.23	pomp, pageantry
φάραγξ, αγγος, ἡ	n	3.10	Lk 3.5	ravine, valley
φάσις	n	3.26	Ac 21.31	report, news, announcement
φελόνης	n	1.4	2-Ti 4.13	cloak
(B-A-G use φαιλόνης, considering it a Latin loanword from pænula)				
φθινοπωρινός	adj	2-1,1	Jd 12	belonging to late autumn
φθονέω	v	C-E	Ga 5.26	envy, be jealous, begrudge
φιλάγαθος	adj	2,5	Tit 1.8	loving what is good
φιλάδελφος	adj	2,5	1-Pt 3.8	loving brother and/or sister
φίλανδρος	adj	2,5	Tit 2.4	loving one's husband
φιλανθρώπως	adv	M	Ac 27.3	benevolently, kindly
φιλαργυρία	n	1.2	1-Ti 6.10	avarice, miserliness
φίλαυτος	adj	2,5	2-Ti 3.2	loving self, selfish
φιλήδονος	adj	2,5	2-Ti 3.4	pleasure-loving
φιλία	n	1.2	Jm 4.4	friendship, love
φιλόθεος	adj	2,5	2-Ti 3.4	loving God, devout
φιλονεικία	n	1.2	Lk 22.24	dispute, strife
φιλόνεικος	adj	2,5	1-C 11.16	quarrelsome, contentious, argumentative
φιλοπρωτεύω	v	ω	3-Jn 9	wish to be first, to lead
φιλοσοφία	n	1.2	Col 2.8	philosophy, human wisdom
φιλόσοφος	n	2.7	Ac 17.18	philosopher, teacher
φιλόστοργος	adj	2,5	Rm 12.10	loving dearly, devoted
φιλότεκνος	adj	2,5	Tit 2.4	loving one's children
φιλοφρόνως	adv	M	Ac 28.7	hospitably, kindly, in a friendly way
φλυαρέω	v	C-E	3-Jn 10	talk nonsense (about)
φλύαρος	adj	2,5	1-Ti 5.13	gossipy, foolish
φόβητρον	n	2.8	Lk 21.11	terrible event, horror
φραγέλλιον	n	2.8	Jn 2.15	whip, lash
φράζω	v	D	Mt 13.36	explain, interpret
φρεναπατάω	v	C-A	Ga 6.3	deceive, fool
φρεναπάτης	n	1.4	Tit 1.10	deceiver, misleader
φρίσσω	v	G-1	Jm 2.19	shudder, tremble
φρονίμως	adv	M	Lk 16.8	wisely, shrewdly
φροντίζω	v	D	Tit 3.8	be intent on, concerned
φρυάσσω	v	G-1	Ac 4.25	be arrogant, insolent
φρύγανον	n	2.8	Ac 28.3	brushwood, dry wood
φυγή	n	1.1	Mt 24.20	flight
φυλακίζω	v	D	Ac 22.19	imprison
φυλακτήριον	n	2.8	Mt 23.5	safeguard, protection
φυσικῶς	adv	M	Jd 10	naturally, by instinct
φυσίωσις	n	3.26	2-C 12.20	pride, conceit
φυτεία	n	1.2	Mt 15.13	plant, what is planted
φωσφόρος	subst	2.7	2-Pt 1.19	morning star, daystar
(from the adj, 2,5)				
χάλκεος	adj	2-1,3	Rv 9.20	made of copper, brass
(B-A-G use -κοῦς, ῆ, οῦν)				
χαλκεύς	n	3.29	2-Ti 4.14	coppersmith, metalworker
χαλκηδών, όνος, ὁ	n	3.17	Rv 21.19	chalcedony, agate
χαλκίον	n	2.8	Mk 7.4	(copper) vessel, kettle
χαρακτήρ, ῆρος, ὁ	n	3.23	Hb 1.3	representation, reproduction, exact likeness
χάραξ, ακος ὁ	n	3.9	Lk 19.43	palisade, barricade
χάρτης	n	1.4	2-Jn 12	papyrus roll, paper

1 t

χάσμα		n	3.31	Lk 16.26	chasm, pit
χειμάζομαι	pass	v	D	Ac 27.18	be tossed in a storm
χείμαρρος		n	2.7	Jn 18. 1	winter torrent, wady
χειραγωγός		n	2.7	Ac 13.11	leader *(by the hand)*
χειρόγραφον		n	2.8	Col 2.14	certificate of indebtedness, bond
Χερουβείν	τά	n	indecl	Hb 9.5	Cherubim *(Heb pl)*
χλευάζω		v	D	Ac 17.32	mock, sneer, scoff
χλιαρός		adj	2-1,2	Rv 3.16	lukewarm
χολάω		v	C-A	Jn 7.23	be angry
χορός		n	2.7	Lk 15.25	(choral) dance
χόρτασμα		n	3.31	Ac 7.11	food *(for men)*
χράω (B-A-G use κίχρημι)		v	C-A	Lk 11.5	lend
χρή		v	impers	Jm 3.10	it is necessary, it ought
χρηματισμός		n	2.7	Rm 11. 4	divine statement *or* answer, oracle, reply
χρήσιμον *(from the adj, 2-1,1)*		subst	2.8	2-Ti 2.14	good, profit, value
χρηστεύομαι		v	mid-dep	1-C 13. 4	be kind, loving, merciful
χρηστολογία		n	1.2	Rm 16.18	smooth, plausible speech
χρονοτριβέω		v	C-E	Ac 20.16	spend, lose, *or* waste time
χρυσοδακτύλιος		adj	2,5	Jm 2. 2	with gold ring on one's finger
χρυσόλιθος		n	2.7	Rv 21.20	chrysolite, yellow topaz
χρυσόπρασος		n	2.7	Rv 21.20	chrysoprase, green quartz
χρώς, ωτός		n	cf 3.12	Ac 19.12	skin, surface of the body
χῶρος		n	2.7	Ac 27.12	northwest wind
ψευδαπόστολος		n	2.7	2-C 11.13	false apostle
ψευδοδιδάσκαλος		n	2.7	2-Pt 2. 1	false teacher
ψευδολόγος *(from the adj, 2,5)*		subst	2.7	1-Ti 4. 2	liar, deceiver
ψευδώνυμος		adj	2,5	1-Ti 6.20	falsely called, so-called
ψεῦσμα		n	3.31	Rm 3. 7	lying, untruthfulness
ψιθυρισμός		n	2.7	2-C 12.20	whispering, tale-bearing, injurious gossip
ψιθυριστής		n	1.4	Rm 1.29	whisperer, tale-bearer, gossiper
ψύχομαι	pass	v	G	Mt 24.12	grow cold, be extinguished, die out
ψώχω		v	G	Lk 6. 1	rub
ὠνέομαι		v	mid-dep	Ac 7.16	buy, purchase
ᾠόν		n	2.8	Lk 11.12	egg
ὠρύομαι		v	mid-dep	1-Pt 5. 8	roar *(of lions)*
ὡσπερεί		adv	S	1-C 15. 8	like, as though, as it were, as

Part Three

Proper Names and Proper Adjectives, etc.,
Arranged
in
Alphabetical
Order

NOTES

For an explanation of Part Three, *see* the Introduction, *p.* x.

For Abbreviations, *see p.* ix.

The General Format:

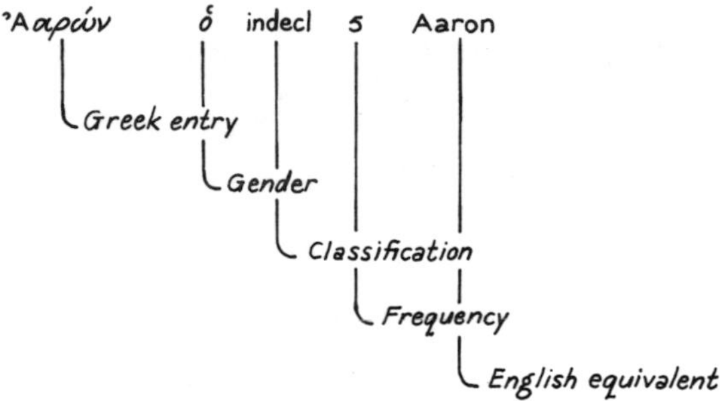

Ἀαρών	ὁ	indecl	5		Aaron
Ἀβαδδών	ὁ	indecl	1	Rv 9. 11	Abaddon
Ἀβειληνή	ἡ	1.1	1	Lk 3. 1	Abilene
Ἄβελ	ὁ	indecl	4		Abel
Ἀβιά	ὁ	indecl	3		Abijah
1- *in genealogy*				Mt 1. 7	
2- *founder of a tribe of priests*				Lk 1. 5	
Ἀβιάθαρ	ὁ	indecl	1	Mk 2.26	Abiathar
Ἀβιούδ	ὁ	indecl	2		Abiud
Ἀβραάμ	ὁ	indecl	73		Abraham
Ἅγαβος	ὁ	2.7	2		Agabus
Ἁγάρ	ἡ	indecl	2		Hagar
Ἀγρίππας	ὁ	1.6	11		Agrippa
1- *Herod Agrippa I*				cf Ac 12. 1	
2- *Herod Agrippa II*				cf Ac 25.26	
Ἀδάμ	ὁ	indecl	9		Adam
Ἀδδεί	ὁ	indecl	1	Lk 3.28	Addi
Ἀδμείν	ὁ	indecl	1	Lk 3.33	Admin
Ἁδραμυντηνός	adj	2-1,1	1	Ac 27. 2	of Adramyttium
Ἁδρίας	ὁ	1.5	1	Ac 27.27	Adriatic Sea
Ἀζώρ	ὁ	indecl	2		Azor
Ἄζωτος	ἡ	2.7f	1	Ac 8.40	Azotus
Ἀθῆναι	αἱ	cf 1.1	4		Athens
Ἀθηναῖος	adj	2-1,2	2		Athenian
Αἰγύπτιος, ία, ιον	adj	2-1,2	5		Egyptian
Αἴγυπτος	ἡ	2.7f	25		Egypt
Αἰθίοψ, οπος	ὁ	cf 3.11	2		Ethiopian
Αἰνέας	ὁ	1.5	2		Aeneas
Αἰνών	ἡ	indecl	1	Jn 3.23	Aenon
Ἀκύλας	ὁ	ας,αν	6		Aquila
Ἀλεξανδρεύς	ὁ	3.29	2		Alexandrian
Ἀλεξανδρινός	adj	2-1,1	2		Alexandrian
Ἀλέξανδρος	ὁ	2.7	6		Alexander
1- *son of Simon*				Mk 15.21	
2- *of high-priestly family*				Ac 4. 6	
3- *Jew of Ephesus*				Ac 19.33 (*bis*)	
4- *opponent(s) of Paul*				cf 1-Ti 1.20	
Ἀλφαῖος	ὁ	2.7	5		Alphaeus
1- *father of James*				Mt 10. 3	
2- *father of Levi*				Mk 2.14	
Ἀμιναδάβ	ὁ	indecl	3		Amminadab
Ἀμπλιᾶτος	ὁ	2.7	1	Rm 16. 8	Ampliatus
Ἀμφίπολις	ἡ	3.26	1	Ac 17. 1	Amphipolis
Ἀμώς	ὁ	indecl	3		Amos
1- *father of Mattathias*				Lk 3.25	
2- *father of Josiah*				Mt 1.10	
Ἀνανίας	ὁ	1.5	11		Ananias
1- *husband of Sapphira*				cf Ac 5. 1	
2- *disciple at Damascus*				cf Ac 9. 10	
3- *Jewish high priest*				cf Ac 23. 2	
Ἀνδρέας	ὁ	1.5	13		Andrew
Ἀνδρόνικος	ὁ	2.7	1	Rm 16. 7	Andronicus
Ἅννα	ἡ	1.2	1	Lk 2.36	Anna
Ἅννας	ὁ	1.6	4		Annas
Ἀντιόχεια	ἡ	1.2	18		Antioch
1- *in Syria*				cf Ac 11.19	
2- *in Pisidia*				cf Ac 13.14	
Ἀντιοχεύς	ὁ	3.29	1	Ac 6. 5	man of Antioch
Ἀντίπας	ὁ	1.6	1	Rv 2.13	Antipas
Ἀντιπατρίς	ἡ	3.12	1	Ac 23.31	Antipatris
Ἀπελλῆς	ὁ	1.4	1	Rm 16.10	Apelles
Ἀπολλύων	ὁ	3.17	1	Rv 9.11	Apollyon
Ἀπολλωνία	ἡ	1.2	1	Ac 17. 1	Apollonia
Ἀπολλῶς	ὁ	ώς,ώ	10		Apollos

Ἄππιος	ὁ	2.7	1	Ac 28.15	Appius
Ἀπφία	ἡ	1.2	1	Phm 2	Apphia
Ἀραβία	ἡ	1.2	2		Arabia
Ἀράμ	ὁ	indecl	2		Aram
Ἄραψ	ὁ	3.11	1	Ac 2. 11	Arab
Ἄρειος Πάγος	ὁ	2.7	2		Areopagus
Ἀρεοπαγίτης	ὁ	1.4	1	Ac 17.34	Areopagite
Ἀρέτας	ὁ	1.6	1	2-C 11.32	Aretas
Ἀριμαθαία	ἡ	1.2	4		Arithmathaea
Ἀρίσταρχος	ὁ	2.7	5		Aristarchus
Ἀριστόβουλος	ὁ	2.7	1	Rm 16.10	Aristobulus
Ἁρμαγεδών	–	indecl	1	Rv 16.16	Armageddon
Ἀρνεί	ὁ	indecl	1	Lk 3.33	Arni
Ἀρτεμᾶς	ὁ	1.6	1	Tit 3.12	Artemas
Ἄρτεμις, ιδος	ἡ	3.12	5		Artemis
Ἀρφαξάδ	ὁ	indecl	1	Lk 3.36	Arphaxad
Ἀρχέλαος	ὁ	2.7	1	Mt 2.22	Archelaus
Ἄρχιππος	ὁ	2.7	2		Archippus
Ἀσάφ	ὁ	indecl	2		Asa(ph)
Ἀσήρ	ὁ	indecl	2		Asher
Ἀσία	ἡ	1.2	18		Asia
Ἀσιανός	ὁ	2.7	1	Ac 20. 4	Asian
Ἀσιάρχης	ὁ	1.4	1	Ac 19.31	Asiarch
Ἄσσος	ἡ	2.7f	2		Assos
Ἀσύνκριτος	ὁ	2.7	1	Rm 16.14	Asyncritus
Ἀτταλία	ἡ	1.2	1	Ac 14.25	Attalia
Αὔγουστος	ὁ	2.7	1	Lk 2. 1	Augustus
Ἄχαζ	ὁ	indecl	2		Ahaz
Ἀχαΐα	ἡ	1.2	10		Achaia
Ἀχαϊκός	ὁ	2.7	1	1-C 16.17	Achaicus
Ἀχείμ	ὁ	indecl	2		Achim
Ἀχελδαμάχ	–	indecl	1	Ac 1.19	Akeldama
Βάαλ	ὁ	indecl	1	Rm 11. 4	Baal
Βαβυλών	ἡ	3.19	12		Babylon(ia)
Βαλαάμ	ὁ	indecl	3		Balaam
Βαλάκ	ὁ	indecl	1	Rv 2.14	Balak
Βαραββᾶς	ὁ	1.6	11		Barabbas
Βαράκ	ὁ	indecl	1	Hb 11.32	Barak
Βαραχίας	ὁ	1.5	1	Mt 23.35	Barachiah
Βαρθολομαῖος	ὁ	2.7	4		Bartholomew
Βαριησοῦς	ὁ	↓	1	Ac 13. 6	Bar-Jesus
NOM οῦς	GEN οῦ	DAT οῦ	ACC οῦν	VOC οῦ	
Βαριωνᾶς	ὁ	1.6	1	Mt 16.17	Bar-Jonas
Βαρνάβας	ὁ	1.6	28		Barnabas
Βαρσαββᾶς	ὁ	1.6	2		Barsabbas
1- *Joseph*				Ac 1.23	
2- *Judas*				Ac 15.22	
Βαρτίμαιος	ὁ	2.7	1	Mk 10.46	Bartimaeus
Βεεζεβούλ	ὁ	indecl	7		Beelzebub *or* -ul
Βελίαρ	ὁ	indecl	1	2-C 6.15	Belial
Βενιαμείν	ὁ	indecl	4		Benjamin
Βερνίκη	ἡ	1.1	3		Bernice
Βέροια	ἡ	1.2	2		Beroea
Βεροιαῖος	ὁ	2.7	1	Ac 20. 4	Beroean
(*an adj, 2-1,2, used as a subst*)					
Βεώρ	ὁ	indecl	1	2-Pt 2.15	Beor
Βηθανία	ἡ	1.2	12		Bethany
Βηθζαθά	ἡ	indecl	1	Jn 5. 2	Bethzatha
Βηθλεέμ	ἡ	indecl	8		Bethlehem
Βηθσαϊδά	ἡ	indecl	7		Bethsaida
Βηθφαγή	ἡ	indecl	3		Bethphage
Βιθυνιά	ἡ	1.2	2		Bithynia

Βλάστος	ὁ	2.7	1	Ac 12.20	Blastus
Βοανηργές	—	Aram	1	Mk 3.17	Boanerges
Βοός or Βοές	ὁ	indecl	3		Boaz
Γαββαθά	—	indecl	1	Jn 19.13	Gabbatha
Γαβριήλ	ὁ	indecl	2		Gabriel
Γάδ	ὁ	indecl	1	Rv 7. 5	Gad
Γαδαρηνός	ὁ	2.7	1	Mt 8.28	Gadarene
(an adj, 2-1,1, used as a subst)					
Γάζα	ἡ	1.3	1	Ac 8.26	Gaza
Γαῖος	ὁ	2.7	5		Gaius
1- of Derbe				Ac 20. 4	
2- of Macedonia				Ac 19.29	
3- of Corinth				cf Rm 16.23	
4- recipient of 3-Jn				3-Jn 1	
Γαλάτης	ὁ	1.4	1	Ga 3. 1	Galatian
Γαλατία	ἡ	1.2	4		Galatia
Γαλατικός	adj	2-1,1	2		Galatian
Γαλιλαία	ἡ	1.2	61		Galilee
Γαλιλαῖος	adj	2-1,2	11		Galilean
(also used as a subst, 2.7)					
Γαλλίων	ὁ	3.19	3		Gallio
Γαμαλιήλ	ὁ	indecl	2		Gamaliel
Γεδεών	ὁ	indecl	1	Hb 11.32	Gideon
Γεθσημανεί	—	indecl	2		Gethsemane
Γεννησαρέτ	ἡ	indecl	3		Gennesaret
Γερασηνός	ὁ	2.7	3		Gerasene
(an adj, 2-1,1, used as a subst)					
Γολγοθά	ἡ	ά, άν	3		Golgotha
Γόμορρα	ἡ	α, ας			
	τά	ων	4		Gomorrah
(the Heb form is phonetically interesting: עֲמֹרָה *)*					
Γώγ	ὁ	indecl	1	Rv 20. 8	Gog
Δαλμανουθά	ἡ	indecl	1	Mk 8.10	Dalmanutha
Δαλματία	ἡ	1.2	1	2-Ti 4.10	Dalmatia
Δάμαρις, ιδος	ἡ	3.12	1	Ac 17.34	Damaris
Δαμασκηνός	ὁ	2.7	1	2-C 11.32	Damascene
(an adj, 2-1,1, used as a subst)					
Δαμασκός	ἡ	2.7f	15		Damascus
Δανιήλ	ὁ	indecl	1	Mt 24.15	Daniel
Δαυείδ	ὁ	indecl	59		David
Δεκάπολις	ἡ	3.26	3		Decapolis
Δερβαῖος	ὁ	2.7	1	Ac 20. 4	from Derbe
(an adj, 2-1,2, used as a subst)					
Δέρβη	ἡ	1.1	3		Derbe
Δημᾶς	ὁ	1.6	3		Demas
Δημήτριος	ὁ	2.7	3		Demetrius
1- silversmith in Ephesus				cf Ac 19.24	
2- church leader				3-Jn 12	
Δίδυμος	ὁ	2.7	3		Didymus
Διονύσιος	ὁ	2.7	1	Ac 17.34	Dionysius
Διόσκουροι	οἱ	2.7	1	Ac 28.11	Dioscuri
Διοτρέφης	ὁ	cf 3,22	1	3-Jn 9	Diotrephes
Δορκάς, άδος	ἡ	cf 3.12	2		Dorcas
Δρούσιλλα	ἡ	1.3	1	Ac 24.24	Drusilla
Ἔβερ	ὁ	indecl	1	Lk 3.35	Eber
Ἑβραῖος	ὁ	2.7	4		Hebrew
Ἑβραΐς, ΐδος	ἡ	3.12	3		Hebrew language
Ἑβραϊστί	adv	M	7		in Hebrew
Ἑζεκίας	ὁ	1.5	2		Hezekiah
Ἐλαμείτης	ὁ	1.4	1	Ac 2. 9	Elamite
Ἐλεάζαρ	ὁ	indecl	2		Eleazar

Ἐλεισάβετ	ἡ	indecl	9		Elizabeth
Ἐλιακείμ	ὁ	indecl	3		Eliakim
Ἐλιέζερ	ὁ	indecl	1	Lk 3.29	Eliezer
Ἐλιούδ	ὁ	indecl	2		Eliud
Ἐλισαῖος	ὁ	2.7	1	Lk 4.27	Elisha
Ἑλλάς, άδος	ἡ	cf 3.12	1	Ac 20. 2	Greece
Ἕλλην, ηνος	ὁ	3.18	26		Greek, heathen, pagan
Ἑλληνικός	adj	2-1,1	1	Rv 9.11	Greek
Ἑλληνίς, ίδος	ἡ	3.12	2		Gentile (woman)
Ἑλληνιστής	ὁ	1.4	2		Hellenist
Ἑλληνιστί	adv	M	2		in Greek
Ἐλμαδάμ	ὁ	indecl	1	Lk 3.28	Elmadam
Ἐλύμας	ὁ	1.6	1	Ac 13. 8	Elymas
Ἐμμανουήλ	ὁ	indecl	1	Mt 1.23	Emmanuel
Ἐμμαούς	ἡ	—	1	Lk 24.13	Emmaus
Ἑμμώρ	ὁ	indecl	1	Ac 7.16	Hamor
Ἐνώς	ὁ	indecl	1	Lk 3.38	Enos
Ἐνώχ	ὁ	indecl	3		Enoch
Ἐπαίνετος	ὁ	2.7	1	Rm 16. 5	Epaenetus
Ἐπαφρᾶς	ὁ	1.6	3		Epaphras
Ἐπαφρόδιτος	ὁ	2.7	2		Epaphroditus
Ἐπικούριος	ὁ	2.7	1	Ac 17.18	Epicurean
Ἔραστος	ὁ	2.7	3		Erastus
1- Christian at Corinth				Rm 16.23	
2- companion of Paul				cf Ac 19.22	
Ἑρμᾶς	ὁ	1.6	1	Rm 16.14	Hermas
Ἑρμῆς	ὁ	1.4	2		Hermes
Ἑρμογένης	ὁ	cf 3,22	1	2-Ti 1.15	Hermogenes
Ἐσλεί	ὁ	indecl	1	Lk 3.25	Esli
Ἑσρώμ or ν	ὁ	indecl	3		Hezron
Ἐύα	ἡ	1.2	2		Eve
Εὔβουλος	ὁ	2.7	1	2-Ti 4.21	Eubulus
Εὐνίκη	ἡ	1.1	1	2-Ti 1. 5	Eunice
Εὐοδία	ἡ	1.2	1	Phl 4. 2	Euodia
Εὔτυχος	ὁ	2.7	1	Ac 20. 9	Eutuchus
Εὐφράτης	ὁ	1.4	2		Euphrates
Ἐφέσιος, ία, ιον	adj	2-1,2	5		Ephesian
(used also as a subst, 2.7)					
Ἔφεσος	ἡ	2.7f	16		Ephesus
Ἐφραίμ	ὁ	indecl	1	Jn 11.54	Ephraim
Ζαβουλών	ὁ	indecl	3		Zebulun
Ζακχαῖος	ὁ	2.7	3		Zacchaeus
Ζαρά	ὁ	—	1	Mt 1. 3	Zerah
Ζαχαρίας	ὁ	1.5	11		Zechariah
1- father of John the Baptist				cf Lk 1. 5	
2- OT prophet				Mt 27. 9	
3- son of Barachiah				cf Lk 11.51	
Ζεβεδαῖος	ὁ	2.7	12		Zebedee
Ζεύς	ὁ	↓	2		Zeus
NOM	GEN	DAT	ACC	VOC	
Ζεύς	Διός	Διί	Δία	Ζεῦ	
Ζηνᾶς	ὁ	ᾶς, ᾶν	1	Tit 3.13	Zenas
Ζοροβάβελ	ὁ	indecl	3		Zerubbabel
Ἡλεί	ὁ	indecl	1	Lk 3.23	Heli
Ἠλείας	ὁ	1.5	29		Elijah
Ἤρ	ὁ	indecl	1	1-Ti 2. 2	Er
Ἡρῴδης	ὁ	1.4	43		Herod
1- Herod I, the Great				cf Lk 1. 5	
2- Herod Antipas				cf Mt 14. 1	
3- Herod Agrippa I				cf Ac 12. 1	
Ἡρῳδιανοί	οἱ	2.7	3		Herodians

Word		Class	Freq	Ref	Meaning
Ἡρῳδιάς, άδος	ἡ	cf 3.12	6		Herodias
Ἡρῳδίων, ωνος	ὁ	3.19	1	Rm 16.11	Herodion
Ἠσαΐας, ου	ὁ	1.5	22		Isaiah
Ἠσαῦ	ὁ	indecl	3		Esau
Θαδδαῖος	ὁ	2.7	2		Thaddaeus
Θάμαρ	ἡ	indecl	1	Mt 1. 3	Tamar
Θαρά	ὁ	indecl	1	Lk 3.34	Terah
Θεόφιλος	ὁ	2.7	2		Theophilus
Θεσσαλονικεύς	ὁ	3.29	4		Thessalonian
Θεσσαλονίκη	ἡ	1.1	5		Thessalonica
Θευδᾶς	ὁ	1.6	1	Ac 5.36	Theudas
Θυάτειρα, ων	τά	—	4		Thyatira
Θωμᾶς	ὁ	1.6	11		Thomas
Ἰάειρος	ὁ	2.7	2		Jairus
Ἰακώβ	ὁ	indecl	27		Jacob
1- son of Isaac				cf Mt 1. 2	
2- father of Joseph				cf Mt 1.15	
Ἰάκωβος	ὁ	2.7	42		James
1- brother of John				cf Mt 4.21	
2- brother of Jesus				cf Mt 13.55	
3- son of Alphaeus				cf Mt 10. 3	
4- father of Judas				cf Lk 6.16	
5- a tax-collector				Mk 2.14	
Ἰαμβρῆς	ὁ	—	1	2-Ti 3. 8	Jambres
Ἰανναί	ὁ	indecl	1	Lk 3.24	Jannai
Ἰαννῆς	ὁ	—	1	2-Ti 3. 8	Jannes
Ἰάρετ	ὁ	indecl	1	Lk 3.37	Jared
Ἰάσων, ονος	ὁ	3.17	5		Jason
1- of Thessalonica				cf Ac 17. 5	
2- another Christian				Rm 16.21	
Ἰδουμαία	ἡ	1.2	1	Mk 3. 8	Idumaea
Ἰεζάβελ	ἡ	indecl	1	Rv 2.20	Jezebel
Ἱεράπολις	ἡ	3.26	1	Col 4.13	Hierapolis
Ἱερειχώ	ἡ	indecl	7		Jericho
Ἱερεμίας	ὁ	1.5	3		Jeremiah
Ἱεροσόλυμα, τά, ἡ		indecl	63		Jerusalem
Ἱεροσολυμεῖται	οἱ	1.4	2		Jerusalemites
Ἱερουσαλήμ	ἡ	indecl	76		Jerusalem
Ἰεσσαί	ὁ	indecl	5		Jesse
Ἰεφθάε	ὁ	indecl	1	Hb 11.32	Jephthah
Ἰεχονίας	ὁ	1.5	2		Jechoniah
Ἰησοῦς	ὁ	↓	909		Jesus
Ἰησοῦς	ὁ	↓	4		
1- Joshua				cf Ac 7.45	
2- in the genealogy				Lk 3.29	
3- Justus				Col 4.11	
(for the declension, see under Βαριησοῦς)					
Ἰκόνιον	τό	2.8	6		Iconium
Ἰλλυρικόν	τό	2.8	1	Rm 15.19	Illyricum
Ἰόππη	ἡ	1.1	10		Joppa
Ἰορδάνης	ὁ	1.4	15		Jordan
Ἰουδαία	ἡ	1.2	44		Judaea
Ἰουδαϊκός	adj	2-1,1	1	Tit 1.14	Jewish
Ἰουδαϊκῶς	adv	M	1	Ga 2.14	in a Jewish way
Ἰουδαῖος, αία, αῖον	adj	2-1,2	194		Jewish
	subst	2.7			Jew
	subst	1.2			Jewess
Ἰούδας I	ὁ	1.6	10		Judah, son of Jacob; tribe and region
Ἰούδας II	ὁ	1.6	22		Judas Iscariot
Ἰούδας III	ὁ	1.6	12		Judas
1- Jude				cf Mt 13.55	
2- James				cf Lk 6.16	
3- Barsabbas				cf Ac 15.22	
4- of Damascus				Ac 9.11	
5- revolutionary				Ac 5.37	
6- in the genealogy				Lk 3.30	
Ἰουλία	ἡ	1.2	1	Rm 16.15	Julia
Ἰούλιος	ὁ	2.7	2		Julius
Ἰουνίας	ὁ	1.6	1	Rm 16. 7	Junias
Ἰοῦστος	ὁ	2.7	3		Justus
1- Joseph Barsabbas				Ac 1.23	
2- Titius Justus				Ac 18. 7	
3- Paul's companion				Col 4.11	
Ἰσαάκ	ὁ	indecl	20		Isaac
Ἰσκαριώθ	ὁ	indecl	3		Iscariot
Ἰσκαριώτης	ὁ	1.4	8		Iscariot
1- the betrayer				cf Mt 10. 4	
2- his father Simon				cf Jn 6.71	
Ἰσραήλ	ὁ	indecl	68		Israel
1- the patriarch				cf Rm 9. 6	
2- the nation				cf Mt 2. 6	
3- the descendants				cf Mt 10. 6	
4- the true Israel				cf 1-C 10.18	
Ἰσραηλείτης	ὁ	1.4	9		Israelite
Ἰσσαχάρ	ὁ	indecl	1	Rv 7. 7	Issachar
Ἰταλία	ἡ	1.2	4		Italy
Ἰταλικός	adj	2-1,1	1	Ac 10. 1	Italian
Ἰτουραία	ἡ	1.2	1	Lk 3. 1	Ituraea
(B-A-G: a subst from the adj in αῖος, αία, αῖον, 2-1,2)					
Ἰωάθαμ	ὁ	indecl	2		Jotham
Ἰωάνα	ἡ	1.2	2		Joanna
Ἰωανάν	ὁ	indecl	1	Lk 3.27	Joanan
Ἰωάνης I	ὁ	1.4	90		John the Baptist
Ἰωάνης II	ὁ	1.4	34		John the Apostle
(includes the John of Revelation: Rv 1.1,4,9; 22.8)					
Ἰωάνης III	ὁ	1.4	9		John Mark
Ἰωάννης	ὁ	1.4	1	Ac 4. 6	
Ἰώβ	ὁ	indecl	1	Jm 5.11	Job
Ἰωβήδ	ὁ	indecl	3		Obed
Ἰωδά	ὁ	indecl	1	Lk 3.26	Joda
Ἰωήλ	ὁ	indecl	1	Ac 2.16	Joel
Ἰωνάμ	ὁ	indecl	1	Lk 3.30	Jonam
Ἰωνᾶς	ὁ	1.6	9		Jonah
Ἰωράμ	ὁ	indecl	2		Joram
Ἰωρείμ	ὁ	indecl	1	Lk 3.29	Jorim
Ἰωσαφάτ	ὁ	indecl	2		Jehoshaphat
Ἰωσείας	ὁ	1.5	2		Josiah
Ἰωσῆς, ῆτος	ὁ	cf 3.22	3		Joses
1- brother of Jesus				Mk 6. 3	
2- brother of James the younger				cf Mk 15.40	
Ἰωσήφ I	ὁ	indecl	9		Joseph, son of Jacob
Ἰωσήφ II	ὁ	indecl	14		Joseph, husband of Mary
Ἰωσήφ III	ὁ	indecl	6		Joseph of Arimathaea
Ἰωσήφ IV	ὁ	indecl	6		Joseph
1- brother of Jesus				cf Mt 13.55	
2- son of Mattathias				Lk 3.24	
3- son of Joram				Lk 3.30	
4- surnamed Barsabbas				Ac 1.23	
5- surnamed Barnabas				Ac 4.36	
Ἰωσήχ	ὁ	indecl	1	Lk 3.26	Josech
Καϊάφας	ὁ	1.6	9		Caiphas

Καίν	ὁ	indecl	3		Cain
Καϊνάμ	ὁ	indecl	2		Cainan
1- son of Arphaxad				Lk 3.36	
2- son of Enos				Lk 3.37	
Καῖσαρ, αρος	ὁ	3 decl	29		Caesar
Καισαρία	ἡ	1.2	17		Caesarea
1- Maritima				cf Ac 8.40	
2- Philippi				cf Mt 16.13	
Κανά	ἡ	indecl	4		Cana
Καναναῖος	ὁ	2.7	2		Cananaean
Κανδάκη	ἡ	1.1	1	Ac 8.27	Candace
Καππαδοκία	ἡ	1.2	2		Cappadocia
Κάρπος	ὁ	2.7	1	2-Ti 4.13	Carpus
Καῦδα or Κλαῦδα	—	indecl	1	Ac 27.16	Cauda
Καφαρναούμ	ἡ	indecl	16		Capernaum
Κεδρών	ὁ	indecl	1	Jn 18.1	Kidron
Κείς	ὁ	indecl	1	Ac 13.21	Kish
Κενχρεαί, ῶν	αἱ	1.2 ?	2		Cenchreae
Κηφᾶς	ὁ	1.6	9		Cephas
Κιλικία	ἡ	1.2	8		Cilicia
Κλαῦδα			:		see Καῦδα
Κλαυδία	ἡ	1.2	1	2-Ti 4.21	Claudia
Κλαύδιος	ὁ	2.7	3		Claudius
1- Roman emperor				Ac 11.28	
2- Roman officer				cf Ac 23.26	
Κλεόπας	ὁ	1.6	1	Lk 24.18	Cleopas
Κλήμης, εντος	ὁ	—	1	Phl 4.3	Clement
Κλωπᾶς	ὁ	1.6	1	Jn 19.25	Clopas
Κνίδος	ἡ	2.7f	1	Ac 27.7	Cnidus
Κολοσσαί, ῶν	αἱ	1.2 ?	1	Col 1.2	Colossae
Κορέ	ὁ	indecl	1	Jd 11	Korah
Κορίνθιος	ὁ	2.7	2		Corinthian
Κόρινθος	ἡ	2.7f	6		Corinth
Κορνήλιος	ὁ	2.7	8		Cornelius
Κούαρτος	ὁ	2.7	1	Rm 16.23	Quartus
Κρήσκης, εντος	ὁ	—	1	2-Ti 4.10	Crescens
Κρῆτες	οἱ	3 decl	2		Cretans
(B-A-G have Κρής, ητός, ὁ)					
Κρήτη	ἡ	1.1	5		Crete
Κρίσπος	ὁ	2.7	2		Crispus
Κύπριος	ὁ	2.7	3		Cyprian
Κύπρος	ἡ	2.7f	5		Cyprus
Κυρηναῖος	ὁ	2.7	6		Cyrenian
Κυρήνη	ἡ	1.1	1	Ac 2.10	Cyrene
Κυρήνιος	ὁ	2.7	1	Lk 2.2	Quirinius
Κῶς	ἡ	ῶς, ῶ	1	Ac 21.1	Cos
Κωσάμ	ὁ	indecl	1	Lk 3.28	Cosam
Λάζαρος	ὁ	2.7	15		Lazarus
1- brother of Martha and Mary				cf Jn 11.1	
2- beggar in the parable				cf Lk 16.20	
Λάμεχ	ὁ	indecl	1	Lk 3.36	Lamech
Λαοδικεύς	ὁ	3.29	1	Col 4.16	Laodicean
Λαοδικία	ἡ	1.2	6		Laodicea
Λασέα	ἡ	1.2	1	Ac 27.8	Lasaea
Λευεί(ς)	ὁ	indecl	8		Levi
1- disciple of Jesus				cf Lk 5.29	
2- son of Jacob				cf Hb 7.9	
3- in the genealogy				Lk 3.24	
4- in the genealogy				Lk 3.29	
Λευείτης	ὁ	1.4	3		Levite
Λευειτικός	adj	2-1,1	1	Hb 7.11	Levitical
Λιβύη	ἡ	1.1	1	Ac 2.10	Libya
Λίνος	ὁ	2.7	1	2-Ti 4.21	Linus

Λουκᾶς	ὁ	1.6	3		Luke
Λούκιος	ὁ	2.7	2		Lucius
Λύδδα	ἡ	1.2 ?	3		Lydda
Λυδία	ἡ	1.2	2		Lydia
Λυκαονία	ἡ	1.2	1	Ac 14.6	Lycaonia
Λυκαονιστί	adv	M	1	Ac 14.11	in Lycaonian
Λυκία	ἡ	1.2	1	Ac 27.5	Lucia
Λυσανίας	ὁ	1.4	1	Lk 3.1	Lysanias
Λυσίας	ὁ	1.5	2		Lysias
Λύστρα	ἡ, τά	—	6		Lystra
SING: ACC: αν ; PLUR: DAT: οις					
Λωΐς, ΐδος	ἡ	3.12	1	2-Ti 1.5	Lois
Λώτ	ὁ	indecl	4		Lot
Μαάθ	ὁ	indecl	1	Lk 3.26	Maath
Μαγαδάν	ἡ	indecl	1	Mt 15.39	Magadan
Μαγδαληνή	ἡ	1.1	12		Magdalene
Μαγώγ	ὁ	indecl	1	Rv 20.8	Magog
Μαδιάμ	ὁ	indecl	1	Ac 7.29	Midian
Μαθθαῖος	ὁ	2.7	5		Matthew
Μαθθάν	ὁ	indecl	2		Matthan
Μαθθάτ	ὁ	indecl	1	Lk 3.29	Matthat
Μαθθίας	ὁ	1.5	2		Matthias
Μαθουσάλα	ὁ	indecl	1	Lk 3.37	Methuselah
Μακεδονία	ἡ	1.2	22		Macedonia
Μακεδών, όνος	ὁ	3.17	5		Macedonian
Μαλελεήλ	ὁ	indecl	1	Lk 3.37	Maleleel
Μάλχος	ὁ	2.7	1	Jn 18.10	Malchus
Μαναήν	ὁ	indecl	1	Ac 13.1	Manaen
Μανασσῆς	ὁ	ῆς, ῆ	3		Manasseh
1- son of Joseph				Rv 7.6	
2- in the genealogy				cf Mt 1.10	
Μάρθα	ἡ	1.2	13		Martha
Μαρία (-άμ) I	ἡ	1.2	19		Mary, mother of Jesus
Μαρία (-άμ) II	ἡ	1.2	22		Mary
1- the Magdalene				(14) cf Mt 27.56	
2- mother of James				(7) cf Mk 15.40	
3- wife of Clopas				(1) Jn 19.25	
Μαρία (-άμ) III	ἡ	1.2	13		Mary
1- mother of John Mark				(1) Ac 12.12	
2- another Mary				(1) Rm 16.6	
3- sister of Lazarus				(11) cf Lk 10.39	
Μάρκος	ὁ	2.7	8		Mark
Ματθάτ	ὁ	indecl	1	Lk 3.24	Matthat
Ματταθά	ὁ	indecl	1	Lk 3.31	Mattatha
Ματταθίας	ὁ	1.5	2		Mattathias
1- son of Amos				Lk 3.25	
2- son of Semein				Lk 3.26	
Μελεά	ὁ	indecl	1	Lk 3.31	Melea
Μελίτη	ἡ	1.1	1	Ac 28.1	Malta
(Μελιτήνη is the true reading, according to B-A-G)					
Μελχεί	ὁ	indecl	2		Melchi
1- father of Levi				Lk 3.24	
2- father of Neri				Lk 3.28	
Μελχισεδέκ	ὁ	indecl	8		Melchizedek
Μεννά	ὁ	indecl	1	Lk 3.31	Menna
Μεσοποταμία	ἡ	1.2	2		Mesopotamia
Μεσσίας	ὁ	1.4	2		Messiah
Μῆδος	ὁ	2.7	1	Ac 2.9	a Mede
Μίλητος	ἡ	2.7f	3		Miletus
Μιτυλήνη	ἡ	1.1	1	Ac 20.14	Mitylene
Μιχαήλ	ὁ	indecl	2		Michael
Μνάσων, ωνος	ὁ	3.19	1	Ac 21.16	Mnason

Μολόχ	ὁ	indecl	1	Ac 7. 43	Moloch
Μύρ(ρ)α, ων	τά	cf 2.8	1	Ac 27. 5	Myra
Μυσία	ἡ	1.2	2		Mysia
Μωϋσῆς	ὁ	↓	80		Moses

NOM	GEN	DAT	ACC	VOC
ῆς	έως	εῖ, ῇ	έα, ην	ῆ

Ναασσών	ὁ	indecl	3		Nahshon
Ναγγαί	ὁ	indecl	1	Lk 3. 25	Naggai
Ναζαρά or ρέτ	ἡ	indecl	12		Nazareth
Ναζαρηνός	ὁ	2.7	6		Nazarene
(a subst from the adj, 2-1, 1)					
Ναζωραῖος	ὁ	2.7	13		Nazoraean
Ναθάμ	ὁ	indecl	1	Lk 3. 31	Nathan
Ναθαναήλ	ὁ	indecl	6		Nathanael
Ναιμάν	ὁ	indecl	1	Lk 4. 27	Naaman
Ναΐν	ἡ	indecl	1	Lk 7. 11	Nain
Ναούμ	ὁ	indecl	1	Lk 3. 25	Nahum
Νάρκισσος	ὁ	2.7	1	Rm 16. 11	Narcissus
Ναχώρ	ὁ	indecl	1	Lk 3. 34	Nahor
Νεφθαλείμ	ὁ	indecl	3		Naphtali
Νηρεί	ὁ	indecl	1	Lk 3. 27	Neri
Νηρεύς, έως	ὁ	3.29	1	Rm 16. 15	Nereus
Νίγερ Lat	ὁ	—	1	Ac 13. 1	Niger
Νικάνωρ, ορος	ὁ	3.22	1	Ac 6. 5	Nicanor
Νικόδημος	ὁ	2.7	5		Nicodemus
Νικολαΐτης	ὁ	1.4	2		Nicolaitan
Νικόλαος	ὁ	2.7	1	Ac 6. 5	Nicolaus
Νικόπολις	ἡ	3.26	1	Tit 3. 12	Nicopolis
Νινευείτης	ὁ	1.4	3		Ninevite
Νύμφα	ἡ	1.2	1	Col 4. 15	Nympha(s)
(see B-A-G, p 547, for a discussion of this)					
Νῶε	ὁ	indecl	8		Noah
Ὀζείας	ὁ	1.5	2		Uzziah
Ὀλυμπᾶς	ὁ	1.6	1	Rm 16. 15	Olympas
Ὀνήσιμος	ὁ	2.7	2		Onesimus
Ὀνησίφορος	ὁ	2.7	2		Onesiphorus
Οὐρβανός	ὁ	2.7	1	Rm 16. 9	Urbanus
Οὐρίας	ὁ	1.5	1	Mt 1. 6	Uriah
Παμφυλία	ἡ	1.2	5		Pamphylia
Πάρθοι, ων	οἱ	2.7	1	Ac 2. 9	Parthians
Παρμενᾶς	ὁ	1.5	1	Ac 6. 5	Parmenas
Πάταρα, ων	τά	cf 2.8	1	Ac 21. 1	Patara
Πάτμος	ὁ	2.7	1	Rv 1. 9	Patmos
Πατρόβας	ὁ	1.5	1	Rm 16. 14	Patrobas
Παῦλος	ὁ	2.7	158		Paul
Πάφος	ἡ	2.7f	2		Paphos
Πειλᾶτος	ὁ	2.7	55		Pilate
Πέργαμος	ἡ	2.7f	2		Pergamus
(B-A-G : or, Πέργαμον, ου, τό, 2.8, Pergamum)					
Πέργη	ἡ	1.1	3		Perga
Περσίς, ίδος	ἡ	3.12	1	Rm 16. 12	Persis
Πέτρος	ὁ	2.7	154		Peter
Πισιδία	ἡ	1.2	1	Ac 14. 24	Pisidia
Πισίδιος, ία, ιον	adj	2-1,2	1	Ac 13. 14	Pisidian
Ποντικός, ή, όν	adj	2-1,1	1	Ac 18. 2	of Pontus
Πόντιος	ὁ	2.7	3		Pontius
Πόντος	ὁ	2.7	2		Pontus
Πόπλιος	ὁ	2.7	2		Publius
Πόρκιος	ὁ	2.7	1	Ac 24. 27	Porcius
Ποτίολοι, ων	οἱ	2.7	1	Ac 28. 13	Puteoli
Πούδης, εντος Lat	ὁ	—	1	2-Ti 4. 21	Pudens

Πρίσκα	ἡ	1.3	6		Prisca
and Πρίσκιλλα	(diminutive)				Priscilla
Πρόχορος	ὁ	2.7	1	Ac 6. 5	Prochorus
Πτολεμαΐς, ΐδος	ἡ	3.12	1	Ac 21. 7	Ptolemais
Πύρρος	ὁ	2.7	1	Ac 20. 4	Pyrrhus
Ῥαάβ	ἡ	indecl	2		Rahab
Ῥαγαύ	ὁ	indecl	1	Lk 3. 35	Reu
Ῥαμά	ἡ	indecl	1	Mt 2. 18	Rama
Ῥαχάβ	ἡ	indecl	1	Mt 1. 5	Rahab
Ῥαχήλ	ἡ	indecl	1	Mt 2. 18	Rachel
Ῥεβέκκα	ἡ	1.2	1	Rm 9. 10	Rebecca
Ῥήγιον	τό	2.8	1	Ac 28. 13	Rhegium
Ῥησά	ὁ	indecl	1	Lk 3. 27	Rhesa
Ῥοβοάμ	ὁ	indecl	2		Rehoboam
Ῥόδη	ἡ	1.1	1	Ac 12. 13	Rhoda
Ῥόδος	ἡ	2.7f	1	Ac 21. 1	Rhodes
Ῥομφά	ὁ	indecl	1	Ac 7. 43	Rompha
(see B-A-G, p 744 for the various forms of this word)					
Ῥουβήν	ὁ	indecl	1	Rv 7. 5	Reuben
Ῥούθ	ἡ	indecl	1	Mt 1. 5	Ruth
Ῥοῦφος Lat	ὁ	2.7	2		Rufus
1- son of Simon				Mk 15. 21	
2- a Christian				Ro 16. 13	
Ῥωμαῖος	ὁ	2.7	12		Roman
(a subst from the adj, 2-1. 2)					
Ῥωμαϊστί	adv	M	1	Jn 19. 20	in Latin
Ῥώμη	ἡ	1.1	8		Rome
Σαδδουκαῖος	ὁ	2.7	14		Sadducees
(always plural)					
Σαδώκ	ὁ	indecl	2		Zadok
Σαλά	ὁ	indecl	2		Shelah
Σαλαθιήλ	ὁ	indecl	3		Salathiel
Σαλαμίς, ῖνος	ἡ	3.12	1	Ac 13. 5	Salamis
Σαλείμ	τό	indecl	1	Jn 3. 23	Salim
Σαλήμ	ἡ	indecl	2		Salem
Σαλμών	ὁ	indecl	2		Salmon
Σαλμώνη	ἡ	1.1	1	Ac 27. 7	Salmone
Σαλώμη	ἡ	1.1	2		Salome
Σαμαρείτης	ὁ	1.4	9		Samaritan
Σαμαρεῖτις, ιδος	ἡ	3.12	2		Samaritan
Σαμαρία	ἡ	1.2	11		Samaria
Σαμοθράκη	ἡ	1.1	1	Ac 16. 11	Samothrace
Σάμος	ἡ	2.7f	1	Ac 20. 15	Samos
Σαμουήλ	ὁ	indecl	3		Samuel
Σαμψών	ὁ	indecl	1	Hb 11. 32	Samson
Σαούλ	ὁ	indecl	9		Saul
1- first Israelite king				Ac 13. 21	
2- Hebrew name of Paul				cf Ac 9. 7	
Σαπφείρη	ἡ	cf 1.1	1	Ac 5. 1	Sapphira
(B-A-G have -ρα, ης, ἡ, like 1.3)					
Σάρδεις, εων	αἱ	—	3		Sardis
Σάρεπτα, ων	τά	cf 2.8 pl	1	Lk 4. 26	Zarephath
Σάρρα	ἡ	1.2	4		Sarah
Σαρών, ωνος	ὁ	3.17	1	Ac 9. 35	Sharon
(B-A-G : the accent is only probable; perhaps, indecl)					
Σατανᾶς	ὁ	1.6	36		Satan
(some passages are without the article; see B-A-G)					
Σαῦλος	ὁ	2.7	15		Saul
Σέκουνδος Lat	ὁ	2.7	1	Ac 20. 4	Secundus
Σελευκία	ἡ	1.2	1	Ac 13. 4	Seleucia
Σεμεείν	ὁ	indecl	1	Lk 3. 26	Semein
Σέργιος	ὁ	2.7	1	Ac 13. 7	Sergius

Word	Gender	Decl.	Freq.	Ref.	English
Σερούχ	ὁ	indecl	1	Lk 3.35	Serug
Σήθ	ὁ	indecl	1	Lk 3.38	Seth
Σήμ	ὁ	indecl	1	Lk 3.36	Shem
Σιδών, ῶνος	ἡ	3.19	9		Sidon
Σιδώνιος, ία, ιον	adj	2-1,2	2		Sidonian
Σίλας	ὁ	1.6	12		Silas
Σιλουανός	ὁ	2.7	4		Silvanus
Σιλωάμ	ὁ	indecl	3		Siloam
Σίμων, ωνος I	ὁ	3.19	50		Simon Peter
Σίμων II	ὁ	3.19	25		Simon
1 - the Zealot			(4)	cf Mt 10. 4	
2 - the Cyrene			(3)	cf Mt 27. 32	
3 - the Leper			(2)	cf Mt 26. 6	
4 - the Pharisee			(3)	cf Lk 7. 40	
5 - the Tanner			(4)	cf Ac 9. 43	
6 - the Magician			(4)	cf Ac 8. 9	
7 - Jesus' brother			(2)	cf Mt 13. 55	
8 - Judas Iscariot's father			(3)	cf Jn 6. 71	
Σινά	—	indecl	4		Sinai
Σιών	ἡ	indecl	7		Zion
(of the Mount, Jerusalem, the people of Israel, the New and Christian Jerusalem)					
Σκευᾶς	ὁ	1.6	1	Ac 19. 14	Sceva
Σκύθης	ὁ	1.4	1	Phl 3. 8	Scythian
Σμύρνα	ἡ	1.3	2		Smyrna
Σόδομα, ων	τά	cf 2.8	9		Sodom
Σολομών, ῶνος	ὁ	3.19	12		Solomon
Σουσάννα, ης	ἡ	1.3	1	Lk 8. 3	Susanna
or ας		1.2			
Σπανία	ἡ	1.2	2		Spain
Στάχυς, υος	ὁ	3.28	1	Rm 16. 9	Stachys
Στεφανᾶς	ὁ	1.6	3		Stephanas
Στέφανος	ὁ	2.7	7		Stephen
Στωϊκός, ή, όν	adj	2-1,1	1	Ac 17. 18	Stoic
Συμεών	ὁ	indecl	7		Simeon
1 - Peter's Aramaic name			(2)	cf Ac 15. 14	
2 - son of Jacob			(1)	Rv 7. 7	
3 - elder of Jerusalem			(2)	cf Lk 2. 25	
4 - Niger of Antioch			(1)	Ac 13. 1	
5 - in the genealogy			(1)	Lk 3. 30	
Συντύχη	ἡ	1.1	1	Phl 4. 2	Syntyche
Συράκουσαι, ῶν	αἱ	cf 1.2	1	Ac 28. 12	Syracuse
Συρία	ἡ	1.2	8		Syria
Σύρος	ὁ	2.7	1	Lk 4.27	Syrian
Συροφοινίκισσα	ἡ	1.3	1	Mk 7.26	Syrophoenician woman
Σύρτις, εως	ἡ	3.26	1	Ac 27. 17	Syrtis
Συχάρ	ἡ	indecl	1	Jn 4. 5	Sychar
Συχέμ	ἡ	indecl	2		Shechem
Σώπατρος	ὁ	2.7	1	Ac 20. 4	Sopater
Σωσθένης, ους	ὁ	cf 3,22	2		Sosthenes
1 - synagogue leader of Corinth				Ac 18. 17	
2 - Christian of Corinth				1-C 1. 1	
Σωσίπατρος	ὁ	2.7	1	Rm 16. 21	Sosipater
Ταβειθά	ἡ	indecl	2		Tabitha
Ταβέρνη	ἡ	1.1	1	Ac 28. 15	Tavern
(B-A-G list the plur: ναι, ῶν, αἱ)					
Ταρσεύς, έως	ὁ	3.29	2		of Tarsus
Ταρσός	ἡ	2.7f	3		Tarsus
Τέρτιος *Lat*	ὁ	2.7	1	Rm 16. 22	Tertius
Τέρτυλλος	ὁ	2.7	2		Tertullus
Τιβεριάς, άδος	ἡ	cf 3.12	3		Tiberias
Τιβέριος	ὁ	2.7	1	Lk 3. 1	Tiberius
Τιμαῖος	ὁ	2.7	1	Mk 10. 46	Timaeus
Τιμόθεος	ὁ	2.7	24		Timothy
Τίμων, ωνος	ὁ	3.19	1	Ac 6. 5	Timon
Τίτιος	ὁ	2.7	1	Ac 18. 7	Titius
Τίτος	ὁ	2.7	13		Titus
Τραχωνῖτις, ιδος	ἡ	3.12	1	Lk 3. 1	Trachonitis
Τρόφιμος	ὁ	2.7	3		Trophimus
Τρύφαινα	ἡ	1.3	1	Rm 16. 12	Tryphaena
Τρυφῶσα	ἡ	1.3	1	Rm 16. 12	Tryphosa
Τρῳάς, άδος	ἡ	cf 3.12	6		Troas
Τύραννος	ὁ	2.7	1	Ac 19. 9	Tyrannus
Τύριος	ὁ	2.7	1	Ac 12. 20	Tyrian
Τύρος	ἡ	2.7f	11		Tyre
Τύχικος	ὁ	2.7	5		Tychicus
Ὑμέναιος	ὁ	2.7	2		Hymenaeus
Φάλεκ	ὁ	indecl	1	Lk 3. 35	Peleg
Φανουήλ	ὁ	indecl	1	Lk 2. 36	Phanuel
Φαραώ	ὁ	indecl	5		Pharaoh
Φαρές	ὁ	indecl	3		Perez
Φαρισαῖος	ὁ	2.7	98		Pharisee
Φῆλιξ, ικος	ὁ	cf 3.9	9		Felix
Φῆστος	ὁ	2.7	13		Festus
Φιλαδελφία	ἡ	1.2	2		Philadelphia
Φιλήμων, ονος	ὁ	3.17	1	Phm 1	Philemon
Φίλητος	ὁ	2.7	1	2-Ti 2. 17	Philetus
Φιλιππήσιος	ὁ	2.7	1	Phl 4. 15	Philippian
Φίλιπποι, ων	οἱ	cf 2.7	4		Philippi
Φίλιππος	ὁ	2.7	36		Philip
1 - one of the Twelve				cf Mt 10. 3	
2 - son of Herod the Great				cf Lk 3. 1	
3 - one of the deacons				cf Ac 6. 5	
4 - first husband of Herodias				cf Mt 14. 3	
Φιλόλογος	ὁ	2.7	1	Rm 16. 15	Philologus
Φλέγων, οντος	ὁ	3.13	1	Rm 16. 14	Phlegon
Φοίβη	ἡ	1.1	1	Rm 16. 1	Phoebe
Φοινίκη	ἡ	1.1	3		Phoenicia
Φοῖνιξ, ικος	ὁ	cf 3.9	1	Ac 27. 12	Phoenix
Φόρον *Lat*	τό	2.8 ?	1	Ac 28. 15	Forum
Φορτουνάτος	ὁ	2.7	1	1-C 16. 17	Fortunatus
Φρυγία	ἡ	1.2	3		Phrygia
Φύγελος	ὁ	2.7	1	2-Ti 1. 15	Phygelus
Χαλδαῖος	ὁ	2.7	1	Ac 7. 4	Chaldaean
Χαναάν	ἡ	indecl	2		Canaan
Χαναναῖος, α, ον	adj	2-1,2	1	Mt 15. 22	Canaanite
Χαρράν	ἡ	indecl	2		Haran
Χίος	ἡ	2.7f	1	Ac 20. 15	Chios
Χλόη	ἡ	1.1	1	1-C 1. 11	Chloe
Χοραζείν	ἡ	indecl	2		Chorazin
Χουζᾶς	ὁ	1.5	1	Lk 8. 3	Chuza
Χριστός	ὁ	2.7	528/540		Christ, Messiah, Anointed One
Ὡσηέ	ὁ	indecl	1	Rm 9. 25	Hosea

Part Four

General Alphabetical Index of All
the Words
with their
Respective Classification
and
Frequency

Critical Notes
concerning
the
Frequencies

Special Grammatical Index of All
the Words
under
their
Proper Classification,
with
Frequencies

NOTES

For an explanation of Part Four, *see* the Introduction, *p.* x.

For Abbreviations, *see p.* ix

The General Format:

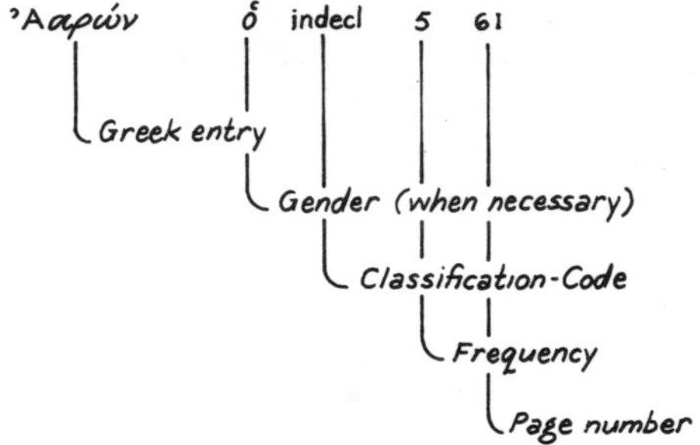

Ἀαρών *to* Ἀλφαῖος

Word	Class	Freq	Ref
Ἀαρών ὁ	indecl	5	61
Ἀβαδδών ὁ	indecl	1	61
ἀβαρής	3,22	1	43
ἀββά Aram	indecl	3	33
Ἀβειληνή	1.1	1	61
Ἄβελ ὁ	indecl	4	61
Ἀβιά (2) ὁ	indecl	3	61
Ἀβιάθαρ ὁ	indecl	1	61
Ἀβιούδ ὁ	indecl	2	61
Ἀβραάμ ὁ	indecl	73	61
ἄβυσσος	2.7f	9	24
Ἄγαβος	2.7	2	61
ἀγαθοεργέω	C-E	1	43
ἀγαθοποιέω	C-E	9	24
ἀγαθοποιΐα	1.2	1	43
ἀγαθοποιός	2.7 < 2,5	1	43
ἀγαθός	2-1,1	104/103	9
ἀγαθουργέω	C-E	1	43
ἀγαθωσύνη	1.1	4	30
ἀγαλλίασις	3.26	5	28
ἀγαλλιάω	C-A	11	12
ἄγαμος	2.7; 2.7f	4	30
ἀγανακτέω	C-E	7	25
ἀγανάκτησις	3.26	1	43
ἀγαπάω	C-A	142/143	12
ἀγάπη	1.1	116/117	3
ἀγαπητός	2-1,1	61/62	9
Ἁγάρ ἡ	indecl	2	61
ἀγγαρεύω	ω	3	33
ἀγγεῖον	2.8	1	43
ἀγγελία	1.2	2	36
ἀγγέλλω	L	1	43
ἄγγελος	2.7	175/176	4
ἄγγος	3.33	1	43
ἄγε	interj	2	36
ἀγέλη	1.1	7	25
ἀγενεαλόγητος	2,5	1	43
ἀγενής	3,22	1	43
ἁγιάζω	D	29/28	13
ἁγιασμός	2.7	10	4
ἅγιος	2-1,2	234/236	9
ἁγιότης	no decl	2	36
ἁγιωσύνη	1.1	3	33
ἀγκάλη	1.1	1	43
ἄγκιστρον	2.8	1	43
ἄγκυρα	1.2	4	30
ἄγναφος	2,5	2	36
ἁγνεία	1.2	2	36
ἁγνίζω	D	7	25
ἁγνισμός	2.7	1	43
ἀγνοέω	C-E	22	13
ἀγνόημα	3.31	1	43
ἄγνοια	1.2	4	30
ἁγνός	2-1,1	8	24
ἁγνότης	no decl	2	36
ἁγνῶς	adv M	1	43
ἀγνωσία	1.2	2	36
ἄγνωστος	2,5	1	43
ἀγορά	1.2	11	3
ἀγοράζω	D	30	13
ἀγοραῖος	2.7 < 2,5	2	36
ἄγρα	1.2	2	36
ἀγράμματος	2,5	1	43
ἀγραυλέω	C-E	1	43

Word	Class	Freq	Ref
ἀγρεύω	ω	1	43
ἀγριέλαιος	2.7f	2	36
ἄγριος	2-1,2	3	33
Ἀγρίππας (2)	1.6	11	61
ἀγρός	2.7	36/37	4
ἀγρυπνέω	C-E	4	30
ἀγρυπνία	1.2	2	36
ἄγω	G	67	14
ἀγωγή	1.1	1	43
ἀγών	3.19m	6	26
ἀγωνία	1.2	1	43
ἀγωνίζομαι	D mid	8	24
Ἀδάμ ὁ	indecl	9	61
ἀδάπανος	2,5	1	43
Ἀδδεί ὁ	indecl	1	61
ἀδελφή	1.1	26	3
ἀδελφός	2.7	343/345	4
ἀδελφότης	no decl	2	36
ἄδηλος	2,5	2	36
ἀδηλότης	no decl	1	43
ἀδήλως	adv M	1	43
ἀδημονέω	C-E	3	33
ᾅδης	1.4	10/11	4
ἀδιάκριτος	2,5	1	43
ἀδιάλειπτος	2,5	2	36
ἀδιαλείπτως	adv M	4	30
ἀδικέω	C-E	28	13
ἀδίκημα	3.31	3	33
ἀδικία	1.2	25	3
ἄδικος	2,5	12	10
ἀδίκως	adv M	1	43
Ἀδμείν ὁ	indecl	1	61
ἀδόκιμος	2,5	8	24
ἄδολος	2,5	1	43
Ἀδραμυττηνός	2-1,1	1	61
Ἁδρίας	1.5	1	61
ἁδρότης	no decl	1	43
ἀδυνατέω	C-E impers	2	37
ἀδύνατος	2,5	10	10
ᾄδω	D	5	28
ἀεί	adv T	7	25
ἀετός	2.7	5	28
ἄζυμος	2,5	9	24
Ἀζώρ ὁ	indecl	2	61
Ἄζωτος	2.7f	1	61
ἀήρ	3.22	7	25
ἀθανασία	1.2	3	33
ἀθέμιτος	2,5	2	37
ἄθεος	2,5	1	43
ἄθεσμος	2,5	2	37
ἀθετέω	C-E	16	13
ἀθέτησις	3.26	2	37
Ἀθῆναι pl	1.1	4	61
Ἀθηναῖος	2-1,2	2	61
ἀθλέω	C-E	2	37
ἄθλησις	3.26	1	43
ἀθροίζω	D	1	43
ἀθυμέω	C-E	1	43
ἀθῷος	2,5	2	37
αἴγειος	2-1,2	1	43
αἰγιαλός	2.7	6	26
Αἰγύπτιος	2-1,2	5	61
Αἴγυπτος	2.7f	25	61
ἀΐδιος	2,5	2	37

Word	Class	Freq	Ref
αἰδώς	spec decl	1	43
Αἰθίοψ ὁ	cf 3.11	2	61
αἷμα	3.31	97	8
αἱματεκχυσία	1.2	1	44
αἱμορροέω	C-E	1	44
Αἰνέας	1.5	2	61
αἴνεσις	3.26	1	44
αἰνέω	C-E	8	24
αἴνιγμα	3.31	1	44
αἶνος	2.7	2	37
Αἰνών ἡ	indecl	1	61
αἱρέομαι	C-E mid	3	33
αἵρεσις	3.26	9	24
αἱρετίζω	D	1	44
αἱρετικός	2-1,1	1	44
αἴρω	L	101	15
αἰσθάνομαι	+αν dep	1	44
αἴσθησις	3.26	1	44
αἰσθητήριον	2.8	1	44
αἰσχροκερδής	3,22	2	37
αἰσχροκερδῶς	adv M	1	44
αἰσχρολογία	1.2	1	44
αἰσχρός	2-1,2	4	30
αἰσχρότης	no decl	1	44
αἰσχύνη	1.1	6	26
αἰσχύνομαι	N mid,pass	5	28
αἰτέω	C-E	70	13
αἴτημα	3.31	3	33
αἰτία	1.2	20	3
αἴτιον	2.8 < 2-1,2	4	30
αἴτιος	2.7 < 2-1,2	1	44
αἰτίωμα	3.31	1	44
αἰφνίδιος	2,5	2	37
αἰχμαλωσία	1.2	3	33
αἰχμαλωτεύω	ω	1	44
αἰχμαλωτίζω	D	4	30
αἰχμάλωτος	2.7	1	44
αἰών	3.19m	124/126	7
αἰώνιος	2,5	70	10
ἀκαθαρσία	1.2	10	3
ἀκάθαρτος	2,5	31	10
ἀκαιρέομαι	C-E pass	1	44
ἀκαίρως	adv T	1	44
ἄκακος	2,5	2	37
ἄκανθα	1.3	14	4
ἀκάνθινος	2-1,1	2	37
ἄκαρπος	2,5	7	25
ἀκατάγνωστος	2,5	1	44
ἀκατακάλυπτος	2,5	2	37
ἀκατάκριτος	2,5	2	37
ἀκατάλυτος	2,5	1	44
ἀκατάπαυστος	2,5	1	44
ἀκαταστασία	1.2	5	28
ἀκατάστατος	2,5	2	37
ἀκέραιος	2,5	3	33
ἀκλινής	3,22	1	44
ἀκμάζω	D	1	44
ἀκμήν	adv S	1	44
ἀκοή	1.1	24	3
ἀκολουθέω	C-E	90/91	13
ἀκούω	ω	428/431	16
ἀκρασία	1.2	2	37
ἀκρατής	3,22	1	44
ἄκρατος	2,5	1	44

Word	Class	Freq	Ref
ἀκρίβεια	1.2	1	44
ἀκριβέστερον	adv M	4	30
ἀκριβής	3,22	1	44
ἀκριβόω	C-O	2	37
ἀκριβῶς	adv M	9	24
ἀκρίς	3.12f	4	30
ἀκροατήριον	2.8	1	44
ἀκροατής	1.4	4	30
ἀκροβυστία	1.2	20	3
ἀκρογωνιαῖος	2-1,2	2	37
ἀκροθίνιον	2.8	1	44
ἄκρον	2.8	6	26
Ἀκύλας ὁ	ας,αν	6	61
ἀκυρόω	C-O	3	33
ἀκωλύτως	adv M	1	44
ἄκων	3-1,8	1	44
ἀλάβαστρον	2.8	4	30
ἀλαζονία	1.2	2	37
ἀλαζών	3.17m	2	37
ἀλαλάζω	D	2	37
ἀλάλητος	2,5	1	44
ἄλαλος	2,5	3	33
ἅλας	3.32	8	24
ἁλεεύς	3.29	5	28
ἀλείφω	L	9	24
ἀλεκτοροφωνία	1.2	1	44
ἀλέκτωρ	3.22	11/12	7
Ἀλεξανδρεύς	3.29	2	61
Ἀλεξανδρινός	2-1,1	2	61
Ἀλέξανδρος (4)	2.7	6	61
ἄλευρον	2.8	2	37
ἀλήθεια	1.2	109	3
ἀληθεύω	ω	2	37
ἀληθής	3,22	26	12
ἀληθινός	2-1,1	28	9
ἀλήθω	D	2	37
ἀληθῶς	adv ως	18	17
ἁλιεύω	ω	1	44
ἁλίζω	D	2	37
ἀλίσγημα	3.31	1	44
ἀλλά	conj coörd	635/636	18
ἀλλάσσω	pass	6	26
ἀλλαχόθεν	adv PL	1	44
ἀλλαχοῦ	adv PL	1	44
ἀλλ' ἤ	particle advers	2	37
ἀλληγορέω	C-E	1	44
ἀλληλουϊά	Heb	4	30
ἀλλήλων	pron recip	100	20
ἀλλογενής	{subst m {< 3,22	1	44
ἅλλομαι	—	3	33
ἄλλος	2-1,1a	156/157	9
ἀλλοτριεπίσκοπος	2.7	1	44
ἀλλότριος	2-1,2	14	9
ἀλλόφυλος	2,5	1	44
ἄλλως	adv M	1	44
ἀλοάω	C-A	3	33
ἄλογος	2,5	3	33
ἀλόη	1.1	1	44
ἁλυκός	2-1,1	1	44
ἄλυπος	2,5	1	44
ἅλυσις	3.26	11	7
ἀλυσιτελής	3,22	1	44
ἄλφα τό	indecl	3	33
Ἀλφαῖος (2)	2.7	5	61

ἅλων	3.19f	2	37
ἀλώπηξ	3.9f	3	33
ἅλωσις	3.26	1	44
ἅμα	adv T	10	18
	prep dat		21
ἀμαθής	3,22	1	44
ἀμαράντινος	2-1,1	1	44
ἀμάραντος	2,5	1	44
ἁμαρτάνω	+αν	43	15
ἁμάρτημα	3.31	4	30
ἁμαρτία	1.2	173/174	3
ἀμάρτυρος	2,5	1	44
ἁμαρτωλός	2.7	47	4
	2,5		10
ἄμαχος	2,5	2	37
ἀμάω	C-A	1	44
ἀμέθυστος	2.7f	1	44
ἀμελέω	C-E	4	30
ἄμεμπτος	2,5	5	28
ἀμέμπτως	adv M	2	37
ἀμέριμνος	2,5	2	37
ἀμετάθετος	2,5	2	37
ἀμετακίνητος	2,5	1	44
ἀμεταμέλητος	2,5	2	37
ἀμετανόητος	2,5	1	44
ἄμετρος	2,5	2	37
ἀμήν Heb	adv M	126/135	17
ἀμήτωρ	3.22	1	44
ἀμίαντος	2,5	4	30
Ἀμιναδάβ ὁ	indecl	3	61
ἄμμος	2.7f	5	28
ἀμνός	2.7	4	30
ἀμοιβή	1.1	1	44
ἄμπελος	2.7f	9	24
ἀμπελουργός	2.7	1	44
ἀμπελών	3.19m	23	7
Ἀμπλιᾶτος	2.7	1	61
ἀμύνομαι	N mid	1	44
ἀμφιάζω	D	1	44
ἀμφιβάλλω	L	1	44
ἀμφίβληστρον	2.8	1	44
ἀμφιέννυμι	+νυ,μι^{4}	3	33
Ἀμφίπολις	3.26	1	61
ἄμφοδον	2.8	1	44
ἀμφότεροι	adj,23	14	12
ἀμώμητος	2,5	1	44
ἄμωμον	2.8	1	44
ἄμωμος	2,5	8	24
Ἀμώς (2) ὁ	indecl	3	61
ἄν	particle	166	18
ἀνά	prep acc	13	21
ἀναβαθμός	2.7	2	37
ἀναβαίνω	+ν+	81	15
ἀναβάλλομαι	L mid	1	44
ἀναβιβάζω	D	1	44
ἀναβλέπω	LB	25	15
ἀνάβλεψις	3.26	1	44
ἀναβοάω	C-A	1	44
ἀναβολή	1.1	1	44
ἀνάγαιον	2.8	2	37
ἀναγγέλλω	L	13	15
ἀναγεννάω	C-A	2	37
ἀναγινώσκω	+σκ	32	16
ἀναγκάζω	D	9	24
ἀναγκαῖος	2-1,2	8	24
ἀναγκαστῶς	adv M	1	44
ἀνάγκη	1.1	17/18	3
ἀνάγνωσις	3.26	3	33
ἀνάγω	G	23	14
ἀναδείκνυμι	μι^{4}	2	37
ἀνάδειξις	3.26	1	44
ἀναδέχομαι	G dep	2	37
ἀναδίδωμι	μι^{3}	1	44
ἀναζάω	C-A spec	2	37
ἀναζητέω	C-E	3	33
ἀναζώννυμι	+νυ,μι^{4}	1	44
ἀναζωπυρέω	C-E	1	44
ἀναθάλλω	L	1	44
ἀνάθεμα	3.31	6	26
ἀναθεματίζω	D	4	30
ἀναθεωρέω	C-E	2	37
ἀνάθημα	3.31	1	44
ἀναιδία	1.2	1	44
ἀναίρεσις	3.26	1	44
ἀναιρέω	C-E	24	13
ἀναίτιος	2,5	2	37
ἀνακαθίζω	D	2	37
ἀνακαινίζω	D	1	44
ἀνακαινόω	C-O pass	2	37
ἀνακαίνωσις	3.26	2	37
ἀνακαλύπτω	LB	2	37
ἀνακάμπτω	LB	4	30
ἀνάκειμαι	κει	14	15
ἀνακεφαλαιόομαι	C-O mid,pass	2	37
ἀνακλίνω	N	6	26
ἀνακράζω	G-I	5	28
ἀνακρίνω	N	16	15
ἀνάκρισις	3.26	1	44
ἀνακυλίω	ω	1	44
ἀνακύπτω	LB	4	30
ἀναλαμβάνω	+αν+	13	15
ἀνάλημψις	3.26	1	44
ἀναλίσκω	+ισκ	2	37
ἀναλογία	1.2	1	44
ἀναλογίζομαι	D dep	1	44
ἄναλος	2,5	1	44
ἀναλόω	see ἀναλίσκω		
ἀνάλυσις	3.26	1	44
ἀναλύω	ω	2	37
ἀναμάρτητος	2,5	1	44
ἀναμένω	N	1	44
ἀναμιμνῄσκω	+ισκ	6	27
ἀνάμνησις	3.26	4	30
ἀνανεόομαι	C-O mid	1	44
ἀνανήφω	LB	1	44
Ἀνανίας (3)	1.5	11	61
ἀναντίρητος	2,5	1	44
ἀναντιρήτως	adv M	1	44
ἀνάξιος	2,5	1	44
ἀναξίως	adv M	1	44
ἀνάπαυσις	3.26	5	28
ἀναπαύω	ω	12	16
ἀναπείθω	D	1	44
ἀνάπειρος	2,5	2	37
ἀναπέμπω	LB	5	28
ἀναπηδάω	C-A	1	44
ἀναπίπτω	D irr	12	14
ἀναπληρόω	C-O	6	27
ἀναπολόγητος	2,5	2	37
ἀνάπτω	LB	2	37
ἀναρίθμητος	2,5	1	44
ἀνασείω	ω	2	37
ἀνασκευάζω	D	1	44
ἀνασπάω	C-A	2	37
ἀνάστασις	3.26	42	7
ἀναστατόω	C-O	3	33
ἀνασταυρόω	C-O	1	44
ἀναστενάζω	G-I	1	44
ἀναστρέφω	LB	9/10	15,24
ἀναστροφή	1.1	13	3
ἀνατάσσομαι	G-I mid	1	44
ἀνατέλλω	L	9	24
ἀνατίθεμαι	μι^{2} mid	2	37
ἀνατολή	1.1	10	3
ἀνατρέπω	LB	3	33
ἀνατρέφω	LB	3	33
ἀναφαίνω	N	2	37
ἀναφέρω	L	9/10	15,24
ἀναφωνέω	C-E	1	44
ἀνάχυσις	3.26	1	44
ἀναχωρέω	C-E	14	13
ἀνάψυξις	3.26	1	44
ἀναψύχω	G	1	44
ἀνδραποδιστής	1.4	1	44
Ἀνδρέας	1.5	13	61
ἀνδρίζομαι	D mid	1	44
Ἀνδρόνικος	2.7	1	61
ἀνδροφόνος	2.7	1	44
ἀνέγκλητος	2,5	5	28
ἀνεκδιήγητος	2,5	1	44
ἀνεκλάλητος	2,5	1	44
ἀνέκλειπτος	2,5	1	44
ἀνεκτότερος	2-1,1	5	28
ἀνελεήμων	3,21	1	44
ἀνέλεος	2,5	1	44
ἀνεμίζομαι	D pass	1	44
ἄνεμος	2.7	31	4
ἀνένδεκτος	2,5	1	44
ἀνεξεραύνητος	2,5	1	44
ἀνεξίκακος	2,5	1	44
ἀνεξιχνίαστος	2,5	2	37
ἀνεπαίσχυντος	2,5	1	44
ἀνεπίλημπτος	2,5	3	33
ἀνέρχομαι	G in pr dep	3	33
ἄνεσις	3.26	5	28
ἀνετάζω	D	2	37
ἄνευ	prep gen	3	33
ἀνεύθετος	2,5	1	44
ἀνευρίσκω	+ισκ	2	37
ἀνέχομαι	G mid	15	14
ἀνεψιός	2.7	1	44
ἄνηθον	2.8	1	44
ἀνήκω	G	3	33
ἀνήμερος	2,5	1	44
ἀνήρ	3.21	216/217	7
ἀνθίστημι	μι^{1}	14	16
ἀνθομολογέομαι	C-E mid	1	45
ἄνθος	3.33	4	30
ἀνθρακιά	1.2	2	37
ἄνθραξ	3.9m	1	45
ἀνθρωπάρεσκος	2,5	2	37
ἀνθρώπινος	2-1,1	7	25
ἀνθρωποκτόνος	2.7<2,5	3	33
ἄνθρωπος	2.7	548/552	4
ἀνθύπατος	2.7	5	28
ἀνίημι	μι^{5}	4	30
ἄνιπτος	2,5	2	37
ἀνίστημι	μι^{1}	107/108	16
Ἄννα	1.2	1	61
Ἄννας	1.6	4	61
ἀνόητος	2,5	6	27
ἄνοια	1.2	2	37
ἀνοίγω	G	78	14
ἀνοικοδομέω	C-E	2	37
ἄνοιξις	3.26	1	45
ἀνομία	1.2	15	3
ἄνομος	2,5	9/10	10,24
ἀνόμως	adv ως	2	37
ἀνορθόω	C-O	3	33
ἀνόσιος	2,5	2	37
ἀνοχή	1.1	2	37
ἀνταγωνίζομαι	D dep?	1	45
ἀντάλλαγμα	3.31	2	37
ἀνταναπληρόω	C-O	1	45
ἀνταποδίδωμι	μι^{3}	7	25
ἀνταπόδομα	3.31	2	37
ἀνταπόδοσις	3.26	1	45
ἀνταποκρίνομαι	N dep	2	37
ἀντεῖπον	suppl	2	37
ἀντέχομαι	G mid	4	30
ἀντί	prep gen	22	20
ἀντιβάλλω	L	1	45
ἀντιδιατίθεμαι	μι^{2} mid	1	45
ἀντίδικος	2.7	5	28
ἀντίθεσις	3.26	1	45
ἀντικαθίστημι	μι^{1}	1	45
ἀντικαλέω	C-E	1	45
ἀντίκειμαι	κει	8	24
ἄντικρυς	prep gen	1	45
ἀντιλαμβάνομαι	+αν+ mid	3	33
ἀντιλέγω	G in pr	9	24
ἀντίλημψις	3.26	1	45
ἀντιλογία	1.2	4	30
ἀντιλοιδορέω	C-E	1	45
ἀντίλυτρον	2.8	1	45
ἀντιμετρέομαι	C-E pass	1	45
ἀντιμισθία	1.2	2	37
Ἀντιόχεια (2)	1.2	18	61
Ἀντιοχεύς	3.29	1	61
ἀντιπαρέρχομαι	G in pr act	2	37
Ἀντίπας	1.6	1	61
Ἀντιπατρίς	3.12f	1	61
ἀντίπερα	prep gen	1	45
ἀντιπίπτω	D irr	1	45
ἀντιστρατεύομαι	ω dep?	1	45
ἀντιτάσσομαι	G-I mid	5	28
ἀντίτυπος	2,5	2	37
ἀντίχριστος	2.7	5	28
ἀντλέω	C-E	4	30

ἄντλημα 3.31 1 45
ἀντοφθαλμέω C-E 1 45
ἄνυδρος 2,5 4 30
ἀνυπόκριτος 2,5 6 27
ἀνυπότακτος 2,5 4 30
ἄνω adv PL 9/11 17,24
ἄνωθεν adv PL 13 17
ἀνωτερικός 2-1,1 1 45
ἀνώτερον adv PL 2 37
ἀνωφελής 3,22 2 37
ἀξίνη 1.1 2 37
ἄξιος 2-1,2 41 9
ἀξιόω C-O 7 25
ἀξίως adv M 6 27
ἀόρατος 2,5 5 28
ἀπαγγέλλω L 46 15
ἀπάγχομαι ω mid 1 45
ἀπάγω G 15/17 14
ἀπαίδευτος 2,5 1 45
ἀπαίρομαι L pass 3 33
ἀπαιτέω C-E 2 37
ἀπαλγέω C-E 1 45
ἀπαλλάσσω pass, mid 3 33
ἀπαλλοτριόομαι C-O pass 3 33
ἁπαλός 2-1,1 2 37
ἀπαντάω C-A 2 37
ἀπάντησις 3.26 3 33
ἅπαξ adv T 14 18
ἀπαράβατος 2,5 1 45
ἀπαρασκεύαστος 2,5 1 45
ἀπαρνέομαι C-E dep 11 13
ἀπαρτισμός 2.7 1 45
ἀπαρχή 1.1 9 24
ἅπας 3-1,6 32 10
ἀπασπάζομαι D mid? 1 45
ἀπατάω C-A 3 33
ἀπάτη 1.1 7 25
ἀπάτωρ cf 3.22 1 45
ἀπαύγασμα 3.31 1 45
ἀπείθεια 1.2 6/7 27
ἀπειθέω C-E 14 13
ἀπειθής 3,22 6 27
ἀπειλέω C-E 2 37
ἀπειλή 1.1 3 33
ἄπειμι I spec 7 25
ἄπειμι II μι^6 1 45
ἀπεῖπον suppl 1 45
ἀπείραστος 2,5 1 45
ἄπειρος 2,5 1 45
ἀπεκδέχομαι G mid dep 8 24
ἀπεκδύομαι ω mid 2 37
ἀπέκδυσις 3.26 1 45
ἀπελαύνω N 1 45
ἀπελεγμός 2.7 1 45
ἀπελεύθερος 2.7 1 45
Ἀπελλῆς 1.4 1 61
ἀπελπίζω D 1 45
ἀπέναντι prep gen 4 30
ἀπέραντος 2,5 1 45
ἀπερισπάστως adv M 1 45
ἀπερίτμητος 2,5 1 45

ἀπέρχομαι G in pr dep 116/118 14
ἀπέχομαι G mid 6 27
ἀπέχω G 13 or 19 14
ἀπιστέω C-E 8 25
ἀπιστία 1.2 11/12 3
ἄπιστος 2,5 23 10
ἁπλότης no decl 7 25
ἁπλοῦς 2-1,3 2 37
ἁπλῶς adv M 1 45
ἀπό prep gen 648 20
ἀποβαίνω +ν+ 4 30
ἀποβάλλω L 2 37
ἀποβλέπω LB 1 45
ἀπόβλητος 2,5 1 45
ἀποβολή 1.1 2 37
ἀπογίνομαι dep 1 45
ἀπογραφή 1.1 2 37
ἀπογράφομαι LB mid,pass 4 30
ἀποδείκνυμι μι^4 4 30
ἀπόδειξις 3.26 1 45
ἀποδεκατεύω ω 1 45
ἀποδεκατόω C-O 3 33
ἀπόδεκτος 2,5 2 37
ἀποδέχομαι dep 7 25
ἀποδημέω C-E 6 27
ἀπόδημος 2,5 1 45
ἀποδίδωμι μι^3 48 16
ἀποδιορίζω D 1 45
ἀποδοκιμάζω D 9 24
ἀποδοχή 1.1 2 37
ἀπόθεσις 3.26 2 37
ἀποθήκη 1.1 6 27
ἀποθησαυρίζω D 1 45
ἀποθλίβω LB 1 45
ἀποθνήσκω +ισκ 113/112 16
ἀποκαθιστάνω see following
{ἀποκαθίστημι μι^1 8 25
{ἀποκαθιστάνω +αν
ἀποκαλύπτω LB 26 15
ἀποκάλυψις 3.26 18 7
ἀποκαραδοκία 1.2 2 37
ἀποκαταλλάσσω pass 3 33
ἀποκατάστασις 3.26 1 45
ἀπόκειμαι κει 4 30
ἀποκεφαλίζω D 4 30
ἀποκλείω ω 1 45
ἀποκόπτω LB 6 27
ἀπόκριμα 3.31 1 45
ἀποκρίνομαι N dep 231/234 15
ἀπόκρισις 3.26 4 30
ἀποκρύπτω LB 4 30
ἀπόκρυφος 2,5 3 33
ἀποκτείνω N 74 15
ἀποκυέω C-E 2 37
ἀποκυλίω ω 3 33
ἀπολαμβάνω +αν+ 9 24
ἀπόλαυσις 3.26 2 37
ἀπολείπω LB 7 25
ἀπόλλυμι +νυ,μι^4 90/92 16
Ἀπολλύων 3.17m 1 61
Ἀπολλωνία 1.2 1 61

Ἀπολλῶς ὁ ὡς,ὁ 10 61
ἀπολογέομαι C-E dep 10 13
ἀπολογία 1.2 8 25
ἀπολούομαι ω mid 2 37
ἀπολύτρωσις 3.26 10 7
ἀπολύω ω 66/67 16
ἀπομάσσομαι G-I mid 1 45
ἀπονέμω N 1 45
ἀπονίπτω LB 1 45
ἀποπίπτω D irr 1 45
ἀποπλανάω C-A 2 37
ἀποπλέω C-E 4 30
ἀποπνίγω G 3 33
ἀπορέω C-E 6 27
ἀπορία 1.2 1 45
ἀπορίπτω LB 1 45
ἀπορφανίζω D 1 45
ἀποσκίασμα 3.31 1 45
ἀποσπάω C-A 4 30
ἀποστασία 1.2 2 37
ἀποστάσιον 2.8 3 33
ἀποστεγάζω G-I 1 45
ἀποστέλλω L 131 15
ἀποστερέω C-E 5 28
ἀποστολή 1.1 4 30
ἀπόστολος 2.7 79/80 4
ἀποστοματίζω D 1 45
ἀποστρέφω LB 9 24
ἀποστυγέω C-E 1 45
ἀποσυνάγωγος 2,5 3 33
ἀποτάσσομαι G-I mid 6 27
ἀποτελέω C-E 2 37
ἀποτίθημι μι^2 9 24
ἀποτινάσσω G-I 2 37
ἀποτίνω N 1 45
ἀποτολμάω C-A 1 45
ἀποτομία 1.2 2 37
ἀποτόμως adv M 2 37
ἀποτρέπομαι LB mid 1 45
ἀπουσία 1.2 1 45
ἀποφέρω L 6 27
ἀποφεύγω G 3 33
ἀποφθέγγομαι – 3 33
ἀποφορτίζομαι D dep? 1 45
ἀπόχρησις 3.26 1 45
ἀποχωρέω C-E 3 33
ἀποχωρίζομαι D pass 2 37
ἀποψύχω G 1 45
Ἄππιος 2.7 1 61
ἀπρόσιτος 2,5 1 45
ἀπρόσκοπος 2,5 3 33
ἀπροσωπολήμπτως adv M 1 45
ἄπταιστος 2,5 1 45
ἅπτομαι LB mid dep 35 15
ἅπτω LB 4 30
Ἀπφία 1.2 1 61
ἀπωθέομαι C-E mid 6 27
ἀπώλεια 1.2 18 3
ἄρα particle inferent 49 18
ἆρα particle interr 3 33
ἀρά 1.2 1 45
Ἀραβία 1.2 2 61
Ἀράμ ὁ indecl 2 61

ἄραφος 2,5 1 45
Ἄραψ 3.11m 1 61
ἀργέω C-E 1 45
ἀργός 2-1,1 8 25
ἀργύρεος 2-1,4 3 33
ἀργύριον 2.8 21 5
ἀργυροκόπος 2.7 1 45
ἄργυρος 2.7 4 30
ἀργυροῦς see ἀργύρεος
Ἄρειος Πάγος 2.7 2 61
Ἀρεοπαγίτης 1.4 1 61
ἀρεσκία 1.2 1 45
ἀρέσκω +σκ 17 16
ἀρεστός 2-1,1 4 30
Ἀρέτας 1.6 1 61
ἀρετή 1.1 5 28
ἀρήν spec decl 1 45
ἀριθμέω C-E 3 33
ἀριθμός 2.7 18 4
Ἀριμαθαία 1.2 4 61
Ἀρίσταρχος 2.7 5 61
ἀριστάω C-A 3 33
ἀριστερός 2-1,2 4 30
Ἀριστόβουλος 2.7 1 61
ἄριστον 2.8 3 33
ἀρκετός 2-1,1 3 33
ἀρκέω C-E spec 8 25
ἄρκος 2.7; 2.7f 1 45
ἅρμα 3.31 4 30
Ἁρμαγεδών – indecl 1 61
ἁρμόζομαι D mid 1 45
ἁρμός 2.7 1 45
Ἀρνεί ὁ indecl 1 61
ἀρνέομαι C-E dep 33 13
ἀρνίον 2.8 30 5
ἀροτριάω C-A 3 33
ἄροτρον 2.8 1 45
ἁρπαγή 1.1 3 33
ἁρπαγμός 2.7 1 45
ἁρπάζω G-I 14 14
ἅρπαξ 3.10m 5 28
(also used as an adj)
ἀρραβών 3.19m 3 33
ἄρρητος 2,5 1 45
ἄρρωστος 2,5 5 28
ἀρσενοκοίτης 1.4 2 37
ἄρσην 3,20 9 24
Ἀρτεμᾶς 1.6 1 61
Ἄρτεμις 3.12f 5 61
ἀρτέμων 3.19m 1 45
ἄρτι adv T 36 18
ἀρτιγέννητος 2,5 1 45
ἄρτιος 2-1,2 1 45
ἄρτος 2.7 97/98 4
ἀρτύω ω 3 33
Ἀρφαξάδ ὁ indecl 1 61
ἀρχάγγελος 2.7 2 37
ἀρχαῖος 2-1,2 11 9
Ἀρχέλαος 2.7 1 61
ἀρχή 1.1 55/56 3
ἀρχηγός 2.7 4 30
ἀρχιερατικός 2,5 1 45
ἀρχιερεύς 3.29 122 8
ἀρχιποίμην 3.16 1 45

Ἄρχιππος to βοήθεια

Ἄρχιππος	2.7	2	61
ἀρχισυνάγωγος	2.7	9	24
ἀρχιτέκτων	3.17m	1	45
ἀρχιτελώνης	1.4	1	45
ἀρχιτρίκλινος	2.7	3	33
ἄρχω	G	86	14
ἄρχων	3.13	37	6
ἄρωμα	3.31	4	30
ἀσάλευτος	2,5	2	37
Ἀσάφ ὁ	indecl	2	61
ἄσβεστος	2,5	3	33
ἀσέβεια	1.2	6	27
ἀσεβέω	C-E	2	37
ἀσεβής	3,22	9	24
ἀσέλγεια	1.2	10	3
ἄσημος	2,5	1	45
Ἀσήρ ὁ	indecl	2	61
ἀσθένεια	1.2	24	3
ἀσθενέω	C-E	33/36	13
ἀσθένημα	3.31	1	45
ἀσθενής	3,22	25	12
Ἀσία	1.2	18	61
Ἀσιανός	2.7	1	61
Ἀσιάρχης	1.4	1	61
ἀσιτία	1.2	1	45
ἄσιτος	2,5	1	45
ἀσκέω	C-E	1	45
ἀσκός	2.7	12	4
ἀσμένως	adv M	1	45
ἄσοφος	2,5	1	45
ἀσπάζομαι	D dep	59	13
ἀσπασμός	2.7	10	4
ἄσπιλος	2,5	4	30
ἄσπις	3.12f	1	45
ἄσπονδος	2,5	1	45
ἀσσάριον	2.8	2	37
ἆσσον	adv PL	1	45
Ἆσσος	2.7f	2	61
ἀστατέω	C-E	1	45
ἀστεῖος	2-1,2	2	37
ἀστήρ	3.22	24	7
ἀστήρικτος	2,5	2	37
ἄστοργος	2,5	2	37
ἀστοχέω	C-E	3	33
ἀστραπή	1.1	9	24
ἀστράπτω	LB	2	37
ἄστρον	2.8	4	30
ἀσύμφωνος	2,5	1	45
ἀσύνετος	2,5	5	28
ἀσύνθετος	2,5	1	45
Ἀσύνκριτος	2.7	1	61
ἀσφάλεια	1.2	3	33
ἀσφαλής	3,22	5	28
ἀσφαλίζω	D	4	30
ἀσφαλῶς	adv M	3	33
ἀσχημονέω	C-E	2	37
ἀσχημοσύνη	1.1	2	37
ἀσχήμων	3,19	1	45
ἀσωτία	1.2	3	33
ἀσώτως	adv M	1	45
ἀτακτέω	C-E	1	45
ἄτακτος	2,5	1	45
ἀτάκτως	adv M	2	37
ἄτεκνος	2,5	2	37

ἀτενίζω	D	14	13
ἄτερ	prep gen	2	37
ἀτιμάζω	D	7	25
ἀτιμία	1.2	7	25
ἄτιμος	2,5	4	30
ἀτμίς	3.12f	2	37
ἄτομος	2,5	1	45
ἄτοπος	2,5	4	30
Ἀτταλία	1.2	1	61
αὐγάζω	D	1	45
αὐγή	1.1	1	45
Αὔγουστος	2.7	1	61
αὐθάδης	3,22	2	38
αὐθαίρετος	2,5	2	38
αὐθεντέω	C-E	1	45
αὐλέω	C-E	3	33
αὐλή	1.1	12	3
αὐλητής	1.4	2	38
αὐλίζομαι	D pass	2	38
αὐλός	2.7	1	45
αὐξάνω	+αν	22/23	15
αὔξησις	3.26	2	38
αὔριον	adv T	14	18
αὐστηρός	2-1,2	2	38
αὐτάρκεια	1.2	2	38
αὐτάρκης	3,22	1	46
αὐτοκατάκριτος	2,5	1	46
αὐτόματος	2-1,1	2	38
αὐτόπτης	1.4	1	46
αὐτός	pron pers		19
in se		151	
in toto		5429	
– ὁ αὐτός		75	20
– αὐτὸς ὁ		41	20
αὐτοῦ	adv PL	4	30
αὑτοῦ	pron refl	6	27
αὐτόφωρος	2,5	1	46
αὐτόχειρ	3.24	1	46
αὐχέω	C-E	1	46
αὐχμηρός	2-1,2	1	46
ἀφαιρέω	C-E	10	13
ἀφανής	3,22	1	46
ἀφανίζω	D	5	28
ἀφανισμός	2.7	1	46
ἄφαντος	2,5	1	46
ἀφεδρών	3.19m	2	38
ἀφειδία	1.2	1	46
ἀφελότης	no decl	1	46
ἄφεσις	3.26	17	7
ἁφή	1.1	2	38
ἀφθαρσία	1.2	7	26
ἄφθαρτος	2,5	7	26
ἀφθορία	1.2	1	46
ἀφίημι	μι[5]	142/146	16
ἀφικνέομαι	-νε- mid	1	46
ἀφιλάγαθος	2,5	1	46
ἀφιλάργυρος	2,5	2	38
ἄφιξις	3.26	1	46
ἀφίστημι	μι[1]	14	16
ἄφνω	adv T	3	33
ἀφόβως	adv M	4	30
ἀφομοιόομαι	C-O pass	1	46
ἀφοράω	C-A	2	38

ἀφορίζω	D	10	13
ἀφορμή	1.1	6	27
ἀφρίζω	D	2	38
ἀφρός	2.7	1	46
ἀφροσύνη	1.1	4	30
ἄφρων	3,19	11	11
ἀφυπνόω	C-O	1	46
ἀφυστερέω	C-E	1	46
ἄφωνος	2,5	4	30
Ἄχαζ ὁ	indecl	2	61
Ἀχαΐα	1.2	10	61
Ἀχαϊκός	2.7	1	61
ἀχάριστος	2,5	2	38
Ἀχείμ ὁ	indecl	2	61
ἀχειροποίητος	2,5	3	33
Ἀχελδαμάχ	indecl	1	61
ἀχλύς	3.28f	1	46
ἀχρεῖος	2,5	2	38
ἀχρεόομαι	C-O pass	1	46
ἄχρηστος	2,5	1	46
ἄχρι	conj subord	48	18
	prep gen		20
ἄχυρον	2.8	2	38
ἀψευδής	3,22	1	46
ἄψινθος	2.7; 2.7f	2	38
ἄψυχος	2,5	1	46
Βάαλ ὁ	indecl	1	61
Βαβυλών	3.19f	12	61
βαθμός	2.7	1	46
βάθος	3.33	8	25
βαθύνω	N	1	46
βαθύς	3-1,13	4	30
βαΐον	2.8	1	46
Βαλαάμ ὁ	indecl	3	61
Βαλάκ ὁ	indecl	1	61
βαλλάντιον	2.8	4	30
βάλλω	L	123/122	15
βαπτίζω	D	76	13
βάπτισμα	3.31	20	8
βαπτισμός	2.7	3	33
βαπτιστής	1.4	12	4
βάπτω	LB	4	30
Βαραββᾶς	1.6	11	61
Βαράκ ὁ	indecl	1	61
Βαραχίας	1.5	1	61
βάρβαρος	2.7<2,5	6	27
βαρέω	C-E	6	27
βαρέως	adv M	2	38
Βαρθολομαῖος	2.7	4	61
Βαριησοῦς	spec decl	1	61
Βαριωνᾶς	1.6	1	61
Βαρνάβας	1.6	28	61
βάρος	3.33	6	27
Βαρσαββᾶς (2)	1.6	2	61
Βαρτίμαιος	2.7	1	61
βαρύς	3-1,13	6	27
βαρύτιμος	2,5	1	46
βασανίζω	D	12	13
βασανισμός	2.7	6	27
βασανιστής	1.4	1	46
βάσανος	2.7f	3	33
βασιλεία	1.2	162/163	3
βασίλειος	2,5	2	38

βασιλεύς	3.29	115	8
βασιλεύω	ω	21	16
βασιλικός	2-1,1	5	28
βασίλισσα	1.3	4	30
βάσις	3.26	1	46
βασκαίνω	N	1	46
βαστάζω	D	27	13
βάτος I	2.7	1	46
βάτος II	2.7; 2.7f	5	28
βάτραχος	2.7	1	46
βατταλογέω	C-E	1	46
βδέλυγμα	3.31	6	27
βδελυκτός	2-1,1	1	46
βδελύσσομαι	G-I pass	2	38
βέβαιος	2-1,2	9	24
βεβαιόω	C-O	8	25
βεβαίωσις	3.26	2	38
βέβηλος	2,5	5	28
βεβηλόω	C-O	2	38
Βεεζεβούλ ὁ	indecl	7	61
Βελίαρ ὁ	indecl	1	61
βελόνη	1.1	1	46
βέλος	3.33	1	46
βέλτιον	adv M	1	46
Βενιαμείν ὁ	indecl	4	61
Βερνίκη	1.1	3	61
Βέροια	1.2	2	61
Βεροιαῖος	2.7 < 2-1,2	1	61
Βεώρ ὁ	indecl	1	61
Βηθανία	1.2	12	61
Βηθζαθά ἡ	indecl	1	61
Βηθλεέμ ἡ	indecl	8	61
Βηθσαϊδά ἡ	indecl	7	61
Βηθφαγή ἡ	indecl	3	61
βῆμα	3.31	12	8
βήρυλλος	2.7; 2.7f	1	46
βία	1.2	3	33
βιάζομαι	D mid dep	2	38
βίαιος	2-1,2	1	46
βιαστής	1.4	1	46
βιβλαρίδιον	2.8	3	33
βιβλίον	2.8	34	5
βίβλος	2.7f	10	5
βιβρώσκω	+σκ	1	46
Βιθυνία	1.2	2	61
βίος	2.7	9/10	4,24
βιόω	C-O	1	46
βίωσις	3.26	1	46
βιωτικός	2-1,1	3	33
βλαβερός	2-1,2	1	46
βλάπτω	LB	2	38
βλαστάνω	+αν	4	30
Βλάστος	2.7	1	62
βλασφημέω	C-E	34	13
βλασφημία	1.2	18	3
βλάσφημος	2,5	4	30
βλέμμα	3.31	1	46
βλέπω	LB	132/133	15
βλητέος	2-1,2	1	46
Βοανηργές	Aram	1	62
βοάω	C-A	12	12
βοή	1.1	1	46
βοήθεια	1.2	2	38

βοηθέω to διακατελέγχομαι

βοηθέω	C-E	8	25
βοηθός	2.7 < 2,5	1	46
βόθυνος	2.7	3	33
βολή	1.1	1	46
βολίζω	D	2	38
Βοός or ές, ὁ	indecl	3	62
βόρβορος	2.7	1	46
βορρᾶς	1.6	2	38
βόσκω	+σκ	9	24
βοτάνη	1.1	1	46
βότρυς	3.28m	1	46
βουλεύομαι	ω mid	6	27
βουλευτής	1.4	2	38
βουλή	1.1	12	3
βούλημα	3.31	3	33
βούλομαι	L dep	37	15
βουνός	2.7	2	38
βοῦς	3.30	8	25
βραβεῖον	2.8	2	38
βραβεύω	ω	1	46
βραδύνω	N	2	38
βραδυπλοέω	C-E	1	46
βραδύς	3-1,13	3	33
βραδυτής	no decl	1	46
βραχίων	3.17m	3	33
βραχύς	3-1,13	7	26
βρέφος	3.33	8	25
βρέχω	G	7	26
βροντή	1.1	12	3
βροχή	1.1	2	38
βρόχος	2.7	1	46
βρυγμός	2.7	7	26
βρύχω	G	1	46
βρύω	ω	1	46
βρῶμα	3.31	17	8
βρώσιμος	2,5	1	46
βρῶσις	3.26	11	7
βυθίζω	D	2	38
βυθός	2.7	1	46
βυρσεύς	3.29	3	33
βύσσινος	2-1,1	5	28
βύσσος	2.7f	1	46
βωμός	2.7	1	46
Γαββαθά –	indecl	1	62
Γαβριήλ ὁ	indecl	2	62
γάγγραινα	1.3	1	46
Γάδ ὁ	indecl	1	62
Γαδαρηνός	2.7< 2-1,1	1	62
Γάζα	1.3	1	62
γάζα	1.3	1	46
γαζοφυλάκιον	2.8	5	28
Γαῖος (4)	2.7	5	62
γάλα	3 decl	5	28
Γαλάτης	1.4	1	62
Γαλατία	1.2	4	62
Γαλατικός	2-1,1	2	62
γαλήνη	1.1	3	33
Γαλιλαία	1.2	61	62
Γαλιλαῖος	2.7<2-1,2	11	62
Γαλλίων	3.19m	3	62
Γαμαλιήλ ὁ	indecl	2	62
γαμέω	C-E	28	13
γαμίζω	D	7	26
γαμίσκομαι	+ισκ pass	1	46

γάμος	2.7	15/16	4
γάρ conj	subord	1036	18
γαστήρ	3.20f	9	24
γέ particle	enclit	31	18
Γεδεών ὁ	indecl	1	62
γέεννα	1.3	12	4
Γεθσημανεί –	indecl	2	62
γείτων	3.17m,f	4	30
γελάω	C-A	2	38
γέλως	cf 3.12m	1	46
γεμίζω	D	9	24
γέμω	N	11	15
γενεά	1.2	43	3
γενεαλογέομαι	C-E pass	1	46
γενεαλογία	1.2	2	38
γενέσια *pl nt*	2.8 < 2,5	2	38
γένεσις	3.26	5	28
γενετή	1.1	1	46
γένημα	3.31	4	30
γεννάω	C-A	96/100	12
γέννημα	3.31	4	30
Γεννησαρέτ ἡ	indecl	3	62
γεννητός	2-1,1	2	38
γένος	3.33	20/21	8
Γερασηνός	2.7<2-1,1	3	62
γερουσία	1.2	1	46
γέρων	3.13	1	46
γεύομαι	ω dep	15	17
γεωργέομαι	C-E pass	1	46
γεώργιον	2.8	1	46
γεωργός	2.7	19	4
γῆ *only sg*	1.1	250/252	3
γῆρας	cf 3.33	1	46
γηράσκω	+σκ	2	38
γίνομαι	dep	667	17
γινώσκω	+σκ	221	16
γλεῦκος	3.33	1	46
γλυκύς	3-1,13	4	30
γλῶσσα	1.3	50	4
γλωσσόκομον	2.8	2	38
γναφεύς	3.29	1	46
γνήσιος	2-1,2	4	30
γνησίως	adv M	1	46
γνόφος	2.7	1	46
γνώμη	1.1	9	24
γνωρίζω	D	26	13
γνῶσις	3.26	29	7
γνώστης	1.4	1	46
γνωστός	2-1,1	15	9
γογγύζω	D	8	25
γογγυσμός	2.7	4	30
γογγυστής	1.4	1	46
γόης	cf 3.12m	1	46
Γολγοθά ἡ	ά, άν	3	62
Γόμορρα ἡ / τά	α, ας / ων	4	62
γόμος	2.7	3	33
γονεῖς *pl* / *sg*: γονεύς	3.29	20	8
γόνυ	cf 3.31	12	8
γονυπετέω	C-E	4	30
γράμμα	3.31	15	8
γραμματεύς	3.29	63	8

γραπτός	2-1,1	1	46
γραφή	1.1	50/51	3
γράφω	LB	191/190	15
γραώδης	3,22	1	46
γρηγορέω	C-E	22/23	13
γυμνάζω	D	4	30
γυμνασία	1.2	1	46
γυμνιτεύω	ω	1	46
γυμνός	2-1,1	15	9
γυμνότης	no decl	3	33
γυναικάριον	2.8	1	46
γυναικεῖος	2-1,2	1	46
γυνή	cf 3.9f	213/216	6
Γώγ ὁ	indecl	1	62
γωνία	1.2	9	24
δαιμονίζομαι	D dep	13	13
δαιμόνιον	2.8	63	5
δαιμονιώδης	3,22	1	46
δαίμων	3.17m	1	46
δάκνω	+ν	1	46
δάκρυ(ον) *irr*	2.8	10	6
δακρύω	ω	1	46
δακτύλιος	2.7	1	46
δάκτυλος	2.7	8	25
Δαλμανουθά, ἡ	indecl	1	62
Δαλματία	1.2	1	62
δαμάζω	D	4	30
δάμαλις	3.26	1	46
Δάμαρις	3.12f	1	62
Δαμασκηνός	2.7<2-1,1	1	62
Δαμασκός	2.7f	15	62
δανίζω	D	4	30
Δανιήλ ὁ	indecl	1	62
δάνιον	2.8	1	46
δανιστής	1.4	1	46
δαπανάω	C-A	5	28
δαπάνη	1.1	1	46
Δαυείδ ὁ	indecl	59	62
δέ conj	coörd	2771	18
δέησις	3.26	18	7
δεῖ vb	impers	102/104	17
δεῖγμα	3.31	1	46
δειγματίζω	D	2	38
δεικνύω and δείκνυμι	ω / $\mu\iota^4$	32/33	16
δειλία	1.2	1	46
δειλιάω	C-A	1	46
δειλός	2-1,1	3	33
δεῖνα	spec decl	1	46
δεινῶς	adv M	2	38
δειπνέω	C-E	4	30
δεῖπνον	2.8	16	5
δεισιδαιμονία	1.2	1	46
δεισιδαίμων	3,21	1	46
δέκα	adj,24	22/23	12
δέκα (κ.) ὀκτώ	adj,24	3	33
δεκαπέντε	adj,24	3	33
Δεκάπολις	3.26	3	62
δεκατέσσαρα	see next word		
δεκατέσσαρες	adj,24	5	28
δεκάτη	1.1	4	30
δέκατος	2-1,1	3	33
δεκατόω	C-O	2	38

δέκα χίλιοι	adj,23	1	46
δεκτός	2-1,1	5	28
δελεάζω	D	3	33
δένδρον	2.8	25	5
δεξιολάβος	2.7	1	46
δεξιός	2-1,2	54	9
δέομαι *spec*	C-E dep	22	13
δέος	3.33	1	46
Δερβαῖος	2.7< 2-1,2	1	62
Δέρβη	1.1	3	62
δέρμα	3.31	1	46
δερμάτινος	2-1,1	2	38
δέρω	L	15	15
δεσμεύω	ω	3	33
δέσμη	1.1	1	46
δέσμιος	2.7	16	4
δεσμός	2.7	18	4
δεσμοφύλαξ	3.9m	3	33
δεσμωτήριον	2.8	4	30
δεσμώτης	1.4	2	38
δεσπότης	1.4	10	4
δεῦρο	adv PL	9	24
δεῦτε	adv PL	12	17
δευτεραῖος	2-1,2	1	46
δεύτερος	2-1,2	44	9
δέχομαι	G dep	56	14
δέω	C-E	43	13
δή particle	emph	5	28
δῆλος	2-1,1	3	33
δηλόω	C-O	7	26
Δημᾶς	1.6	3	62
δημηγορέω	C-E	1	46
Δημήτριος (2)	2.7	3	62
δημιουργός	2.7	1	46
δῆμος	2.7	4	30
δημόσιος	2-1,2	4	30
δηνάριον	2.8	16	5
δήπου	adv M	1	46
διά prep	gen-acc	666	21
διαβαίνω	+ν+	3	33
διαβάλλω	L	1	46
διαβεβαιόομαι	C-O mid dep	2	38
διαβλέπω	LB	3	33
διάβολος	2.7 / 2,5	37/39	4 / 10
διαγγέλλω	L	3	33
διαγίνομαι	dep	3	33
διαγινώσκω	+σκ	2	38
διάγνωσις	3.26	1	46
διαγογγύζω	D	2	38
διαγρηγορέω	C-E	1	46
διάγω	G	2	38
διαδέχομαι	G dep	1	46
διάδημα	3.31	3	33
διαδίδωμι	$\mu\iota^3$	4	30
διάδοχος	2.7	1	46
διαζώννυμι	+νυ,$\mu\iota^4$	3	33
διαθήκη	1.1	33	3
διαίρεσις	3.26	3	33
διαιρέω	C-E spec	2	38
διακαθαίρω	L	1	47
διακαθαρίζω	D irr	1	47
διακατελέγχομαι	G mid or pass	1	47

διακονέω	C-E	37	13
διακονία	1.2	34	3
διάκονος	2.7; 2.7f	29/30	4,5
διακόσιοι	adj,23	8	25
διακούω	ω	1	47
διακρίνω	N	19	15
διάκρισις	3.26	3	33
διακωλύω	ω	1	47
διαλαλέω	C-E	2	38
διαλέγομαι	G in pr mid & pass	13	14
διαλείπω	LB	1	47
διάλεκτος	2.7f	6	27
διαλλάσσομαι	pass	1	47
διαλογίζομαι	D mid dep	16	13
διαλογισμός	2.7	14	4
διαλύομαι	ω pass	1	47
διαμαρτύρομαι	dep	15	17
διαμάχομαι	G mid or pass	1	47
διαμένω	N	5	28
διαμερίζω	D	11	13
διαμερισμός	2.7	1	47
διανέμομαι	N pass	1	47
διανεύω	ω	1	47
διανόημα	3.31	1	47
διάνοια	1.2	12	3
διανοίγω	G	8	25
διανυκτερεύω	ω	1	47
διανύω	ω	1	47
διαπαρατριβή	1.1	1	47
διαπεράω	C-A	6	27
διαπλέω	C-E spec	1	47
διαπονέομαι	C-E pass	2	38
διαπορεύομαι	ω dep	5	28
διαπορέω	C-E	4	30
διαπραγματεύομαι	ω mid dep	1	47
διαπρίομαι	ω pass	2	38
διαρήσσω	see διαρρήσσω		
διαρπάζω	G-1	3	33
διαρρήγνυμι	see διαρρήσσω		
{διαρρήσσω and διαρήσσω	G-1	5	28
διασαφέω	C-E	2	38
διασείω	ω	1	47
διασκορπίζω	D	9	24
διασπάω	C-A	2	38
διασπείρω	L	3	33
διασπορά	1.2	3	33
διαστέλλομαι	L mid	7	26
διάστημα	3.31	1	47
διαστολή	1.1	3	33
διαστρέφω	LB	7	26
διασώζω	D irr	8	25
διαταγή	1.1	2	38
διάταγμα	3.31	1	47
διαταράσσομαι	G-1 pass	1	47
διατάσσω	G-1	16	14
διατελέω	C-E spec	1	47
διατηρέω	C-E	2	38
διατίθεμαι	μι² mid	7	26
διατρίβω	LB	9/10	15,24
διατροφή	1.1	1	47
διαυγάζω	D	1	47
διαυγής	3,22	1	47
διαφέρω	L	13	15
διαφεύγω	G	1	47
διαφημίζω	D	3	33
διαφθείρω	L	6	27
διαφθορά	1.2	6	27
διάφορος	2,5	4	30
διαφυλάσσω	G-1	1	47
διαχειρίζομαι	D mid	2	38
διαχλευάζω	D	1	47
διαχωρίζομαι	D pass	1	47
διδακτικός	2-1,1	2	38
διδακτός	2-1,1	3	33
διδασκαλία	1.2	21	3
διδάσκαλος	2.7	59	4
διδάσκω	+σκ	97	16
διδαχή	1.1	30	3
δίδραχμον	2.8	2	38
Δίδυμος	2.7	3	62
δίδωμι	μι³	415	16
διεγείρω	L	6	27
διενθυμέομαι	C-E mid or pass	1	47
διέξοδος	2.7f	1	47
διερμηνευτής	1.4	1	47
διερμηνεύω	ω	6	27
διέρχομαι	G in pr dep	41	14
διερωτάω	C-A	1	47
διετής	3,22	1	47
διετία	1.2	2	38
διηγέομαι	C-E dep	8	25
διήγησις	3.26	1	47
διηνεκής	3,22	4	30
διθάλασσος	2,5	1	47
διϊκνέομαι	-νε- mid	1	47
διΐστημι	μι¹	3	33
διϊσχυρίζομαι	D pass or mid	2	38
δικαιοκρισία	1.2	1	47
δίκαιος	2-1,2	79/80	9
δικαιοσύνη	1.1	91	3
δικαιόω	C-O	39	13
δικαίωμα	3.31	10	8
δικαίως	adv M	5	28
δικαίωσις	3.26	2	38
δικάστης or τής	1.4	2	38
δίκη	1.1	3	33
δίκτυον	2.8	12	5
δίλογος	2,5	1	47
διό *inferent*	conj caus	53	18
διοδεύω	ω	2	38
Διονύσιος	2.7	1	62
διόπερ *inferent*	conj	2	38
διοπετής	3,22	1	47
διόρθωμα	3.31	1	47
διόρθωσις	3.26	1	47
διορύσσω	G-1	4	30
Διόσκουροι	2.7 *pl*	1	62
διότι	conj caus	24	18
Διοτρέφης	cf 3,22	1	62
διπλοῦς	2-1,3	4	30
διπλόω	C-O	1	47
δίς	adv T	6	27
δισμυριάς	cf 3.12f	1	47
διστάζω	D	2	38
δίστομος	2,5	3	33
δισχίλιοι	adj,23	1	47
διϋλίζω	D	1	47
διχάζω	D	1	47
διχοστασία	1.2	2	38
διχοτομέω	C-E	2	38
διψάω	C-A	16	12
δίψος	3.33	1	47
δίψυχος	2,5	2	38
διωγμός	2.7	10	4
διώκτης	1.4	1	47
διώκω	G	45/46	14
δόγμα	3.31	5	28
δογματίζομαι	D pass	1	47
δοκέω	C-E	62/63	13
δοκιμάζω	D	22	14
δοκιμασία	1.2	1	47
δοκιμή	1.1	7	26
δοκίμιον	2.8	2	38
δόκιμος	2,5	7	26
δοκός	2.7f	6	27
δόλιος	2-1,2	1	47
δολιόω	C-O	1	47
δόλος	2.7	11	4
δολόω	C-O	1	47
δόμα	3.31	4	30
δόξα	1.3	166/167	4
δοξάζω	D	60/61	14
Δορκάς	cf 3.12f	2	62
δόσις	3.26	2	38
δότης	1.4	1	47
δουλαγωγέω	C-E	1	47
δουλεία	1.2	5	28
δουλεύω	ω	25	16
δούλη	1.1	3	34
δοῦλος I	2-1,1	2	38
δοῦλος II	2.7	124	4
δουλόω	C-O	8	25
δοχή	1.1	2	38
δράκων	3.13	13	6
δράσσομαι	G-1 dep?	1	47
δραχμή	1.1	3	34
δρέπανον	2.8	8	25
δρόμος	2.7	3	34
Δρούσιλλα	1.3	1	62
δύναμαι	like μι¹ dep	209	16
δύναμις	3.26	119	7
δυναμόω	C-O	2	38
δυνάστης	1.4	3	34
δυνατέω	C-E	3	34
δυνατός	2-1,1	32	9
δύνω	+ν	2	38
δύο	adj,25	136/134	12
δυσβάστακτος	2,5	1	47
δυσεντέριον	2.8	1	47
δυσερμήνευτος	2,5	1	47
δύσκολος	2,5	1	47
δυσκόλως	adv M	3	34
δυσμή	1.1	5	28
δυσνόητος	2,5	1	47
δυσφημέω	C-E	1	47
δυσφημία	1.2	1	47
δώδεκα	adj,24	75/63	12
δωδέκατος	2-1,1	1	47
δωδεκάφυλον	2.8	1	47
δῶμα	3.31	7	26
δωρεά	1.2	11	3
δωρεάν	adv M	9	24
δωρέομαι	C-E mid	3	34
δώρημα	3.31	2	38
δῶρον	2.8	19	5
ἔα	interj	1	47
ἐάν	conj subord	279	18
ἐὰν μή	conj subord w neg particle	62	18
ἐάνπερ	conj subord	2	38
ἑαυτοῦ	pron refl	320	20
ἐάω	C-A	11	12
ἑβδομήκοντα	adj,24	5	28
ἑβδομηκοντάκις	adv T	1	47
ἕβδομος	2-1,1	9	24
Ἔβερ ὁ	indecl	1	62
Ἑβραῖος	2.7	4	62
Ἑβραΐς	3.12f	3	62
Ἑβραϊστί	adv M	7	62
ἐγγίζω	D	42	14
ἔγγυος	2.7<2,5	1	47
ἐγγύς	adv PL,T	31	17,18
ἐγείρω	L	143/144	15
ἔγερσις	3.26	1	47
ἐγκαλέω	C-E	7	26
ἐγκαταλείπω	LB	10	15
ἔγκλημα	3.31	2	38
ἐγκομβόομαι	C-O mid	1	47
ἐγκοπή	see ἐνκοπή		
ἐγκράτεια	1.2	4	30
ἐγκρατεύομαι	ω mid dep	2	38
ἐγκρατής	3,22	1	47
ἐγκρύπτω	LB	1	47
ἐγχρίω	ω	1	47
ἐγώ	pron pers		19
in se		347	
in toto		2566	
ἐδαφίζω	D spec	1	47
ἔδαφος	3.33	1	47
ἑδραῖος	2-1,2	3	34
ἑδραίωμα	3.31	1	47
Ἑζεκίας	1.5	2	62
ἐθελοθρησκία	1.2	1	47
ἐθίζω	D	1	47
ἐθνάρχης	1.4	1	47
ἐθνικός	2-1,1	4	31
ἐθνικῶς	adv M	1	47
ἔθνος	3.33	162/163	8
ἔθος	3.33	12	8
ἔθω	see εἴωθα		
εἰ	conj subord	295	18
εἰδέα	1.2	1	47
εἶδον	suppl	337	16
εἶδος	3.33	5	28
εἰδώλιον	2.8	1	47
εἰδωλόθυτον	2.8<2,5	9	24
εἰδωλολάτρης	1.4	7	26
εἰδωλολατρία	1.2	4	31
εἴδωλον	2.8	11	5
εἰκῇ	adv M	6	27
εἴκοσι	adj,24	11	12
εἴκω	G	1	47

εἰκών	3.17f	23	6
εἰλικρινής	3,22	2	38
εἰλικριν(ε)ία	1.2	3	34
εἰ μή conj	subord w negative particle	105	18
εἰμί	v spec		17
in se		138	
in toto		2441	
εἰ οὐ conj	subord w negative particle	33	18
εἴπερ	particle	6	27
εἶπον	suppl	929	16
εἰρηνεύω	ω	4	31
εἰρήνη	1.1	91/92	3
εἰρηνικός	2-1,1	2	38
εἰρηνοποιέω	C-E	1	47
εἰρηνοποιός	2.7<2,5	1	47
εἰς	prep acc	1757	21
εἷς	adj,26	338/339	12
εἰσάγω	G	11	14
εἰσακούω	ω	5	28
εἰσδέχομαι	G dep	1	47
εἴσειμι	$\mu\iota^{6}$	4	31
εἰσέρχομαι	G in pr dep	192/196	14
εἰσκαλέομαι	C-E mid	1	47
εἴσοδος	2.7f	5	28
εἰσπηδάω	C-A	1	47
εἰσπορεύομαι	ω mid	18	16
εἰστρέχω	G in pr	1	47
εἰσφέρω	L	8	25
εἶτα	adv T	13	18
εἴτε conj	subord	65	18
εἶτεν	adv of transition	2	38
εἴ τις conj	subord w indefin pron	83	19
εἰώθα	D	4	31
ἐκ, ἐξ	prep gen	911	20
ἕκαστος	2-1,1	82/80	9
ἑκάστοτε	adv T	1	47
ἑκατόν	adj,24	17/11	12
ἑκατονταετής	3,22	1	47
ἑκατονταπλασίων	adv S	2	38
ἑκατοντάρχης	1.4	15	4
ἑκατόνταρχος	2.7	5	28
ἐκβαίνω	+ν+	1	47
ἐκβάλλω	L	81	15
ἔκβασις	3.26	2	38
ἐκβολή	1.1	1	47
ἔκγονον	2.8<2,5	1	47
ἐκδαπανάομαι	C-A pass	1	47
ἐκδέχομαι	G dep	6	27
ἔκδηλος	2,5	1	47
ἐκδημέω	C-E	3	34
ἐκδίδομαι	$\mu\iota^{3}$ mid	4	31
ἐκδιηγέομαι	C-E dep?	2	38
ἐκδικέω	C-E	6	27
ἐκδίκησις	3.26	9	24
ἔκδικος	2.7<2,5	2	38
ἐκδιώκω	G	1	47
ἔκδοτος	2,5	1	47
ἐκδοχή	1.1	1	47
ἐκδύω	ω	5	28

ἐκεῖ	adv PL	95	17
ἐκεῖθεν	adv PL	27	17
ἐκεῖνος	{(2-1,1a) pron demon	243	19
ἐκεῖσε	adv PL	2	38
ἐκζητέω	C-E	7	26
ἐκζήτησις	3.26	1	47
ἐκθαμβέομαι	C-E pass	4	31
ἔκθαμβος	2,5	1	47
ἐκθαυμάζω	D	1	47
ἔκθετος	2,5	1	47
ἐκκαθαίρω	L	2	38
ἐκκαίομαι	ω pass	1	47
ἐκκεντέω	C-E	2	38
ἐκκλάομαι	C-A pass	3	34
ἐκκλείω	ω	2	38
ἐκκλησία	1.2	114	3
ἐκκλίνω	N	3	34
ἐκκολυμβάω	C-A	1	47
ἐκκομίζομαι	D pass	1	47
ἐκκόπτω	LB	10	15
ἐκκρεμάννυμι	+νυ,$\mu\iota^{4}$	1	47
ἐκλαλέω	C-E	1	47
ἐκλάμπω	LB	1	47
ἐκλανθάνομαι	+αν+ mid	1	47
ἐκλέγομαι	G mid	22	14
ἐκλείπω	LB	4	31
ἐκλεκτός	2-1,1	22/24	9
ἐκλογή	1.1	7	26
ἐκλύομαι	ω pass	5	28
ἐκμάσσω	G-1	5	28
ἐκμυκτηρίζω	D	2	38
ἐκνεύω	ω	1	47
ἐκνήφω	LB	1	47
ἑκούσιος	2-1,2	1	47
ἑκουσίως	adv M	2	38
ἔκπαλαι	adv T	2	38
ἐκπειράζω	D	4	31
ἐκπέμπω	LB	2	38
ἐκπερισσῶς	adv M	1	48
ἐκπετάννυμι	+νυ,$\mu\iota^{4}$	1	48
ἐκπηδάω	C-A	1	48
ἐκπίπτω	D irr	10	14
ἐκπλέω	C-E spec	3	34
ἐκπληρόω	C-O	1	48
ἐκπλήρωσις	3.26	1	48
ἐκπλήσσομαι	G-1 pass	13	14
ἐκπνέω	C-E spec	3	34
ἐκπορεύομαι	ω mid	33/34	16
ἐκπορνεύω	ω	1	48
ἐκπτύω	ω	1	48
ἐκριζόω	C-O	4	31
ἔκστασις	3.26	7	26
ἐκστρέφομαι	LB pass	1	48
ἐκταράσσω	G-1	1	48
ἐκτείνω	N	16	15
ἐκτελέω	C-E spec	2	38
ἐκτένεια	1.2	1	48
ἐκτενής	3,22	1	48
ἐκτενῶς	adv M	3	34
ἐκτίθεμαι	$\mu\iota^{2}$ mid	4	31
ἐκτινάσσω	G-1	4	31
ἕκτος	2-1,1	14	9
ἐκτός	prep gen / conj subord	8	25

ἐκτρέπομαι	LB pass	5	28
ἐκτρέφω	LB	2	38
ἔκτρωμα	3.31	1	48
ἐκφέρω	L	8	25
ἐκφεύγω	G	8	25
ἐκφοβέω	C-E	1	48
ἔκφοβος	2,5	2	38
ἐκφύω	ω	2	38
ἐκχέω	C-E	16	13
ἐκχύννομαι	N pass	11	15
ἐκχωρέω	C-E	1	48
ἐκψύχω	G	3	34
ἑκών	3-1,8	2	38
ἐλαία	1.2	13	3
ἔλαιον	2.8	11	5
ἐλαιών	3.19m	3	34
Ἐλαμείτης	1.4	1	62
ἐλάσσων	3,21	4	31
ἔλαττον	adv compar :see ἐλάσσων		
ἐλαττονέω	C-E	1	48
ἐλαττόω	C-O	3	34
ἐλαύνω	+ν+	5	28
ἐλαφρία	1.2	1	48
ἐλαφρός	2-1,2	2	38
ἐλάχιστος	2-1,1	14	9
Ἐλεάζαρ ὁ	indecl	2	62
ἐλεάω	C-A	3	34
ἐλεγμός	2.7	1	48
ἔλεγξις	3.26	1	48
ἔλεγχος	2.7	1	48
ἐλέγχω	G	17/18	14
ἐλεεινός	2-1,1	2	38
ἐλεέω	C-E	31	13
ἐλεημοσύνη	1.1	13	3
ἐλεήμων	3,19	2	38
Ἐλεισάβετ ἡ	indecl	9	62
ἔλεος	3.33	27	8
ἐλευθερία	1.2	11	3
ἐλεύθερος	2-1,2	23	9
ἐλευθερόω	C-O	7	26
ἔλευσις	3.26	1	48
ἐλεφάντινος	2-1,1	1	48
Ἐλιακείμ ὁ	indecl	3	62
Ἐλιέζερ ὁ	indecl	1	62
Ἐλιούδ ὁ	indecl	2	62
Ἐλισαῖος	2.7	1	62
ἑλίσσω	G-1	2	38
ἑλκόομαι	C-O pass	1	48
ἕλκος	3.33	3	34
ἑλκύω	ω	8	25
ἕλκω	:see ἑλκύω		
Ἑλλάς	cf 3.12f	1	62
Ἕλλην	3.18	26	62
Ἑλληνικός	2-1,1	1	62
Ἑλληνίς	3.12f	2	62
Ἑλληνιστής	1.4	2	62
Ἑλληνιστί	adv M	2	62
ἐλλογάω	C-A	1	48
ἐλλογέω	C-E	1	48
Ἐλμαδάμ ὁ	indecl	1	62
ἐλπίζω	D	31	14
ἐλπίς	3.12f	53	6
Ἐλύμας	1.6	1	62

ἐλωί	Aram	2	38
ἐμαυτοῦ	pron refl	37	20
ἐμβαίνω	+ν+	17/18	15
ἐμβάλλω	L	1	48
ἐμβάπτω	LB	2	38
ἐμβατεύω	ω	1	48
ἐμβιβάζω	D	1	48
ἐμβλέπω	LB	11	15
ἐμβριμάομαι	C-A dep	5	28
ἐμέω	C-E	1	48
ἐμμαίνομαι	dep	1	48
Ἐμμανουήλ, ὁ,	indecl	1	62
Ἐμμαούς ἡ	–	1	62
ἐμμένω	N	4	31
Ἐμμώρ ὁ	indecl	1	62
ἐμός	pron poss 2-1,1	76	9,20
ἐμπαιγμονή	1.1	1	48
ἐμπαιγμός	2.7	1	48
ἐμπαίζω	G-1	13	14
ἐμπαίκτης	1.4	2	38
{ἐμπίμπλημι / and ἐμπιπλάω	like $\mu\iota^{2}$ / C-A	5	28
ἐμπιπλάω	see: ἐμπίμπλημι		
{ἐμπίπρημι / and ἐμπρήθω	like $\mu\iota^{2}$ / D	1	48
ἐμπίπτω	D irr	7	26
ἐμπλέκομαι	G pass	2	38
ἐμπλοκή	1.1	1	48
ἐμπορεύομαι	ω dep	2	38
ἐμπορία	1.2	1	48
ἐμπόριον	2.8	1	48
ἔμπορος	2.7	5	28
ἐμπρήθω	see: ἐμπίπρημι		
ἔμπροσθεν	{adv PL / prep gen	48	17 / 20
ἐμπτύω	ω	6	27
ἐμφανής	3,22	2	38
ἐμφανίζω	D	10	14
ἔμφοβος	2,5	5	28
ἐμφυσάω	C-A	1	48
ἔμφυτος	2,5	1	48
ἐν	prep dat	2711	21
ἐναγκαλίζομαι	D dep	2	38
ἐνάλιον	2.8<2,5	1	48
ἔναντι	adv as prep gen	2	38
ἐναντίον	prep gen	5	28
ἐναντίος	2-1,2	8	26
ἐνάρχομαι	G dep	2	38
ἔνατος	2-1,1	10	9
ἐνγράφομαι	LB pass	3	34
ἐνδεής	3,22	1	48
ἔνδειγμα	3,31	1	48
ἐνδείκνυμι	$\mu\iota^{4}$ mid	11	16
ἔνδειξις	3.26	4	31
ἕνδεκα	adj,24	6	27
ἑνδέκατος	2-1,1	3	34
ἐνδέχεται	G dep impers	1	48
ἐνδημέω	C-E	3	34
ἐνδιδύσκω	+σκ	2	38
ἔνδικος	2,5	2	38
ἐνδοξάζομαι	D pass	2	38
ἔνδοξος	2,5	4	31

ἔνδυμα	3.31	8	25
ἐνδυναμόω	C-O	7	26
ἐνδύνω	+ν	1	48
ἔνδυσις	3.26	1	48
ἐνδύω	ω	28	16
ἐνδώμησις	3.26	1	48
ἐνέδρα	1.2	2	38
ἐνεδρεύω	ω	2	39
ἐνειλέω	C-E	1	48
ἔνειμι	spec	1	48
ἕνεκα or -κεν	prep gen	26	20
ἐνενήκοντα ἐννέα	adj,24	4	31
ἐνεός	2-1,2	1	48
ἐνέργεια	1.2	8	25
ἐνεργέω	C-E	21	13
ἐνέργημα	3.31	2	39
ἐνεργής	3,22	3	34
ἐνευλογέομαι	C-E pass	2	39
ἐνέχω	G	3	34
ἐνθάδε	adv PL	8	25
ἔνθεν	adv PL	2	39
ἐνθυμέομαι	C-E dep	2	39
ἐνθύμησις	3.26	4	31
ἔνι	v impers	6	27
ἐνιαυτός	2.7	14	4
ἐνίστημι	μι^{1}	7	26
ἐνισχύω	ω	2	39
ἐνκάθετος	2.7<2,5	1	48
ἐνκαίνια	2.8 pl	1	48
ἐνκαινίζω	D	2	39
ἐνκακέω	C-E	6	27
ἐνκατοικέω	C-E	1	48
ἐνκαυχάομαι	C-A mid dep	1	48
ἐνκεντρίζω	D	6	27
ἐνκοπή	1.1	1	48
ἐνκόπτω	LB	5	28
ἐνκρίνω	N	1	48
ἔνκυος	2,5	1	48
ἐννέα	adj,24	1	48
ἐννεύω	ω	1	48
ἔννοια	1.2	2	39
ἔννομος	2,5	2	39
ἔννυχα	adv T<2,5	1	48
ἐνοικέω	C-E	6	27
ἐνορκίζω	D	1	48
ἑνότης	no decl	2	39
ἐνοχλέω	C-E	2	39
ἔνοχος	2,5	10	10
ἐνπεριπατέω	C-E	1	48
ἐνπνέω	C-E spec	1	48
ἔνταλμα	3.31	3	34
ἐνταφιάζω	D	2	39
ἐνταφιασμός	2.7	2	39
ἐντέλλομαι	L mid dep	15/16	15
ἐντεῦθεν	adv PL	9	24
ἔντευξις	3.26	2	39
ἔντιμος	2,5	5	28
ἐντολή	1.1	67	3
ἐντόπιος	2.7<2-1,2	1	48
ἐντός	prep gen <adv PL	2	39
ἐντρέπω	LB	9	24
ἐντρέφομαι	LB pass	1	48
ἔντρομος	2,5	3	34
ἐντροπή	1.1	2	39
ἐντρυφάω	C-A	1	48
ἐντυγχάνω	+αν+	5	28
ἐντυλίσσω	G-1	3	34
ἐντυπόω	C-O	1	48
ἐνυβρίζω	D	1	48
ἐνυπνιάζομαι	D dep	2	39
ἐνύπνιον	2.8	1	48
ἐνώπιον	prep gen	93/94	20
Ἐνώς ὁ	indecl	1	62
ἐνωτίζομαι	D dep?	1	48
Ἐνώχ ὁ	indecl	3	62
ἕξ	adj,24	13/10	12
ἐξαγγέλλω	L	1	48
ἐξαγοράζω	D	4	31
ἐξάγω	G	12	14
ἐξαιρέω	C-E spec	8	25
ἐξαίρω	L	1	48
ἐξαιτέομαι	C-E mid	1	48
ἐξαίφνης	adv M	5	28
ἐξακολουθέω	C-E	3	34
ἑξακόσιοι	adj,23	2	39
ἐξαλείφω	LB	5	28
ἐξάλλομαι	mid?	1	48
ἐξανάστασις	3.26	1	48
ἐξανατέλλω	L	2	39
ἐξανίστημι	μι^{1}	3	34
ἐξαπατάω	C-A	6	27
ἐξάπινα	adv M	1	48
ἐξαπορέομαι	C-E pass dep	2	39
ἐξαποστέλλω	L	13	15
ἐξαρτίζω	D	2	39
ἐξαστράπτω	LB	1	48
ἐξαυτῆς	adv T	6	27
ἐξεγείρω	L	2	39
ἔξειμι	μι^{6}	4	31
ἐξέλκομαι	G pass	1	48
ἐξέραμα	3.31	1	48
ἐξεραυνάω	C-A	1	48
ἐξέρχομαι	G in pr dep	217/222	14
ἔξεστιν	v impers	31/33	17
ἐξετάζω	D	3	34
ἐξηγέομαι	C-E mid dep	6	27
ἑξήκοντα	adj,24	9	24
ἑξῆς	adv T	5	28
ἐξηχέομαι	C-E mid dep	1	48
ἕξις	3.26	1	48
ἐξίστημι	μι^{1}	17	16
ἐξισχύω	ω	1	48
ἔξοδος	2.7f	3	34
ἐξολεθρεύομαι	ω pass	1	48
ἐξομολογέω	C-E	10	13
ἐξορκίζω	D	1	48
ἐξορκιστής	1.4	1	48
ἐξορύσσω	G-1	2	39
ἐξουδενέω	C-E	1	48
ἐξουθενέω	C-E	11	13
ἐξουσία	1.2	102/103	3
ἐξουσιάζω	D	4	31
ἐξοχή	1.1	1	48
ἐξυπνίζω	D	1	48
ἔξυπνος	2,5	1	48
ἔξω	adv PL	62	17
	prep gen		20
ἔξωθεν	adv PL	13/12	17
	prep gen		20
ἐξωθέω	C-E	2	39
ἐξώτερος	2-1,2	3	34
ἔοικα	v pf-pr	2	39
ἑορτάζω	D	1	48
ἑορτή	1.1	25/27	3
ἐπαγγελία	1.2	52	3
ἐπαγγέλλομαι	L mid	15	15
ἐπάγγελμα	3.31	2	39
ἐπάγω	G	3	34
ἐπαγωνίζομαι	D dep?	1	48
ἐπαθροίζομαι	D pass	1	48
Ἐπαίνετος ὁ	2.7	1	62
ἐπαινέω	C-E spec	6	27
ἔπαινος	2.7	11	4
ἐπαίρω	L	19	15
ἐπαισχύνομαι	pass dep	11	17
ἐπαιτέω	C-E	2	39
ἐπακολουθέω	C-E	4	31
ἐπακούω	ω	1	48
ἐπακροάομαι	C-A mid or pass	1	48
ἐπάν	conj tempor	3	34
ἐπάναγκες	adv M	1	48
ἐπανάγω	G	3	34
ἐπαναμιμνήσκω	+ισκ	1	48
ἐπαναπαύομαι	ω pass and mid	2	39
ἐπανέρχομαι	G in pr dep	2	39
ἐπανίσταμαι	μι^{1} mid	2	39
ἐπανόρθωσις	3.26	1	48
ἐπάνω	adv PL	19	17
	prep gen		20
ἐπάρατος	2,5	1	48
ἐπαρκέω	C-E spec	3	34
ἐπαρχεία	1.2	1	48
ἐπάρχειος	2,5	1	48
ἔπαυλις	3.26	1	48
ἐπαύριον	adv T	17	18
Ἐπαφρᾶς	1.6	3	62
ἐπαφρίζω	D	1	48
Ἐπαφρόδιτος	2.7	2	62
ἐπεγείρω	L	2	39
ἐπεί	conj subord	26	18
ἐπειδή	conj subord	10	18
ἐπειδήπερ	conj subord	1	48
ἐπεῖδον	v suppl	2	39
ἔπειμι	: see ἐπιοῦσα		
ἐπεισαγωγή	1.1	1	48
ἐπεισέρχομαι	G in pr dep	1	49
ἔπειτα	adv T	16	18
ἐπέκεινα	prep gen	1	48
ἐπεκτείνομαι	N mid	1	48
ἐπενδύομαι	ω mid	2	39
ἐπενδύτης	1.4	1	48
ἐπέρχομαι	G in pr dep	9	24
ἐπερωτάω	C-A	56	12
ἐπερώτημα	3.31	1	48
ἐπέχω	G	5	28
ἐπηρεάζω	D	2	39
ἐπί	prep gen dat acc	879	20
ἐπιβαίνω	+ν+	6	27
ἐπιβάλλω	L	18	15
ἐπιβαρέω	C-E	3	34
ἐπιβιβάζω	D	3	34
ἐπιβλέπω	LB	3	34
ἐπίβλημα	3.31	4	31
ἐπιβουλή	1.1	4	31
ἐπιγαμβρεύω	ω	1	48
ἐπίγειος	2,5	7	26
ἐπιγίνομαι	dep	1	48
ἐπιγινώσκω	+σκ	44	16
ἐπίγνωσις	3.26	20	7
ἐπιγραφή	1.1	5	28
ἐπιγράφω	LB	5	28
ἐπιδείκνυμι	μι^{4}	7	26
ἐπιδέχομαι	G dep	2	39
ἐπιδημέω	C-E	2	39
ἐπιδιατάσσομαι	G-1 dep?	1	48
ἐπιδίδωμι	μι^{3}	9/10	16,24
ἐπιδιορθόω	C-O	1	48
ἐπιδύω	ω	1	48
ἐπιεικής	3,22	5	28
ἐπιεικία	1.2	2	39
ἐπιζητέω	C-E	13	13
ἐπιθανάτιος	2,5	1	48
ἐπίθεσις	3.26	4	31
ἐπιθυμέω	C-E	16	13
ἐπιθυμητής	1.4	1	48
ἐπιθυμία	1.2	38	3
ἐπικαθίζω	D irr	1	49
ἐπικαλέω	C-E	30	13
ἐπικάλυμμα	3.31	1	49
ἐπικαλύπτω	LB	1	49
ἐπικατάρατος	2,5	2	39
ἐπίκειμαι	κει	7	26
ἐπικέλλω	L	1	49
ἐπικουρία	1.2	1	49
Ἐπικούριος	2.7	1	62
ἐπικρίνω	N	1	49
ἐπιλαμβάνομαι	+αν+ mid irr	19	15
ἐπιλανθάνομαι	+αν+ mid	8	25
ἐπιλέγομαι	G mid and pass	2	39
ἐπιλείπω	LB	1	49
ἐπιλείχω	G	1	49
ἐπιλησμονή	1.1	1	49
ἐπίλοιπος	2,5	1	49
ἐπίλυσις	3.26	1	49
ἐπιλύω	ω	2	39
ἐπιμαρτυρέω	C-E	1	49
ἐπιμέλεια	1.2	1	49
ἐπιμελέομαι	C-E pass dep	3	34
ἐπιμελῶς	adv M	1	49
ἐπιμένω	N	16/17	15
ἐπινεύω	ω	1	49
ἐπίνοια	1.2	1	49
ἐπιορκέω	C-E	1	49

ἐπίορκος	2.7<2,5	1	49
ἐπιοῦσα	μι^{6} f pt	5	28
ἐπιούσιος	2,5	2	39
ἐπιπίπτω	D irr	11	14
ἐπιπλήσσω	G-1	1	49
ἐπιποθέω	C-E	9	24
ἐπιπόθησις	3.26	2	39
ἐπιπόθητος	2,5	1	49
ἐπιποθία	1.2	1	49
ἐπιπορεύομαι	ω dep	1	49
ἐπιράπτω	LB	1	49
ἐπιρίπτω	LB	2	39
ἐπίσημος	2,5	2	39
ἐπισιτισμός	2.7	1	49
ἐπισκέπτομαι	mid dep	11	17
ἐπισκευάζομαι	D mid	1	49
ἐπισκηνόω	C-O	1	49
ἐπισκιάζω	D	5	29
ἐπισκοπέω	C-E	1	49
ἐπισκοπή	1.1	4	31
ἐπίσκοπος	2.7	5	29
ἐπισπάομαι	C-A mid	1	49
ἐπισπείρω	L	1	49
ἐπίσταμαι	μι^{1} pass dep	14	16
ἐπίστασις	3.26	2	39
ἐπιστάτης	1.4	7	26
ἐπιστέλλω	L	3	34
ἐπιστήμων	3,19	1	49
ἐπιστηρίζω	D	3	34
ἐπιστολή	1.1	24	3
ἐπιστομίζω	D	1	49
ἐπιστρέφω	LB	36	15
ἐπιστροφή	1.1	1	49
ἐπισυνάγω	G	8	25
ἐπισυναγωγή	1.1	2	39
ἐπισυντρέχω	G in pr	1	49
ἐπισφαλής	3,22	1	49
ἐπισχύω	ω	1	49
ἐπισωρεύω	ω	1	49
ἐπιταγή	1.1	7	26
ἐπιτάσσω	G-1	10	14
ἐπιτελέω	C-E	10	13
ἐπιτήδειος	2-1,2	1	49
ἐπιτίθημι	μι^{2}	40	16
ἐπιτιμάω	C-A	30	12
ἐπιτιμία	1.2	1	49
ἐπιτρέπω	LB	18	15
ἐπιτροπή	1.1	1	49
ἐπίτροπος	2.7	3	34
ἐπιτυγχάνω	+αν+	5	29
ἐπιφαίνω	N	4	31
ἐπιφάνεια	1.2	6	27
ἐπιφανής	3,22	1	49
ἐπιφαύσκω	+σκ	1	49
ἐπιφέρω	L	2	39
ἐπιφωνέω	C-E	4	31
ἐπιφώσκω	+σκ ?	2	39
ἐπιχειρέω	C-E	3	34
ἐπιχέω	C-E spec	1	49
ἐπιχορηγέω	C-E	5	29
ἐπιχορηγία	1.2	2	39
ἐπιχρίω	ω	1	49
ἐποικοδομέω	C-E	7	26
ἐπονομάζομαι	D pass	1	49
ἐποπτεύω	ω	2	39
ἐπόπτης	1.4	1	49
ἔπος	3.33	1	49
ἐπουράνιος	2,5	19	10
ἑπτά	adj,24	88/86	12
ἑπτάκις	adv T	4	31
ἑπτακισχίλιοι	adj,23	1	49
Ἔραστος (2)	2.7	3	62
ἐραυνάω	C-A	6	27
ἐργάζομαι	D irr dep	41	14
ἐργασία	1.2	6	27
ἐργάτης	1.4	16	4
ἔργον	2.8	169/168	5
ἐρεθίζω	D	2	39
ἐρείδω	D	1	49
ἐρεύγομαι	G dep?	1	49
ἐρημία	1.2	4	31
ἔρημος	2.7f ; 2,5	47/48	5,10
ἐρημόω	C-O (pass)	5	29
ἐρήμωσις	3.26	3	34
ἐρίζω	D	1	49
ἐριθεία	1.2	7	26
ἔριον	2.8	2	39
ἔρις irr	cf 3.12	9	24
ἐρίφιον	2.8	1	49
ἔριφος	2.7	2	39
Ἑρμᾶς	1.6	1	62
ἑρμηνία	1.2	2	39
ἑρμηνεύω	ω	3	34
Ἑρμῆς	1.4	2	62
Ἑρμογένης, ὁ	cf 3,22	1	62
ἑρπετόν	2.8	4	31
ἐρυθρός	2-1,2	2	39
ἔρχομαι	G in pr dep	633/635	14
ἐρῶ	suppl	96	17
ἐρωτάω	C-A	63	12
ἐσθής	no decl	7	26
ἔσθησις	3.26	1	49
ἐσθίω	ω	158/157	16
Ἐσλεί ὁ	indecl	1	62
ἔσοπτρον	2.8	2	39
ἑσπέρα	1.2	3	34
Ἑσρώμ and -ών ὁ	indecl	3	62
ἔσχατος	2-1,1	52/53	9
ἐσχάτως	adv T	1	49
ἔσω	adv PL prep gen	9	24
ἔσωθεν	adv PL prep gen	12	17 20
ἐσώτερος	2-1,2 prep gen	2	39
ἑταῖρος	2.7	3	34
ἑτερόγλωσσος	2,5	1	49
ἑτεροδιδασκαλέω	C-E	2	39
ἑτεροζυγέω	C-E	1	49
ἕτερος	2-1,2	97/98	9
ἑτέρως	adv M	1	49
ἔτι	adv S	92	18
ἑτοιμάζω	D	41	14
ἑτοιμασία	1.2	1	49
ἕτοιμος	2-1,1	17	9
ἑτοίμως	adv M	3	34
ἔτος	3.33	49	8
εὖ	adv M	5	29
Εὕα	1.2	2	62
εὐαγγελίζομαι	D mid	54	14
εὐαγγέλιον	2.8	76	5
εὐαγγελιστής	1.4	3	34
εὐαρεστέω	C-E	3	34
εὐάρεστος	2,5	9	24
εὐαρέστως	adv M	1	49
Εὔβουλος	2.7	1	62
εὖ γε	adv M	1	49
εὐγενής	3,22	3	34
εὐδία	1.2	1	49
εὐδοκέω	C-E	21	13
εὐδοκία	1.2	9	24
εὐεργεσία	1.2	2	39
εὐεργετέω	C-E	1	49
εὐεργέτης	1.4	1	49
εὔθετος	2,5	3	34
εὐθέως	adv T	33	18
εὐθυδρομέω	C-E	2	39
εὐθυμέω	C-E	3	34
εὔθυμος	2,5	1	49
εὐθύμως	adv M	1	49
εὐθύνω	N	2	39
εὐθύς I	3-1,13	8	25
εὐθύς II	adv T	54	18
εὐθύτης	no decl	1	49
εὐκαιρέω	C-E	3	34
εὐκαιρία	1.2	2	39
εὔκαιρος	2,5	2	39
εὐκαίρως	adv M	2	39
εὐκοπώτερος	2-1,2	7	26
εὐλάβεια	1.2	2	39
εὐλαβέομαι	C-E pass dep	1	49
εὐλαβής	3,22	4	31
εὐλογέω	C-E	41	13
εὐλογητός	2-1,1	8	25
εὐλογία	1.2	16	3
εὐμετάδοτος	2,5	1	49
Εὐνίκη	1.1	1	62
εὐνοέω	C-E	1	49
εὔνοια	1.2	1	49
εὐνουχίζω	D	2	39
εὐνοῦχος	2.7	8	25
Εὐοδία	1.2	1	62
εὐοδόομαι	C-O pass	4	31
εὐπάρεδρον	2.8<2,5	1	49
εὐπειθής	3,22	1	49
εὐπερίστατος	2,5	1	49
εὐποιΐα	1.2	1	49
εὐπορέομαι	C-E mid	1	49
εὐπορία	1.2	1	49
εὐπρέπεια	1.2	1	49
εὐπρόσδεκτος	2,5	5	29
εὐπροσωπέω	C-E	1	49
Εὐρακύλων	3.17m	1	49
εὑρίσκω	+ισκ	176/175	16
εὐρύχωρος	2,5	1	49
εὐσέβεια	1.2	15	3
εὐσεβέω	C-E	2	39
εὐσεβής	3,22	3	34
εὐσεβῶς	adv M	2	39
εὔσημος	2,5	1	49
εὔσπλαγχνος	2,5	2	39
εὐσχημόνως	adv M	3	34
εὐσχημοσύνη	1.1	1	49
εὐσχήμων	adv M	5	29
εὐτόνως	adv M	2	39
εὐτραπελία	1.2	1	49
Εὔτυχος	2.7	1	62
εὐφημία	1.2	1	49
εὔφημος	2,5	1	49
εὐφορέω	C-E	1	49
εὐφραίνω	N	14	15
Εὐφράτης	1.4	2	62
εὐφροσύνη	1.1	2	39
εὐχαριστέω	C-E	38	13
εὐχαριστία	1.2	15	3
εὐχάριστος	2,5	1	49
εὐχή	1.1	3	34
εὔχομαι	dep	6	27
εὔχρηστος	2,5	3	34
εὐψυχέω	C-E	1	49
εὐωδία	1.2	3	34
εὐώνυμος	2,5	9	24
ἐφάλλομαι	—	1	49
ἐφάπαξ	adv T	5	29
Ἐφέσιος	2.7< 2-1,2	5	62
Ἔφεσος	2.7f	16	62
ἐφευρετής	1.4	1	49
ἐφημερία	1.2	2	39
ἐφήμερος	2,5	1	49
ἐφικνέομαι	-νε- mid dep	2	39
ἐφίστημι	μι^{1}	21	16
Ἐφραίμ ὁ	indecl	1	62
ἐφφαθά v	Aram	1	49
ἐχθές	adv T	3	34
ἔχθρα	1.2	6	27
ἐχθρός	2.7 2-1,2	32	4 9
ἔχιδνα	1.3	5	29
ἔχω	G	708	14
ἕως I	conj S temporal	59	18
ἕως II	prep gen	86	20
Ζαβουλών ὁ	indecl	3	62
Ζακχαῖος	2.7	3	62
Ζαρά ὁ	—	1	62
Ζαχαρίας (3)	1.5	11	62
ζάω	C-A spec	140	12
Ζεβεδαῖος	2.7	12	62
ζεστός	2-1,1	3	34
ζεῦγος	3.33	2	39
ζευκτηρία	1.2	1	49
Ζεύς	spec decl	2	62
only forms:	Διός, Δία		
ζέω	C-E	2	39
ζηλεύω	ω	1	49
ζῆλος	2.7	16	4
ζηλόω	C-O	11	13
ζηλωτής	1.4	8	25
ζημία	1.2	4	31

ζημιόω	C-O pass	6	27
Ζηνᾶς ὁ	ᾶς,ᾶν	1	62
ζητέω	C-E	117	13
ζήτημα	3.31	5	29
ζήτησις	3.26	7	26
ζιζάνιον	2.8	8	25
Ζοροβαβέλ, ὁ	indecl	3	62
ζόφος	2.7	5	29
ζυγός	2.7	6	27
ζύμη	1.1	13	3
ζυμόω	C-O	4	31
ζωγρέω	C-E	2	39
ζωή	1.1	135	3
ζώνη	1.1	8	25
ζώννυμι	+νυ,μι[4]	3	34
ζωογονέω	C-E	3	34
ζῷον	2.8	23	5
ζωοποιέω	C-E	11	13
ἤ	particle	340	18
ἡγεμονεύω	ω	2	39
ἡγεμονία	1.2	1	49
ἡγεμών	3.17m	20	6
ἡγέομαι	dep	28	17
ἡδέως	adv M	5	29
ἤδη	adv T	60	18
ἥδιστα	: see ἡδέως		
ἡδονή	1.1	5	29
ἡδύοσμον	2.8	2	39
ἦθος	3.33	1	49
ἥκω	G pf-pr	25/26	14
ἠλεί	: see ἠλί		
Ἡλεί ὁ	indecl	1	62
Ἠλείας ὁ	1.5	29	62
ἠλί n	Aram	2	39
ἡλικία	1.2	8	25
ἡλίκος	2-1,1	2	39
ἥλιος	2.7	32	4
ἧλος	2.7	2	39
ἡμέρα	1.2	388/389	3
ἡμέτερος	pron poss 2-1,2	8	25
ἡμιθανής	3,22	1	49
ἥμισυ	3 decl	5	29
ἡμιώριον	2.8	1	49
ἡνίκα	particle of T	2	39
ἤπερ	particle	1	49
ἤπιος	2-1,2	2	39
Ἤρ ὁ	indecl	1	62
ἤρεμος	2,5	1	49
Ἡρῴδης (3)	1.4	43	62
Ἡρῳδιανοί	2.7 pl	3	62
Ἡρῳδιάς	cf 3.12f	6	63
Ἡρῳδίων	3.19 m	1	63
Ἠσαΐας	1.5	22	63
Ἠσαῦ ὁ	indecl	3	63
ἥσσων	3,21	2	39
ἡσυχάζω	D	5	29
ἡσυχία	1.2	4	31
ἡσύχιος	2,5	2	39
ἤτοι	conj coörd	1	49
ἡττάομαι	pass	3	34
ἥττημα	3.31	2	39
ἠχέω	C-E	1	49
ἦχος I	2.7	3	34
ἦχος II	3.33	1	49
Θαδδαῖος	2.7	2	63
θάλασσα	1.3	91/92	4
θάλπω	LB	2	39
Θάμαρ ἡ	indecl	1	63
θαμβέομαι	C-E pass	3	34
θάμβος	3.33	3	34
θανάσιμον	2.8<2,5	1	49
θανατηφόρος	2,5	1	49
θάνατος	2.7	120	4
θανατόω	C-O	11	13
θάπτω	LB	11	15
Θαρά ὁ	indecl	1	63
θαρρέω	C-E	6	27
θαρσέω	C-E	7	26
θάρσος	3.33	1	49
θαῦμα	3.31	2	39
θαυμάζω	D	42/43	14
θαυμάσιος	2-1,2	1	49
θαυμαστός	2-1,1	6	27
θεά	1.2	1	49
θεάομαι	mid and pass; dep?	22	17
θεατρίζομαι	D pass	1	49
θέατρον	2.8	3	28
θεῖον	2.8	7	26
θεῖος	2-1,2	3	34
θειότης	no decl	1	49
θειώδης	3,22	1	49
θέλημα	3.31	62	8
θέλησις	3.26	1	49
θέλω	L	207/209	15
θεμέλιος	2.7	16	4
θεμελιόω	C-O	5	29
θεοδίδακτος	2,5	1	50
θεομάχος	2,5	1	50
θεόπνευστος	2,5	1	50
θεός	2.7	1311/1327	4
	2.7f	1	5,50
θεοσέβεια	1.2	1	50
θεοσεβής	3,22	1	50
θεοστυγής	3,22	1	50
θεότης	no decl	1	50
Θεόφιλος	2.7	2	63
θεραπεία	1.2	3	34
θεραπεύω	ω	43	16
θεράπων	3.17m	1	50
θερίζω	D	21	14
θερισμός	2.7	13	4
θεριστής	1.4	2	39
θερμαίνομαι	N mid	6	27
θέρμη	1.1	1	50
θέρος	3.33	3	34
Θεσσαλονικεύς	3.29	4	63
Θεσσαλονίκη	1.1	5	63
Θευδᾶς	1.6	1	63
θεωρέω	C-E	57	13
θεωρία	1.2	1	50
θήκη	1.1	1	50
θηλάζω	D	5	29
θῆλυς	3-1,13	5	29
θήρα	1.2	1	50
θηρεύω	ω	1	50
θηριομαχέω	C-E	1	50
θηρίον	2.8	45	5
θησαυρίζω	D	8	25
θησαυρός	2.7	17	4
θιγγάνω	+αν+	3	34
θλίβω	LB	10	15
θλῖψις	3.26	45	7
θνήσκω	+ισκ	9	24
θνητός	2-1,1	6	27
θορυβάζω	D pass	1	50
θορυβέω	C-E	4	31
θόρυβος	2.7	7	26
θραύω	ω pass	1	50
θρέμμα	3.31	1	50
θρηνέω	C-E	4	31
θρησκεία	1.2	4	31
θρῆσκος	2,5	1	50
θριαμβεύω	ω	2	39
θρίξ	3.9f	15	6
θροέομαι	C-E pass	3	34
θρόμβος	2.7	1	50
θρόνος	2.7	62	4
Θυάτειρα τά	–	4	63
θυγάτηρ	3.20f	28	7
θυγάτριον	2.8	2	39
θύελλα	1.3	1	50
θύϊνος	2-1,1	1	50
θυμίαμα	3.31	6	27
θυμιατήριον	2.8	1	50
θυμιάω	C-A	1	50
θυμομαχέω	C-E	1	50
θυμόομαι	C-O pass	1	50
θυμός	2.7	18	4
θύρα	1.2	39	3
θυρεός	2.7	1	50
θυρίς	3.12f	2	39
θυρωρός	2.7; 2.7f	4	31
θυσία	1.2	28	3
θυσιαστήριον	2.8	23	5
θύω	ω	14	16
Θωμᾶς	1.6	11	63
θώραξ	3.9m	5	29
Ἰάειρος	2.7	2	63
Ἰακώβ (2) ὁ	indecl	27	63
Ἰάκωβος (5)	2.7	42	63
ἴαμα	3.31	3	34
Ἰαμβρῆς ὁ	–	1	63
Ἰανναί ὁ	indecl	1	63
Ἰαννῆς ὁ	–	1	63
ἰάομαι	mid dep and pass	26	17
Ἰάρετ ὁ	indecl	1	63
ἴασις	3.26	3	34
ἴασπις	3.12f	4	31
Ἰάσων (2)	3.17m	5	63
ἰατρός	2.7	6/7	27
ἴδε	interj	29	19
ἴδιος	2-1,2	113/116	9
ἰδιώτης	1.4	5	29
ἰδού	particle demonstr	200	18
Ἰδουμαία	1.2	1	63
ἱδρώς	cf 3.12m	1	50
Ἰεζάβελ ἡ	indecl	1	63
Ἱεράπολις	3.26	1	63
ἱερατεία	1.2	2	39
ἱεράτευμα	3.31	2	39
ἱερατεύω	ω	1	50
Ἰερειχώ ἡ	indecl	7	63
Ἰερεμίας	1.5	3	63
ἱερεύς	3.29	31/32	8
ἱερόθυτος	2,5	1	50
ἱερόν	2.8	71	5
ἱεροπρεπής	3,22	1	50
ἱερός	2.8<2-1,2	2	39
Ἱεροσόλυμα τά, ἡ	indecl	63	63
Ἱεροσολυμεῖται	1.4	2	63
ἱεροσυλέω	C-E	1	50
ἱερόσυλος	2.7<2,5	1	50
ἱερουργέω	C-E	1	50
Ἱερουσαλήμ, ἡ	indecl	76	63
ἱερωσύνη	1.1	3	34
Ἰεσσαί ὁ	indecl	5	63
Ἰεφθάε ὁ	indecl	1	63
Ἰεχονίας	1.5	2	63
Ἰησοῦς	spec decl	909	63
Ἰησοῦς (3)	spec decl	4	63
ἱκανός	2-1,1	40	9
ἱκανότης	no decl	1	50
ἱκανόω	C-O	2	39
ἱκετηρία	1.2	1	50
ἱκμάς	cf 3.12f	1	50
Ἰκόνιον	2.8	6	63
ἱλαρός	2-1,2	1	50
ἱλαρότης	no decl	1	50
ἱλάσκομαι	+σκ mid dep	2	39
ἱλασμός	2.7	2	39
ἱλαστήριον	2.8	2	39
ἵλεως	spec decl	2	39
Ἰλλυρικόν	2.8	1	63
ἱμάς	3.15	4	31
ἱματίζομαι	D pass	2	39
ἱμάτιον	2.8	60	5
ἱματισμός	2.7	5	29
ἵνα	particle	565	18
ἵνα μή	particle w neg particle	109	18
ἵνα τί	conj interr	6	27
Ἰόππη	1.1	10	63
Ἰορδάνης	1.4	15	63
ἰός	2.7	3	34
Ἰουδαία	1.2	44	63
ἰουδαΐζω	D	1	50
Ἰουδαϊκός	2-1,1	1	63
Ἰουδαϊκῶς	adv M	1	63
Ἰουδαῖος	1.2<2-1,2 2.7<2-1,2	194	63
Ἰουδαϊσμός	2.7	2	39
Ἰούδας I	1.6	10	63
Ἰούδας II	1.6	22	63
Ἰούδας (6) III	1.6	12	63
Ἰουλία	1.2	1	63
Ἰούλιος	2.7	2	63
Ἰουνίας	1.6	1	63
Ἰοῦστος (3)	2.7	3	63

Word	Class	Freq.	Cat.
ἱππεύς	3.29	2	39
ἱππικόν	2.8<2-1,1	1	50
ἵππος	2.7	17	4
ἶρις	3.12f	2	39
Ἰσαάκ ὁ	indecl	20	63
ἰσάγγελος	2,5	1	50
Ἰσκαριώθ, ὁ	indecl	3	63
Ἰσκαριώτης (2)	1.4	8	63
ἴσος	2-1,1	8	25
ἰσότης	no decl	3	34
ἰσότιμος	2,5	1	50
ἰσόψυχος	2,5	1	50
Ἰσραήλ (4), ὁ	indecl	68	63
Ἰσραηλίτης	1.4	9	63
Ἰσσαχάρ ὁ	indecl	1	63
ἵστημι	μι^{1}	152	16
ἱστορέω	C-E	1	50
ἰσχυρός	2-1,2	28/29	9
ἰσχύς	3.28f	10	8
ἰσχύω	ω	28	16
ἴσως	adv ως	1	50
Ἰταλία	1.2	4	63
Ἰταλικός	2-1,1	1	63
Ἰτουραία	1.2	1	63
ἰχθύδιον	2.8	2	39
ἰχθύς	3.28m	20	8
ἴχνος	3.33	3	34
Ἰωαθάμ ὁ	indecl	2	63
Ἰωάνα	1.2	2	63
Ἰωανάν ὁ	indecl	1	63
Ἰωάνης I	1.4	90	63
Ἰωάνης II	1.4	34	63
Ἰωάνης III	1.4	9	63
Ἰωάννης	1.4	1	63
Ἰώβ ὁ	indecl	1	63
Ἰωβήδ ὁ	indecl	3	63
Ἰωδά ὁ	indecl	1	63
Ἰωήλ ὁ	indecl	1	63
Ἰωνάμ ὁ	indecl	1	63
Ἰωνᾶς	1.6	9	63
Ἰωράμ ὁ	indecl	2	63
Ἰωρείμ ὁ	indecl	1	63
Ἰωσαφάτ ὁ	indecl	2	63
Ἰωσείας	1.5	2	63
Ἰωσῆς (2)	cf 3,22m	3	63
Ἰωσήφ I ὁ	indecl	9	63
Ἰωσήφ II ὁ	indecl	14	63
Ἰωσήφ III ὁ	indecl	6	63
Ἰωσήφ (5) IV ὁ	indecl	6	63
Ἰωσήχ ὁ	indecl	1	63
ἰῶτα τό	indecl	1	50
κἀγώ	contracted	84	19
καθά	adv S	1	50
καθαίρεσις	3.26	3	34
καθαιρέω	C-E spec	9	24
καθαίρω	L	1	50
καθάπερ	adv S	17	18
καθάπτω	LB	1	50
καθαρίζω	D irr	31	14
καθαρισμός	2.7	7	26
καθαρός	2-1,2	26/27	9
καθαρότης	no decl	1	50
καθέδρα	1.2	3	34
καθέζομαι	dep?	7	26
καθεξῆς	adv M	5	29
καθεύδω	D irr	22	14
καθηγητής	1.4	2	40
καθήκει	G impers	2	40
κάθημαι	μι^{6} dep?	91	16
καθημερινός	2-1,1	1	50
καθίζω	D irr	46	14
καθίημι	μι^{5}	4	31
καθίστημι	μι^{1}	21	16
καθό	adv M and degree	4	31
καθόλου	adv M	1	50
καθοπλίζομαι	D pass	1	50
καθοράω	C-A	1	50
καθότι	—	6	27
καθώς	adv ως	178	17
καθώσπερ	adv S	1	50
καί	conj coörd	passim	18
(Morgenthaler gives 8947)			
Καϊάφας	1.6	9	63
Καίν ὁ	indecl	3	64
Καϊνάμ (2) ὁ	indecl	2	64
καινός	2-1,1	42	9
καινότης	no decl	2	40
καίπερ	conj concessive	5	29
καιρός	2.7	85/86	4
Καῖσαρ ὁ	3 decl	29	64
Καισαρία (2)	1.2	17	64
καίτοι	particle emph	2	40
καίτοι γε	particle —	1	50
καίω	ω	12	16
κἀκεῖ	adv PL	10	17
κἀκεῖθεν	adv PL,T	10	17
κἀκεῖνος	{contracted as 2-1,1a	22	19
κακία	1.2	11	3
κακοήθεια	1.2	1	50
κακολογέω	C-E	4	31
κακοπάθεια	1.2	1	50
κακοπαθέω	C-E	3	34
κακοποιέω	C-E	4	31
κακοποιός	2.7<2,5	3	34
κακός	2-1,1	50	9
κακοῦργος	2.7<2,5	4	31
κακουχέομαι	C-E pass	2	40
κακόω	C-O	6	27
κακῶς	adv M	16	17
κάκωσις	3.26	1	50
καλάμη	1.1	1	50
κάλαμος	2.7	12	4
καλέω	C-E	148/146	13
καλλιέλαιος	2.7	1	50
καλοδιδάσκαλος	2,5	1	50
καλοποιέω	C-E	1	50
καλός	2-1,1	101/102	9
κάλυμμα	3.31	4	31
καλύπτω	LB	8	25
καλῶς	adv ως	37	17
κάμηλος	2.7; 2.7f	6	27
κάμινος	2.7f	4	31
καμμύω	ω	2	40
κάμνω	+ν	2	40
κάμπτω	LB	4	31
κἄν	contracted	18	19
Κανά ἡ	indecl	4	64
Καναναῖος	2.7	2	64
Κανδάκη	1.1	1	64
κανών	3.17m	4	31
καπηλεύω	ω	1	50
καπνός	2.7	13	4
Καππαδοκία	1.2	2	64
καρδία	1.2	156/157	3
καρδιογνώστης	1.4	2	40
καρπός	2.7	66	4
Κάρπος	2.7	1	64
καρποφορέω	C-E	8	25
καρποφόρος	2,5	1	50
καρτερέω	C-E	1	50
κάρφος	3.33	6	27
κατά	prep gen acc	471	21
καταβαίνω	+ν+	81/82	15
καταβάλλω	L	2	40
καταβαρέω	C-E	1	50
καταβαρύνω	N	1	50
κατάβασις	3.26	1	50
καταβολή	1.1	11	3
καταβραβεύω	ω	1	50
καταγγελεύς	3.29	1	50
καταγγέλλω	L	18	15
καταγελάω	C-A	3	34
καταγινώσκω	+σκ	3	34
κατάγνυμι	νυ,μι^{4}	4	31
καταγράφω	LB	1	50
κατάγω	G	9	24
καταγωνίζομαι	D mid dep	1	50
καταδέω	C-E spec	1	50
κατάδηλος	2,5	1	50
καταδικάζω	D	5	29
καταδίκη	1.1	1	50
καταδιώκω	G	1	50
καταδουλόω	C-O	2	40
καταδυναστεύω	ω	2	40
κατάθεμα	3.31	1	50
καταθεματίζω	D	1	50
καταισχύνω	N	13	15
κατακαίω	ω	12/13	16
κατακαλύπτομαι	LB mid	3	34
κατακαυχάομαι	C-A mid dep	4	31
κατάκειμαι	κει	12	15
κατακλάω	C-A	2	40
κατακλείω	ω	2	40
κατακληρονομέω	C-E	1	50
κατακλίνω	N	5	29
κατακλύζω	D pass	1	50
κατακλυσμός	2.7	4	31
κατακολουθέω	C-E	2	40
κατακόπτω	LB	1	50
κατακρημνίζω	D	1	50
κατάκριμα	3.31	3	34
κατακρίνω	N	18	15
κατάκρισις	3.26	2	40
κατακύπτω	LB	1	50
κατακυριεύω	ω	4	31
καταλαλέω	C-E	5	29
καταλαλιά	1.2	2	40
κατάλαλος	2.7<2,5	1	50
καταλαμβάνω	+αν+	15/16	15
καταλέγομαι	G pass	1	50
καταλείπω	LB	24	15
καταλιθάζω	D	1	50
καταλλαγή	1.1	4	31
καταλλάσσω	pass	6	27
κατάλοιπος	2.7<2,5	1	50
κατάλυμα	3.31	3	34
καταλύω	ω	17	16
καταμανθάνω	+αν+	1	50
καταμαρτυρέω	C-E	3	34
καταμένω	N	2	40
καταναλίσκω	+ισκ	1	50
καταναρκάω	C-A	3	34
κατανεύω	ω	1	50
κατανοέω	C-E	14	13
καταντάω	C-A	13	12
κατάνυξις	3.26	1	50
κατανύσσομαι	G-I pass	1	50
καταξιόομαι	C-O pass	3	34
καταπατέω	C-E	5	29
κατάπαυσις	3.26	9	24
καταπαύω	ω	4	31
καταπέτασμα	3.31	6	27
καταπίνω	+ν	7	26
καταπίπτω	D irr	3	34
καταπλέω	C-E spec	1	50
καταπονέομαι	C-E pass	2	40
καταποντίζομαι	D pass	2	40
κατάρα	1.2	6	27
καταράομαι	C-A mid dep	5	29
καταργέω	C-E	27	13
καταριθμέω	C-E	1	50
καταρτίζω	D	13	14
κατάρτισις	3.26	1	50
καταρτισμός	2.7	1	50
κατασείω	ω	4	31
κατασκάπτω	LB	1	50
κατασκευάζω	D	11	14
κατασκηνόω	C-O	4	31
κατασκήνωσις	3.26	2	40
κατασκιάζω	D	1	50
κατασκοπέω	C-E	1	50
κατάσκοπος	2.7	1	50
κατασοφίζομαι	D mid dep	1	50
καταστέλλω	L	2	40
κατάστημα	3.31	1	50
καταστολή	1.1	1	50
καταστρέφω	LB	3	34
καταστρηνιάω	C-A	1	50
καταστροφή	1.1	2	40
καταστρώννυμαι	pass +νυ,μι^{4}	1	50
κατασύρω	L	1	50
κατασφάζω	D	1	50
κατασφραγίζω	D	1	50
κατάσχεσις	3.26	2	40

κατατίθημι	μι^{2}	3	34
κατατομή	1.1	1	50
κατατρέχω	G in pr	1	50
καταφέρω	L	4	31
καταφεύγω	G	2	40
καταφθείρω	L pass	1	50
καταφιλέω	C-E	6	27
καταφρονέω	C-E	9	24
καταφρονητής	1.4	1	50
καταχέω	C-E spec	2	40
καταχθόνιος	2,5	1	51
καταχράομαι	C-A pass	2	40
καταψύχω	G	1	51
κατείδωλος	2,5	1	51
κατέναντι	adv PL prep gen	9	24
κατενώπιον	prep gen < adv PL	3	28
κατεξουσιάζω	D	2	40
κατεργάζομαι	D irr dep	22	11
κατέρχομαι	G in pr dep	15/16	14
κατεσθίω	ω	14	16
κατευθύνω	N	3	34
κατευλογέω	C-E	1	51
κατεφίστημι	μι^{1}	1	51
κατέχω	G	17/18	14
κατηγορέω	C-E	23	13
κατηγορία	1.2	3	34
κατήγορος	2.7	4	31
κατήγωρ	3.22	1	51
κατήφεια	1.2	1	51
κατηχέω	C-E	8	25
κατιόομαι	C-O pass	1	51
κατισχύω	ω	3	34
κατοικέω	C-E	44	13
κατοίκησις	3.26	1	51
κατοικητήριον	2.8	2	40
κατοικία	1.2	1	51
κατοικίζω	D	1	51
κατοπτρίζομαι	D mid	1	51
κάτω	adv PL	10	17
κατώτερος	2-1,2	1	51
Καῦδα —	indecl	1	64
καῦμα	3.31	2	40
καυματίζω	D	4	31
καῦσις	3.26	1	51
καυσόομαι	C-O pass	2	40
καυστηριάζομαι	D pass	1	51
καύσων	3.19m	3	34
καυχάομαι	C-A dep	36	12
καύχημα	3.31	11	8
καύχησις	3.26	11	7
Καφαρναούμ, ἡ	indecl	16	64
Κεδρών ὁ	indecl	1	64
κεῖμαι	κει	24	15
κειρία	1.2	1	51
κείρω	L	4	31
Κείς ὁ	indecl	1	64
κέλευσμα	3.31	1	51
κελεύω	ω	25/26	16
κενοδοξία	1.2	1	51
κενόδοξος	2,5	1	51

κενός	2-1,1	18	9
κενοφωνία	1.2	2	40
κενόω	C-O	5	29
κέντρον	2.8	4	31
κεντυρίων	3.19m	3	34
Κενχρεαί	1.2 pl ?	2	64
κενῶς	adv M	1	51
κεραία	1.2	2	40
κεραμεύς	3.29	3	34
κεραμικός	2-1,1	1	51
κεράμιον	2.8	2	40
κέραμος	2.7	1	51
κεράννυμι	νυ,μι^{4}	3	34
κέρας	3.32	11	8
κεράτιον	2.8	1	51
κερδαίνω	N	17	15
κέρδος	3.33	3	34
κέρμα	3.31	1	51
κερματιστής	1.4	1	51
κεφάλαιον	2.8	2	40
κεφαλή	1.1	75	3
κεφαλιόω	C-O	1	51
κεφαλίς	3.12f	1	51
κημόω	C-O	1	51
κῆνσος	2.7	4	31
κῆπος	2.7	5	29
κηπουρός	2.7	1	51
κήρυγμα	3.31	8	25
κῆρυξ	3.9m	3	34
κηρύσσω	G-I	61	14
κῆτος	3.33	1	51
Κηφᾶς	1.6	9	64
κιβωτός	2.7f	6	27
κιθάρα	1.2	4	31
κιθαρίζω	D	2	40
κιθαρῳδός	2.7	2	40
Κιλικία	1.2	8	64
κινδυνεύω	ω	4	31
κίνδυνος	2.7	9	24
κινέω	C-E	8	25
κιννάμωμον	2.8	1	51
κίχρημι	: see χράω		
κλάδος	2.7	11	4
κλαίω	ω	40	16
κλάσις	3.26	2	40
κλάσμα	3.31	9	24
Κλαῦδα	: see Καῦδα		
Κλαυδία	1.2	1	64
Κλαύδιος (2)	2.7	3	64
κλαυθμός	2.7	9	24
κλάω	C-A	14	12
κλείς	3.12f	6	27
κλείω	ω	16	16
κλέμμα	3.31	1	51
Κλεόπας	1.6	1	54
κλέος	3.33	1	51
κλέπτης	1.4	16	4
κλέπτω	LB	13	15
κλῆμα	3.31	4	31
Κλήμης ὁ	—	1	64
κληρονομέω	C-E	18	13
κληρονομία	1.2	14	3
κληρονόμος	2.7	15	4
κληρόομαι	C-O pass	1	51

κλῆρος	2.7	11	4
κλῆσις	3.26	11	7
κλητός	2-1,1	10/11	9
κλίβανος	2.7	2	40
κλίμα	3.31	3	34
κλινάριον	2.8	1	51
κλίνη	1.1	8	25
κλινίδιον	2.8	2	40
κλίνω	N	7	26
κλισία	1.2	1	51
κλοπή	1.1	2	40
κλύδων	3.17m	2	40
κλυδωνίζομαι	D pass?	1	51
Κλωπᾶς	1.6	1	64
κνήθομαι	D mid	1	51
Κνίδος	2.7f	1	64
κοδράντης	1.4	2	40
κοιλία	1.2	23	3
κοιμάομαι	C-A pass	18	12
κοίμησις	3.26	1	51
κοινός	2-1,1	14	9
κοινόω	C-O	14	13
κοινωνέω	C-E	8	25
κοινωνία	1.2	19	3
κοινωνικός	2-1,1	1	51
κοινωνός	2.7; 2.7f	10	4
κοίτη	1.1	4	31
κοιτών	3.19m	1	51
κόκκινος	2-1,1	6	27
κόκκος	2.7	7	26
κολάζω	D	2	40
κολακία	1.2	1	51
κόλασις	3.26	2	40
κολαφίζω	D	5	29
κολλάομαι	C-A pass	12	12
κολλούριον	2.8	1	51
κολλυβιστής	1.4	3	34
κολοβόω	C-O	4	31
Κολοσσαί	1.2 pl ?	1	64
κόλπος	2.7	6	27
κολυμβάω	C-A	1	51
κολυμβήθρα	1.2	3	34
κολωνία	1.2	1	51
κομάω	C-A	2	40
κόμη	1.1	1	51
κομίζω	D	11/12	14
κομψότερον	adv compar	1	51
κονιάω	C-A	2	40
κονιορτός	2.7	5	29
κοπάζω	D	3	34
κοπετός	2.7	1	51
κοπή	1.1	1	51
κοπιάω	C-A	22/23	12
κόπος	2.7	18	5
κοπρία	1.2	1	51
κόπριον	2.8	1	51
κόπτω	LB	8	25
κόραξ	3.9m	1	51
κοράσιον	2.8	8	25
Κορβάν	Heb indecl	1	51
κορβανᾶς	Aram	1	51
Κορέ ὁ	indecl	1	64
κορέννυμι	+νυ,μι^{4}	2	40

Κορίνθιος	2.7	2	64
Κόρινθος	2.7f	6/7	64
Κορνήλιος	2.7	8	64
κόρος	2.7	1	51
κοσμέω	C-E	10	13
κοσμικός	2-1,1	2	40
κόσμιος	2-1,2	2	40
κοσμοκράτωρ	3.22	1	51
κόσμος	2.7	185/186	5
Κούαρτος	2.7	1	64
κοῦμ v	Aram	1	51
κουστωδία	1.2	3	34
κουφίζω	D	1	51
κόφινος	2.7	6	27
κράβαττος	2.7	11	5
κράζω	G-I	55	14
κραιπάλη	1.1	1	51
κρανίον	2.8	4	31
κράσπεδον	2.8	5	29
κραταιόομαι	C-O pass	4	31
κραταιός	2-1,2	1	51
κρατέω	C-E	47	13
κράτιστος	2-1,1	4	31
κράτος	3.33	12	8
κραυγάζω	D	9	24
κραυγή	1.1	6	27
κρέας	spec decl	2	40
κρείσσων, -ττων	3,21	19	12
κρεμάννυμι	μι^{1}	7	26
κρημνός	2.7	3	34
Κρήσκης ὁ	—	1	64
Κρῆτες οἱ	3 decl	2	64
Κρήτη	1.1	5	64
κριθή	1.1	1	51
κρίθινος	2-1,1	2	40
κρίμα	3.31	27	8
κρίνον	2.8	2	40
κρίνω	N	114/115	15
κρίσις	3.26	47	7
Κρίσπος	2.7	2	64
κριτήριον	2.8	3	34
κριτής	1.4	19	4
κριτικός	2-1,1	1	51
κρούω	ω	9	24
κρύπτη	1.1	1	51
κρυπτός	2-1,1	17	9
κρύπτω	LB	19	15
κρυσταλλίζω	D	1	51
κρύσταλλος	2.7	2	40
κρυφαῖος	2-1,2	2	40
κρυφῇ	adv M	1	51
κτάομαι	—	7	26
κτῆμα	3.31	4	31
κτῆνος	3.33	4	31
κτήτωρ	3.22	1	51
κτίζω	D	15	14
κτίσις	3.26	19	7
κτίσμα	3.31	4	31
κτίστης	1.4	1	51
κυβέρνησις	3.26	1	51
κυβερνήτης	1.4	2	40
κυβία	1.2	1	51
κυκλεύω	ω	1	51

κυκλόθεν to Μελεά

κυκλόθεν	adv PL prep gen	3	34
κυκλόω	C-O	4	31
κύκλῳ	adv PL prep gen	8	25
κυλίομαι	ω pass	1	51
κυλισμός	2.7	1	51
κυλλός	2-1,1	4	31
κῦμα	3.31	4	31
κύμβαλον	2.8	1	51
κύμινον	2.8	1	51
κυνάριον	2.8	4	31
Κύπριος	2.7	3	64
Κύπρος	2.7f	5	64
κύπτω	LB	2	40
Κυρηναῖος	2.7	6	64
Κυρήνη	1.1	1	64
Κυρήνιος	2.7	1	64
κυρία	1.2	2	40
κυριακός	2-1,1	2	40
κυριεύω	ω	7	26
κύριος	2.7	719/725	5
κυριότης	no decl	4	31
κυρόω	C-O	2	40
κύων	3.17m	5	29
κῶλον	2.8	1	51
κωλύω	ω	23	16
κώμη	1.1	27	3
κωμόπολις	3.26	1	51
κῶμος	2.7	3	35
κώνωψ	cf 3.11m	1	51
Κῶς ἡ	ῶς, ῶ	1	64
Κωσάμ ὁ	indecl	1	64
κωφός	2-1,1	14	9
λαγχάνω	+αν+	4	31
Λάζαρος (2)	2.7	15	64
λάθρα	adv M	4	31
λαῖλαψ	cf 3.11f	3	35
λακάω or, λακέω	C-A C-E	1	51
λακτίζω	D	1	51
λαλέω	C-E	298/299	13
λαλιά	1.2	3	35
λαμά Heb	adv interr	1	51
λαμβάνω	+αν+	258/257	15
Λάμεχ ὁ	indecl	1	64
λαμπάς	3.12f	9	24
λαμπρός	2-1,2	9	24
λαμπρότης	no decl	1	51
λαμπρῶς	adv M	1	51
λάμπω	LB	7	26
λανθάνω	+αν+	6	27
λαξευτός	2-1,1	1	51
Λαοδικεύς	3.29	1	64
Λαοδικία	1.2	6	64
λαός	2.7	142	5
λάρυγξ	3.10m	1	51
Λασέα	1.2	1	64
λάσκω	+σκ	1	51
λατομέω	C-E	2	40
λατρεία	1.2	5	29
λατρεύω	ω	21	16
λάχανον	2.8	4	31

λεγιών	3.19m	4	31
λέγω	G in pr	1322	14
λεῖμμα	3.31	1	51
λεῖος	2-1,2	1	51
λείπω	LB	6	27
λειτουργέω	C-E	3	35
λειτουργία	1.2	6	27
λειτουργικός	2-1,2	1	51
λειτουργός	2.7	5	29
λεμά	Aram adv interr	1	51
λέντιον	2.8	2	40
λεπίς	3.12f	1	51
λέπρα	1.2	4	31
λεπρός	2.7	9	24
λεπτόν	2.8<2-1,1	3	35
Λευεί(ς) (4) ὁ	indecl	8	64
Λευείτης	1.4	3	64
Λευειτικός	2-1,1	1	64
λευκαίνω	N	2	40
λευκός	2-1,1	25	9
λέων	3.13	9	24
λήθη	1.1	1	51
λῆμψις	3.26	1	51
ληνός	2.7f	5	29
λῆρος	2.7	1	51
λῃστής	1.4	15	4
λίαν	adv M	12	17
λίβανος	2.7	2	40
λιβανωτός	2.7	2	40
Λιβερτῖνος	2.7	1	51
Λιβύη	1.1	1	64
λιθάζω	D	9	24
λίθινος	2-1,1	3	35
λιθοβολέω	C-E	7	26
λίθος	2.7	59/60	5
λιθόστρωτον	2.8<2,5	1	51
λικμάω	C-A	2	40
λιμήν	3.16m	3	35
λίμνη	1.1	11	3
λιμός	2.7;2.7f	12	5
λίνον	2.8	2	40
Λίνος	2.7	1	64
λιπαρόν	2.8<2-1,2	1	51
λίτρα	1.2	2	40
λίψ	3.11m	1	51
λογία	1.2	2	40
λογίζομαι	D dep	40/41	14
λογικός	2-1,1	2	40
λόγιον only pl	2.8	4	31
λόγιος	2-1,2	1	51
λογισμός	2.7	2	40
λογομαχέω	C-E	1	51
λογομαχία	1.2	1	51
λόγος	2.7	331/334	5
λόγχη	1.1	1	51
λοιδορέω	C-E	4	31
λοιδορία	1.2	3	35
λοίδορος	2.7	2	40
λοιμός	2.7	2	40
λοιπός	2.7	} 55	5
	2-1,1		9
	adv S		18
Λουκᾶς	1.6	3	64
Λούκιος	2.7	2	64

λουτρόν	2.8	2	40
λούω	ω	5	29
Λύδδα ἡ	1.2 ?	3	64
Λυδία	1.2	2	64
Λυκαονία	1.2	1	64
Λυκαονιστί	adv M	1	64
Λυκία	1.2	1	64
λύκος	2.7	6	27
λυμαίνομαι	N mid dep	1	51
λυπέω	C-E	26	13
λύπη	1.1	16	3
Λυσανίας	1.4	1	64
Λυσίας	1.5	2	64
λύσις	3.26	1	51
λυσιτελεῖ	C-E impers	1	51
Λύστρα, ἡ or τά —		6	64
λύτρον	2.8	2	40
λυτρόομαι	C-O mid and pass	3	35
λύτρωσις	3.26	3	35
λυτρωτής	1.4	1	51
λυχνία	1.2	12	3
λύχνος	2.7	14	5
λύω	ω	42	16
Λωΐς	3.12f	1	64
Λώτ ὁ	indecl	4	64
Μαάθ ὁ	indecl	1	64
Μαγαδάν ἡ	indecl	1	64
Μαγδαληνή	1.1	12	64
μαγεύω	ω	1	51
μαγία	1.2	1	51
μάγος	2.7	6	27
Μαγώγ ὁ	indecl	1	64
Μαδιάμ ὁ	indecl	1	64
μαθητεύω	ω	4	31
μαθητής	1.4	262/261	4
μαθήτρια	1.2	1	51
Μαθθαῖος	2.7	5	64
Μαθθάν ὁ	indecl	2	64
Μαθθάτ ὁ	indecl	1	64
Μαθθίας	1.5	2	64
Μαθουσάλα, ὁ	indecl	1	64
μαίνομαι	dep	5	29
μακαρίζω	D spec	2	40
μακάριος	2-1,2	50	9
μακαρισμός	2.7	3	35
Μακεδονία	1.2	22	64
Μακεδών	3.17m	5	64
μάκελλον	2.8	1	51
μακράν	adv PL	10	17
μακρόθεν	adv PL	14	17
μακροθυμέω	C-E	10	13
μακροθυμία	1.2	14	3
μακροθύμως	adv M	1	51
μακρός	2-1,2	4	31
μακροχρόνιος	2,5	1	51
μαλακία	1.2	3	35
μαλακός	2-1,1	4	31
Μαλελεήλ, ὁ	indecl	1	64
μάλιστα	adv superl	12	18
μᾶλλον	adv compar	81	17
Μάλχος	2.7	1	64

μάμμη	1.1	1	51
μαμωνᾶς n	Aram	4	31
Μαναήν ὁ	indecl	1	64
Μανασσῆς ὁ	ῆς, ῆ	3	64
μανθάνω	+αν+	25	15
μανία	1.2	1	51
μάννα	Heb indecl	4	31
μαντεύομαι	ω mid dep	1	51
μαραίνομαι	N pass	1	51
μαρὰν ἀθά	Aram	1	51
μαργαρίτης	1.4	9	24
Μάρθα	1.2	13	64
Μαρία I §	1.2	19	64
Μαρία II (3)	1.2	22	64
Μαρία III (3)	1.2	13	64
Μᾶρκος	2.7	8	64
μάρμαρος	2.7	1	51
μαρτυρέω	C-E	76	13
μαρτυρία	1.2	37	3
μαρτύριον	2.8	20	5
μαρτύρομαι	dep ?	5	29
μάρτυς	3.25	35	7
μασάομαι	C-A —	1	51
μαστιγόω	C-O	7	26
μαστίζω	D	1	51
μάστιξ	3.10f	6	27
μαστός	2.7	3	35
ματαιολογία	1.2	1	51
ματαιολόγος	2.7<2,5	1	52
μάταιος	2-1,2	6	27
ματαιότης	no decl	3	35
ματαιόομαι	C-O pass	1	52
μάτην	adv M	2	40
Ματθάτ ὁ	indecl	1	64
Ματταθά ὁ	indecl	1	64
Ματταθίας (2)	1.5	2	64
μάχαιρα	1.3	29	4
μάχη only pl	1.1	4	31
μάχομαι	mid dep	4	31
μεγαλεῖον	2.8<2-1,2	1	52
μεγαλειότης	no decl	3	35
μεγαλοπρεπής	3,22	1	52
μεγαλύνω	N	8	25
μεγάλως	adv M	1	52
μεγαλωσύνη	1.1	3	35
μέγας	Irr,17	194/245	11
μέγεθος	3.33	1	52
μεγιστάν	cf 3.16m	3	35
μέγιστος	2-1,1	1	52
μεθερμηνεύω	ω	8	25
μέθη	1.1	3	35
μεθιστάνω	see μεθίστημι		
μεθίστημι and μεθιστάνω	μι[1] +αν	5	29
μεθοδία	1.2	2	40
μεθύσκομαι	+σκ pass	3	35
μέθυσος	2.7 subst	2	40
μεθύω	ω	7	26
μείζων	3,19	48	11
μέλαν	3 decl subst < 3-1,16	3	35
μέλας	3-1,16	3	35
Μελεά ὁ	indecl	1	64

§ An indecl form, Μαριάμ, occurs 16 ts among the three groups.

μέλει	v impers	10	17
μελετάω	C-A	2	40
μέλι	3.32 ?	4	31
Μελίτη	1.1	1	64
μέλλω	L	110	15
μέλος	3.33	34/35	8
Μελχεί (2) ὁ	indecl	2	64
Μελχισεδέκ ὁ	indecl	8	64
μεμβράνα	1.3	1	52
μέμφομαι	dep?	2	40
μεμψίμοιρος	2,5	1	52
μέν	particle	181	18
Μεννά ὁ	indecl	1	64
μενοῦν	particle emph	1	52
μενοῦν γε	particle emph	3	35
μέντοι	conj S	8	25
μένω	N	118/120	15
μερίζω	D	14	14
μέριμνα	1.2	6	27
μεριμνάω	C-A	19	12
μερίς	3.12f	5	29
μερισμός	2.7	2	40
μεριστής	1.4	1	52
μέρος	3.33	42/41	8
μεσημβρία	1.2	2	40
μεσιτεύω	ω	1	52
μεσίτης	1.4	6	27
μεσονύκτιον	2.8	4	31
Μεσοποταμία	1.2	2	64
μέσος	2-1,1	58/59	9
μεσότοιχον	2.8	1	52
μεσουράνημα	3.31	3	35
μεσόω	C-O	1	52
Μεσσίας	1.5	2	64
μεστόομαι	C-O pass	1	52
μεστός	2-1,1	9	24
μετά	prep gen acc	467	21
μεταβαίνω	+ν+	12	15
μεταβάλλομαι	L mid	1	52
μετάγω	G	2	40
μεταδίδωμι	μι^{3}	5	29
μετάθεσις	3.26	3	35
μεταίρω	L	2	40
μετακαλέομαι	C-E mid	4	31
μετακινέω	C-E (mid)	1	52
μεταλαμβάνω	+αν+	7	26
μετάλημψις	3.26	1	52
μεταλλάσσω	pass	2	40
μεταμέλομαι	pass dep	6	27
μεταμορφόομαι	C-O pass	4	31
μετανοέω	C-E	34	13
μετάνοια	1.2	22	3
μεταξύ	adv PL,T prep gen	9	24
μεταπέμπω	LB	9	24
μεταστρέφω	LB	2	40
μετασχηματίζω	D	5	29
μετατίθημι	μι^{2}	6	27
μετατρέπω	LB pass	1	52
μετέπειτα	adv T	1	52
μετέχω	G	8	25
μετεωρίζομαι	D pass	1	52
μετοικεσία	1.2	4	31
μετοικίζω	D	2	40
μετοχή	1.1	1	52
μέτοχος	2.7	6	27
μετρέω	C-E	11	13
μετρητής	1.4	1	52
μετριοπαθέω	C-E	1	52
μετρίως	adv M	1	52
μέτρον	2.8	14	5
μέτωπον	2.8	8	25
μέχρι(ς)	adv T prep gen	18	18 20
μή	particle	680	18
μηδαμῶς	adv ως	2	40
μηδέ	conj coörd	57	18
μηδείς	adj,26	88/89	12
μηδέποτε	adv T	1	52
μηδέπω	adv T	1	52
Μῆδος	2.7	1	64
μηθείς	adj,26	1	52
μηκέτι	adv T	22	18
μῆκος	3.33	3	35
μηκύνομαι	N pass	1	52
μηλωτή	1.1	1	52
μήν I	3.18	18	7
μήν II	particle	1	52
μηνύω	ω	4	31
μήποτε	conj subord	25	18
μήπω	adv T	2	40
μηρός	2.7	1	52
μήτε	conj coörd	34	18
μήτηρ	3.20f	84/85	7
μήτι	particle	15	18
μήτι γε	particle ellip	1	52
μήτρα	1.2	2	40
μητρολῴης	1.4	1	52
μιαίνω	N	5	29
μίασμα	3.31	1	52
μιασμός	2.7	1	52
μίγμα	3.31	1	52
μίγνυμι	+νυ,μι^{4}	4	31
μικρόν	2.8	16	5
μικρός	2-1,2	30	9
Μίλητος	2.7f	3	64
μίλιον	2.8	1	52
μιμέομαι	C-E mid dep	4	31
μιμητής	1.4	6	27
μιμνήσκομαι	+ισκ pass	23/24	16
μισέω	C-E	39/40	13
μισθαποδοσία	1.2	3	35
μισθαποδότης	1.4	1	52
μίσθιος	2.7<adj	2	40
μισθός	2.7	29	5
μισθόομαι	C-O mid	2	40
μίσθωμα	3.31	1	52
μισθωτός	2.7	3	35
Μιτυλήνη	1.1	1	64
Μιχαήλ ὁ	indecl	2	64
μνᾶ	1.2	9	24
Μνάσων	3.19m	1	64
μνεία	1.2	7	26
μνῆμα	3.31	10	8
μνημεῖον	2.8	37/38	5
μνήμη	1.1	1	52
μνημονεύω	ω	21	16
μνημόσυνον	2.8	3	35
μνηστεύομαι	ω mid and pass	3	35
μογιλάλος	2,5	1	52
μόδιος	2.7	3	35
μοιχαλίς	3.12f	7	26
μοιχάομαι	C-A pass dep	4	31
μοιχεία	1.2	3	35
μοιχεύω	ω	15	16
μοιχός	2.7	3	35
μόλις	adv M	7	26
Μολόχ ὁ	indecl	1	65
μολύνω	N	3	35
μολυσμός	2.7	1	52
μομφή	1.1	1	52
μονή	1.1	2	40
μονογενής	3,22	9	24
μόνον	adv ον	66	17
μόνος	2-1,1	47/48	9
μονόομαι	C-O pass	1	52
μονόφθαλμος	2,5	2	40
μορφή	1.1	3	35
μορφόομαι	C-O pass	1	52
μόρφωσις	3.26	2	40
μοσχοποιέω	C-E	1	52
μόσχος	2.7	6	27
μουσικός	2.7<2-1,1	1	52
μόχθος	2.7	3	35
μυελός	2.7	1	52
μυέομαι	C-E pass	1	52
μῦθος	2.7	5	29
μυκάομαι	C-A dep	1	52
μυκτηρίζομαι	D pass	1	52
μυλικός	2-1,1	1	52
μύλινος	2-1,1	1	52
μύλος	2.7	4	31
Μύρ(ρ)α τά	cf 2.8	1	65
μυριάς	cf 3.12f	8	25
μυρίζω	D	1	52
μυρίος	2-1,2	3	35
μύρον	2.8	14	5
Μυσία	1.2	2	65
μυστήριον	2.8	27/28	5
μυωπάζω	D	1	52
μώλωψ	cf 3.11m	1	52
μωμάομαι	C-A mid dep	2	40
μῶμος	2.7	1	52
μωραίνω	N	4	31
μωρία	1.2	5	29
μωρολογία	1.2	1	52
μωρός	2-1,2	12	9
Μωϋσῆς ὁ	spec decl	80	65
Ναασσών ὁ	indecl	3	65
Ναγγαί ὁ	indecl	1	65
Ναζαρά or Ναζαρέθ ἡ	indecl	12	65
Ναζαρηνός	2.7<2-1,1	6	65
Ναζωραῖος	2.7	13	65
Ναθάμ ὁ	indecl	1	65
Ναθαναήλ ὁ	indecl	6	65
ναί	particle	34	19
Ναιμάν ὁ	indecl	1	65
Ναΐν ἡ	indecl	1	65
ναός	2.7	45	5
Ναούμ ὁ	indecl	1	65
νάρδος	2.7f	2	40
Νάρκισσος	2.7	1	65
ναυαγέω	C-E	2	40
ναύκληρος	2.7	1	52
ναῦς	spec decl	1	52
ναύτης	1.4	3	35
Ναχώρ ὁ	indecl	1	65
νεανίας	1.5	3	35
νεανίσκος	2.7	11	5
νεκρός	2.7 2-1,2	128/130	5 9
νεκρόω	C-O	3	35
νέκρωσις	3.26	2	40
νεομηνία	1.2	1	52
νέος	2-1,2	24/23	9
νεότης	no decl	4	32
νεόφυτος	2,5	1	52
νεύω	ω	2	40
νεφέλη	1.1	25	3
Νεφθαλείμ ὁ	indecl	3	65
νέφος	3.33	1	52
νεφρός	2.7	1	52
νεωκόρος	2.7	1	52
νεωτερικός	2-1,1	1	52
νή	particle affirmat	1	52
νήθω	D	2	40
νηπιάζω	D	1	52
νήπιος	{2.7 {2-1,2	14/15	5 9
Νηρεί ὁ	indecl	1	65
Νηρεύς	3.29	1	65
νησίον	2.8	1	52
νῆσος	2.7f	9	24
νηστεία	1.2	5	29
νηστεύω	ω	20	16
νῆστις	3.12 m,f	2	40
νηφάλιος	2-1,2	3	35
νήφω	LB	6	27
Νίγερ ὁ	—	1	65
Νικάνωρ	3.22	1	65
νικάω	C-A	28	13
νίκη	1.1	1	52
Νικόδημος	2.7	5	65
Νικολαΐτης	1.4	2	65
Νικόλαος	2.7	1	65
Νικόπολις	3.26	1	65
νῖκος	3.33	4	32
Νινευείτης	1.4	3	65
νιπτήρ	3.23	1	52
νίπτω	LB	17	15
νοέω	C-E	14	13
νόημα	3.31	6	27
νόθος	2-1,1	1	52
νομή	1.1	2	41
νομίζω	D	15/16	14
νομικός	2.7 2-1,1	9/10	5,24 9,24
νομίμως	adv M	2	41

νόμισμα to ὀφείλω

Word	Form	Freq.	List
νόμισμα	3.31	1	52
νομοδιδάσκαλος	2.7	3	35
νομοθεσία	1.2	1	52
νομοθετέομαι	C-E pass	2	41
νομοθέτης	1.4	1	52
νόμος	2.7	194/197	5
νοσέω	C-E	1	52
νόσημα	3.31	1	52
νόσος	2.7f	11	5
νοσσιά	1.2	1	52
νοσσίον	2.8	1	52
νοσσός	2.7	1	52
νοσφίζομαι	D mid	3	35
νότος	2.7	7	26
νουθεσία	1.2	3	35
νουθετέω	C-E	8	25
νουνεχῶς	adv M	1	52
νοῦς	3.30	24	8
Νύμφα	1.2	1	65
νύμφη	1.1	8	25
νυμφίος	2.7	16	5
νυμφών	3.19m	4	32
νῦν	adv T	149	18
νυνί	adv T	18	18
νύξ	cf 3.9f	61	6
νύσσω	G-I	1	52
νυστάζω	D	2	41
νυχθήμερον	adv T<2.8	1	52
Νῶε ὁ	indecl	8	65
νωθρός	2-1,2	2	41
νῶτος	2.7	1	52
ξενία	1.2	2	41
ξενίζω	D	10	14
ξενοδοχέω	C-E	1	52
ξένος	2.7	14	5
	2-1,1		9
ξέστης	1.4	1	52
ξηραίνω	N	15	15
ξηρός	2-1,2	8	25
ξύλινος	2-1,1	2	41
ξύλον	2.8	20	5
ξυράομαι	C-A mid and pass	3	35
ὁ αὐτός	see αὐτός		
ὀγδοήκοντα	adj,24	2	41
ὄγδοος	2-1,1	5	29
ὄγκος	2.7	1	52
ὅδε	pron demonst	10	19
ὁδεύω	ω	1	52
ὁδηγέω	C-E	5	29
ὁδηγός	2.7	5	29
ὁδοιπορέω	C-E	1	52
ὁδοιπορία	1.2	2	41
ὁδός	2.7f	101	5
ὀδούς	3.14	12	6
ὀδυνάομαι	C-A pass	4	32
ὀδύνη	1.1	2	41
ὀδυρμός	2.7	2	41
Ὀζείας	1.5	2	65
ὄζω	D ?	1	52
ὁ, ἡ, τό	article	passim	9
ὅθεν	adv PL	15	17
ὀθόνη	1.1	2	41
ὀθόνιον	2.8	4	32
οἶδα (in se)	v spec	321	17
οἰκεῖος	2.7<2-1,2	3	35
οἰκετεία	1.2	1	52
οἰκέτης	1.4	4	32
οἰκέω	C-E	8	25
οἴκημα	3.31	1	52
οἰκητήριον	2.8	2	41
οἰκία	1.2	94/93	3
οἰκιακός	2.7	2	41
οἰκοδεσποτέω	C-E	1	52
οἰκοδεσπότης	1.4	12	4
οἰκοδομέω	C-E	40	13
οἰκοδομή	1.1	18	3
οἰκοδόμος	2.7	1	52
οἰκονομέω	C-E	1	52
οἰκονομία	1.2	9	24
οἰκονόμος	2.7	10	5
οἶκος	2.7	114/116	5
οἰκουμένη	1.1	15	3
οἰκουργός	2,5	1	52
οἰκτείρω	L	2	41
οἰκτιρμός	2.7	5	29
οἰκτίρμων	3,19	3	35
οἶμαι	v —	3	35
οἰνοπότης	1.4	2	41
οἶνος	2.7	34/35	5
οἰνοφλυγία	1.2	1	52
οἷος	relat pron, as 2-1,2	14/15	20
ὀκνέω	C-E	1	52
ὀκνηρός	2-1,2	3	35
ὀκταήμερος	2,5	1	52
ὀκτώ	adj,24	6	27
ὄλεθρος	2.7	4	32
ὀλιγοπιστία	1.2	1	52
ὀλιγόπιστος	2,5	5	29
ὀλίγος	2-1,1	41/43	9
ὀλιγόψυχος	2,5	1	52
ὀλιγωρέω	C-E	1	52
ὀλίγως	adv M	1	52
ὀλοθρευτής	1.4	1	52
ὀλοθρεύω	ω	1	52
ὁλοκαύτωμα	3.31	3	35
ὁλοκληρία	1.2	1	52
ὁλόκληρος	2,5	2	41
ὀλολύζω	D ?	1	52
ὅλος	2-1,1	108/110	9
ὁλοτελής	3,22	1	52
Ὀλυμπᾶς	1.6	1	65
ὄλυνθος	2.7	1	52
ὅλως	adv ως	4	32
ὄμβρος	2.7	1	52
ὁμείρομαι	v —	1	52
ὁμιλέω	C-E	4	32
ὁμιλία	1.2	1	52
ὁμίχλη	1.1	1	52
ὄμμα	3.31	2	41
{ὄμνυμι and ὀμνύω	μι^{4} ω	26	16
ὁμοθυμαδόν	adv M	11	17
ὁμοιοπαθής	3,22	2	41
ὅμοιος	2-1,2	45	9
ὁμοιότης	no decl	2	41
ὁμοιόω	C-O	15	13
ὁμοίωμα	3.31	6	27
ὁμοίως	adv ως	31	17
ὁμοίωσις	3.26	1	52
ὁμολογέω	C-E	26	13
ὁμολογία	1.2	6	27
ὁμολογουμένως	adv M	1	52
ὁμότεχνος	2,5	1	52
ὁμοῦ	adv M	4	32
ὁμόφρων	3,19	1	52
ὅμως	adv M	3	35
ὄναρ τό	indecl	6	27
ὀνάριον	2.8	1	53
ὀνειδίζω	D	9/10	14,24
ὀνειδισμός	2.7	5	29
ὄνειδος	3.33	1	53
Ὀνήσιμος	2.7	2	65
Ὀνησίφορος	2.7	2	65
ὀνικός	2-1,1	2	41
ὀνίναμαι	mid	1	53
ὄνομα	3.31	228/231	8
ὀνομάζω	D	9/10	14,24
ὄνος	2.7; 2.7f	5	29
ὄντως	adv M	10	17
ὄξος	3.33	6	27
ὀξύς	3-1,13	8	25
ὀπή	1.1	2	41
ὄπισθεν	adv PL prep gen	7	26
ὀπίσω	adv PL	35	17
	prep gen		20
ὁπλίζομαι	D mid	1	53
ὅπλον	2.8	6	27
ὁποῖος	pron correlat as 2-1,2	5	29
ὁπότε	particle tempor	1	53
ὅπου	adv PL	82	17
ὀπτάνομαι	pass	1	53
ὀπτασία	1.2	4	32
ὀπτός	2-1,1	1	53
ὀπώρα	1.2	1	53
ὅπως	conj subord	53	18
ὅραμα	3.31	12	8
ὅρασις	3.26	4	32
ὁρατός	2-1,1	1	53
ὁράω (in se)	C-A	114	13
ὀργή	1.1	36	3
ὀργίζομαι	D pass	8	25
ὀργίλος	2-1,1	1	53
ὀργυιά	1.2	2	41
ὀρέγομαι	G mid	3	35
ὀρεινή	1.1<2-1,1	2	41
ὄρεξις	3.26	1	53
ὀρθοποδέω	C-E	1	53
ὀρθός	2-1,1	2	41
ὀρθοτομέω	C-E	1	53
ὀρθρίζω	D	1	53
ὀρθρινός	2-1,1	1	53
ὄρθρος	2.7	3	35
ὀρθῶς	adv M	4	32
ὁρίζω	D	8	25
ὅριον	2.8	12	5
ὁρκίζω	D	2	41
ὅρκος	2.7	10	5
ὁρκωμοσία	1.2	4	32
ὁρμάω	C-A	5	29
ὁρμή	1.1	2	41
ὅρμημα	3.31	1	53
ὄρνεον	2.8	3	35
ὄρνις	spec decl	2	41
ὁροθεσία	1.2	1	53
ὄρος	3.33	63	8
ὀρύσσω	G-I	3	35
ὀρφανός	2-1,1	2	41
ὀρχέομαι	C-E mid dep	4	32
ὅς (in toto)	pron relat	1369	20
ὁσάκις	adv T	3	35
ὅσιος	2-1,2	8	25
ὁσιότης	no decl	2	41
ὁσίως	adv M	1	53
ὀσμή	1.1	6	27
ὅσος	2-1,1	110	9
ὀστέον	2.8	4	32
ὅστις (in toto)	pron rel	154	20
ὀστοῦν	see ὀστέον		
ὀστράκινος	2-1,1	2	41
ὄσφρησις	3.26	1	53
ὀσφύς	3.28f	8	25
ὅταν	particle tempor	123	19
ὅτε	particle	102	19
ὅτι	conj caus	1284	18
οὗ	adv PL	24	17
οὔ	particle neg	17	19
οὐ, οὐκ, οὐχ	adv S	1525	18
οὐά	interj	1	53
οὐαί	interj	46	19
οὐδαμῶς	adv ως	1	53
οὐδέ	adv S conj coörd	139	18
οὐδείς	adj,26	228	12
οὐδέποτε	adv T	16	18
οὐδέπω	adv T	4	32
οὐθείς	adj,26	7	26
οὐκέτι	adv T	48	18
οὐκοῦν	adv interr	1	53
οὐ μή	particle	98	19
οὖν	particle inferent	491	19
οὔπω	adv T	26/27	18
οὐρά	1.2	5	29
οὐράνιος	2,5	9	21
οὐρανόθεν	adv PL	2	41
οὐρανός	2.7	272/276	5
Οὐρβανός	2.7	1	65
Οὐρίας	1.5	1	65
οὖς	cf 3.31	36/37	8
οὐσία	1.2	2	41
οὔτε	conj coörd	91	18
οὗτος	pron demonst in se	189	19
	in toto	1388	
οὕτω(ς)	adv ως	208	17
οὐχί	adv S	53	18
ὀφειλέτης	1.4	7	26
ὀφειλή	1.1	3	35
ὀφείλημα	3.31	2	41
ὀφείλω	L	35	15

ὄφελον to περιζώννυμι

Word	Class	Freq.	Lesson
ὄφελον	pt as particle	4	32
ὄφελος	3.33	3	35
ὀφθαλμοδουλία	1.2	2	41
ὀφθαλμός	2.7	100	5
ὄφις	3.26m	14	7
ὀφρύς	3.28f	1	53
ὀχλέομαι	C-E pass	1	53
ὀχλοποιέω	C-E	1	53
ὄχλος	2.7	174	5
ὀχύρωμα	3.31	1	53
ὀψάριον	2.8	5	29
ὀψέ	adv T prep gen	4	32
ὀψία < 2-1,2	1.2	14	3
ὄψιμος	2.7<2,5	1	53
ὄψις	3.26	3	35
ὀψώνιον	2.8	4	32
ὁ ὢν καὶ ὁ ἦν	–	5	29
as for εἰμί forms		10	
παγιδεύω	ω	1	53
παγίς	3.12f	5	29
πάθημα	3.31	16	8
παθητός	2-1,1	1	53
πάθος	3.33	3	35
παιδαγωγός	2.7	3	35
παιδάριον	2.8	1	53
παιδεία	1.2	6	27
παιδευτής	1.4	2	41
παιδεύω	ω	13	16
παιδιόθεν	adv T	1	53
παιδίον	2.8	52	5
παιδίσκη	1.1	13	3
παίζω	G-1	1	53
παῖς	3.12m,f	24	6
παίω	ω	5	29
πάλαι	adv T	7	26
παλαιός	2-1,2	19	9
παλαιότης	no decl	1	53
παλαιόω	C-O	4	32
πάλη	1.1	1	53
πάλιν	adv T	141	18
παλινγενεσία	1.2	2	41
Παμφυλία	1.2	5	65
πανδοχεῖον	2.8	1	53
πανδοχεύς	3.29	1	53
πανήγυρις	3.26	1	53
πανοικεί	adv M	1	53
πανοπλία	1.2	3	35
πανουργία	1.2	5	29
πανοῦργος	2,5	1	53
πανπληθεί	adv M	1	53
πανταχῇ	adv PL	1	53
πανταχοῦ	adv PL	7	26
παντελής	3,22	2	41
πάντη	adv M	1	53
πάντοθεν	adv PL	3	35
παντοκράτωρ	3.22	10	7
πάντοτε	adv T	41	18
πάντως	adv M	8	25
παρά	prep gen dat acc	191	21
παραβαίνω	+ν+	3	35
παραβάλλω	L	1	53
παράβασις	3.26	7	26
παραβάτης	1.4	5	29
παραβιάζομαι	D mid dep	2	41
παραβολεύομαι	ω mid	1	53
παραβολή	1.1	50	3
παραγγελία	1.2	5	29
παραγγέλλω	L	30/31	15
παραγίνομαι	dep	37/38	17
παράγω	G	10	14
παραδειγματίζω	D	1	53
παράδεισος	2.7	3	35
παραδέχομαι	G dep	6	27
παραδίδωμι	μι^{3}	120/119	16
παράδοξον	2.8<2,5	1	53
παράδοσις	3.26	13	7
παραζηλόω	C-O	4	32
παραθαλάσσιος	2-1,2	1	53
παραθεωρέομαι	C-E pass	1	53
παραθήκη	1.1	3	35
παραινέω	C-E	2	41
παραιτέομαι	C-E mid dep	12	13
παρακαθέζομαι	D mid dep	1	53
παρακαλέω	C-E	109	13
παρακαλύπτομαι	LB pass	1	53
παράκειμαι	κει	2	41
παράκλησις	3.26	29	7
παράκλητος	2.7	5	29
παρακοή	1.1	3	35
παρακολουθέω	C-E	4	32
παρακούω	ω	3	35
παρακύπτω	LB	4	32
παραλαμβάνω	+αν+	49/50	15
παραλέγομαι	G –	2	41
παράλιος	2.7f<2,5	1	53
παραλλαγή	1.1	1	53
παραλογίζομαι	D mid dep	2	41
παραλύομαι	ω pass	5	29
παραλυτικός	{ 2.7 < 2-1,1	10	5,9
παραμένω	N	3	35
παραμυθέομαι	C-E mid dep	4	32
παραμυθία	1.2	1	53
παραμύθιον	2.8	1	53
παρανομέω	C-E	1	53
παρανομία	1.2	1	53
παραπικραίνω	+ν+ pass	1	53
παραπικρασμός	2.7	2	41
παραπίπτω	D irr	1	53
παραπλέω	C-E spec	1	53
παραπλήσιον	adv M<adj	1	53
παραπλησίως	adv M	1	53
παραπορεύομαι	ω mid dep	5	29
παράπτωμα	3.31	19/20	8
παραρέω	C-E spec	1	53
παράσημος	2,5	1	53
παρασκευάζω	D	4	32
παρασκευή	1.1	6	27
παρατείνω	N	1	53
παρατηρέω	C-E	6	27
παρατήρησις	3.26	1	53
παρατίθημι	μι^{2}	19	16
παρατυγχάνω	+αν+	1	53
παραυτίκα	adj < adv T	1	53
παραφέρω	L	4	32
παραφρονέω	C-E	1	53
παραφρονία	1.2	1	53
παραχειμάζω	D	4	32
παραχειμασία	1.2	1	53
παραχρῆμα	adv T	18	18
πάρδαλις	3.26	1	53
παρεδρεύω	ω	1	53
πάρειμι	ν spec	24	17
παρεισάγω	G	1	53
παρείσακτος	2,5	1	53
παρεισδύ(ν)ω	ω or +ν	1	53
παρεισέρχομαι	G in pr mid dep	2	41
παρεισφέρω	L	1	53
παρεκτός	adj<adv M prep gen	3	35
παρεμβάλλω	L	1	53
παρεμβολή	1.1	10	3
παρενοχλέω	C-E	1	53
παρεπίδημος	2.7<2,5	3	35
παρέρχομαι	G in pr dep	29/30	14
πάρεσις	3.26	1	53
παρέχω	G	16	14
παρηγορία	1.2	1	53
παρθενία	1.2	1	53
παρθένος	2.7f	15	5
Πάρθοι	2.7 pl	1	65
παρίημι	μι^{5}	2	41
παρίστημι	μι^{1}	41	16
Παρμενᾶς	1.5	1	65
πάροδος	2.7f	1	53
παροικέω	C-E	2	41
παροικία	1.2	2	41
πάροικος	2.7	4	32
παροιμία	1.2	5	29
πάροινος	2,5	2	41
παροίχομαι	mid dep	1	53
παρομοιάζω	D	1	53
παρόμοιος	2-1,2	1	53
παροξύνομαι	N pass	2	41
παροξυσμός	2.7	2	41
παροργίζω	D	2	41
παροργισμός	2.7	1	53
παροτρύνω	N	1	53
παρουσία	1.2	24	3
παροψίς	3.12f	2	41
παρρησία	1.2	31	3
παρρησιάζομαι	D mid dep	9	24
πᾶς	3-1,6	1238/1249	10
πάσχα	Heb indecl	29	8
πάσχω	+σκ	40/41	16
Πάταρα	cf 2.8 pl	1	65
πατάσσω	G-1	10	14
πατέω	C-E	5	29
πατήρ	3.20m	412/415	7
Πάτμος	2.7	1	65
πατριά	1.2	3	35
πατριάρχης	1.4	4	32
πατρικός	2-1,1	1	53
πατρίς	3.12f	8	25
Πατρόβας	1.5	1	65
πατρολῴης	1.4	1	53
πατροπαράδοτος	2,5	1	53
πατρῷος	2-1,2	3	35
Παῦλος	2.7	158	65
παύω	ω	15	16
Πάφος	2.7f	2	65
παχύνομαι	N pass	2	41
πέδη	1.1	3	35
πεδινός	2-1,1	1	53
πεζεύω	ω	1	53
πεζῇ	adv M	2	41
πειθαρχέω	C-E	4	32
πειθός	2-1,1	1	53
πείθω	D irr	52/53	14
Πειλᾶτος	2.7	55	65
πεινάω	C-A	23	13
πεῖρα	1.2	2	41
πειράζω	D	39	14
πειράομαι	C-A mid	1	53
πειρασμός	2.7	21	5
πεισμονή	1.1	1	53
πέλαγος	3.33	2	41
πελεκίζομαι	D pass	1	53
πέμπτος	2-1,1	4	32
πέμπω	LB	79	15
πένης, ὁ subst	no decl	1	53
πενθερά	1.2	6	27
πενθερός	2.7	1	53
πενθέω	C-E	10	13
πένθος	3.33	5	29
πενιχρός	2-1,2	1	53
πεντάκις	adv T	1	53
πεντακισχίλιοι	adj,23	6	27
πεντακόσιοι	adj,23	2	41
πέντε	adj,24	38/34	12
πεντεκαιδέκατος	2-1,1	1	53
πεντήκοντα	adj,24	7	26
πεντηκοστή	1.1	3	35
πεποίθησις	3.26	6	27
περαιτέρω	adv PL	1	53
πέραν	adv PL prep gen	23	17 20
πέρας	3.32	4	32
Πέργαμος	2.7f	2	65
Πέργη	1.1	3	65
περί	prep gen acc	331	21
περιάγω	G	6	27
περιαιρέω	C-E spec	4	32
περιάπτω	LB	1	53
περιαστράπτω	LB	2	41
περιβάλλω	L	23	15
περιβλέπομαι	LB mid	7	26
περιβόλαιον	2.8	2	41
περιδέομαι	C-E pass	1	53
περιεργάζομαι	D mid dep	1	53
περίεργος	2,5	2	41
περιέρχομαι	G in pr dep	4	32
περιέχω	G	2	41
περιζώννυμι	+νυ, μι^{4}	6	27

περίθεσις	3.26	1	53
περιΐστημι	μι^{1}	4	32
περικάθαρμα	3.31	1	53
περικαλύπτω	LB	3	35
περίκειμαι	κει	5	29
περικεφαλαία	1.2	2	41
περικρατής	3,22	1	53
περικρύπτω	LB (mid)	1	53
περικυκλόω	C-O (mid)	1	53
περιλάμπω	LB	2	41
περιλείπομαι	LB pass	2	41
περίλυπος	2,5	4	32
περιμένω	N	1	53
πέριξ	adv PL	1	53
περιοικέω	C-E	1	53
περίοικος	2.7<2,5	1	53
περιούσιος	2,5	1	54
περιοχή	1.1	1	54
περιπατέω	C-E	95	13
περιπείρω	L	1	54
περιπίπτω	D irr	3	35
περιποιέομαι	C-E mid	3	35
περιποίησις	3.26	5	29
περιρήγνυμι	+νυ,μι^{4}	1	54
περισπάομαι	C-A pass	1	54
περισσεία	1.2	4	32
περίσσευμα	3.31	5	29
περισσεύω	ω	39	16
περισσός	2-1,1	6	27
περισσότερος	2-1,2	16	10
περισσοτέρως	adv compar	12	17
περισσῶς	adv ως	4	32
περιστερά	1.2	10	3
περιτέμνω	+ν	17	15
περιτίθημι	μι^{2}	8	25
περιτομή	1.1	36	3
περιτρέπω	LB	1	54
περιτρέχω	G in pr	1	54
περιφέρω	L	3	35
περιφρονέω	C-E	1	54
περίχωρος	2,5	9	24
περίψημα	3.31	1	54
περπερεύομαι	ω mid dep?	1	54
Περσίς	3.12f	1	65
πέρυσι	adv T	2	41
πετεινόν	2.8	14	5
πέτομαι	dep?	5	29
πέτρα	1.2	15	3
Πέτρος	2.7	154	65
πετρώδης	3,22	4	32
πήγανον	2.8	1	54
πηγή	1.1	11	3
πήγνυμι	+νυ,μι^{4}	1	54
πηδάλιον	2.8	2	41
πηλίκος	2-1,1	2	41
πηλός	2.7	6	27
πήρα	1.2	6	27
πῆχυς	3.27m	4	32
πιάζω	D	12	14
πιέζω	D (pass)	1	54
πιθανολογία	1.2	1	54
πικραίνω	N	4	32
πικρία	1.2	4	32
πικρός	2-1,2	2	41

πικρῶς	adv M	2	41
πίμπλημι	μι^{2}	24	16
πίμπρημι	as μι^{2}	1	54
πινακίδιον	2.8	1	54
πίναξ	3.9f	5	29
πίνω	+ν	73/74	15
πιότης	no decl	1	54
πιπράσκω	+σκ	9	24
πίπτω	D irr	90	14
Πισιδία	1.2	1	65
Πισίδιος	2-1,2	1	65
πιστεύω	ω	241/243	16
πιστικός	2-1,1	2	41
πίστις	3.26	243/242	7
πιστόομαι	C-O pass	1	54
πιστός	2-1,1	67	9
πλανάω	C-A	39	13
πλάνη	1.1	10	3
πλανήτης	no decl	1	54
πλάνος	2.7 and 2,5	5	29
πλάξ	3.9f	3	35
πλάσμα	3.31	1	54
πλάσσω	G-1	2	41
πλαστός	2-1,1	1	54
πλατεῖα	1.2	9/10	3,24
πλάτος	3.33	4	32
πλατύνω	N	3	35
πλατύς	3-1,13	1	54
πλέγμα	3.31	1	54
πλεῖστος	2-1,1	4	32
πλείων	3,21	55	12
πλέκω	G	3	35
πλεονάζω	D	9	24
πλεονεκτέω	C-E	5	29
πλεονέκτης	1.4	4	32
πλεονεξία	1.2	10	3
πλευρά	1.2	5	29
πλέω	C-E spec	6	27
πληγή	1.1	22	3
πλῆθος	3.33	31/32	8
πληθύνω	N	12	15
πλήκτης	1.4	2	41
πλήμμυρα	1.3	1	54
πλήν	adv S	31	18
	prep gen		20
πλήρης	3,22	16	12
πληροφορέω	C-E	6	27
πληροφορία	1.2	4	32
πληρόω	C-O	86/87	13
πλήρωμα	3.31	17	8
πλησίον	m subst }	cf	17
	prep gen }	17	20
accord to Jay:	adv PL }		17
πλησμονή	1.1	1	54
πλήσσω	G-1	1	54
πλοιάριον	2.8	6	27
πλοῖον	2.8	66	5
πλόος	3.30	3	35
πλούσιος	2-1,2	28	10
πλουσίως	adv M	4	32
πλουτέω	C-E	12	13
πλουτίζω	D	3	35
πλοῦτος	2.7	22	5
πλύνω	N	3	35

πνεῦμα	3.31	379/378	8
πνευματικός	2-1,1	26	9
πνευματικῶς	adv M	2	41
πνέω	C-E	7	26
πνίγω	G	2	41
πνικτός	2-1,1	3	35
πνοή	1.1	2	41
ποδήρης subst	cf 3,22m	1	54
πόθεν	adv interr	29	17
ποιέω	C-E	565/568	13
ποίημα	3.31	2	41
ποίησις	3.26	1	54
ποιητής	1.4	6	27
ποικίλος	2-1,1	10	9
ποιμαίνω	N	11	15
ποιμήν	3.16m	18	6
ποίμνη	1.1	5	29
ποίμνιον	2.8	5	29
ποῖος	2-1,2	33	10
πολεμέω	C-E	7	26
πόλεμος	2.7	18	5
πόλις	3.26	162/164	7
πολιτάρχης	1.4	2	41
πολιτεία	1.2	2	41
πολίτευμα	3.31	1	54
πολιτεύομαι	ω mid	2	41
πολίτης	1.4	4	32
πολλάκις	adv T	18	18
πολλαπλασίων	3,19	2	41
πολυλογία	1.2	1	54
πολυμερῶς	adv M	1	54
πολυποίκιλος	2,5	1	54
πολύς	Irr, 18	354/358	11
πολύσπλαγχνος	2,5	1	54
πολυτελής	3,22	3	35
πολύτιμος	2,5	3	35
πολυτρόπως	adv M	1	54
πόμα	3.31	2	41
πονηρία	1.2	7	26
πονηρός	2-1,2	78	10
πόνος	2.7	4	32
Ποντικός	2-1,1	1	65
Πόντιος	2.7	3	65
Πόντος	2.7	2	65
Πόπλιος	2.7	2	65
πορεία	1.2	2	41
πορεύομαι	ω pass and mid	152/151	16
πορθέω	C-E	3	35
πορισμός	2.7	2	41
Πόρκιος	2.7	1	65
πορνεία	1.2	25	3
πορνεύω	ω	8	25
πόρνη	1.1	12	3
πόρνος	2.7	10	5
πόρρω	adv PL	4	32
πόρρωθεν	adv PL	2	41
πορφύρα	1.2	4	32
πορφύρεος	2-1,4	4	32
πορφυρόπωλις	3.12f	1	54
ποσάκις	adv interr	3	35
πόσις	3.26	3	35
πόσος	2-1,1	27	9
ποταμός	2.7	17	5

ποταμοφόρητος	2,5	1	54
ποταπός	2-1,1	7	26
ποτέ	particle indef	29	19
πότε	adv interr	19	17
πότερον	adv S	1	54
ποτήριον	2.8	31/32	5
ποτίζω	D	15	14
Ποτίολοι	2.7pl	1	65
πότος	2.7	1	54
πού	adv enclit	4	32
ποῦ	adv interr	48/46	17
Πούδης ὁ	—	1	65
πούς	3.12m	92/94	6
πρᾶγμα	3.31	11	8
πραγματεύομαι	ω mid dep	1	54
πραγματία	1.2	1	54
πραιτώριον	2.8	8	25
πράκτωρ	3.22	2	41
πρᾶξις	3.26	6	27
πρασιά	1.2	2	41
πράσσω	G-1	39	14
πραϋπαθία	1.2	1	54
πραΰς	3-1,13	4	32
πραΰτης	no decl	11	8
πρέπει	v impers	7	26
πρεσβεία	1.2	2	41
πρεσβεύω	ω	2	41
πρεσβυτέριον	2.8	3	35
πρεσβύτερος	2.7	66	5
	2-1,2		10
πρεσβύτης	1.4	3	35
πρεσβῦτις	3.12f	1	54
πρηνής	3,22	1	54
πρίζω	D	1	54
πρίν	adv T	13	18
{Πρίσκα and Πρίσκιλλα	1.3	6	65
πρό	prep gen	47	20
προάγω	G	20	14
προαιρέομαι	C-E mid	1	54
προαιτιάομαι	C-A mid dep	1	54
προακούω	ω	1	54
προαμαρτάνω	+αν	2	41
προαύλιον	2.8	1	54
προβαίνω	+ν+	5	29
προβάλλω	L	2	41
προβατικός	2-1,1	1	54
προβάτιον	2.8	2	41
πρόβατον	2.8	37	5
προβιβάζω	D	1	54
προβλέπομαι	LB mid	1	54
προγίνομαι	dep	1	54
προγινώσκω	+σκ	5	29
πρόγνωσις	3.26	2	41
πρόγονος	2.7<2,5	2	41
προγράφω	LB	4	32
πρόδηλος	2,5	3	35
προδίδωμι	μι^{3}	1	54
προδότης	1.4	3	35
πρόδρομος	2.7<2,5	1	54
προεῖδον	suppl	2	41
προεῖπον	suppl	3	35
προελπίζω	D	1	54

προενάρχομαι	G dep	2	41
προεπαγγέλλομαι	L mid & pass	2	41
προέρχομαι	G in pr dep	9/10	14,24
προερῶ	suppl	9	24
προετοιμάζω	D	2	41
προευαγγελίζομαι	D dep	1	54
προέχομαι	G mid or pass	1	54
προηγέομαι	C-E mid dep	1	54
πρόθεσις	3.26	12	7
προθεσμία	1.2	1	54
προθυμία	1.2	5	29
πρόθυμος	2,5	3	35
προθύμως	adv M	1	54
πρόϊμος	2.7<2,5	1	54
προΐστημι	μι^{1}	8	25
προκαλέομαι	C-E mid	1	54
προκαταγγέλλω	L	2	41
προκαταρτίζω	D	1	54
πρόκειμαι	κει	5	29
προκηρύσσω	G-I	1	54
προκοπή	1.1	3	35
προκόπτω	LB	6	27
πρόκριμα	3.31	1	54
προκυρόομαι	C-O pass	1	54
προλαμβάνω	+αν+	3	35
προλέγω	G in pr	3	35
προμαρτύρομαι	mid dep	1	54
προμελετάω	C-A	1	54
προμεριμνάω	C-A	1	54
προνοέω	C-E	3	35
πρόνοια	1.2	2	41
προοράω	C-A spec	2	41
προορίζω	D	6	27
προπάσχω	+σκ	1	54
προπάτωρ	3.22	1	54
προπέμπω	LB	9	24
προπετής	3,22	2	41
προπορεύομαι	ω dep	2	42
πρός	prep gen dat acc	697	21
προσάββατον	2.8	1	54
προσαγορεύω	ω	1	54
προσάγω	G	5	29
προσαγωγή	1.1	3	35
προσαιτέω	C-E	1	54
προσαίτης	1.4	2	42
προσαναβαίνω	+ν+	1	54
προσαναπληρόω	C-O	2	40
προσανατίθεμαι	μι^{2} mid	2	42
προσαπειλέομαι	C-E mid	1	54
προσδαπανάω	C-A	1	54
προσδέομαι	C-E pass dep	1	54
προσδέχομαι	G mid dep	14	14
προσδοκάω	C-A	16	13
προσδοκία	1.2	2	42
προσεάω	C-A	1	54
προσεργάζομαι	D dep	1	54

προσέρχομαι	G in pr dep	87	14
προσευχή	1.1	36/37	3
προσεύχομαι	G in pr mid dep	86/87	14
προσέχω	G	24	14
προσηλόω	C-O	1	54
προσήλυτος	2.7	4	32
πρόσκαιρος	2,5	4	32
προσκαλέομαι	C-E mid	29	13
προσκαρτερέω	C-E	10	13
προσκαρτέρησις	3.26	1	54
προσκεφάλαιον	2.8	1	54
προσκληρόομαι	C-O pass	1	54
προσκλίνομαι	N pass	1	54
πρόσκλισις	3.26	1	54
προσκολλάομαι	C-A pass	1	54
πρόσκομμα	3.31	6	27
προσκοπή	1.1	1	54
προσκόπτω	LB	8	25
προσκυλίω	ω	2	42
προσκυνέω	C-E	59/60	13
προσκυνητής	1.4	1	54
προσλαλέω	C-E	2	42
προσλαμβάνομαι	+αν+ mid	12	15
πρόσλημψις	3.26	1	54
προσμένω	N	7	26
προσορμίζομαι	D pass	1	54
προσοφείλω	L ?	1	54
προσοχθίζω	D	2	42
πρόσπεινος	2,5	1	54
προσπήγνυμι	+νυ,μι^{4}	1	54
προσπίπτω	D irr	8	25
προσποιέομαι	C-E mid	1	54
προσπορεύομαι	ω dep	1	54
προσρήγνυμι	+νυ,μι^{4}	2	42
προστάσσω	G-I	7	26
προστάτις	3.12f	1	54
προστίθημι	μι^{2}	18	16
προστρέχω	G in pr	3	35
προσφάγιον	2.8	1	54
πρόσφατος	2,5	1	54
προσφάτως	adv T	1	54
προσφέρω	L	46	15
προσφιλής	3,22	1	54
προσφορά	1.2	9	24
προσφωνέω	C-E	7	26
πρόσχυσις	3.26	1	54
προσψαύω	ω	1	54
προσωπολημπτέω	C-E	1	54
προσωπολήμπτης	1.4	1	54
προσωπολημψία	1.2	4	32
πρόσωπον	2.8	76	5
προτείνω	N	1	54
πρότερος	2-1,2	11/10	10
προτίθεμαι	μι^{2} mid	3	35
προτρέπομαι	LB mid	1	54
προτρέχω	G in pr	2	42
προϋπάρχω	G	2	42
πρόφασις	3.26	6	27

προφέρω	L	2	42
προφητεία	1.2	19	3
προφητεύω	ω	28	16
προφήτης	1.4	144	4
προφητικός	2-1,1	2	42
προφῆτις	3.12f	2	42
προφθάνω	+ν	1	54
προχειρίζομαι	D mid dep	3	35
προχειροτονέω	C-E	1	54
Πρόχορος	2.7	1	65
πρύμνα	1.3	3	35
πρωΐ	adv T	12	18
πρωΐα	1.2	2	42
πρωϊνός	2-1,1	2	42
πρῷρα	1.3	2	42
πρωτεύω	ω	1	54
πρωτοκαθεδρία	1.2	4	32
πρωτοκλισία	1.2	5	29
πρῶτον	adv T	60/61	18
πρῶτος	2-1,1	93/97	9
πρωτοστάτης	1.4	1	54
πρωτοτόκια	2.8 pl	1	54
πρωτότοκος	2,5	8	25
πρώτως	adv T	1	54
πταίω	ω	5	29
πτέρνα	1.3	1	54
πτερύγιον	2.8	2	42
πτέρυξ	3.10f	5	29
πτηνόν	2.8<2-1,1	1	55
πτοέομαι	C-E pass	2	42
πτόησις	3.26	1	55
Πτολεμαΐς	3.12f	1	65
πτύον	2.8	2	42
πτύρομαι	L pass	1	55
πτύσμα	3.31	1	55
πτύσσω	G-I	1	55
πτύω	ω	3	35
πτῶμα	3.31	7	26
πτῶσις	3.26	2	42
πτωχεία	1.2	3	35
πτωχεύω	ω	1	55
πτωχός	2.7	34	5
	2-1,1		9
πυγμή	1.1	1	55
πύθων	3.17m	1	55
πυκνός	2-1,1	3	35
πυκτεύω	ω	1	55
πύλη	1.1	10	3
πυλών	3.19m	18	7
πυνθάνομαι	mid dep	11	17
πῦρ τό	no decl	71	8
πυρά	1.2	2	42
πύργος	2.7	4	32
πυρέσσω	G-I	2	42
πυρετός	2.7	6	27
πύρινος	2-1,1	1	55
πυρόομαι	C-O pass	6	27
πυρράζω	D	2	42
Πύρρος	2.7	1	65
πυρρός	2-1,2	2	42
πύρωσις	3.26	3	35
πωλέω	C-E	22	13
πῶλος	2.7	12	5

πώποτε	adv T	6	27
πωρόω	C-O	5	29
πώρωσις	3.26	3	35
πῶς	adv interr	104	17
πώς	particle enclit	14	19
Ῥαάβ ἡ	indecl	2	65
ῥαββεί	indecl	15	8
ῥαββουνεί	indecl	2	42
ῥαβδίζω	D	2	42
ῥάβδος	2.7f	12	5
ῥαβδοῦχος	2.7	2	42
Ῥαγαύ ὁ	indecl	1	65
ῥᾳδιούργημα	3.31	1	55
ῥᾳδιουργία	1.2	1	55
ῥακά n	Aram	1	55
ῥάκος	3.33	2	42
Ῥαμά ἡ	indecl	1	65
ῥαντίζω	D	5	29
ῥαντισμός	2.7	2	42
ῥαπίζω	D	2	42
ῥάπισμα	3.31	3	35
ῥαφίς	3.12f	2	42
Ῥαχάβ ἡ	indecl	1	65
Ῥαχήλ ἡ	indecl	1	65
Ῥεβέκκα	1.2	1	65
ῥέδη	1.1	1	55
ῥέω	C-E spec	1	55
Ῥήγιον	2.8	1	65
ῥῆγμα	3.31	1	55
ῥήγνυμι	+νυ,μι^{4}	7	26
and ῥήσσω	G-I		
ῥῆμα	3.31	67	8
Ῥησά ὁ	indecl	1	65
ῥήσσω	see ῥήγνυμι		
ῥήτωρ	3.22	1	55
ῥητῶς	adv M	1	55
ῥίζα	1.3	17	4
ῥιζόομαι	C-O pass	2	42
ῥιπή	1.1	1	55
ῥιπίζομαι	D pass	1	55
ῥιπτέω	see ῥίπτω		
ῥίπτω	LB	8	25
and ῥιπτέω	C-E		
Ῥοβοάμ ὁ	indecl	2	65
Ῥόδη	1.1	1	65
Ῥόδος	2.7f	1	65
ῥοιζηδόν	adv M	1	55
Ῥομφά ὁ	indecl	1	65
ῥομφαία	1.2	7	26
Ῥουβήν ὁ	indecl	1	65
Ῥούθ ἡ	indecl	1	65
Ῥοῦφος	2.7	2	65
ῥύμη	1.1	4	32
ῥύομαι	mid dep	17	17
ῥυπαίνομαι	+ν+ pass	1	55
ῥυπαρία	1.2	1	55
ῥυπαρός	2-1,2	2	42
ῥύπος	2.7	1	55
ῥύσις	3.26	3	35
ῥυτίς	3.12f	1	55
Ῥωμαῖος	2.7	12	65
Ῥωμαϊστί	adv M	1	65
Ῥώμη	1.1	8	65

ῥώννυμαι	+νυ,μι^4 pass	1	55
σαβαχθανεί	v Aram	2	42
Σαβαώθ	n Heb indecl	2	42
σαββατισμός	2.7	1	55
σάββατον	2.8	68/69	5
σαγήνη	1.1	1	55
Σαδδουκαῖος	2.7	14	65
Σαδώκ ὁ	indecl	2	65
σαίνομαι	N pass	1	55
σάκκος	2.7	4	32
Σαλά ὁ	indecl	2	65
Σαλαθιήλ ὁ	indecl	3	65
Σαλαμίς	3.12f	1	65
Σαλείμ τό	indecl	1	65
σαλεύω	ω	15	16
Σαλήμ ἡ	indecl	2	65
Σαλμών ὁ	indecl	2	65
Σαλμώνη	1.1	1	65
σάλος	2.7	1	55
σάλπιγξ	3.10f	11	6
σαλπίζω	D	12	14
σαλπιστής	1.4	1	55
Σαλώμη	1.1	2	65
Σαμαρείτης	1.4	9	65
Σαμαρεῖτις	3.12f	2	65
Σαμαρία	1.2	11	65
Σαμοθράκη	1.1	1	65
Σάμος	2.7f	1	65
Σαμουήλ ὁ	indecl	3	65
Σαμψών ὁ	indecl	1	65
σανδάλιον	2.8	2	42
σανίς	3.12f	1	55
Σαούλ (2) ὁ	indecl	9	65
σαπρός	2-1,2	8	25
Σαπφείρη	cf 1.1	1	65
σάπφειρος	2.7f	1	55
σαργάνη	1.1	1	55
Σάρδεις αἱ	—	3	65
σάρδιον	2.8	2	42
σαρδόνυξ	cf 3.9m	1	55
Σάρεπτα	cf 2.8 pl	1	65
σαρκικός	2-1,1	7	26
σάρκινος	2-1,1	4	32
σάρξ	3.9f	147/146	6
σαρόω	C-O	3	35
Σάρρα	1.2	4	65
Σαρών	3.17m	1	65
Σατανᾶς	1.6	36	65
σάτον	2.8	2	42
Σαῦλος	2.7	15	65
σβέννυμι	+νυ,μι^4	6	28
σεαυτοῦ	pron reflex	42	20
σεβάζομαι	D dep	1	55
σέβασμα	3.31	2	42
σεβαστός	2-1,1	3	35
σέβομαι	LB dep	10	15
σειρός	2.7	1	55
σεισμός	2.7	14	5
σείω	ω	5	29
Σέκουνδος	2.7	1	65
Σελευκία	1.2	1	65

σελήνη	1.1	9	24
σεληνιάζομαι	D pass	2	42
Σεμεείν ὁ	indecl	1	65
σεμίδαλις	3.26	1	55
σεμνός	2-1,1	4	32
σεμνότης	no decl	3	35
Σέργιος	2.7	1	65
Σερούχ ὁ	indecl	1	66
Σήθ ὁ	indecl	1	66
Σήμ ὁ	indecl	1	66
σημαίνω	N	6	28
σημεῖον	2.8	77	5
σημειόομαι	C-O mid	1	55
σήμερον	adv T	41	18
σήπω	LB pass	1	55
σής	—	3	36
σητόβρωτος	2,5	1	55
σθενόω	C-O	1	55
σιαγών	3.17f	2	42
σιγάω	C-A	10	13
σιγή	1.1	2	42
σιδήρεος	2-1,4	5	29
σίδηρος	2.7	1	55
σιδηροῦς	see σιδήρεος		
Σιδών	3.19f	9	66
Σιδώνιος	2-1,2	2	66
σικάριος	2.7	1	55
σίκερα τό	indecl	1	55
Σίλας	1.6	12	66
Σιλουανός	2.7	4	66
Σιλωάμ ὁ	indecl	3	66
σιμικίνθιον	2.8	1	55
Σίμων I	3.19m	50	66
Σιμων II (8)	3.19m	25	66
Σινά —	indecl	4	66
σίναπι	3.27 nt	5	29
σινδών	3.17f	6	28
σινιάζω	D	1	55
σιρικόν	2.8<2-1,1	1	55
σιτευτός	2-1,1	3	36
σιτίον	2.8	1	55
σιτιστός	2-1,1	1	55
σιτομέτριον	2.8	1	55
σῖτος	2.7	14	5
Σιών ἡ	indecl	7	66
σιωπάω	C-A	10	13
σκανδαλίζω	D	29/30	14
σκάνδαλον	2.8	15	5
σκάπτω	LB	3	36
σκάφη	1.1	3	36
σκέλος	3.33	3	36
σκέπασμα	3.31	1	55
Σκευᾶς	1.6	1	66
σκευή	1.1	1	55
σκεῦος	3.33	23	8
σκηνή	1.1	20	3
σκηνοπηγία	1.2	1	55
σκηνοποιός	2.7	1	55
σκῆνος	3.33	2	42
σκηνόω	C-O	5	29
σκήνωμα	3.31	3	36
σκιά	1.2	7	26
σκιρτάω	C-A	3	36
σκληροκαρδία	1.2	3	36

σκληρός	2-1,2	5	29
σκληρότης	no decl	1	55
σκληροτράχηλος	2,5	1	55
σκληρύνω	N	6	28
σκολιός	2-1,2	4	32
σκόλοψ	cf 3.11m	1	55
σκοπέω	C-E	6	28
σκοπός	2.7	1	55
σκορπίζω	D	5	29
σκορπίος	2.7	5	29
σκοτεινός	2-1,1	3	36
σκοτία	1.2	17	3
σκοτίζομαι	D pass	5	29
σκοτόομαι	C-O pass	3	36
σκότος	3.33	30	8
σκύβαλον	2.8	1	55
Σκύθης	1.4	1	66
σκυθρωπός	2-1,1	2	42
σκύλλω	L	4	32
σκῦλον only pl	2.8	1	55
σκωληκόβρωτος	2,5	1	55
σκώληξ	3.9m	1	55
σμαράγδινος	2-1,1	1	55
σμάραγδος	2.7	1	55
σμύρνα	1.3	2	42
Σμύρνα	1.3	2	66
σμυρνίζω	D	1	55
Σόδομα τά	cf 2.8	9	66
Σολομών	3.19m	12	66
σορός	2.7f	1	55
σός	2-1,1 pron possess	27	9 20
σουδάριον	2.8	4	32
Σουσάννα	1.2 or 1.3	1	66
σοφία	1.2	51	3
σοφίζω	D	2	42
σοφός	2-1,1	20	9
Σπανία	1.2	2	66
σπάομαι	C-A mid	2	42
σπαράσσω	G-I	3	36
σπαργανόω	C-O	2	42
σπαταλάω	C-A	2	42
σπεῖρα	1.3	7	26
σπείρω	L	52	15
σπεκουλάτωρ	3.22	1	55
σπένδομαι	D pass	2	42
σπέρμα	3.31	44	8
σπερμολόγος	2.7<2,5	1	55
σπεύδω	D	6	28
σπήλαιον	2.8	6	28
σπιλάς	cf 3.12f	1	55
σπίλος	2.7	2	42
σπιλόω	C-O	2	42
σπλαγχνίζομαι	D dep	12	14
σπλάγχνον	2.8	11	6
σπόγγος	2.7	3	36
σποδός	2.7f	3	36
σπορά	1.2	1	55
σπόριμα pl	2.8<2,5	3	36
σπόρος	2.7	5	29
σπουδάζω	D	11	14
σπουδαῖος	2-1,2	3	36

σπουδαίως	adv M	4	32
σπουδή	1.1	12	3
σπυρίς	3.12f	5	29
στάδιον	2.8	7	26
στάμνος	2.7; 2.7f	1	55
στασιαστής	1.4	1	55
στάσις	3.26	9	24
στατήρ	3.23	1	55
σταυρός	2.7	27	5
σταυρόω	C-O	46	13
σταφυλή	1.1	3	36
στάχυς	3.28m	5	29
Στάχυς	3.28m	1	66
στέγη	1.1	3	36
στέγω	G	4	32
στεῖρα	1.2	4	32
στέλλομαι	L mid	2	42
στέμμα	3.31	1	55
στεναγμός	2.7	2	42
στενάζω	G-I	6	28
στενός	2-1,1	3	36
στενοχωρέομαι	C-E pass	3	36
στενοχωρία	1.2	4	32
στερεός	2-1,2	4	32
στερεόω	C-O	3	36
στερέωμα	3.31	1	55
Στεφανᾶς	1.6	3	66
Στέφανος	2.7	7	66
στέφανος	2.7	18	5
στεφανόω	C-O	3	36
στῆθος	3.33	5	30
στήκω	G	11	14
στηριγμός	2.7	1	55
στηρίζω	D	14	14
στιβάς	cf 3.12f	1	55
στίγμα	3.31	1	55
στιγμή	1.1	1	55
στίλβω	LB	1	55
στοά	1.2	4	32
στοιχεῖον only pl	2.8	7	26
στοιχέω	C-E	5	30
στολή	1.1	9	24
στόμα	3.31	78	8
στόμαχος	2.7	1	55
στρατεία	1.2	2	42
στράτευμα	3.31	8	25
στρατεύομαι	—	7	26
στρατηγός	2.7	10	5
στρατιά	1.2	2	42
στρατιώτης	1.4	26	4
στρατολογέω	C-E	1	55
στρατόπεδον	2.8	1	55
στρεβλόω	C-O	1	55
στρέφω	LB	21	15
στρηνιάω	C-A	2	42
στρῆνος	3.33	1	55
στρουθίον	2.8	4	32
στρώννυμι and στρωννύω	+νυ,μι^4 / ω	6	28
στρωννύω	see στρώννυμι		
στυγητός	2-1,1	1	55
στυγνάζω	D	2	42
στῦλος	2.7	4	32

Word	Class	Count	Ref
Στωϊκός	2-1,1	1	66
σύ	pron pers		19
in se		173	
in toto		2889	
συγγένεια	1.2	3	36
συγγενεύς	3.29	2	42
συγγενής	1.4	9/10	4,24
	3,22		12
συγγενίς	3.12f	1	55
συγκυρία	1.2	1	55
σύγχυσις	3.26	1	55
συκάμινος	2.7f	1	55
συκῆ	1.1	16	3
συκομορέα	1.2	1	55
σῦκον	2.8	4	32
συκοφαντέω	C-E	2	42
συλαγωγέω	C-E	1	55
συλάω	C-A	1	55
συλλαμβάνω and συνλαμβάνω	+αν+	16	15
συλλέγω	G	8	25
συλλογίζομαι	D mid	1	55
συμβαίνω	+ν+	8	25
συμβουλεύω	ω	4	32
συμβούλιον	2.8	8	25
σύμβουλος	2.7	1	55
Συμεών(5) ὁ	indecl	7	66
συμμορφίζομαι	D mid	1	55
σύμμορφος	2,5	2	42
συμπαθής	3,22	1	55
συμπόσιον	2.8	2	42
συμφέρω	L	15	15
σύμφορον	2.8<2,5	2	42
συμφυλέτης	1.4	1	55
σύμφυτος	2,5	1	55
συμφωνέω	C-E	6	28
συμφώνησις	3.26	1	55
συμφωνία	1.2	1	55
σύμφωνον	2.8<2,5	1	55
συμψηφίζω	D	1	55
σύν	prep dat	128	21
συνάγω	G	59	14
συναγωγή	1.1	56	3
συναγωνίζομαι	D mid dep	1	55
συναθλέω	C-E	2	42
συναθροίζω	D	2	42
συναίρω	L	3	36
συναιχμάλωτος	2.7	3	36
συνακολουθέω	C-E	3	36
συναλίζομαι	D pass	1	55
συναλλάσσω	—	1	55
συναναβαίνω	+ν+	2	42
συνανάκειμαι	κει	7	26
συναναμίγνυμι	+νυ,μι^{4}	3	36
συναναπαύομαι	ω mid	1	55
συναντάω	C-A	6	28
συναντιλαμβάνομαι	+αν+ mid	2	42
συναπάγομαι	G pass	3	36
συναποθνήσκω	+ισκ	3	36
συναπόλλυμαι	+νυ,μι^{4} mid	1	55
συναποστέλλω	L	1	55
συναρμολογέομαι	C-E pass	2	42
συναρπάζω	G-1	4	32
συναυξάνομαι	+αν pass	1	55
συνβάλλω	L	6	28
συνβασιλεύω	ω	2	42
συνβιβάζω	D	7	26
συνγνώμη	1.1	1	55
συνδέομαι	C-E pass	1	55
σύνδεσμος	2.7	4	32
συνδοξάζομαι	D pass	1	56
σύνδουλος	2.7	10	5
συνδρομή	1.1	1	56
συνεγείρω	L	3	36
συνέδριον	2.8	22	6
συνείδησις	3.26	30/31	7
συνεῖδον	suppl	2	42
σύνειμι I	μι^{6}	1	56
σύνειμι II	spec	2	42
συνεισέρχομαι	G in pr dep	2	42
συνέκδημος	2.7	2	42
συνεκλεκτή	1.1 < 2-1,1	1	56
συνεπιμαρτυρέω	C-E	1	56
συνεπιτίθεμαι	μι^{2} mid	1	56
συνέπομαι	mid dep	1	56
συνεργέω	C-E	5	30
συνεργός	2.7	13	5
συνέρχομαι	G in pr dep	30/32	14
συνεσθίω	ω	5	30
σύνεσις	3.26	7	26
συνετός	2-1,1	4	32
συνευδοκέω	C-E	6	28
συνευωχέομαι	C-E pass	2	42
συνεφίστημι	μι^{1} mid	1	56
συνέχω	G	12	14
συνζάω	C-A	3	36
συνζεύγνυμι	+νυ,μι^{4}	2	42
συνζητέω	C-E	10	13
συνζητητής	1.4	1	56
σύνζυγος	2.7<2,5	1	56
συνζωοποιέω	C-E	2	42
συνήδομαι	pass dep	1	56
συνήθεια	1.2	3	36
συνηλικιώτης	1.4	1	56
συνθάπτομαι	LB pass	2	42
συνθλάομαι	C-A pass	2	42
συνθλίβω	LB	2	42
συνθρύπτω	LB	1	56
συνίημι	μι^{5}	26/28	16
συνιστάνω	see συνίστημι		
συνίστημι and συνιστάνω	μι^{1} / +αν	16	16
συνκάθημαι	μι^{6} dep?	2	42
συνκαθίζω	D	2	42
συνκακοπαθέω	C-E	2	42
συνκακουχέομαι	C-E pass?	1	56
συνκαλέω	C-E	8	25
συνκαλύπτω	LB	1	56
συνκάμπτω	LB	1	56
συνκαταβαίνω	+ν+	1	56
συνκατάθεσις	3.26	1	56
συνκατατίθεμαι	μι^{2} mid	1	56
συνκαταψηφίζομαι	D pass	1	56
συνκεράννυμι	+νυ,μι^{4}	2	42
συνκινέω	C-E(pass)	1	56
συνκλείω	ω	4	32
συνκληρονόμος	2,5	4	32
συνκοινωνέω	C-E	3	36
συνκοινωνός	2.7	4	32
συνκομίζω	D(pass)	1	56
συνκρίνω	N	3	36
συνκύπτω	LB	1	56
συνλαλέω	C-E	6	28
συνλαμβάνω	see συλλαμβάνω		
συνλυπέομαι	C-E pass	1	56
συνμαθητής	1.4	1	56
συνμαρτυρέω	C-E	3	36
συνμερίζομαι	D mid	1	56
συνμέτοχος	2,5	2	42
συνμιμητής	1.4	1	56
συνοδεύω	ω	1	56
συνοδία	1.2	1	56
συνοικέω	C-E	1	56
συνοικοδομέω	C-E (pass)	1	56
συνομιλέω	C-E	1	56
συνομορέω	C-E	1	56
συνοχή	1.1	2	42
συνπαθέω	C-E	2	42
συνπαραγίνομαι	mid dep	1	56
συνπαρακαλέομαι	C-E pass	1	56
συνπαραλαμβάνω	+αν+	4	32
συνπάρειμι	spec	1	56
συνπάσχω	+σκ	2	42
συνπέμπω	LB	2	42
συνπεριλαμβάνω	+αν+	1	56
συνπίνω	+ν	1	56
συνπίπτω	D irr	1	56
συνπληρόω	C-O	3	36
συνπνίγω	G	5	30
συνπολίτης	1.4	1	56
συνπορεύομαι	ω dep	4	32
συνπρεσβύτερος	2.7	1	56
συνσταυρόομαι	C-O pass	5	30
σύνσωμος	2,5	1	56
συνστέλλω	L	2	42
συνστενάζω	G-1	1	56
συνστοιχέω	C-E	1	56
συνστρατιώτης	1.4	2	42
συνσχηματίζομαι	D pass	2	42
συντάσσω	G-1	3	36
συντέλεια	1.2	6	28
συντελέω	C-E	6	28
συντέμνω	+ν	1	56
συντηρέω	C-E	3	36
συντίθεμαι	μι^{2} mid	3	36
συντόμως	adv M	1	56
συντρέχω	G in pr	3	36
συντρίβω	LB	7	26
σύντριμμα	3.31	1	56
σύντροφος	2.7<2,5	1	56
συντυγχάνω	+αν+	1	56
Συντύχη	1.1	1	66
συνυποκρίνομαι	N dep	1	56
συνυπουργέω	C-E	1	56
σύνφημι	spec	1	56
συνφύομαι	ω pass	1	56
συνχαίρω	L	7	26
συνχέω	C-E	1	56
συνχράομαι	C-A spec, mid-dep	1	56
συνχύννω	N	4	32
σύνψυχος	2,5	1	56
συνωδίνω	N	1	56
συνωμοσία	1.2	1	56
Συράκουσαι	cf 1.2pl	1	66
Συρία	1.2	8	66
Σύρος	2.7	1	66
Συροφοινίκισσα	1.3	1	66
Σύρτις	3.26	1	66
σύρω	L	5	30
συσπαράσσω	G-1	2	42
σύσσημον	2.8	1	56
συστατικός	2-1,1	1	56
συστρέφω	LB	2	42
συστροφή	1.1	2	42
Συχάρ ἡ	indecl	1	66
Συχέμ ἡ	indecl	2	66
σφαγή	1.1	3	36
σφάγιον	2.8	1	56
σφάζω	D	10	14
σφόδρα	adv M	11	17
σφοδρῶς	adv M	1	56
σφραγίζω	D	15	14
σφραγίς	3.12f	16	6
σφυδρόν	2.8	1	56
σφυρίς	see σπυρίς		
σχεδόν	adv M	3	36
σχῆμα	3.31	2	42
σχίζω	D	11	14
σχίσμα	3.31	8	25
σχοινίον	2.8	2	42
σχολάζω	D	2	42
σχολή	1.1	1	56
σῴζω	D irr	106/108	14
σῶμα	3.31	142	8
σωματικός	2-1,1	2	42
σωματικῶς	adv M	1	56
Σώπατρος	2.7	1	66
σωρεύω	ω	2	42
Σωσθένης (2)	cf 3,22m	2	66
Σωσίπατρος	2.7	1	66
σωτήρ	3.23	24	7
σωτηρία	1.2	45	3
σωτήριον	2.8	4	32
σωτήριος	2,5	1	56
σωφρονέω	C-E	6	28

Word	Form	Freq.	List
σωφρονίζω	D	1	56
σωφρονισμός	2.7	1	56
σωφρόνως	adv M	1	56
σωφροσύνη	1.1	3	36
σώφρων	3,19	4	32
Ταβειθά ἡ	indecl	2	66
Ταβέρνη	1.1	1	66
τάγμα	3.31	1	56
τακτός	2-1,1	1	56
ταλαιπωρέω	C-E	1	56
ταλαιπωρία	1.2	2	42
ταλαίπωρος	2,5	2	42
ταλαντιαῖος	2-1,2	1	56
τάλαντον	2.8	14/15	6
ταλειθά n	Aram	1	56
ταμεῖον	2.8	4	32
τάξις	3.26	9	24
ταπεινός	2-1,1	8	25
ταπεινοφροσύνη	1.1	7	26
ταπεινόφρων	3,19	1	56
ταπεινόω	C-O	14	13
ταπείνωσις	3.26	4	32
ταράσσω	G-I	17/18	14
τάραχος	2.7	2	42
Ταρσεύς	3.29	2	66
Ταρσός	2.7f	3	66
ταρταρόω	C-O	1	56
τάσσω	G-I	8/10	14,25
ταῦρος	2.7	4	32
ταφή	1.1	1	56
τάφος	2.7	7	26
τάχα	adv M	2	42
τάχειον	adv M,T	5	30
ταχέως	adv M	10	17
ταχινός	2-1,1	2	42
τάχιστα	adv M	1	56
τάχος	3.33	7	26
ταχύ	3-1,13	12/18	11
ταχύς	3-1,13	1	56
τέ	particle enclit	205	19
τεῖχος	3.33	9	24
τεκμήριον	2.8	1	56
τεκνίον	2.8	8	25
τεκνογονέω	C-E	1	56
τεκνογονία	1.2	1	56
τέκνον	2.8	99/100	6
τεκνοτροφέω	C-E	1	56
τέκτων	3.17m	2	42
τέλειος	2-1,2	19	10
τελειότης	no decl	2	42
τελειόω	C-O	23	13
τελείως	adv M	1	56
τελείωσις	3.26	2	42
τελειωτής	1.4	1	56
τελεσφορέω	C-E	1	56
τελευτάω	C-A	11	13
τελευτή	1.1	1	56
τελέω	C-E	28	13
τέλος	3.33	41	8
τελώνης	1.4	21	4
τελώνιον	2.8	3	36
τέρας	3.32	16	8
Τέρτιος	2.7	1	66
Τέρτυλλος	2.7	2	66
τέσσαρες	adj,25	41	12
τεσσαρεσκαιδέκατος	2-1,1	2	42
τεσσεράκοντα	adj,24	22	12
τεσσερακονταετής	3,22	2	42
τεταρταῖος	2-1,2	1	56
τέταρτος	2-1,1	10	9
τετρααρχέω	C-E	3	36
τετραάρχης	1.4	4	32
τετράγωνος	2,5	1	56
τετράδιον	2.8	1	56
τετρακισχίλιοι	adj,23	5	30
τετρακόσιοι	adj,23	4	32
τετράμηνος	2.7f <2,5	1	56
τετραπλόος	2-1,3	1	56
τετράποδα	2-1,3 as a subst	3	36
τεφρόω	C-O	1	56
τέχνη	1.1	3	36
τεχνίτης	1.4	4	32
τήκομαι	G pass	1	56
τηλαυγῶς	adv M	1	56
τηλικοῦτος	pron dem	4	32
τηρέω	C-E	71	13
τήρησις	3.26	3	36
Τιβεριάς	cf 3.12f	3	66
Τιβέριος	2.7	1	66
τίθημι	$\mu\iota^2$	99	16
τίκτω	G	18	14
τίλλω	L	3	36
Τιμαῖος	2.7	1	66
τιμάω	C-A	21	13
τιμή	1.1	41	3
τίμιος	2-1,2	13	10
τιμιότης	no decl	1	56
Τιμόθεος	2.7	24	66
Τίμων	3.19m	1	66
τιμωρέω	C-E	2	42
τιμωρία	1.2	1	56
τίνω	N	1	56
τίς	pron interr	553	19
τις	pron indef	518	19
Τίτιος	2.7	1	66
τίτλος	2.7	2	42
Τίτος	2.7	13	66
τοιγαροῦν	particle inferent	2	42
τοίνυν	particle inferent	3	36
τοιόσδε	2-1,2	1	56
τοιοῦτος	2-1,1	57	9
τοῖχος	2.7	1	56
τόκος	2.7	2	43
τολμάω	C-A	16	13
τολμηροτέρως	adv M	1	56
τολμητής	1.4	1	56
τομός	2-1,1	1	56
τόξον	2.8	1	56
τοπάζιον	2.8	1	56
τόπος	2.7	95	5
τοσοῦτος	2-1,1	19/20	9
τότε	adv T	159	18
τοὐναντίον	adv ov	3	36
τοὔνομα	3.31	1	56
τουτ᾽ ἔστιν	cf pron demonst	18	19
τράγος	2.7	4	32
τράπεζα	1.3	15	4
τραπεζείτης	1.4	1	56
τραῦμα	3.31	1	56
τραυματίζω	D	2	43
τραχηλίζομαι	D pass	1	56
τράχηλος	2.7	7	26
τραχύς	3-1,13	2	43
Τραχωνῖτις	3.12f	1	66
τρεῖς	adj,25	68	12
τρέμω	N	3	36
τρέφω	LB	9	24
τρέχω	G in pr	19/20	14
τρῆμα	3.31	2	43
τριάκοντα	adj,24	11	12
τριακόσιοι	adj,23	2	43
τρίβολος	2.7	2	43
τρίβος	2.7f	3	36
τριετία	1.2	1	57
τρίζω	D	1	57
τρίμηνον	2.8<2,5	1	57
τρίς	adv T	12	18
τρίστεγον	2.8	1	57
τρισχίλιοι	adj,23	1	57
τρίτον	adv T	8	25
τρίτος	2-1,1	48/47	9
τρίχινος	2-1,1	1	57
τρόμος	2.7	5	30
τροπή	1.1	1	57
τρόπος	2.7	13	5
τροποφορέω	C-E	1	57
τροφή	1.1	16	3
Τρόφιμος	2.7	3	66
τροφός	2.7f	1	57
τροχιά	1.2	1	57
τροχός	2.7	1	57
τρύβλιον	2.8	2	43
τρυγάω	C-A	3	36
τρυγών	3.17f	1	57
τρυμαλιά	1.2	1	57
Τρύφαινα	1.3	1	66
τρυφάω	C-A	1	57
τρυφή	1.1	2	43
Τρυφῶσα	1.3	1	66
Τρῳάς	cf 3.12f	6	66
τρώγω	G	6	28
τυγχάνω	+αν+	12	15
τυμπανίζω	D pass	1	57
τυπικῶς	adv M	1	57
τύπος	2.7	14/15	5
τύπτω	LB	13	15
Τύραννος	2.7	1	66
Τύριος	2.7	1	66
Τύρος	2.7f	11	66
τυφλός	2-1,1	50	9
τυφλόω	C-O	3	36
τύφομαι	LB pass	1	57
τυφόομαι	C-O pass	3	36
τυφωνικός	2-1,1	1	57
Τύχικος	2.7	5	66
ὑακίνθινος	2-1,1	1	57
ὑάκινθος	2.7	1	57
ὑάλινος	2-1,1	3	36
ὕαλος	2.7f	2	43
ὑβρίζω	D	5	30
ὕβρις	3.26	3	36
ὑβριστής	1.4	2	43
ὑγιαίνω	+ν+	12	15
ὑγιής	3,22	11/12	12
ὑγρός	2-1,2	1	57
ὑδρία	1.2	3	36
ὑδροποτέω	C-E	1	57
ὑδρωπικός	2-1,1	1	57
ὕδωρ	cf 3.31	76/79	8
ὑετός	2.7	5	30
υἱοθεσία	1.2	5	30
υἱός	2.7	375/380	5
ὕλη	1.1	1	57
Ὑμέναιος	2.7	2	66
ὑμέτερος	2-1,2 pron possess	10	10 20
ὑμνέω	C-E	4	32
ὕμνος	2.7	2	43
ὑπάγω	G	79	14
ὑπακοή	1.1	15	3
ὑπακούω	ω	21	16
ὕπανδρος	2,5	1	57
ὑπαντάω	C-A	10	13
ὑπάντησις	3.26	3	36
ὕπαρξις	3.26	2	43
ὑπάρχοντα	see ὑπάρχω		
ὑπάρχω	G	60	14
ὑπείκω	G	1	57
ὑπεναντίοι	see ὑπεναντίος		
ὑπεναντίος	2-1,2 2.7<2-1,2	2	43
ὑπέρ I	prep gen acc	149	21
ὑπέρ II	adv S	1	57
ὑπεραίρομαι	L mid & pass	3	36
ὑπέρακμος	2,5	1	57
ὑπεράνω	prep gen<adv	3	36
ὑπεραυξάνω	+αν	1	57
ὑπερβαίνω	+ν+	1	57
ὑπερβαλλόντως	adv M	1	57
ὑπερβάλλω	L	5	30
ὑπερβολή	1.1	8	25
ὑπερεῖδον	suppl	1	57
ὑπερέκεινα	prep gen	1	57
ὑπερεκπερισσοῦ	adv M, prep gen	2	43
ὑπερεκπερισσῶς	adv M	1	57
ὑπερεκτείνω	N	1	57
ὑπερεκχύννομαι	N pass	1	57
ὑπερεντυγχάνω	+αν+	1	57
ὑπερέχω	G	5	30
ὑπερηφανία	1.2	1	57
ὑπερήφανος	2,5	5	30
ὑπερλίαν	adj<adv M	2	43
ὑπερνικάω	C-A	1	57
ὑπέρογκος	2,5	2	43
ὑπεροχή	1.1	2	43
ὑπερπερισσεύω	ω	2	43

ὑπερπερισσῶς	adv M	1	57
ὑπερπλεονάζω	D	1	57
ὑπερυψόω	C-O	1	57
ὑπερφρονέω	C-E	1	57
ὑπερῷον	2.8	4	32
ὑπέχω	G	1	57
ὑπήκοος	2,5	3	36
ὑπηρετέω	C-E	3	36
ὑπηρέτης	1.4	20	4
ὕπνος	2.7	6	28
ὑπό	prep gen acc	217	21
ὑποβάλλω	L	1	57
ὑπογραμμός	2.7	1	57
ὑπόδειγμα	3.31	6	28
ὑποδείκνυμι	μι^4	6	28
ὑποδέομαι	C-E mid	3	36
ὑποδέχομαι	G mid dep	4	32
ὑπόδημα	3.31	10	8
ὑπόδικος	2,5	1	57
ὑποζύγιον	2.8	2	43
ὑποζώννυμι	+νυ,μι^4	1	57
ὑποκάτω	adv PL	11	18
ὑποκρίνομαι	N pass	1	57
ὑπόκρισις	3.26	6	28
ὑποκριτής	1.4	17	4
ὑπολαμβάνω	+αν+	5	30
ὑπόλειμμα	3.31	1	57
ὑπολείπομαι	LB pass	1	57
ὑπολήνιον	2.8	1	57
ὑπολιμπάνω	N ?	1	57
ὑπομένω	N	17	15
ὑπομιμνήσκω	+ισκ	7	26
ὑπόμνησις	3.26	3	36
ὑπομονή	1.1	32	3
ὑπονοέω	C-E	3	36
ὑπόνοια	1.2	1	57
ὑποπλέω	C-E spec	2	43
ὑποπνέω	C-E spec	1	57
ὑποπόδιον	2.8	7/8	26
ὑπόστασις	3.26	5	30
ὑποστέλλω	L	4	32
ὑποστολή	1.1	1	57
ὑποστρέφω	LB	35/36	15
ὑποστρωννύω	ω	1	57
ὑποταγή	1.1	4	32
ὑποτάσσω	G-I	38/39	14
ὑποτίθημι	μι^2	2	43
ὑποτρέχω	G in pr	1	57
ὑποτύπωσις	3.26	2	43
ὑποφέρω	L	3	36
ὑποχωρέω	C-E	2	43
ὑπωπιάζω	D	2	43
ὗς	3.28f	1	57
ὕσσωπος	2.7; 2.7f	2	43
ὑστερέω	C-E	16	13
ὑστέρημα	3.31	9	24
ὑστέρησις	3.26	2	43
ὕστερον	adv T	11	18
ὕστερος	2-1,2	2	43
ὑφαίνω	N	1	57
ὑφαντός	2-1,1	1	57
ὑψηλός	2-1,1	11	9
ὑψηλοφρονέω	C-E	1	57
ὕψιστος	2-1,1	13	9
ὕψος	3.33	6	28
ὑψόω	C-O	20	13
ὕψωμα	3.31	2	43
φάγος	2.7	2	43
φαίνω	N	31	15
Φάλεκ ὁ	indecl	1	66
φανερόν	2.8	18	6
-ός	2-1,2		10
φανερόω	C-O	49	13
φανερῶς	adv M	3	36
φανέρωσις	3.26	2	43
φανός	2.7	1	57
Φανουήλ ὁ	indecl	1	66
φαντάζομαι	D pass	1	57
φαντασία	1.2	1	57
φάντασμα	3.31	2	43
φάραγξ	3.10f	1	57
Φαραώ ὁ	indecl	5	66
Φαρές ὁ	indecl	3	66
Φαρισαῖος	2.7	98	66
φαρμακία	1.2	3	36
φαρμακός	2.7	2	43
φάσις	3.26	1	57
φάσκω	+σκ?	3	36
φάτνη	1.1	4	32
φαῦλος	2-1,1	6	28
φέγγος	3.33	3	36
φείδομαι	mid dep	10	17
φειδομένως	adv M	2	43
φελόνης	1.4	1	57
φέρω	L	68	15
φεύγω	G	29/31	14
Φῆλιξ	cf 3.9m	9	66
φήμη	1.1	2	43
φημί	spec	66/67	17
Φῆστος	2.7	13	66
φθάνω	+ν	7	26
φθαρτός	2-1,1	6	28
φθέγγομαι	mid dep	3	36
φθείρω	L	9	24
φθινοπωρινός	2-1,1	1	57
φθόγγος	2.7	2	43
φθονέω	C-E	1	57
φθόνος	2.7	9	24
φθορά	1.2	9	24
φιάλη	1.1	12	3
φιλάγαθος	2,5	1	57
Φιλαδελφία	1.2	2	66
φιλαδελφία	1.2	6	28
φιλάδελφος	2,5	1	57
φίλανδρος	2,5	1	57
φιλανθρωπία	1.2	2	43
φιλανθρώπως	adv M	1	57
φιλαργυρία	1.2	1	57
φιλάργυρος	2,5	2	43
φίλαυτος	2,5	1	57
φιλέω	C-E	25	13
φιλήδονος	2,5	1	57
φίλημα	3.31	7	26
Φιλήμων	3.17m	1	66
Φίλητος	2.7	1	66
φιλία	1.2	1	57
Φιλιππήσιος	2.7	1	66
Φίλιπποι	2.7 pl	4	66
Φίλιππος	2.7	36	66
φιλόθεος	2,5	1	57
Φιλόλογος	2.7	1	66
φιλονεικία	1.2	1	57
φιλόνεικος	2,5	1	57
φιλοξενία	1.2	2	43
φιλόξενος	2,5	3	36
φιλοπρωτεύω	ω	1	57
φίλος	2.7	29	5
	2-1,1		9
φιλοσοφία	1.2	1	57
φιλόσοφος	2.7	1	57
φιλόστοργος	2,5	1	57
φιλότεκνος	2,5	1	57
φιλοτιμέομαι	C-E dep	3	36
φιλοφρόνως	adv M	1	57
φιμόω	C-O	7	26
Φλέγων	3.13	1	66
φλογίζω	D	2	43
φλόξ	3.10f	7	26
φλυαρέω	C-E	1	57
φλύαρος	2,5	1	57
φοβέομαι	C-E pass-dep	95	13
φοβερός	2-1,2	3	36
φόβητρον	2.8	1	57
φόβος	2.7	47	5
Φοίβη	1.1	1	66
Φοινίκη	1.1	3	66
Φοῖνιξ	cf 3.9m	1	66
φοῖνιξ	3.9m	2	43
φονεύς	3.29	7	26
φονεύω	ω	12	16
φόνος	2.7	9	24
φορέω	C-E	6	28
Φόρον	2.8 ?	1	66
φόρος	2.7	5	30
φορτίζω	D	2	43
φορτίον	2.8	6	28
Φορτουνάτος	2.7	1	66
φραγέλλιον	2.8	1	57
φραγελλόω	C-O	2	43
φραγμός	2.7	4	32
φράζω	D	1	57
φράσσω	G-I	3	36
φρέαρ	3.31 irr	7	26
φρεναπατάω	C-A	1	57
φρεναπάτης	1.4	1	57
φρήν	3.16f	2	43
φρίσσω	G-I	1	57
φρονέω	C-E	26	13
φρόνημα	3.31	4	33
φρόνησις	3.26	2	43
φρόνιμος	2,5	14	10
φρονίμως	adv M	1	57
φροντίζω	D	1	57
φρουρέω	C-E	4	33
φρυάσσω	G-I	1	57
φρύγανον	2.8	1	57
Φρυγία	1.2	3	66
Φύγελος	2.7	1	66
φυγή	1.1	1	57
φυλακή	1.1	46	3
φυλακίζω	D	1	57
φυλακτήριον	2.8	1	57
φύλαξ	3.9m	3	36
φυλάσσω	G-I	31	14
φυλή	1.1	31	3
φύλλον	2.8	6	28
φύραμα	3.31	5	30
φυσικός	2-1,1	3	36
φυσικῶς	adv M	1	57
φυσιόω	C-O	7	26
φύσις	3.26	13/14	7
φυσίωσις	3.26	1	57
φυτεία	1.2	1	57
φυτεύω	ω	11	16
φύω	ω	3	36
φωλεός	2.7	2	43
φωνέω	C-E	42/43	13
φωνή	1.1	139/140	3
φῶς	3.32	72/71	8
φωστήρ	3.23	2	43
φωσφόρος	2.7<2,5	1	57
φωτεινός	2-1,1	5	30
φωτίζω	D	11	14
φωτισμός	2.7	2	43
χαίρω	L	74	15
χάλαζα	1.3	4	33
χαλάω	C-A	7	26
Χαλδαῖος	2.7	1	66
χαλεπός	2-1,1	2	43
χαλιναγωγέω	C-E	2	43
χαλινός	2.7	2	43
χάλκεος	2-1,3	1	57
χαλκεύς	3.29	1	57
χαλκηδών	3.17m	1	57
χαλκίον	2.8	1	57
χαλκολίβανον	2.8	2	43
χαλκός	2.7	5	30
χαμαί	adv PL	2	43
Χαναάν ἡ	indecl	2	66
Χαναναῖος	2-1,2	1	66
χαρά	1.2	59	3
χάραγμα	3.31	8	25
χαρακτήρ	3.23	1	57
χάραξ	3.9m	1	57
χαρίζομαι	D mid dep & pass	23	14
χάριν	prep gen	9	24
χάρις	3.12f	155/156	6
χάρισμα	3.31	17	8
χαριτόω	C-O	2	43
Χαρράν ἡ	indecl	2	66
χάρτης	1.4	1	57
χάσμα	3.31	1	58
χεῖλος	3.33	7	26
χειμάζομαι	D pass	1	58
χείμαρρος	2.7	1	58
χειμών	3.19m	6	28
χείρ	3.24	175/178	7
χειραγωγέω	C-E	2	43
χειραγωγός	2.7	1	58
χειρόγραφον	2.8	1	58
χειροποίητος	2,5	6	28
χειροτονέω	C-E	2	43
χείρων	3,19	11	11

Χερουβείν to ὠφέλιμος

Χερουβείν	indecl	1	58
χήρα	1.2	26	3
χιλίαρχος	2.7	21/22	5
χιλιάς cf	3.12f	23	6
χίλιοι	adj,23	11	12
Χίος	2.7f	1	66
χιτών	3.19m	11	7
χιών	3.17f	2	43
χλαμύς	cf3.12f	2	43
χλευάζω	D	1	58
χλιαρός	2-1,2	1	58
Χλόη	1.1	1	66
χλωρός	2-1,2	4	33
χοϊκός	2-1,1	4	33
χοῖνιξ	3.9f	2	43
χοῖρος	2.7	12	5
χολάω	C-A	1	58
χολή	1.1	2	43
Χοραζείν ἡ	indecl	2	66
χορηγέω	C-E	2	43
χορός	2.7	1	58
χορτάζω	D	15	14
χόρτασμα	3.31	1	58
χόρτος	2.7	15	5
Χουζᾶς	1.5	1	66
χοῦς	3.30	2	43
χράομαι	C-A spec mid dep	11	13
χράω	C-A	1	58
χρεία	1.2	49	3
χρεοφειλέτης	1.4	2	43
χρή v	impers	1	58
χρῄζω	D ?	5	30
χρῆμα	3.31	6	28
χρηματίζω	D	9	24
χρηματισμός	2.7	1	58
χρήσιμον	2.8<2-1,1	1	58
χρῆσις	3.26	2	43
χρηστεύομαι	mid dep	1	58
χρηστολογία	1.2	1	58
χρηστός	2-1,1	7	26
χρηστότης	no decl	10	8
χρίσμα	3.31	3	36
Χριστιανός	2.7	3	36
Χριστός	2.7	528/540	66
χρίω	ω	5	30
χρονίζω	D	5	30
χρόνος	2.7	54	5
χρονοτριβέω	C-E	1	58
χρύσεος	2-1,3	18	10
χρυσίον	2.8	13	6
χρυσοδακτύλιος	2,5	1	58
χρυσόλιθος	2.7	1	58
χρυσόπρασος	2.7	1	58
χρυσός	2.7	9/12	5,24
χρυσόω	C-O	2	43
χρώς	cf3.12m	1	58
χωλός	2-1,1	14	9
χώρα	1.2	28	3
χωρέω	C-E	10	13
χωρίζω	D	13	14
χωρίον	2.8	10	6
χωρίς	adv M prep gen	41	17 20
χῶρος	2.7	1	58
ψάλλω	L	5	30
ψαλμός	2.7	7	26
ψευδάδελφος	2.7	2	43
ψευδαπόστολος	2.7	1	58
ψευδής	3,22	3	36
ψευδοδιδάσκαλος	2.7	1	58
ψευδολόγος	2.7<2,5	1	58
ψεύδομαι	mid dep	12	17
ψευδομαρτυρέω	C-E	5	30
ψευδομαρτυρία	1.2	2	43
ψευδομάρτυς	3.25	2	43
ψευδοπροφήτης	1.4	11	4
ψεῦδος	3.33	10	8
ψευδόχριστος	2.7	2	43
ψευδώνυμος	2,5	1	58
ψεῦσμα	3.31	1	58
ψεύστης	1.4	10	4
ψηλαφάω	C-A	4	33
ψηφίζω	D	2	43
ψῆφος	2.7f	3	36
ψιθυρισμός	2.7	1	58
ψιθυριστής	1.4	1	58
ψιχίον	2.8	2	43
ψυχή	1.1	101/103	3
ψυχικός	2-1,1	6	28
ψύχομαι	G pass	1	58
ψῦχος	3.33	3	36
ψυχρός	2-1,2	4	33
ψωμίζω	D	2	43
ψωμίον	2.8	4	33
ψώχω	G	1	58
Ὦ I	interj	17	19
Ὦ II	—	3	36
ὧδε	adv PL	60	18
ᾠδή	1.1	6	28
ὠδίν	cf 3.19f	4	33
ὠδίνω	N	3	36
ὦμος	2.7	2	43
ὠνέομαι	mid dep	1	58
ᾠόν	2.8	1	58
ὥρα	1.2	106	4
ὡραῖος	2-1,2	4	33
ὠρύομαι	mid dep	1	58
ὡς I	adv ως	410	17
ὡς II	conj S	93	18
ὡσαννά	Heb	6	28
ὡσαύτως	adv ως	17	17
ὡσεί	adv S	21	18
Ὡσηέ ὁ	indecl	1	66
ὥσπερ	adv S	36	18
ὡσπερεί	adv S	1	58
ὥστε	conj subord	84	18
ὠτάριον	2.8	2	43
ὠτίον	2.8	3	36
ὠφέλεια	1.2	2	43
ὠφελέω	C-E	15	13
ὠφέλιμος	2,5	4	33

Critical Notes concerning the Frequencies

ἀγαθοποιέω Morgenthaler has 8; yet, Lk has 4, not 3.
ἀγαθός Morgenth. has 104 also, against the French 103.
ἀγαπάω Morgenth. has 141; yet, Jn has 37, not 36.
ἀγάπη Morgenth. has 116 also, against the French 117.
ἀγαπητός Morgenth. has 61 also, against the French 62.
ἄγγελος Morgenth. has 175 also, against the French 176.
ἁγιάζω Morgenth. has 27; yet, Hb has 8, not 6.
ἅγιος Morgenth. has 233; yet, 1-Pt has 8, not 7.
ἀγνοέω Morgenth. has 21; yet, 1-C has 4, not 3.
ἀγρός Morgenth. has 35; yet, Mt has 17, not 16.
ἄγω * Morgenth. has 66; evidently omitting Jn 8^{3}.
ἀδελφός Morgenth. has 343 also, against the French 345.
ᾅδης Morgenth. has 10 also, against the French 11.
ἀδικέω Morgenth. has 27; yet, Rv has 11, not 10.
ἀθετέω Morgenth. has 15; yet, 1-Th has 2, not 1.
αἰών Morgenth. has 123; yet, Rv has 26, not 25.
ἀκολουθέω Morgenth. has 90 also, against the French 91.
ἀκούω * Morgenth. has 427, evidently omitting Jn 8^{9}.
ἄκρον Morgenth. has 4; yet, Mt and Mk have 2 apiece, not 1 apiece.
ἀλέκτωρ Morgenth. has 11 also, against the French 12.
ἀλλά Morgenth. has 635 also, against the French 636.
ἄλλος Morgenth. has 155; yet, Ac has 8, not 7.
ἁμαρτάνω * Morgenth. has 42, evidently omitting Jn 8^{11}.
ἁμάρτημα Morgenth. has 5, but 2-Pt 1^{9} lacks the word.
ἁμαρτία Morgenth. has 173 also, against the French 174.
ἀμήν Morgenth. has 126 also, against the French 135.
ἀνάγκη Morgenth. has 17 also, against the French 18.
ἀνακύπτω * Morgenth. has 2, evidently omitting Jn $8^{7,10}$.
ἀναστρέφω Morgenth. has 9 also, against the French 10.
ἀναφέρω Morgenth. has 9 also, against the French 10.
ἀνήρ Morgenth. has 216 also, against the French 217.
ἄνθρωπος Morgenth. has 548 also, against the French 552.
ἀνίστημι Morgenth. has 107 also, against the French 108.
ἀνομία Morgenth. has 14; yet, Rm has 3, not 2.
ἄνομος Morgenth. has 8; yet, 1-C has 4, not 3.
ἄνω Morgenth. has 9 also, against the French 11.
ἀπάγω Morgenth. has 15 also, against the French 17.
ἀπείθεια Morgenth. has 6 also, against the French 7.
ἀπέρχομαι Morgenth. has 116 also, against the French 118.
ἀπιστία Morgenth. has 11 also, against the French 12.
ἀπό Morgenth. has 645; yet, Mt has 115, not 113;
* he evidently omits Jn $8^{9,11}$: thus, 40 instead of 42; 2-Th has 8, not 9.
ἀποδίδωμι Morgenth. has 47; yet, Rv has 4, not 3.
ἀποθνήσκω Morgenth. has 113 also, against the French 112.
ἀποκρίνομαι Morgenth. has 231 also, against the French 234.
ἀπόλλυμι Morgenth. has 90 also, against the French 92.
ἀπολύω Morgenth. has 65; yet, Lk has 14, not 13.
ἀπόστολος Morgenth. has 79 also, against the French 80.
ἀρνέομαι Morgenth. has 32; yet, 2-Ti has 4, not 3.
ἀροτριάω Morgenth. has 2; yet, 1-C has 2, not 1.
ἄρτος Morgenth. has 97 also, against the French 98.
ἀρχή Morgenth. has 55 also, against the French 56.
ἄρχω * Morgenth. has 85, evidently omitting Jn 8^{9}.
ἀσθενέω Morgenth. has 33 also, against the French 36.
ἀστήρ Morgenth. has 23; yet, 1-C has 3, not 2.
αὐξάνω Morgenth. has 22 also, against the French 23.
αὐτός Morgenth. has 5534, including ὁ αὐτός and αὐτός ὁ; with these, my calculation
* is 5545; when the occurrences in Jn 7-8 are subtracted, the total is 5534; the occurrences of Jn are as follows: for
* αὐτοῦ $7^{53}8^{6}$, αὐτῷ 8^{4}, αὐτῇ 8^{10}, αὐτόν
* $8^{2,6,7}$, αὐτήν $8^{3,7}$, αὐτοῖς 8^{7}, αὐτοὺς
* 8^{2}; the major differences in the other calculations are as follows: for αὐτοῦ in Mt: 260 / M 258, in Jn 168 / M 165, in 1-2-3-Jn: 59 / M 60; for αὐτῷ in Mk: 118 / M 119, in Jn 171 / M 171, yet my calculation includes Jn 8^{4}!; for αὐτόν in Mt: 121 / M 120.
ἀφίημι Morgenth. has 142 also, against the French 146.
βάλλω * Morgenth. has 122, evidently omitting Jn 8^{7}.
βαπτίζω Morgenth. has 77; yet his calculations add up to 76.
βασανισμός Morgenth. has 5; yet, Rv has 6 (bis 9^{5}).
βασιλεία Morgenth. has 162 also, against the French 163.
βίος Morgenth. has 9 also, against the French 10.
βλέπω Morgenth. has 132 also, against the French 133.
βουλεύομαι Morgenth. has 5; yet 2-C has 2, not 1.
γάμος Morgenth. has 15 also, against the French 16.
γάρ My calculation (1036) agrees with Morgenthaler's; yet, Lk has 96 / M 97, and Jm has 15 / M 14.
γεννάω Morgenth. has 97; yet, Hb has 3, not 4.
γένος Morgenth. has 20 also, against the French 21.
γῆ * Morgenth. has 248, evidently omitting Jn $8^{6,8}$.
γραμματεύς * Morgenth. has 62, evidently omitting Jn 8^{3}.
γραφή Morgenth. has 50 also, against the French 51.
γράφω * Morgenth. has 190, evidently omitting Jn 8^{8}.
γρηγορέω Morgenth. has 22 also, against the French 23.
γυνή * Morgenth. has 209, evidently omitting Jn $8^{3,4,9,10}$
δάκτυλος * Morgenth. has 7, evidently omitting Jn 8^{6}.
δαμάζω Morgenth. has 3; yet, Jm has 3, not 2.
δέ Morgenthaler's calculation has been incorporated in this vocabulary, since δέ does not appear in Moulton-Geden.
δεῖ Morgenth. has 102 also, against the French 104.
δεικνύω Morgenth. has 32 also, against the French 33.
δέκα Morgenth. has 25; here, the 3 occurrences of δέκα (κ.) ὀκτώ have been separated from δέκα, leaving 22.
δέω Morgenth. has 41; yet, Mt has 10, not 8.
διάβολος Morgenth. has 37 also, against the French 39.
διακονέω Morgenth. has 36; yet, Hb has 2, not 1.
διακονία Morgenth. has 33; yet, Rm has 4, not 3.
διάκονος Morgenth. has 29 also, against the French 30.
διατρίβω Morgenth. has 9 also, against the French 10.
διαφθείρω Morgenth. has 5; yet, Rv has 3, not 2.
διδάσκω * Morgenth. has 95, evidently omitting Jn 8^{2}; also, Rm has 3, not 2.
διέρχομαι Morgenth. has 42; yet, Ac has 20, not 21.
δίκαιος Morgenth. has 79 also, against the French 80.
διώκω Morgenth. has 44; yet, Jn has 3, not 2.
δοκέω Morgenth. has 62 also, against the French 63.
δόξα Morgenth. has 165; yet, Jn has 19, not 18.
δοξάζω Morgenth. has 61; yet, Jn has 22, not 23.
δύναμις Morgenth. has 118; yet, 2-C has 10, not 9.
δύο Morgenth. has 136 also, against the French 134.
δώδεκα Morgenth. has 75 also, against the French 63.
δωρεάν Morgenth. has 8; yet, Mt has 2, not 1.
ἐάν Morgenth. has 343, including ἐὰν μή; with

Critical Notes concerning the Frequencies

this latter, my calculation is 341; yet, under ἐάν, Mk has 28, not 29, and 1-C has 37, not 38.

ἑαυτοῦ — My calculation (320) agrees with Morgenthaler's; yet, Mk has 23/M 24, Lk has 56/M 58, 2-C has 29/M 28, and Jm has 7/M 5.

ἐγείρω — Morgenth. has 143 also, against the French 144.

ἐγώ — Morgenth. has in toto 1713 for the singular forms; my calculation is 1711; the difference occurs with μέ: in Mk: 27/M 26, in Lk: 42/M 43, and in Jn: 99/M 101; although for ἐγώ in se the common total is 347, there are differences: in Lk: 21/M 22, in Jn: 133/M 132 (because Jn 8^{11} is counted), in Ac: 45/M 44, and in Rv: 13/M 14; including the plural forms, my calculation is 2566 (i.e., 1711 + 855, while Morgenth. has 856); the differences are as follows: for ἡμῶν: in 1-C: 22/M 23, in 2-C: 59/M 60; for ἡμῖν: in Jn: 15/M 14 (because Jn 8^5 is counted). *

ἔθνος — Morgenth. has 162 also, against the French 163.

εἰ — Morgenth. has 293; yet, Rm has 35, not 34, and 1-Ti has 5, not 4.

εἶδον — Morgenth. has 336; yet, 1-Ti has 2, not 1.

εἰκῇ — Morgenth. has 5; yet, Ga has 3, not 2.

εἰμί — Morgenth. has 2450, which could also be my total when Jn 8^{10} is subtracted from εἰσίν; * yet, my calculation, unlike his, does not presuppose the addition of ὁ ὢν καὶ ὁ ἦν which is counted by him as containing 10 εἰμί-words; it is considered in this vocabulary as a phrase, and counted 5 ts; presupposing the addition of these 10 to my total, and the subtraction of Jn 8^{10}, * the totals tally; however, there are differences: in εἰμί: in 1-C: 15/M 13; in ἐστίν: in Jn: 167/M 166; in ὦ: in Lk: 5/M 7; and in εἶναι: in Mk: 7/M 8.

εἶπον — * Morgenth. has 925, evidently omitting Jn $8^{7,10}$, and 11 (bis) *

εἰρήνη — Morgenth. has 91 also, against the French 92.

εἰς — * Morgenth. has 1753, evidently omitting Jn 7^{53} $8^{1,2,6,8}$; * yet, Eph has 37, not 38.

εἷς — * Morgenth. has 337, evidently omitting Jn 8^9.

εἰσέρχομαι — Morgenth. has 192 also, against the French 196.

εἴ τις — Morgenth. has 82; yet, Phl has 8, not 7.

ἐκ, ἐξ — Morgenth. has 915; my total is 911; the differences are as follows: Jn 164/M 165, Rm 60/M 61, 1-C 34/M 36.

ἕκαστος — * Morgenth. has 81, evidently omitting Jn 7^{53}.

ἑκατόν — Morgenth. has 17 also, against the French 11; the French, of course, excludes the six other occurrences of ἑκατόν with another number: 120, 144 (bis), 153, 144 000 (bis).

ἐκλεκτός — Morgenth. has 22 also, against the French 24.

ἐκπορεύομαι — Morgenth. has 33 also, against the French 34.

ἐλαία — * Morgenth. has 12, evidently omitting Jn 8^1.

ἐλέγχω — Morgenth. has 17 also, against the French 18.

ἐλεέω — Morgenth. has 32; yet, Mt has 9, not 8, and 1-Pt has 2, not 1; my calculation is 31, because three passages have been adjudged to belong to ἐλεάω: Rm 9^{16}, and Jd 22,23.

ἑλκύω — Morgenth. has 6, because he has placed ἕλκω (2 ts) apart; they have been combined in this vocabulary (cf B-A-G).

ἐμβαίνω — Morgenth. has 17 also, against the French 18.

ἐν — Morgenth. has 2713; my total is 2711, which without Jn $8^{3,5,9}$ * would be 2708; the differences are: in Mk: 135/M 137, in Lk: 356/M 354, in Jn: 224/M 220 (here, my frequency includes Jn $8^{3,5,9}$), * in Ac: 269/M 275, in 1-C: 168/M 169, in Eph: 118/M 117, in 1-Ti: 42/M 43, in Rv: 157/M 156.

ἐννέα — Morgenth. has 5; the difference arises from the fact that the other four references concern the number "ninety-nine" and have been separated from this one occurrence of the number "nine" in this vocabulary.

ἐντέλλομαι — * Morgenth. has 14, evidently omitting Jn 8^5.

ἐντολή — Morgenth. has 68; yet, Jn has 10, not 11.

ἐνώπιον — Morgenth. has 93 also, against the French 94.

ἕξ — Morgenth. has 13 also, against the French 10; the latter separates the three other numbers containing "six": 46, 276, 666.

ἐξέρχομαι — * Morgenth. has 216, evidently omitting Jn 8^9.

ἔξεστιν — Morgenth. has 31 also, against the French 33.

ἐξουσία — Morgenth. has 102 also, against the French 103.

ἔξωθεν — Morgenth. has 13 also, against the French 12.

ἑορτή — Morgenth. has 25 also, against the French 27.

ἐπάνω — Morgenth. has 18; yet, Jn has 2, not 1.

ἐπί — Morgenth. has 878; my calculation is 879, or 876 when Jn $8^{3,4}$ (genitive) and 8^7 (accusative) are subtracted; * the differences are as follows: ἐπί-gen: in Mk: 21/M 22, in Rv: 57/M 58; ἐπί-dat: in Jn: 7 (w $8^{3,4}$)/M 5, in Rv: 14/M 13; * ἐπί-acc: in Jn: 20 (w 8^7)/M 19, in Rv: 71/M 72. *

ἐπιδίδωμι — Morgenth. has 10; yet, Lk has 5, not 6.

ἐπιμένω — * Morgenth. has 15, evidently omitting Jn 8^7.

ἐπιτιμάω — Morgenth. has 29; yet, Mt has 7, not 6.

ἐπιτυγχάνω — Morgenth. has 4; yet, Rm has 2, not 1.

ἐπουράνιος — Morgenth. has 18; yet, 1-C has 5, not 4.

ἑπτά — Morgenth. has 87; yet, Rv has 55, not 54.

ἔργον — Morgenth. has 169 also, against the French 168.

ἔρημος — Morgenth. has 47 also, against the French 48.

ἔρχομαι — * Morgenth. has 633, evidently omitting Jn 8^2; also, Mt has 112, not 111.

ἐρωτάω — * Morgenth. has 62, evidently omitting Jn 8^7.

ἐσθίω — Morgenth. has 65, because he treats φαγεῖν (94 ts) separately; thus, his total would be 159; however, I see only 16 φαγεῖν in Mk, not 17; it is interesting to notice that neither Jn nor Rv use ἐσθίω, only φαγεῖν!

ἔσχατος — Morgenth. has 52 also, against the French 53.

ἕτερος — Morgenth. has 98, in agreement with the French; yet, I see only 32 in Lk, not 33.

εὖ — Morgenth. has 6, including Lk 19^{17}; being a unique expression, I have considered εὖ γε as a unit, though the words are separated.

Critical Notes concerning the Frequencies

εὐλογέω — Morgenth. has 42; yet, Ac has 1, not 2.
εὑρίσκω — Morgenth. has 176 also, against the French 175.
ἔχω * — Morgenth. has 705; my calculation is 709 including Jn 8^{6}; the differences are as follows: Mt: 74/M 75, Mk 70/M 69, Jn 88/M 86, Rm: 25/M 24, and 1-C: 49/M 48.
ζῆλος — Morgenth. has 17; yet, 2-C has 5, not 6; perhaps ζηλῶ (a verb in 11^{2}) was counted.
ἤ — Morgenth. has 342, including ἀλλ' ἤ (2 ts), which is listed in the present vocabulary as a unit-phrase.
ἥκω — Morgenth. has 25 also, against the French 26.
ἡμέρα — Morgenth. has 388 also, against the French 389.
θάλασσα — Morgenth. has 91 also, against the French 92.
θαυμάζω — Morgenth. has 42 also, against the French 43.
θέλω — Morgenth. has 207 also, against the French 209.
θεός — Morgenth. has 1314, including the fem. form in Ac 19^{37}; without this, my total is 1311; the differences: Rm: 152/M 153, and Ga 30/M 31.
θεωρέω — Morgenth. has 58; yet, I see only 23 in Jn, not 24.
θύω — Morgenth. has 13; yet, 1-C has 3, not 2.
ἰατρός — Morgenth. has 6 also, against the French 7.
ἴδιος — Morgenth. has 113 also, against the French 116.
ἱερεύς — Morgenth. has 31 also, against the French 32.
ἱερόν * — Morgenth. has 70, evidently omitting Jn 8^{2}.
ἱερός — Morgenth. has 3; yet, 1-C has 1, not 2.
Ἰησοῦς * — Morgenth. has 905, evidently omitting Jn $8^{1,6,10,11}$; I fail to see the other Ἰησοῦς, representing three other persons (4 ts), listed; the differences in Ἰησοῦς-1 occur in Lk: 87/M 89, and in Jn: 241/M 237.
ἵνα * — Morgenth. has 564, evidently omitting Jn 8^{6}; the differences: in Mk: 58/M 59, and in Lk: 38/M 37.
Ἰούδας — Morgenth. counts all the Juda(s)' together under a total of 44.
Ἰσκαριώθ — Morgenth. does not list this form, but counts its 3 occurrences under Ἰσκαριώτης.
ἰσχυρός — Morgenth. has 28 also, against the French 29.
Ἰωάνης — Morgenth. counts all the Johns together under a total of 134; the orthography here follows Moulton-Geden.
Ἰωσήφ — Morgenth. counts all the Josephs together under a total of 35.
καθαρός — Morgenth. has 26 also, against the French 27.
καθίζω * — Morgenth. has 45, evidently omitting Jn 8^{2}.
καί — Morgenthaler's calculation has been included in this vocabulary, since καί does not appear in Moulton-Geden.
καιρός — Morgenth. has 85 also, against the French 86.
καίτοι — Morgenth. has 3; I have separated καίτοι γε as a unit phrase.
καλέω — Morgenth. has 148 also, against the French 146.
καλός — Morgenth. has 99, because he separates Καλοὶ λιμένες (1 t), which Moulton-Geden list under καλός; yet, Ga has 3, not 2.
καρδία — Morgenth. has 156 also, against the French 157.
καταβαίνω — Morgenth. has 81 also, against the French 82.
κατακαίω — Morgenth. has 12 also, against the French 13.
κατακρίνω * — Morgenth. has 16, evidently omitting Jn $8^{10,11}$.
καταλαμβάνω * — Morgenth. has 13, evidently omitting Jn $8^{3,4}$.
καταλείπω * — Morgenth has 23, evidently omitting Jn 8^{9}.
κατέρχομαι — Morgenth. has 15 also, against the French 16.
κατεσθίω — Morgenth. has 5, because he treats καταφαγεῖν (9 ts) separately.
κατέχω — Morgenth. has 17 also, against the French 18.
κατηγορέω * — Morgenth. has 22, evidently omitting Jn 8^{6}.
κάτω * — Morgenth. has 9, evidently omitting Jn 8^{6}.
καυχάομαι — Morgenth. has 37; yet, 1-C has 5, not 6.
κελεύω — Morgenth. has 25 also, against the French 26.
κεράννυμι — Morgenth. has 2; yet, Rv has 3, not 2; bis: 18^{6}.
κλαίω — Morgenth. has 38; yet, both Rm and 1-C have 2, not 1 apiece.
κλητός — Morgenth. has 10 also, against the French 11.
κομίζω — Morgenth. has 11 also, against the French 12.
κοπιάω — Morgenth. has 22 also, against the French 23.
Κόρινθος — Morgenth. has 6 also, against the French 7.
κόσμος — Morgenth. has 185 also, against the French 186.
κρίνω — Morgenth. has 114 also, against the French 115.
κύπτω * — Morgenth. has 1, evidently omitting Jn 8^{6}.
κύριος * — Morgenth. has 718, evidently omitting Jn 8^{11}; yet, no κύριος appears in Jn's Letters, and I see 108 in Ac, not 107.
λαλέω — Morgenth. has 298 also, against the French 299.
λαμβάνω — Morgenth. has 258 also, against the French 257.
λαός * — Morgenth. has 141, evidently omitting Jn 8^{2}.
λέγω * — Morgenth. has 1318; in subtracting Jn $8^{4,5,6}$, this vocabulary has 1319; the differences: in Mt: 291/M 289, and in Jn: 268/M 266; (thus, this vocabulary has 265 in Jn).
λευκός — Morgenth. has 24; yet, Rv has 16, not 15.
λιθάζω * — Morgenth. has 8, evidently omitting Jn 8^{5}.
λίθος * — Morgenth. has 58, evidently omitting Jn 8^{7}.
λογίζομαι — Morgenth. has 40 also, against the French 41.
λόγος — Morgenth. has 331 also, against the French 334.
λοιδορία — Morgenth. has 2; yet, 1-Pt has 2, not 1.
λύπη — Morgenth. has 15; yet, Phl has 2, not 1.
μαθητής — Morgenth. has 262 also, against the French 261.
Μαθθάτ — Morgenth. has 2; yet, the two forms differ: Μαθθάτ (Lk 3^{29}) and Ματθάτ (Lk 3^{24}); the spelling Μαθτάτ does not appear in Nestle.
μᾶλλον — Morgenth. has 80; yet, Phl has 6, not 5.
Μάρθα — Morgenth. has 12; yet, Lk has 4, not 3.
Μαρία — Morgenth. counts all the Marys under a total of 54.
μέγας — Morgenth. has 194 also; the reason for the French total (245) is indicated on p. 11.
μέλας — Morgenth. has 6; the subst μέλαν has been counted separately in this vocabulary.
μέλος — Morgenth. has 34 also, against the French 35.
μενοῦν — Morgenth. has 4; in this vocabulary μενοῦν γε has been considered a unit phrase, separated from μενοῦν (1 t).
μένω — Morgenth. has 118 also, against the French 120.
μέρος — Morgenth. has 42 also, against the French 41.
μέσος * — Morgenth. has 56, evidently omitting Jn $8^{3,9}$.
μετά — Morgenth. has 467; my total is the same, but with these differences: for μετά with the genitive: in Mt: 61/M 60, and in Ac: 35/M 36.
μεταβαίνω — Morgenth. has 11; yet, Mt has 6, not 5.
μηδείς — Morgenth. has 85; yet, Mk has 9, not 8, Rm has 3, not 2, and 2-C has 6, not 5.
μηκέτι * — Morgenth. has 21, evidently omitting Jn 8^{11}.

Critical Notes concerning the Frequencies

μήτηρ		Morgenth. has 84 also, against the French 85.
μήτι		Morgenth. has 16; this vocabulary has 15, because μήτι γε in 1-C 6.3 has been considered a unit phrase.
μιμνήσκομαι		Morgenth. has 23 also, against the French 24.
μισέω		Morgenth. has 39 also, against the French 40.
μνημεῖον		Morgenth. has 37 also, against the French 38.
μοιχεία	*	Morgenth. has 2, evidently omitting Jn 8^{3}.
μοιχεύω	*	Morgenth. has 13, evidently omitting Jn 8^{4}; yet, Rm has 3, not 2.
μόνος	*	Morgenth. has 46, evidently omitting Jn 8^{9}.
μυστήριον		Morgenth. has 27 also, against the French 28.
Μωϋσῆς	*	Morgenth. has 79, evidently omitting Jn 8^{5}.
Νεὰ πόλις		This has been counted under νέος where Moulton-Geden have placed it (1 t).
νεκρός		Morgenth. has 128 also, against the French 130.
νέος		Morgenth. has 23; see under Νεὰ πόλις.
νήπιος		Morgenth. has 14 also, against the French 15.
νομίζω		Morgenth. has 15 also, against the French 16.
νομικός		Morgenth. has 9 also, against the French 10.
νόμος	*	Morgenth. has 191, evidently omitting Jn 8^{5}; yet, Rm has 74, not 72.
νῦν	*	Morgenth. has 148, evidently omitting Jn 8^{11}.
ὁ, ἡ, τό	*	It was not to my purpose to count the article; Morgenth. has 19734; Jn 7^{53}–8^{11} would have another 22.
οἰκία		Morgenth. has 94 also, against the French 93.
οἶκος	*	Morgenth. has 112, evidently omitting Jn 7^{53}; yet, Lk has 34, not 33.
οἶνος		Morgenth. has 34 also, against the French 35.
οἷος		Morgenth. has 14 also, against the French 15.
ὀκτώ		Morgenth. has 8; I have listed the numbers 18 (3 ts) and 38 (1 t) separately; since Moulton-Geden have ten entries, this leaves 6.
ὀλίγος		Morgenth. has 40; yet, Lk has 7, not 6.
ὅλος		Morgenth. has 108 also, against the French 110.
ὀνειδίζω		Morgenth. has 9 also, against the French 10.
ὄνομα		Morgenth. has 228 also, against the French 231.
ὀνομάζω		Morgenth. has 9 also, against the French 10.
ὄρθρος	*	Morgenth. has 2, evidently omitting Jn 8^{2}.
ὄρος	*	Morgenth. has 62, evidently omitting Jn 8^{1}.
ὅτι		Morgenth. has 1285; the divergence is in Rm: 55/M 56.
οὐ, οὐκ, οὐχ		Morgenth. has 1522; the differences are as follows: in Mk 108/M 107, in Ac: 106/M 107, in 1-C: 134/M 132, and in Hb: 62/M 61.
οὐαί		Morgenth. has 45; yet Mt has 13, not 12.
οὐδείς	*	Morgenth. has 226, evidently omitting Jn $8^{10,11}$.
οὐδέπω		Morgenth. has 3; yet, Jn has 3, not 2.
οὐ μή		Morgenth. has 97; yet, Rv has 17, not 16.
οὖν	* *	Morgenth. has 493; by subtracting Jn 8^{5}, I would have 490; the differences are in Jn: 196/M 194 (my total here includes Jn 8^{5}), in Ac: 61/M 62, in Phl: 5/M 6, in 1-Th: 2/M 3, and in Hb: 12/M 13.
οὔπω		Morgenth. has 27; yet, I see only 11 in Jn, and not 12.
οὐρανός		Morgenth. has 272 also, against the French 276.
οὖς		Morgenth. has 36 also, against the French 37.
πάλιν	*	Morgenth. has 139, evidently omitting Jn $8^{2,8}$.
παρά		Morgenth. has 191 also, but there are differences: with the genitive: 80/M 79: in Jn: 25/M 24; with the accusative: 59/M 60: in Ac: 8/M 9.
παραγγέλλω		Morgenth. has 30 also, against the French 31.
παραγίνομαι	*	Morgenth. has 36, evidently omitting Jn 8^{2}.
παραδίδωμι		Morgenth. has 120 also, against the French 119.
παραλαμβάνω		Morgenth. has 49 also, against the French 50.
παράπτωμα		Morgenth. has 19 also, against the French 20.
παρέρχομαι		Morgenth. has 29 also, against the French 30.
πᾶς	* *	Morgenth. has 1226; in counting Jn 8^{2}, my total is 1238; the differences are as follows: in Lk: 157/M 152, in Jn: 65/M 63 (my total here includes Jn 8^{2}), in Ac: 173/M 170, in Rm: 70/M 71, in 1-C: 112/M 111, in Phl: 33/M 32, and in Rv: 58/M 57.
πάσχω		Morgenth. has 40 also, against the French 41.
πατήρ		Morgenth. has 415; the differences are: in Mt: 63/M 64, and in Jn: 135/M 137.
πείθω		Morgenth. has 52 also, against the French 53.
πειράζω	*	Morgenth. has 38, evidently omitting Jn 8^{6}.
πέντε		Morgenth. has 38 also, against the French 34.
περισσοτέρως		Morgenth. has 11; yet, 2-C has 7, not 6.
περιτομή		Morgenth. has 35; yet, Rm has 15, not 14.
πίνω		Morgenth. has 73 also, against the French 74.
πιστεύω		Morgenth. has 241 also, against the French 243.
πίστις		Morgenth. has 243 also, against the French 242.
πλατεῖα		Morgenth. has 9 also, against the French 10.
πλῆθος		Morgenth. has 31 also, against the French 32.
πληρόω		Morgenth. has 86 also, against the French 87.
πνεῦμα		Morgenth. has 379 also, against the French 378.
ποιέω		Morgenth. has 565 also, against the French 568.
ποῖος		Morgenth. has 32; yet, Ac has 4, not 3.
πόλις		Morgenth. has 161; he separates Νεὰ πόλις.
πολλάκις		Morgenth. has 17; yet, Mt has 2, not 1.
πολύς		Morgenth. has 353; yet, Mk has 58, not 57.
πορεύομαι	*	Morgenth. has 150, evidently omitting Jn $8^{1,11}$.
ποτήριον		Morgenth. has 31 also, against the French 32.
ποῦ	*	Morgenth. has 47, evidently omitting Jn 8^{10}.
πούς		Morgenth. has 93; I see only 18 in Lk, not 19.
πρεσβύτερος	*	Morgenth. has 65, evidently omitting Jn 8^{9}.
προέρχομαι		Morgenth. has 9 also, against the French 10.
πρός	*	Morgenth. has 696, evidently omitting Jn 8^{2}.
προσευχή		Morgenth. has 36 also, against the French 37.
προσεύχομαι		Morgenth. has 86 also, against the French 87.
προσκυνέω		Morgenth. has 59 also, against the French 60.
προσφέρω		Morgenth. has 47; yet, I see only 14 in Mt, not 15.
πρόσωπον		Morgenth. has 74; yet, Ac has 12, not 11, and 1-C has 3, not 2.
πρότερος		Morgenth. has 11 also, against the French 10.
πρῶτον		Morgenth. has 60 also, against the French 61.
πρῶτος	*	Morgenth. has 92, evidently omitting Jn 8^{7}.
ῥάβδος		Morgenth. has 11; yet, Hb has 4, not 3.
ῥῆμα		Morgenth. has 68; yet, I see only 18 in Lk, not 19.
ῥίζα		Morgenth. has 16; yet, Rm has 5, not 4.
ῥύομαι		Morgenth. has 16; yet, 2-C has 3, not 2.
σάββατον		Morgenth. has 68 also, against the French 69.
σάρξ		Morgenth. has 147 also, against the French 146.
σεαυτοῦ		Morgenth. has 43; yet, Jn has 8, not 9.
Σίμων		Morgenth. lists all the Simons under a total of 75.
σκανδαλίζω		Morgenth. has 29 also, against the French 30.

Critical Notes concerning the Frequencies

	σπουδαίως	Morgenth. has 5; yet, 2-Ti has 1, not 2.
	στήκω	Morgenth. has 10; yet, Jn has 2, not 1.
* *	σύ	Morgenth. treats σύ and ὑμεῖς separately; for σύ he has a total of 1057; my total is 1056; the differences: for σοῦ: in Mt: 113/M 114, and in Lk: 113/M 114; for σοί: 1-Ti has 4, not 5; for σέ: in Jn: 29 with Ch $8^{10,11}$/M 27; for ὑμεῖς he has 1830; my total is 1833; the differences: for ὑμῶν: in Jn: 48 with 8^{7}/M 47, and in Ac: 37/M 16; for ὑμῖν: in Mt: 108/M 107.
	συγγενής	Morgenth. has 9 also, against the French 10.
	σύμφορος	Morgenth. has 4; this is definitely a mistake, because the 2 in the "Pl" column have been counted into the total.
	σύν	Morgenth. has 127; yet, 2-C has 6, not 5.
	συνείδησις	Morgenth. has 30 also, against the French 31.
	συνέρχομαι	Morgenth. has 30 also, against the French 32.
	συνίημι	Morgenth. has 26 also, against the French 28.
	σῴζω	Morgenth. has 106 also, against the French 108.
	τάλαντον	Morgenth. has 14 also, against the French 15.
	ταράσσω	Morgenth. has 17 also, against the French 18.
	τάσσω	Morgenth. has 8 also, against the French 10.
	ταχύ	Morgenth. has 18; following Moulton-Geden, I have separately listed the comparative (5 ts) and superlative (1 t) forms.
	τέ	Morgenth. has 201; the difference is in Ac: 144/M 140.
	τέκνον	Morgenth. has 99 also, against the French 100.
	τηρέω	Morgenth. has 70; yet, 2-C has 2, not 1.
	τίθημι	Morgenth. has 101; yet, Mk has 10, not 12.
*	τίς	Morgenth. has 552, evidently omitting Jn 8^{5}.
	τοιγαροῦν	Morgenth. has 3; yet, the 1 in the "Pl" column has been mistakenly counted.
*	τοιοῦτος	Morgenth. has 56, evidently omitting Jn 8^{5}.
	τοσοῦτος	Morgenth. has 19 also, yet his total mistakenly reads 10.
	τρεῖς	Morgenth. has 67, because he lists Τρεῖς ταβέρναι separately.
	Τρεῖς ταβέρναι	Moulton-Geden include this under τρεῖς.
	τρέχω	Morgenth. has 18; yet, Ga has 3, not 2.
	τρίτος	Morgenth. has 48 also, against the French 47.
	τύπος	Morgenth. has 14 also, against the French 15.
	ὑγιής	Morgenth. has 11 also, against the French 12.
	ὕδωρ	Morgenth. has 76 also, against the French 79.
	υἱός	Morgenth. has 375 also, against the French 380.
	ὑμεῖς	see under σύ.
	ὑποπόδιον	Morgenth. has 7 also, against the French 8.
	ὑποστρέφω	Morgenth. has 35 also, against the French 36.
	ὑποτάσσω	Morgenth. has 38 also, against the French 39.
	φαγεῖν	see under ἐσθίω.
	φάναι	see φίημι in the vocabulary proper, & here.
*	Φαρισαῖος	Morgenth. has 97, evidently omitting Jn 8^{3}.
	φειδομένως	Morgenth. has 1; yet, 2-C 9^{6} has 2, not 1.
	φεύγω	Morgenth. has 29 also, against the French 31.
	φημί	Morgenth. has 66 also, against the French 67.
	φθείρω	Morgenth. has 8; yet, 1-C has 3, not 2.
	φύσις	Morgenth. has 12; yet, Jm 3^{7} has been omitted.
	φωνέω	Morgenth. has 42 also, against the French 43.
	φωνή	Morgenth. has 137; yet, Rv has 55, not 53.
	φῶς	Morgenth. has 73; yet, Lk has 6, not 7.
	χάρις	Morgenth. has 155 also, against the French 156.
	χείρ	Morgenth. has 176; yet, Lk has 25, not 26.
	χιλίαρχος	Morgenth. has 21 also, against the French 22.
	Χριστός	Morgenth. has 529; the differences are in Ga: 38/M 37, in Jn's Letters: 11/M 12, and in Rv: 7/M 8.
	χρυσός	Morgenth. has 9 also, against the French 12.
	ψυχή	Morgenth. has 101 also, against the French 103.
	ὧδε	Morgenth. has 61; yet, Mk has 9, not 10.
*	ὡς	Morgenth. has 413 for ὡς-I; the differences are in Ac: 29/M 31, and in Rv: 69/M 70; he has 92 for ὡς-II; the differences are in Lk: 25/M 26, and in Jn: 19 (including 8^{7})/M 17.

Words occurring in Moulton-Geden's *Concordance* but not found in Nestle-Aland

ἀκατάπαστος			see ἀκατάπαυστος			2-Pt	2. 14
ἅλς, ἁλός,	ὁ	salt		omitted by Nestle		Mk	9. 49
ἀναγνωρίζομαι		learn to know again	for γνωρίζω			Ac	7. 13
ἀναπτύσσω		unroll	for ἀνοίγω			Lk	4. 17
ἀπάρτι			see ἀπ' ἄρτι		cf	Jn	13. 19
῞Αρ			see Ἁρμαγεδών			Rv	16. 16
Βηθαβαρά,	ἡ	Bethabara	for Βηθανία			Jn	1. 28
Βοσόρ		Bosor	for Βεώρ			2-Pt	2. 15
Γαλλία			see Γαλατία			2-Ti	4. 10
Γεργεσηνός, ή, όν			see Γερασηνός			Lk	8.26,37
δευτερόπρωτος, ον		perhaps: first but one	doubtful meaning			Lk	6. 1
δηλαυγῶς	adv	shining clearly	see τηλαυγῶς			Mk	8. 25
δήποτε	adv	at any time		omitted by Nestle		Jn	5. 4
διαλιμπάνω		stop, cease	see διαλείπω	omitted by Nestle		Ac	8. 24
ἐκκοπή, ἐνκοπή			Nestle uses ἐγκοπή			1-C	9. 12
ἐκσῴζω		bring safely	see ἐξωθέω			Ac	27. 39
ἔκτρομος, ον		trembling	see ἔντρομος			Hb	12. 21
ἕλιγμα, ατος, τό		package, roll	see μίγμα			Jn	19. 39
ἐπιτροπεύω		be procurator	for ἡγεμονεύοντος			Lk	3. 1
ἑπταπλασίων, ον		sevenfold	for πολλαπλασίων			Lk	18. 30
ἑρμηνευτής, οῦ, ὁ		translator	for διερμηνευτής			1-C	14. 28
ἑσπερινός, ή, όν		pertaining to evening	for δεύτερος			Lk	12. 38
ζαφθανεί			see σαβαχθανεί			Mt	27. 46
ζβέννυμι			see σβέννυμι			1-Th	5. 19
ἤ γάρ			for παρ'			Lk	18. 14
καταβιβάζω		bring down	see καταβαίνω		cf	Mt	11. 23
κηρίον, ου,	τό	wax, honey-comb	see μελίσσιος	omitted by Nestle		Lk	24. 42
κίνησις, εως,	ἡ	motion, moving		omitted by Nestle		Jn	5. 3
κοσμίως	adv	modestly	for κόσμιος			1-Ti	2. 9
Λεββαῖος, ου,	ὁ	Lebbæus	for Θαδδαῖος		cf	Mt	10. 3
λευκοβύσσινος, η, ον		white linen garment	see βύσσινος			Rv	19. 14
Μαγεδών			see Ἁρμαγεδών			Rv	16. 16
μελίσσιος, ιον		pertaining to the bee		omitted by Nestle		Lk	24. 42
μόγις	adv	scarcely, with difficulty	see μόλις			Lk	9. 39
ὁδοποιέω		make a way or path	for ὁδὸν ποιεῖν			Mk	2. 23
ὁμοιάζω		be like, resemble	for παρομοιάζω		cf	Mt	23. 27
ὄρνιξ		bird, cock, hen	see ὄρνις			Lk	13. 34
ὀχετός, οῦ,	ὁ	canal, water-course, sewer	for ἀφεδρών			Mk	7. 19
ὄψιος, α, ον		late	see ὀψέ			Mk	11. 11
πεζός, ή, όν		going by land	for πεζῇ by foot			Mt	14. 13
περιραίνω		sprinkle (around)	for βάπτω			Rv	19. 13
προσαναλίσκω		spend lavishly		omitted by Nestle		Lk	8. 43
προσαχέω		resound	see προσάγω			Ac	27. 27
προσεγγίζω		approach, come near	for προσφέρω			Mk	2. 4
ῥυπαρεύομαι		befoul, defile	for ῥυπαίνομαι			Rv	22. 11
στρατοπέδαρχος, ου, ὁ		military commander	(a subject is needed!)	omitted by Nestle		Ac	28. 16
συνζήτησις, εως, ἡ		dispute		omitted by Nestle		Ac	28. 29
συνκατανεύω		agree, consent		omitted by Nestle		Ac	18. 27
ταραχή, ῆς,	ἡ	a stirring up		omitted by Nestle		Jn	5. 4
τροφοφορέω		bear up in one's arms as a nurse	see τροποφορέω			Ac	13. 18
τρύπημα, ατος, τό		hole, eye (of a needle)	for τρήματος			Mt	19. 24
Τρωγύλλιον, ου, τό		Trogyllium		omitted by Nestle		Ac	20. 15
ὕπερ		?	for ὑπέρ adv			2-C	11. 23
φάρμακον, ου, τό		poison	for φαρμακία			Rv	9. 21
φημίζω		spread by word of mouth	for διαφημίζω			Mt	28. 15
Φοινίκισσα			see Συροφοινίκισσα			Mk	7. 26

1.1 245

Ἀβειληνή 1
ἀγαθωσύνη 4
ἀγάπη 116/117
ἀγέλη 7
ἁγιωσύνη 3
ἀγκάλη 1
ἀγωγή 1
ἀδελφή 26
Ἀθῆναι pl 4
αἰσχύνη 6
ἀκοή 24
ἀλόη 1
ἀμοιβή 1
ἀναβολή 1
ἀνάγκη 17/18
ἀναστροφή 13
ἀνατολή 10
ἀνοχή 2
ἀξίνη 2
ἀπαρχή 9
ἀπάτη 7
ἀπειλή 3
ἀποβολή 2
ἀπογραφή 2
ἀποδοχή 2
ἀποθήκη 6
ἀποστολή 4
ἀρετή 5
ἁρπαγή 3
ἀρχή 55/56
ἀστραπή 9
ἀσχημοσύνη 2
αὐγή 1
αὐλή 12
ἁφή 2
ἀφορμή 6
ἀφροσύνη 4
βελόνη 1
Βερνίκη 3
βοή 1
βολή 1
βοτάνη 1
βουλή 12
βροντή 12
βροχή 2
γαλήνη 3
γενετή 1
γῆ only sg 250/252
γνώμη 9
γραφή 51
δαπάνη 1
δεκάτη 4
Δέρβη 3
δέσμη 1
διαθήκη 33
διαπαρατριβή 1
διαστολή 3
διαταγή 2
διατροφή 1
διδαχή 30
δικαιοσύνη 91
δίκη 3

62

δοκιμή 7
δούλη 3
δοχή 2
δραχμή 3
δυσμή 5
εἰρήνη 91/92
ἐκβολή 1
ἐκδοχή 1
ἐκλογή 7
ἐλεημοσύνη 13
ἐμπαιγμονή 1
ἐμπλοκή 1
ἐνκοπή 1
ἐντολή 67
ἐντροπή 2
ἐξοχή 1
ἑορτή 25/27
ἐπεισαγωγή 1
ἐπιβουλή 4
ἐπιγραφή 5
ἐπιλησμονή 1
ἐπισκοπή 4
ἐπιστολή 24
ἐπιστροφή 1
ἐπισυναγωγή 2
ἐπιταγή 7
ἐπιτροπή 1
Εὐνίκη 1
εὐσχημοσύνη 1
εὐφροσύνη 2
εὐχή 3
ζύμη 13
ζωή 136/135
ζώνη 8
ἡδονή 5
θέρμη 1
Θεσσαλονίκη 5
θήκη 1
ἱερωσύνη 3
Ἰόππη 10
καλάμη 1
Κανδάκη 1
καταβολή 11
καταδίκη 1
καταλλαγή 4
καταστολή 1
καταστροφή 2
κατατομή 1
κεφαλή 75
κλίνη 8
κλοπή 2
κοίτη 4
κόμη 1
κοπή 1
κραιπάλη 1
κραυγή 6
Κρήτη 5
κριθή 1
κρύπτη 1
Κυρήνη 1
κώμη 27
λήθη 1
Λιβύη 1
λίμνη 11

64

λόγχη 1
λύπη 16
Μαγδαληνή 12
μάμμη 1
μάχη only pl 4
μεγαλωσύνη 3
μέθη 3
Μελίτη, -τήνη 1
μετοχή 1
μηλωτή 1
Μιτυλήνη 1
μνήμη 1
μομφή 1
μονή 2
μορφή 3
νεφέλη 25
νίκη 1
νομή 2
νύμφη 8
ὀδύνη 2
ὀθόνη 2
οἰκοδομή 18
οἰκουμένη 15
ὁμίχλη 1
ὀπή 2
ὀργή 36
ὀρεινή < 2-1,1 2
ὁρμή 2
ὀσμή 6
ὀφειλή 3
παιδίσκη 13
πάλη 1
παραβολή 50
παραθήκη 3
παρακοή 3
παραλλαγή 1
παρασκευή 6
παρεμβολή 10
πέδη 3
πεισμονή 1
πεντηκοστή 3
Πέργη 3
περιοχή 1
περιτομή 36
πηγή 11
πλάνη 10
πληγή 22
πλησμονή 1
πνοή 2
ποίμνη 5
πόρνη 12
προκοπή 3
προσαγωγή 3
προσευχή 36/37
προσκοπή 1
πυγμή 1
πύλη 10
ῥέδη 1
ῥιπή 1
Ῥόδη 1
ῥύμη 4
Ῥώμη 8
σαγήνη 1
Σαλμώνη 1
Σαλώμη 2

65

Σαμοθράκη 1
Σαπφείρη 1
σαργάνη 1
σελήνη 9
σιγή 2
σκάφη 3
σκευή 1
σκηνή 20
σπουδή 12
σταφυλή 3
στέγη 3
στιγμή 1
στολή 9
συκῆ 16
συναγωγή 56
συγγνώμη 1
συνδρομή 1
συνεκλεκτή < 2-1,1 1
συνοχή 2
Συντύχη 1
συστροφή 2
σφαγή 3
σχολή 1
σωφροσύνη 3
Ταβέρνη 1
ταπεινοφροσύνη 7
ταραχή 1
ταφή 1
τελευτή 1
τέχνη 3
τιμή 41
τροπή 1
τροφή 16
τρυφή 2
ὕλη 1
ὑπακοή 15
ὑπερβολή 8
ὑπεροχή 2
ὑπομονή 32
ὑποστολή 1
ὑποταγή 4
φάτνη 4
φήμη 2
φιάλη 12
Φοίβη 1
Φοινίκη 3
φυγή 1
φυλακή 46
φυλή 31
φωνή 139/140
Χλόη 1
χολή 2
ψυχή 101/103
ᾠδή 6

1.2 378

ἀγαθοποιΐα 1
ἀγγελία 2
ἄγκυρα 4
ἁγνεία 2
ἄγνοια 4
ἀγνωσία 2
ἀγορά 11

61

ἄγρα 2
ἀγρυπνία 2
ἀγωνία 1
ἀδικία 25
ἀθανασία 3
αἱματεκχυσία 1
αἰσχρολογία 1
αἰτία 20
αἰχμαλωσία 3
ἀκαθαρσία 10
ἀκαταστασία 5
ἀκρασία 2
ἀκρίβεια 1
ἀκροβυστία 20
ἀλαζονία 2
ἀλεκτοροφωνία 1
ἀλήθεια 109
ἁμαρτία 173/174
ἀναιδία 1
ἀναλογία 1
ἀνθρακιά 2
Ἄννα 1
ἄνοια 2
ἀνομία 15
ἀντιλογία 4
ἀντιμισθία 2
Ἀντιόχεια (2) 18
ἀπείθεια 6/7
ἀπιστία 11/12
ἀποκαραδοκία 2
Ἀπολλωνία 1
ἀπολογία 8
ἀπορία 1
ἀποστασία 2
ἀποτομία 2
ἀπουσία 1
Ἀπφία 1
ἀπώλεια 18
ἀρά 1
Ἀραβία 2
ἀρεσκία 1
Ἀριμαθαία 4
ἀσέβεια 6
ἀσέλγεια 10
ἀσθένεια 24
Ἀσία 18
ἀσιτία 1
ἀσφάλεια 3
ἀσωτία 3
ἀτιμία 7
Ἀτταλία 1
αὐτάρκεια 2
ἀφειδία 1
ἀφθαρσία 7
ἀφθορία 1
Ἀχαΐα 10
βασιλεία 162/163
Βέροια 2
Βηθανία 12
βιά 3
Βιθυνία 2
βλασφημία 18
βοήθεια 2
Γαλατία 4

64

Γαλιλαία 61
γενεά 43
γενεαλογία 2
γερουσία 1
γυμνασία 1
γωνία 9
Δαλματία 1
δειλία 1
δεισιδαιμονία 1
διακονία 34
διάνοια 12
διασπορά 3
διαφθορά 6
διδασκαλία 21
διετία 2
δικαιοκρισία 1
διχοστασία 2
δοκιμασία 1
δουλεία 5
δυσφημία 1
δωρεά 11
ἐγκράτεια 4
ἐθελοθρησκία 1
εἰδέα 1
εἰδωλολατρία 4
εἰλικριν(ε)ία 3
ἐκκλησία 114
ἐκτένεια 1
ἐλαία 13
ἐλαφρία 1
ἐλευθερία 11
ἐμπορία 1
ἐνέδρα 2
ἐνέργεια 8
ἔννοια 2
ἐξουσία 102/103
ἐπαγγελία 52
ἐπαρχεία 1
ἐπιεικία 2
ἐπιθυμία 38
ἐπικουρία 1
ἐπιμέλεια 1
ἐπίνοια 1
ἐπιποθία 1
ἐπιτιμία 1
ἐπιφάνεια 6
ἐπιχορηγία 2
ἐργασία 6
ἐρημία 4
ἐριθεία 7
ἑρμηνία 2
ἑσπέρα 3
ἑτοιμασία 1
Εὔα 2
εὐδία 1
εὐδοκία 9
εὐεργεσία 2
εὐκαιρία 2
εὐλάβεια 2
εὐλογία 16
εὔνοια 1
Εὐοδία 1
εὐποιΐα 1
εὐπορία 1
εὐπρέπεια 1

65

NOUNS: 1.2 / 1.3 / 1.4

εὐσέβεια 15
εὐτραπελία 1
εὐφημία 1
εὐχαριστία 15
εὐωδία 3
ἐφημερία 2
ἔχθρα 6
ζευκτηρία 1
ζημία 4
ἡγεμονία 1
ἡλικία 8
ἡμέρα 388/389
ἡσυχία 4
θεά 1
θεοσέβεια 1
θεραπεία 3
θεωρία 1
θήρα 1
θρησκεία 4
θύρα 39
θυσία 28
Ἰδουμαία 1
ἱερατεία 2
ἱκετηρία 1
Ἰουδαία 44
Ἰουδαία
< 2-1,2 194
(also, 2.7)
Ἰουλία 1
Ἰταλία 4
Ἰτουραία 1
Ἰωάνα 2
καθέδρα 3
Καισαρία (2) 17
κακία 11
κακοήθεια 1
κακοπάθεια 1
Καππαδοκία 2
καρδία 156/157
καταλαλιά 2
κατάρα 6
κατηγορία 3
κατήφεια 1
κατοικία 1
κειρία 1
κενοδοξία 1
κενοφωνία 2
Κεγχρεαί pl? 2
κεραία 2
κιθάρα 4
Κιλικία 8
Κλαυδία 1
κληρονομία 14
κλισία 1
κοιλία 23
κοινωνία 19
κολακία 1
Κολοσσαί pl? 1
κολυμβήθρα 3
κολωνία 1
κοπρία 1
κουστωδία 3
κυβία 1
κυρία 2

62

λαλιά 3
Λαοδικία 6
Λασέα 1
λατρεία 5
λειτουργία 6
λέπρα 4
λίτρα 2
λογία 2
λογομαχία 1
λοιδορία 3
Λύδδα (?) 3
Λυδία 2
Λυκαονία 1
Λυκία 1
λυχνία 12
μαγία 1
μαθήτρια 1
Μακεδονία 22
μακροθυμία 14
μαλακία 3
μανία 1
Μάρθα 13
Μαρία(-άμ) I 19
II (3) 22
III (3) 13
μαρτυρία 37
ματαιολογία 1
μεθοδία 2
μεσημβρία 2
Μεσοποταμία 2
μετάνοια 22
μετοικεσία 4
μήτρα 2
μισθαποδοσία 3
μνᾶ 9
μνεία 7
μοιχεία 3
Μυσία 2
μωρία 5
μωρολογία 1
νεομηνία 1
νηστεία 5
νομοθεσία 1
νοσσιά 1
νουθεσία 3
Νύμφα 1
ξενία 2
ὁδοιπορία 2
οἰκετεία 1
οἰκία 94/93
οἰκονομία 9
οἰνοφλυγία 1
ὀλιγοπιστία 1
ὁλοκληρία 1
ὁμιλία 1
ὁμολογία 6
ὀπτασία 4
ὀπώρα 1
ὀργυιά 2
ὁρκωμοσία 4
ὁροθεσία 1
οὐρά 5
οὐσία 2
ὀφθαλμοδουλία 2
ὀψία < 2-1,2 14

65

παιδεία 6
παλινγενεσία 2
Παμφυλία 5
πανοπλία 3
πανουργία 5
παραγγελία 5
παραμυθία 1
παρανομία 1
παραφρονία 1
παραχειμασία 1
παρηγορία 1
παρθενία 1
παροικία 2
παροιμία 5
παρουσία 24
παρρησία 31
πατριά 3
πεῖρα 2
πενθερά 6
περικεφαλαία 2
περισσεία 4
περιστερά 10
πέτρα 15
πήρα 6
πιθανολογία 1
πικρία 4
Πισιδία 1
πλατεῖα 9/10
πλεονεξία 10
πλευρά 5
πληροφορία 4
πολιτεία 2
πολυλογία 1
πονηρία 7
πορεία 2
πορνεία 25
πορφύρα 4
πραγματία 1
πρασιά 2
πραϋπαθία 1
πρεσβεία 2
προθεσμία 1
προθυμία 5
πρόνοια 2
προσδοκία 2
προσφορά 9
προσωπολημψία 4
προφητεία 19
πρωΐα 2
πρωτοκαθεδρία 4
πρωτοκλισία 5
πτωχεία 3
πυρά 2
ῥᾳδιουργία 1
Ῥεβέκκα 1
ῥομφαία 7
ῥυπαρία 1
Σαμαρία 11
Σάρρα 4
Σελευκία 1
σκηνοπηγία 1
σκιά 7
σκληροκαρδία 3
σκοτία 17
Σουσάννα 1
or, 1.3

65

σοφία 51
Σπανία 2
σπορά 1
στεῖρα 4
στενοχωρία 4
στοά 4
στρατεία 2
στρατιά 2
συγγένεια 3
συγκυρία 1
συκομορέα 1
συμφωνία 1
συνήθεια 3
συνοδία 1
συντέλεια 6
συνωμοσία 1
Συράκουσαι pl 1
Συρία 8
σωτηρία 45
ταλαιπωρία 2
τεκνογονία 1
τιμωρία 1
τριετία 1
τροχιά 1
τρυμαλιά 1
ὑδρία 3
υἱοθεσία 5
ὑπερηφανία 1
ὑπόνοια 1
φαντασία 1
φαρμακία 3
φθορά 9
Φιλαδελφία 2
φιλαδελφία 6
φιλανθρωπία 2
φιλαργυρία 1
φιλία 1
φιλονεικία 1
φιλοξενία 2
φιλοσοφία 1
Φρυγία 3
φυτεία 1
χαρά 59
χήρα 26
χρεία 49
χρηστολογία 1
χώρα 28
ψευδομαρτυρία 2
ὥρα 106
ὠφέλεια 2

1.3 30

ἄκανθα 14
βασίλισσα 4
γάγγραινα 1
Γάζα 1
γάζα 1
γέεννα 12
γλῶσσα 50
δόξα 166/167
Δρούσιλλα 1
ἔχιδνα 5
θάλασσα 91/92
θύελλα 1

62

μάχαιρα 29
μεμβράνα 1
μέριμνα 6
πλήμμυρα 1
Πρίσκα
and Πρίσκιλλα 6
πρύμνα 3
πρῷρα 2
πτέρνα 1
ῥίζα 17
σμύρνα 2
Σμύρνα 2
Σουσάννα 1
or, 1.2
σπεῖρα 7
Συροφοινίκισσα 1
τράπεζα 15
Τρύφαινα 1
Τρυφῶσα 1
χάλαζα 4

1.4 131

ᾅδης 10/11
ἀκροατής 4
ἀνδραποδιστής 1
Ἀπελλῆς 1
Ἀρεοπαγίτης 1
ἀρσενοκοίτης 2
ἀρχιτελώνης 1
Ἀσιάρχης 1
αὐλητής 2
αὐτόπτης 1
βαπτιστής 12
βασανιστής 1
βιαστής 1
βουλευτής 2
Γαλάτης 1
γνώστης 1
γογγυστής 1
δανιστής 1
δεσμώτης 2
δεσπότης 10
διερμηνευτής 1
δικάστης 2
or, -τής
διώκτης 1
δότης 1
δυνάστης 3
ἐθνάρχης 1
εἰδωλολάτρης 7
ἑκατοντάρχης 15
Ἐλαμεῖτης 1
Ἑλληνιστής 2
ἐμπαίκτης 2
ἐξορκιστής 1
ἐπενδύτης 1
ἐπιθυμητής 1
ἐπιστάτης 7
ἐπόπτης 1
ἐργάτης 16
Ἑρμῆς 2
εὐαγγελιστής 3
εὐεργέτης 1

58

Εὐφράτης 2
ἐφευρετής 1
ζηλωτής 8
Ἡρῴδης (3) 43
θεριστής 2
ἰδιώτης 5
Ἱεροσολυμεῖται pl 2
Ἰορδάνης 15
Ἰσκαριώτης (2) 8
Ἰσραηλείτης 9
Ἰωάνης I 90
II 34
III 9
Ἰωάννης 1
καθηγητής 2
καρδιογνώστης 2
καταφρονητής 1
κερματιστής 1
κλέπτης 16
κοδράντης 2
κολλυβιστής 3
κριτής 19
κτίστης 1
κυβερνήτης 2
Λευείτης 3
λῃστής 15
λυτρωτής 1
μαθητής 262/261
Μαθθίας 2
μαργαρίτης 9
μεριστής 1
μεσίτης 6
μετρητής 1
μητρολῴης 1
μιμητής 6
μισθαποδότης 1
ναύτης 3
Νικολαΐτης 2
Νινευείτης 3
νομοθέτης 1
ξέστης 1
οἰκέτης 4
οἰκοδεσπότης 12
οἰνοπότης 2
ὀλοθρευτής 1
ὀφειλέτης 7
παιδευτής 2
παραβάτης 5
πατριάρχης 4
πατρολῴης 1
πλεονέκτης 4
πλήκτης 2
ποιητής 6
πολιτάρχης 2
πολίτης 4
πρεσβύτης 3
προδότης 3
προσαίτης 2
προσκυνητής 1
προσωπολήμπτης 1
προφήτης 144
πρωτοστάτης 1
σαλπιστής 1
Σαμαρείτης 9

64

NOUNS : 1.4 / 1.5 / 1.6 / 2.7

Σκύθης 1
στασιαστής 1
στρατιώτης 26
συγγενής 9/10
also, 3,22
συμφυλέτης 1
συνζητητής 1
συνηλικιώτης 1
συνμαθητής 1
συνμιμητής 1
συνπολίτης 1
συνστρατιώτης 2
τελειωτής 1
τελώνης 21
τετραάρχης 4
τεχνίτης 4
τολμητής 1
τραπεζείτης 1
ὑβριστής 2
ὑπηρέτης 20
ὑποκριτής 17
φελόνης 1
φρεναπάτης 1
χάρτης 1
χρεοφειλέτης 2
ψευδοπροφήτης 11
ψεύστης 10
ψιθυριστής 1

1.5 22

Ἁδρίας 1
Αἰνέας 2
Ἀνανίας (3) 11
Ἀνδρέας 13
Βαραχίας 1
Ἑζεκίας 2
Ζαχαρίας (3) 11
Ἠλείας 29
Ἠσαίας 22
Ἰερεμίας 3
Ἰεχονίας 2
Ἰωσείας 2
Λυσανίας 1
Λυσίας 2
Ματταθίας (2) 2
Μεσσίας 2
νεανίας 3
Ὀζείας 2
Οὐρίας 1
Παρμενᾶς 1
Πατρόβας 1
Χουζᾶς 1

1.6 31

Ἀγρίππας (2) 11
Ἅννας 4
Ἀντίπας 1
Ἀρέτας 1
Ἀρτεμᾶς 1
Βαραββᾶς 11
βαριωνᾶς 1
Βαρνάβας 28
Βαρσαββᾶς 2
βορρᾶς 2
Δημᾶς 3
Ἐλύμας 1
Ἐπαφρᾶς 3
Ἑρμᾶς 1
Θευδᾶς 1
Θωμᾶς 11
Ἰούδας I 10
II 22
III (6) 12
Ἰουνίας 1
Ἰωνᾶς 9
Καϊάφας 9
Κηφᾶς 9
Κλεόπας 1
Κλωπᾶς 1
Λουκᾶς 3
Ὀλυμπᾶς 1
Σατανᾶς 36
Σίλας 12
Σκευᾶς 1
Στεφανᾶς 3

2.7 494

Ἅγαβος 2
ἀγαθοποιός < 2,5 1
ἄγαμος also, 2.7f 4
ἄγγελος 175/176
ἁγιασμός 10
ἁγνισμός 1
ἀγοραῖος 2
< 2,5
ἀγρός 36/37
ἀδελφός 343/345
ἀετός 5
αἰγιαλός 6
αἶνος 2
αἴτιος 1
< 2-1,2
αἰχμάλωτος 1
ἀλάβαστρος : see 2.8
Ἀλέξανδρος (4) 6
ἀλλοτριεπίσκοπος 1
Ἀλφαῖος (2) 5
ἁμαρτωλός 47
also, 2,5
ἀμνός 4
ἀμπελουργός 1
Ἀμπλιᾶτος 1
ἀναβαθμός 2
Ἀνδρόνικος 1
ἀνδροφόνος 1
ἄνεμος 31
ἀνεψιός 1
ἀνθρωποκτόνος 3
< 2,5
ἄνθρωπος 548/552
ἀνθύπατος 5
ἀντίδικος 5
ἀντίχριστος 5
ἀπαρτισμός 1
ἀπελεγμός 1
ἀπελεύθερος 1
ἀπόστολος 79/80
Ἄππιος 1
ἀργυροκόπος 1
ἄργυρος 4
Ἄρειος Πάγος 2
ἀριθμός 18
Ἀρίσταρχος 5
Ἀριστόβουλος 1
ἄρκος 1
also, 2.7f
ἁρμός 1
ἁρπαγμός 1
ἄρτος 97/98
ἀρχάγγελος 2
Ἀρχέλαος 1
ἀρχηγός 4
Ἄρχιππος 2
ἀρχισυνάγωγος 9
ἀρχιτρίκλινος 3
Ἀσιανός 1
ἀσκός 12
ἀσπασμός 10
Ἀσύνκριτος 1
Αὔγουστος 1
αὐλός 1
ἀφανισμός 1
ἀφρός 1
Ἀχαϊκός 1
ἄψινθος 2
also, 2.7f
βαθμός 1
βαπτισμός 3
βάρβαρος < 2,5 6
Βαρθολομαῖος 4
Βαρτίμαιος 1
βασανισμός 6
βάτος I 1
βάτος II 5
also, 2.7f
βάτραχος 1
Βεροιαῖος 1
< 2-1,2
βήρυλλος 1
also, 2.7f
βίος 9/10
Βλάστος 1
βοηθός 1
< 2,5
βόθυνος 3
βόρβορος 1
βουνός 2
βρόχος 1
βρυγμός 7
βυθός 1
βωμός 1
Γαδαρηνός 1
< 2-1,1
Γαῖος (4) 5
Γαλιλαῖος 11
< 2-1,2
γάμος 15/16
Γερασηνός 3
< 2-1,1
γεωργός 19
γνόφος 1
γογγυσμός 4
γόμος 3
δακτύλιος 1
δάκτυλος 8
Δαμασκηνός 1
< 2-1,1
δεξιολάβος 1
Δερβαῖος 1
< 2-1,2
δέσμιος 16
δέσμος 18
Δημήτριος (2) 3
δημιουργός 1
δῆμος 4
διάβολος 37/39
also, 2,5
διάδοχος 1
διάκονος 29/30
also, 2.7f
διαλογισμός 14
διαμερισμός 1
διδάσκαλος 59
Δίδυμος 3
Διονύσιος 1
Διόσκουροι pl 1
διωγμός 10
δόλος 11
δοῦλος II 124
δρόμος 3
Ἑβραῖος 4
ἔγγυος 1
< 2,5
εἰρηνοποιός 1
< 2,5
ἑκατόνταρχος 5
ἔκδικος 2
< 2,5
ἐλεγμός 1
ἔλεγχος 1
Ἐλισαῖος 1
ἐμπαιγμός 1
ἔμπορος 5
ἐνιαυτός 14
ἐνκάθετος 1
< 2,5
ἐνταφιασμός 2
ἐντόπιος 1
< 2-1,2
Ἐπαίνετος 1
ἔπαινος 11
Ἐπαφρόδιτος 2
Ἐπικούριος 1
ἐπίορκος 1
< 2,5
ἐπισιτισμός 1
ἐπίσκοπος 5
ἐπίτροπος 3
Ἔραστος (2) 3
ἔριφος 2
ἑταῖρος 3
Εὔβουλος 1
εὐνοῦχος 8
Εὔτυχος 1
Ἐφέσιος 5
< 2-1,2
ἐχθρός 32
also, 2-1,2
Ζακχαῖος 3
Ζεβεδαῖος 12
ζῆλος 16
ζόφος 5
ζυγός 6
ἥλιος 32
ἧλος 2
Ἡρῳδιανοί pl 3
ἦχος I 3
Θαδδαῖος 2
θάνατος 120
θεμέλιος 16
θεός 1311/1327
also, 2.7f
Θεόφιλος 2
θερισμός 13
θησαυρός 17
θόρυβος 7
θρόμβος 1
θρόνος 62
θυμός 18
θυρεός 1
θυρωρός 4
also, 2.7f
Ἰάειρος 2
Ἰάκωβος (5) 42
ἰατρός 6/7
ἱερόσυλος 1
< 2,5
ἱλασμός 2
ἱματισμός 5
ἰός 3
Ἰουδαῖος 194
< 2-1,2
also, 1.2
Ἰουδαϊσμός 2
Ἰούλιος 2
Ἰοῦστος (3) 3
ἵππος 17
καθαρισμός 7
καιρός 85/86
κακοποιός 3
< 2,5
κακοῦργος 4
< 2,5
κάλαμος 12
καλλιέλαιος 1
κάμηλος 6
also, 2.7f
Καναναῖος 2
καπνός 13
καρπός 66
Κάρπος 1
κατακλυσμός 4
κατάλαλος 1
< 2,5
κατάλοιπος 1
< 2,5
καταρτισμός 1
κατάσκοπος 1
κατήγορος 4
κέραμος 1
κῆνσος 4
κῆπος 5
κηπουρός 1
κιθαρῳδός 2
κίνδυνος 9
κλάδος 11
Κλαύδιος (2) 3
κλαυθμός 9
κληρονόμος 15
κλῆρος 11
κλίβανος 2
κοινωνός 10
also, 2.7f
κόκκος 7
κόλπος 6
κονιορτός 5
κοπετός 1
κόπος 18
Κορίνθιος 2
Κορνήλιος 8
κόρος 1
κόσμος 185/186
Κούαρτος 1
κόφινος 6
κράβαττος 11
κρημνός 3
Κρίσπος 2
κρύσταλλος 2
κυλισμός 1
Κύπριος 3
Κυρηναῖος 6
Κυρήνιος 1
κύριος 719/725
κῶμος 3
Λάζαρος (2) 15
λαός 142
λειτουργός 5
λεπρός 9
λῆρος 1
λίβανος 2
λιβανωτός 2
Λιβερτῖνος 1
λίθος 59/60
λιμός 12
also, 2.7f
Λίνος 1
λογισμός 2
λόγος 331/334
λοίδορος 2
λοιμός 2
λοιπός 55
also, 2-1,1 and adv S
Λούκιος 2
λύκος 6
λύχνος 14
μάγος 6

56 54 56 53 53 58

NOUNS: 2.7 / 2.7f / 2.8

Μαθθαῖος 5
μακαρισμός 3
Μάλχος 1
Μάρκος 8
μάρμαρος 1
μαστός 3
ματαιολόγος 1
< 2,5
μέθυσος 2
< the adj
μερισμός 2
μέτοχος 6
Μῆδος 1
μηρός 1
μιασμός 1
μίσθιος 2
< the adj
μισθός 29
μισθωτός 3
μόδιος 3
μοιχός 3
μολυσμός 1
μόσχος 6
μουσικός 1
< 2-1,1
μόχθος 3
μυελός 1
μῦθος 5
μύλος 4
μῶμος 1
Ναζαρηνός 6
< 2-1,1
Ναζωραῖος 13
ναός 45
Νάρκισσος 1
ναύκληρος 1
νεανίσκος 11
νεκρός 128/130
also, 2-1,2
νεφρός 1
νεωκόρος 1
νήπιος 14/15
also, 2-1,2
Νικόδημος 5
Νικόλαος 1
νομικός 9/10
also, 2-1,1
νομοδιδάσκαλος 3
νόμος 194/197
νοσσός 1
νότος 7
νυμφίος 16
νῶτος 1
ξένος 14
< 2-1,1
ὄγκος 1
ὁδηγός 5
ὀδυρμός 2
οἰκεῖος 3
< 2-1,2
οἰκιακός 2
οἰκοδόμος 1
οἰκονόμος 10
οἶκος 114/116
οἰκτιρμός 5

55

οἶνος 34/35
ὄλεθρος 4
ὄλυνθος 1
ὄμβρος 1
ὀνειδισμός 5
Ὀνήσιμος 2
Ὀνησίφορος 2
ὄνος 5
also, 2.7f
ὄρθρος 3
ὅρκος 10
οὐρανός 272/276
Οὐρβανός 1
ὀφθαλμός 100
ὄχλος 174
ὄψιμος 1
< 2,5
παιδαγωγός 3
παράδεισος 3
παράκλητος 5
παραλυτικός 10
< 2-1,1
παραπικρασμός 2
παρεπίδημος 3
< 2,5
Πάρθοι pl 1
πάροικος 4
παροξυσμός 2
παροργισμός 1
Πάτμος 1
Παῦλος 158
Πειλᾶτος 55
πειρασμός 21
πενθερός 1
περίοικος 1
< 2,5
Πέτρος 154
πηλός 6
πλάνος 5
also, 2,5
πλοῦτος 22
πόλεμος 18
πόνος 4
Πόντιος 3
Πόντος 2
Πόπλιος 2
πορισμός 2
Πόρκιος 1
πόρνος 10
ποταμός 17
Ποτίολοι pl 1
πότος 1
πρεσβύτερος 66
also, 2-1,2
πρόγονος 2
< 2,5
πρόδρομος 1
< 2,5
πρόϊμος 1
< 2,5
προσήλυτος 4
Πρόχορος 1
πτωχός 34
< 2-1,1
πύργος 4
πυρετός 6

55

Πύρρος 1
πῶλος 12
ῥαβδοῦχος 2
ῥαντισμός 2
Ῥοῦφος 2
ῥύπος 1
Ῥωμαῖος 12
σαββατισμός 1
Σαδδουκαῖος 14
σάκκος 4
σάλος 1
Σαῦλος 15
σειρός 1
σεισμός 14
Σέκουνδος 1
Σέργιος 1
σίδηρος 1
σικάριος 1
Σιλουανός 4
σῖτος 14
σκηνοποιός 1
σκοπός 1
σκορπίος 5
also, 2-1,2
σμάραγδος 1
σπερμολόγος 1
< 2,5
σπίλος 2
σπόγγος 3
σπόρος 5
στάμνος 1
also, 2.7f
σταυρός 27
στεναγμός 2
Στέφανος 7
στέφανος 18
στηριγμός 1
στόμαχος 1
στρατηγός 10
στῦλος 4
σύμβουλος 1
συναιχμάλωτος 3
σύνδεσμος 4
σύνδουλος 10
συνέκδημος 2
συνεργός 13
σύνζυγος 1
< 2,5
συνκοινωνός 4
συνπρεσβύτερος 1
σύντροφος 1
< 2,5
Σύρος 1
Σώπατρος 1
Σωσίπατρος 1
σωφρονισμός 1
τάραχος 2
ταῦρος 4
τάφος 7
Τέρτιος 1
Τέρτυλλος 2
Τιβέριος 1
Τιμαῖος 1
Τιμόθεος 24
Τίτιος 1

60

τίτλος 2
Τίτος 13
τοῖχος 1
τόκος 2
τόπος 94/95
τράγος 4
τράχηλος 7
τρίβολος 2
τρόμος 5
τρόπος 13
Τρόφιμος 3
τροχός 1
τύπος 14/15
Τύραννος 1
Τύριος 1
Τύχικος 5
ὑάκινθος 1
ὑετός 5
υἱός 375/380
Ὑμέναιος 2
ὕμνος 2
ὑπεναντίος 2
also, 2-1,2
ὕπνος 6
ὑπογραμμός 1
ὕσσωπος 2
also, 2.7f
φάγος 2
φανός 1
Φαρισαῖος 98
φαρμακός 2
Φῆστος 13
φθόγγος 2
φθόνος 9
Φίλητος 1
Φιλιππήσιος 1
Φίλιπποι pl 4
Φίλιππος 36
Φιλόλογος 1
φίλος 29
also, 2-1,1
φιλόσοφος 1
φόβος 47
φόνος 9
φόρος 5
Φορτούνατος 1
φραγμός 4
Φύγελος 1
φωλεός 2
φωσφόρος 1
< 2,5
φωτισμός 2
Χαλδαῖος 1
χαλινός 2
χαλκός 5
χείμαρρος 1
χειραγωγός 1
χιλίαρχος 21/22
χοῖρος 12
χορός 1
χόρτος 15
χρηματισμός 1
Χριστιανός 3
Χριστός 528/540

60

χρόνος 54
χρυσόλιθος 1
χρυσόπρασος 1
χρυσός 9/12
χῶρος 1
ψαλμός 7
ψευδάδελφος 2
ψευδαπόστολος 1
ψευδοδιδάσκαλος 1
ψευδολόγος 1
< 2,5
ψευδόχριστος 2
ψιθυρισμός 1
ὦμος 2

2.7f 64

ἄβυσσος 9
ἄγαμος 4
also, 2.7
ἀγριέλαιος 2
Ἄζωτος 1
Αἴγυπτος 25
ἀλάβαστρος :
see 2.8
ἀμέθυστος 1
ἄμμος 5
ἄμπελος 9
ἄρκος 1
also, 2.7
Ἄσσος 2
ἄψινθος 2
also, 2.7
βάσανος 3
βάτος II 5
also, 2.7
βήρυλλος 1
also, 2.7
βίβλος 10
βύσσος 1
Δαμασκός 15
διάκονος 29/30
also, 2.7
διάλεκτος 6
διέξοδος 1
δοκός 6
εἴσοδος 5
ἔξοδος 3
ἔρημος 47/48
also, 2,5
Ἔφεσος 16
θεός 1
also, 2.7
θυρωρός 4
also, 2.7
κάμηλος 6
also, 2.7
κάμινος 4
κιβωτός 6
Κνίδος 1
κοινωνός 10
also, 2.7
Κόρινθος 6/7
Κύπρος 5

47

ληνός 5
λιμός 12
also, 2.7
Μίλητος 3
νάρδος 2
νῆσος 9
νόσος 11
ὁδός 101
ὄνος 5
also, 2.7
παράλιος 1
< 2,5
παρθένος 15
πάροδος 1
Πάφος 2
Πέργαμος 2
ῥάβδος 12
Ῥόδος 1
Σάμος 1
σάπφειρος 1
σορός 1
σποδός 3
στάμνος 1
and, 2.7
συκάμινος 1
Ταρσός 3
τετράμηνος 1
< 2,5
τρίβος 3
τροφός 1
Τύρος 11
ὕαλος 2
ὕσσωπος 2
also, 2.7
Χίος 1
ψῆφος 3

2.8 232

ἀγγεῖον 1
ἄγκιστρον 1
αἰσθητήριον 1
αἴτιον < 2-1,2 4
ἀκροατήριον 1
ἀκροθίνιον 1
ἄκρον 6
ἀλάβαστρον 4
ἄλευρον 2
ἀμφίβληστρον 1
ἄμφοδον 1
ἄμωμον 1
ἀνάγαιον 2
ἄνηθον 1
ἀντίλυτρον 1
ἀποστάσιον 3
ἀργύριον 21
ἄριστον 3
ἀρνίον 30
ἄροτρον 1
ἀσσάριον 2
ἄστρον 4
ἄχυρον 2
βαΐον 1
βαλλάντιον 4

55

βιβλαρίδιον 3
βιβλίον 34
βραβεῖον 2
γαζοφυλάκιον 5
γενέσια pl 2
< 2,5
γεώργιον 1
γλωσσόκομον 2
γυναικάριον 1
δαιμόνιον 63
δακρυ(ον) irr 10
δάνιον 1
δεῖπνον 16
δένδρον 25
δεσμωτήριον 4
δηνάριον 16
δίδραχμον 2
δίκτυον 12
δοκίμιον 2
δρέπανον 8
δυσεντέριον 1
δωδεκάφυλον 1
δῶρον 19
εἰδώλιον 1
εἰδωλόθυτον 9
< 2,5
εἴδωλον 11
ἔκγονον 1
< 2,5
ἔλαιον 11
ἐμπόριον 1
ἐνάλιον 1
< 2,5
ἐγκαίνια pl 1
ἐνύπνιον 1
ἔργον 169/168
ἔριον 2
ἐρίφιον 1
ἑρπετόν 4
ἔσοπτρον 2
εὐαγγέλιον 76
εὐπάρεδρον 1
< 2,5
ζιζάνιον 8
ζῷον 23
ἡδύοσμον 2
ἡμίωρον 1
θανάσιμον 1
< 2,5
θέατρον 3
θεῖον 7
θηρίον 45
θυγάτριον 2
θυμιατήριον 1
θυσιαστήριον 23
ἱερά 2
< 2-1,2
ἱερόν 71
Ἰκόνιον 6
ἱλαστήριον 2
Ἰλλυρικόν 1
ἱμάτιον 60
ἱππικόν 1
< 2-1,1

56

ἰχθύδιον 2
κατοικητήριον 2
κέντρον 4
κεράμιον 2
κεράτιον 1
κεφάλαιον 2
κιννάμωμον 1
κλινάριον 1
κλινίδιον 2
κολλούριον 1
κόπριον 1
κοράσιον 8
κρανίον 4
κράσπεδον 5
κρίνον 2
κριτήριον 3
κύμβαλον 1
κύμινον 1
κυνάριον 4
κῶλον 1
λάχανον 4
λέντιον 2
λεπτόν 3
< 2-1,1
λιθόστρωτον 1
< 2,5
λίνον 2
λιπαρόν 1
< 2-1,2
λόγιον only pl 4
λουτρόν 2
λύτρον 2
μάκελλον 1
μαρτύριον 20
μεγαλεῖον 1
< 2-1,2
μεσονύκτιον 4
μεσότοιχον 1
μέτρον 14
μέτωπον 8
μικρόν 16
μίλιον 1
μνημεῖον 37/38
μνημόσυνον 3
Μύρ(ρ)α pl cf; 1
μύρον 14
μυστήριον 27/28
νησίον 1
νοσσίον 1
ξύλον 20
ὀθόνιον 4
οἰκητήριον 2
ὀνάριον 1
ὅπλον 6
ὅριον 12
ὄρνεον 3
ὀστέον 4
ὀψάριον 5
ὀψώνιον 4
παιδάριον 1
παιδίον 52
πανδοχεῖον 1
παράδοξον 1
< 2,5

59

παραμύθιον 1
Πάταρα pl 1
περιβόλαιον 2
πετεινόν 14
πήγανον 1
πηδάλιον 2
πινακίδιον 1
πλοιάριον 6
πλοῖον 66
ποίμνιον 5
ποτήριον 31/32
πραιτώριον 8
πρεσβυτέριον 3
προαύλιον 1
προβάτιον 2
πρόβατον 37
προσάββατον 1
προσκεφάλαιον 1
προσφάγιον 1
πρόσωπον 76
πρωτοτόκια pl 1
πτερύγιον 2
πτηνόν 1
< 2-1,1
πτύον 2
Ῥήγιον 1
σάββατον 68/69
σανδάλιον 2
σάρδιον 2
Σάρεπτα pl 1
σάτον 2
σημεῖον 77
σιμικίνθιον 1
σιρικόν 1
< 2-1,1
σιτίον 1
σιτομέτριον 1
σκάνδαλον 15
σκύβαλον 1
σκῦλον only pl 1
Σόδομα pl cf; 9
σουδάριον 4
σπήλαιον 6
σπλάγχνον 11
σπόριμα pl 3
< 2,5
στάδιον 7
στοιχεῖον only pl 7
στρατόπεδον 1
στρουθίον 4
σῦκον 4
συμβούλιον 8
συμπόσιον 2
σύμφορον < 2,5 2
σύμφωνον < 2,5 1
συνέδριον 22
σύσσημον 1
σφάγιον 1
σφυδρόν 1
σχοινίον 2
σωτήριον 4
τάλαντον 14/15
ταμεῖον 4
τεκμήριον 1

61

τεκνίον 8
τέκνον 99/100
τελώνιον 3
τετράδιον 1
τόξον 1
τοπάζιον 1
τρίμηνον 1
< 2,5
τρίστεγον 1
τρύβλιον 2
ὑπερῷον 4
ὑποζύγιον 2
ὑπολήνιον 1
ὑποπόδιον 7/8
φανερόν 18
cf also, 2-1,2
φόβητρον 1
φορτίον 6
φραγέλλιον 1
φρύγανον 1
φυλακτήριον 1
φύλλον 6
χαλκίον 1
χαλκολίβανον 2
χειρόγραφον 1
χρήσιμον 1
< 2-1,1
χρυσίον 13
χωρίον 10
ψιχίον 2
ψωμίον 4
ᾠόν 1
ὠτάριον 2
ὠτίον 3

3.9 12

ἄνθραξ 1
δεσμοφύλαξ 3
θώραξ 5
κῆρυξ cf; 3
κόραξ 1
σαρδόνυξ cf; 1
σκώληξ cf; 1
Φῆλιξ cf; 9
Φοῖνιξ cf; 1
φοῖνιξ cf; 2
φύλαξ 3
χάραξ 1

3.9f 8

ἀλώπηξ 3
γυνή irr cf; 213/216
θρίξ irr cf; 15
νύξ irr cf; 61
πίναξ 5
πλάξ 3
σάρξ 147/146
χοῖνιξ 2

3.10 2

ἅρπαξ 5
also, an adj
λάρυγξ 1

52

3.10f 5

μάστιξ 6
πτέρυξ 5
σάλπιγξ 11
φάραγξ 1
φλόξ 7

3.11 6

Αἰθίοψ cf; 2
Ἄραψ 1
κώνωψ cf; 1
λίψ 1
μώλωψ cf; 1
σκόλοψ cf; 1

3.11f 1

λαῖλαψ cf; 3

3.12 8

γέλως cf; 1
γόης cf; 1
ἔρις irr cf; 9
ἱδρώς cf; 1
νῆστις 2
παῖς (also, 3.12f) 24
πούς 92/94
χρώς cf; 1

3.12f 51

ἀκρίς 4
Ἀντιπατρίς 1
Ἄρτεμις 5
ἄσπις 1
ἀτμίς 2
Δάμαρις 1
δισμυριάς cf; 1
Δορκάς cf; 2
Ἑβραΐς 3
Ἑλλάς cf; 1
Ἑλληνίς 2
ἐλπίς 53
Ἡρῳδιάς cf; 6
θυρίς 2
ἴασπις 4
ἰκμάς cf; 1
ἶρις 2
κεφαλίς 1
κλείς 6
λαμπάς cf; 9
λεπίς 1
Λωΐς 1
μερίς 5
μοιχαλίς 7
μυριάς cf; 8
παγίς 5
παῖς 24
also, 3.12

48

παροψίς 2
πατρίς 8
Περσίς 1
πορφυρόπωλις 1
πρεσβῦτις 1
προστάτις 1
προφῆτις 2
Πτολεμαΐς 1
ῥαφίς 2
ῥυτίς 1
Σαλαμίς 1
Σαμαρεῖτις 2
σανίς 1
σπιλάς cf; 1
σπυρίς 5
στιβάς cf; 1
συγγενίς 1
σφραγίς 16
Τιβεριάς cf; 3
Τραχωνῖτις 1
Τρῳάς cf; 6
χάρις 155/156
χιλιάς cf; 23
χλαμύς cf; 2

3.13 5

ἄρχων 37
γέρων 1
δράκων 13
λέων 9
Φλέγων 1

3.14 1

ὀδούς 12

3.15 1

ἱμάς 4

3.16 4

ἀρχιποίμην 1
λιμήν 3
μεγιστάν cf; 3
ποιμήν 18

3.16f 1

φρήν 2

3.17 19

ἀλαζών 2
Ἀπολλύων 1
ἀρχιτέκτων 1
βραχίων 3
γείτων 4
also, 3.17f
δαίμων 1
Εὐρακύλων 1
ἡγεμών 20
θεράπων 1

45

NOUNS : 3.17 *to* 3.31

Ἰάσων (2) 5
κανών 4
κλύδων 2
κύων 5
Μακεδών 5
πύθων 1
Σαρών 1
τέκτων 2
Φιλήμων 1
χαλκηδών 1

3.17f 6

γείτων 4
also, 3.17
εἰκών 23
σιαγών 2
σινδών 6
τρυγών 1
χιών 2

3.18 2

Ἕλλην 26
μήν I 18

3.19 22

ἀγών 6
αἰών 124/126
ἀμπελών 23
ἀρραβών 3
ἀρτέμων 1
ἀφεδρών 2
Γαλλίων 3
ἐλαιών 3
Ἡρῳδίων 1
καύσων 3
κεντυρίων 3
κοιτών 1
λεγιών 4
Μνάσων 1
νυμφών 4
πυλών 18
Σίμων I 50
Σίμων II (8) 25
Σολομών 12
Τίμων 1
χειμών 6
χιτών 11

3.19f 4

ἅλων 2
Βαβυλών 12
Σιδών 9
ὠδίν cf; 4

3.20 1

πατήρ 412/415

3.20f 3

45

γαστήρ 9
θυγάτηρ 28
μήτηρ 84/85

3.21 1

ἀνήρ 216/217

3.22 14

ἀήρ cf; 7
ἀλέκτωρ 11/12
ἀμήτωρ 1
ἀπάτωρ cf; 1
ἀστήρ cf; 24
κατήγωρ 1
κοσμοκράτωρ 1
κτήτωρ 1
Νικάνωρ 1
παντοκράτωρ 10
πράκτωρ 2
προπάτωρ 1
ῥήτωρ 1
σπεκουλάτωρ 1

3.23 5

νιπτήρ 1
στατήρ 1
σωτήρ 24
φωστήρ 2
χαρακτήρ 1

3.24 2

αὐτόχειρ cf; 1
χείρ 175/178

3.25 2

μάρτυς 35
ψευδομάρτυς 2

3.26 175

ἀγαλλίασις 5
ἀγανάκτησις 1
ἀθέτησις 2
ἄθλησις 1
αἴνεσις 1
αἵρεσις 9
αἴσθησις 1
ἅλυσις 11
ἅλωσις 1
Ἀμφίπολις 1
ἀνάβλεψις 1
ἀνάγνωσις 3
ἀνάδειξις 1
ἀναίρεσις 1
ἀνακαίνωσις 2
ἀνάκρισις 1
ἀνάλημψις 1
ἀνάλυσις 1
ἀνάμνησις 4

46

ἀνάπαυσις 5
ἀνάστασις 42
ἀνάχυσις 1
ἀνάψυξις 1
ἄνεσις 5
ἄνοιξις 1
ἀνταπόδοσις 1
ἀντίθεσις 1
ἀντίλημψις 1
ἀπάντησις 3
ἀπέκδυσις 1
ἀπόδειξις 1
ἀπόθεσις 2
ἀποκάλυψις 18
ἀποκατάστασις 1
ἀπόκρισις 4
ἀπόλαυσις 2
ἀπολύτρωσις 10
ἀπόχρησις 1
αὔξησις 2
ἄφεσις 17
ἄφιξις 1
βάσις 1
βεβαίωσις 2
βίωσις 1
βρῶσις 11
γένεσις 5
γνῶσις 29
δάμαλις 1
δέησις 18
Δεκάπολις 3
διάγνωσις 1
διαίρεσις 3
διάκρισις 3
διήγησις 1
δικαίωσις 2
διόρθωσις 1
δόσις 2
δύναμις 119
ἔγερσις 1
ἔκβασις 2
ἐκδίκησις 9
ἐκζήτησις 1
ἐκπλήρωσις 1
ἔκστασις 7
ἔλεγξις 1
ἔλευσις 1
ἔνδειξις 4
ἔνδυσις 1
ἐνδώμησις 1
ἐνθύμησις 4
ἔντευξις 2
ἐξανάστασις 1
ἕξις 1
ἐπανόρθωσις 1
ἔπαυλις 1
ἐπίγνωσις 20
ἐπίθεσις 4
ἐπίλυσις 1
ἐπιπόθησις 2
ἐπίστασις 2
ἐρήμωσις 3
ἔσθησις 1
ζήτησις 7

64

θέλησις 1
θλῖψις 45
ἴασις 3
Ἱεράπολις 1
καθαίρεσις 3
κάκωσις 1
κατάβασις 1
κατάκρισις 2
κατάνυξις 1
κατάπαυσις 9
κατάρτισις 1
κατασκήνωσις 2
κατάσχεσις 2
κατοίκησις 1
καῦσις 1
καύχησις 11
κλάσις 2
κλῆσις 11
κοίμησις 1
κόλασις 2
κρίσις 47
κτίσις 19
κυβέρνησις 1
κωμόπολις 1
λῆμψις 1
λύσις 1
λύτρωσις 3
μετάθεσις 3
μετάλημψις 1
μόρφωσις 2
νέκρωσις 2
Νικόπολις 1
ὁμοίωσις 1
ὅρασις 4
ὄρεξις 1
ὄσφρησις 1
ὄφις masc! 14
ὄψις 3
πανήγυρις 1
παράβασις 7
παράδοσις 13
παράκλησις 29
παρατήρησις 1
πάρδαλις 1
πάρεσις 1
πεποίθησις 6
περίθεσις 1
περιποίησις 5
πίστις 243/242
ποίησις 1
πόλις 162/164
πόσις 3
πρᾶξις 6
πρόγνωσις 2
πρόθεσις 12
προσκαρτέρησις 1
πρόσκλισις 1
πρόσλημψις 1
πρόσχυσις 1
πρόφασις 6
πτόησις 1
πτῶσις 2
πύρωσις 3

63

πώρωσις 3
ῥύσις 3
σεμίδαλις 1
στάσις 9
σύγχυσις 1
συμφώνησις 1
συνείδησις 30/31
σύνεσις 7
συγκατάθεσις 1
Σύρτις 1
τάξις 9
ταπείνωσις 4
τελείωσις 2
τήρησις 3
ὕβρις 3
ὑπάντησις 3
ὕπαρξις 2
ὑπόκρισις 6
ὑπόμνησις 3
ὑπόστασις 5
ὑποτύπωσις 2
ὑστέρησις 2
φανέρωσις 2
φάσις 1
φρόνησις 2
φύσις 13/14
φυσίωσις 1
χρῆσις 2

3.27 1

πῆχυς 4

3.27n 1

σίναπι ? 5

3.28 4

βότρυς 1
ἰχθύς 20
στάχυς 5
Στάχυς 1

3.28f 5

ἀχλύς 1
ἰσχύς 10
ὀσφύς 8
ὀφρύς 1
ὗς 1

3.29 21

ἁλεεύς 5
Ἀλεξανδρεύς 2
Ἀντιοχεύς 1
ἀρχιερεύς 122
βασιλεύς 115
βυρσεύς 3
γναφεύς 1
γονεύς only pl 20
γραμματεύς 63
Θεσσαλονικεύς 4

49

ἱερεύς 31/32
ἱππεύς 2
καταγγελεύς 1
κεραμεύς 3
Λαοδικεύς 1
Νηρεύς 1
πανδοχεύς 1
συγγενεύς 2
Ταρσεύς 2
φονεύς 7
χαλκεύς 1

3.30 4

βοῦς 8
νοῦς 24
πλόος 3
χοῦς 2

3.31 155

ἀγνόημα 1
ἀδίκημα 3
αἷμα 97
αἴνιγμα 1
αἴτημα 3
αἰτίωμα 1
ἀλίσγημα 1
ἁμάρτημα 4
ἀνάθεμα 6
ἀνάθημα 1
ἀντάλλαγμα 2
ἀνταπόδομα 2
ἄντλημα 1
ἀπαύγασμα 1
ἀπόκριμα 1
ἀποσκίασμα 1
ἅρμα 4
ἄρωμα 4
ἀσθένημα 1
βάπτισμα 20
βδέλυγμα 6
βῆμα 12
βλέμμα 1
βούλημα 3
βρῶμα 17
γένημα 4
γέννημα 4
γόνυ irr cf; 12
γράμμα 15
δεῖγμα 1
δέρμα 1
διάδημα 3
διανόημα 1
διάστημα 1
διάταγμα 1
δικαίωμα 10
διόρθωμα 1
δόγμα 5
δόμα 4
δῶμα 7
δώρημα 2
ἔγκλημα 2
ἑδραίωμα 1

58

NOUNS : 3.31 *to* 3.33 / other decls / indecls

ἔκτρωμα 1
ἔνδειγμα 1
ἔνδυμα 8
ἐνέργημα 2
ἔνταλμα 3
ἐξέραμα 1
ἐπάγγελμα 2
ἐπερώτημα 1
ἐπίβλημα 4
ἐπικάλυμμα 1
ζήτημα 5
ἥττημα 2
θαῦμα 2
θέλημα 62
θρέμμα 1
θυμίαμα 6
ἴαμα 3
ἱεράτευμα 2
κάλυμμα 4
κατάθεμα 1
κατάκριμα 3
κατάλυμα 3
καταπέτασμα 6
κατάστημα 1
καῦμα 2
καύχημα 11
κέλευσμα 1
κέρμα 1
κήρυγμα 8
κλάσμα 9
κλέμμα 1
κλῆμα 4
κλίμα 3
κρίμα 27
κτῆμα 4
κτίσμα 4
κῦμα 4
λεῖμμα 1
μεσουράνημα 3
μίασμα 1
μίγμα 1
μίσθωμα 1
μνῆμα 10
νόημα 6
νόμισμα 1
νόσημα 1
οἴκημα 1
ὁλοκαύτωμα 3
ὄμμα 2
ὁμοίωμα 6
ὄνομα 228/231
ὅραμα 12
ὅρμημα 1
οὖς cf; 36/37
ὀφείλημα 2
ὀχύρωμα 1
πάθημα 16
παράπτωμα 19/20
περικάθαρμα 1
περίσσευμα 5
περίψημα 1
πλάσμα 1
πλέγμα 1
πλήρωμα 17

64

πνεῦμα 379/378
ποίημα 2
πολίτευμα 1
πόμα 2
πρᾶγμα 11
πρόκριμα 1
πρόσκομμα 6
πτύσμα 1
πτῶμα 7
ῥαδιούργημα 1
ῥάπισμα 3
ῥῆγμα 1
ῥῆμα 67
σέβασμα 2
σκέπασμα 1
σκήνωμα 3
σπέρμα 44
στέμμα 1
στερέωμα 1
στίγμα 1
στόμα 78
στράτευμα 8
σύντριμμα 1
σχῆμα 2
σχίσμα 8
σῶμα 142
τάγμα 1
τοὔνομα 1
τραῦμα 1
τρῆμα 2
ὕδωρ cf; 76/79
ὑπόδειγμα 6
ὑπόδημα 10
ὑπόλειμμα 1
ὑστέρημα 9
ὕψωμα 2
φάντασμα 2
φίλημα 7
φρέαρ irr cf; 7
φρόνημα 4
φύραμα 5
χάραγμα 8
χάρισμα 17
χάσμα 1
χόρτασμα 1
χρῆμα 6
χρίσμα 3
ψεῦσμα 1

3.32 6

ἅλας 8
κέρας 11
μέλι ? cf; 4
πέρας 4
τέρας 16
φῶς cf; 72/71

3.33 62

ἄγγος 1
ἄνθος 4
βάθος 8
βάρος 6

58

βέλος 1
βρέφος 8
γένος 20/21
γῆρας cf; 1
γλεῦκος 1
δέος 1
δίψος 1
ἔδαφος 1
ἔθνος 162/163
ἔθος 12
εἶδος 5
ἔλεος 27
ἕλκος 3
ἔπος 1
ἔτος 49
ζεῦγος 2
ἦθος 1
ἦχος II 1
θάμβος 3
θάρσος 1
θέρος 3
ἴχνος 3
κάρφος 6
κέρδος 3
κῆτος 1
κλέος 1
κράτος 12
κτῆνος 4
μέγεθος 1
μέλος 34/35
μέρος 42/41
μῆκος 3
νέφος 1
νῖκος 4
ὄνειδος 1
ὄξος 6
ὄρος 63
ὄφελος 3
πάθος 3
πέλαγος 2
πένθος 5
πλάτος 4
πλῆθος 31/32
ῥάκος 2
σκέλος 3
σκεῦος 23
σκῆνος 2
σκότος 30
στῆθος 5
στρῆνος 1
τάχος 7
τεῖχος 9
τέλος 41
ὕψος 6
φέγγος 3
χεῖλος 7
ψεῦδος 10
ψῦχος 3

no decl

NOTE: these are 3 rd decl, but without a class

58

m 1

πένης subst 1

f 36

ἁγιότης 2
ἁγνότης 2
ἀδελφότης 2
ἀδηλότης 1
ἁδρότης 1
αἰσχρότης 1
ἁπλότης 7
ἀφελότης 1
βραδυτής 1
γυμνότης 3
ἑνότης 2
ἐσθής 7
εὐθύτης 1
θειότης 1
θεότης 1
ἱκανότης 1
ἱλαρότης 1
ἰσότης 3
καθαρότης 1
καινότης 2
κυριότης 4
λαμπρότης 1
ματαιότης 3
μεγαλειότης 3
νεότης 4
ὁμοιότης 2
ὁσιότης 2
παλαιότης 1
πιότης 1
πλανήτης 1.4? 1
πραΰτης 11
σεμνότης 3
σκληρότης 1
τελειότης 2
τιμιότης 1
χρηστότης 10

n 1

πῦρ 71

3 decl 5

γάλα 5
ἥμισυ cf; 5
Καῖσαρ ὁ 29
Κρῆτες οἱ 2
μέλαν cf; 3
< 3-1,16

subst m 1

πλησίον 17
also, prep w/ gen and adv PL

spec decl 12

44

αἰδώς 1
ἀρήν 1
Βαριησοῦς ὁ 1
δεῖνα 1
Ζεῦς ὁ 2
Ἰησοῦς I ὁ 909
Ἰησοῦς II (3) ὁ 4
ἵλεως 2
κρέας 2
Μωϋσῆς ὁ 80
ναῦς 1
ὄρνις 2

α , αν 1

Γολγοθά ἡ 3

α , ας;ων 1

Γόμορρα ἡ,τά 4

ας, αν 2

Ἀκύλας ὁ 6
Ζηνᾶς ὁ 1

ης, η 1

Μανασσῆς ὁ 3

ως, ο 1

Ἀπολλῶς ὁ 10

ως, ω 1

Κῶς ἡ 1

indecl 181

Ἀαρών ὁ 5
Ἀβαδδών ὁ 1
Ἄβελ ὁ 4
Ἀβιά (2) ὁ 3
Ἀβιάθαρ ὁ 1
Ἀβιούδ ὁ 2
Ἀβραάμ ὁ 73
Ἄγαρ ἡ 2
Ἀδάμ ὁ 9
Ἀδδεί ὁ 1
Ἀδμείν ὁ 1
Ἀζώρ ὁ 2
Αἰνών ἡ 1
ἄλφα τό 3
Ἀμιναδάβ ὁ 3
Ἀμώς (2) ὁ 3
Ἀράμ ὁ 2
Ἁρμαγεδών – 1
Ἀρνεί ὁ 1
Ἀρφαξάδ ὁ 1
Ἀσάφ ὁ 2
Ἀσήρ ὁ 2
Ἄχαζ ὁ 2
Ἀχείμ ὁ 2

43

Ἀχελδαμάχ – 1
Βάαλ ὁ 1
Βαλαάμ ὁ 3
Βαλάκ ὁ 1
Βαράκ ὁ 1
Βεεζεβούλ ὁ 7
Βελίαρ ὁ 1
Βενιαμείν ὁ 4
Βεώρ ὁ 1
Βηθζαθά ἡ 1
Βηθλεέμ ἡ 8
Βηθσαϊδά ἡ 7
Βηθφαγή ἡ 3
Βοός or ές ὁ 3
Γαββαθά – 1
Γαβριήλ ὁ 2
Γάδ ὁ 1
Γαμαλιήλ ὁ 2
Γεδεών ὁ 1
Γεθσημανεί – 2
Γεννησαρέτ ἡ 3
Γώγ ὁ 1
Δαλμανουθά ἡ 1
Δανιήλ ὁ 1
Δαυείδ ὁ 59
Ἔβερ ὁ 1
Ἐλεάζαρ ὁ 2
Ἐλεισάβετ ἡ 9
Ἐλιακείμ ὁ 3
Ἐλιέζερ ὁ 1
Ἐλιούδ ὁ 2
Ἐλμαδάμ ὁ 1
Ἐμμανουήλ ὁ 1
Ἑμμώρ ὁ 1
Ἐνώς ὁ 1
Ἐνώχ ὁ 3
Ἐσλεί ὁ 1
Ἑσρώμ and ν ὁ 3
Ἐφραίμ ὁ 1
Ζαβουλών ὁ 3
Ζοροβάβελ ὁ 3
Ἡλεί ὁ 1
Ἤρ ὁ 1
Ἠσαῦ ὁ 3
Θάμαρ ἡ 1
Θαρά ὁ 1
Ἰακώβ (2) ὁ 27
Ἰανναί ὁ 1
Ἰάρετ ὁ 1
Ἰεζάβελ ἡ 1
Ἰερειχώ ἡ 7
Ἱεροσόλυμα τά
ἡ 63
Ἱερουσαλήμ ἡ 76
Ἰεσσαί ὁ 5
Ἰεφθάε ὁ 1
Ἰσαάκ ὁ 20
Ἰσκαριώθ ὁ 3
Ἰσραήλ (4) ὁ 68
Ἰσσαχάρ ὁ 1
Ἰωάθαμ ὁ 2
Ἰωανάν ὁ 1
Ἰώβ ὁ 1
Ἰωβήδ ὁ 3
Ἰωδά ὁ 1

64

NOUNS : indecl / no desig / Heb-Aram.   ADJS : 2-1,1 / 2-1,1a / 2-1,2

Ἰωήλ	ὁ	1
Ἰωνάμ	ὁ	1
Ἰωράμ	ὁ	2
Ἰωρείμ	ὁ	1
Ἰωσαφάτ	ὁ	2
Ἰωσήφ I	ὁ	9
II	ὁ	14
III	ὁ	6
IV (5)	ὁ	6
Ἰωσήχ	ὁ	1
ἰῶτα	τό	1
Καίν	ὁ	3
Καϊνάμ (2)	ὁ	2
Κανά	ἡ	4
Καῦδα	–	1
Καφαρναούμ	ἡ	16
Κεδρών	ὁ	1
Κείς	ὁ	1
Κορέ	ὁ	1
Κωσάμ	ὁ	1
Λάμεχ	ὁ	1
Λευεί(ς) (4)	ὁ	8
Λώτ	ὁ	4
Μαάθ	ὁ	1
Μαγαδάν	ἡ	1
Μαγώγ	ὁ	1
Μαδιάμ	ὁ	1
Μαθθάν	ὁ	2
Μαθθάτ	ὁ	1
Μαθουσάλα	ὁ	1
Μαλελεήλ	ὁ	1
Μαναήν	ὁ	1
Μαριάμ (in se)	ἡ	16
Ματθάτ	ὁ	1
Ματταθά	ὁ	1
Μελεά	ὁ	1
Μελχεί (2)	ὁ	2
Μελχισεδέκ	ὁ	8
Μεννά	ὁ	1
Μιχαήλ	ὁ	2
Μολόχ	ὁ	1
Ναασσών	ὁ	3
Ναγγαί	ὁ	1
Ναζαρά or Ναζαρέθ	ἡ	12
Ναθάμ	ὁ	1
Ναθαναήλ	ὁ	6
Ναιμάν	ὁ	1
Ναΐν	ἡ	1
Ναούμ	ὁ	1
Ναχώρ	ὁ	1
Νεφθαλείμ	ὁ	3
Νηρεί	ὁ	1
Νῶε	ὁ	8
ὄναρ	τό	6
Ῥαάβ	ἡ	2
Ῥαγαύ	ὁ	1
Ῥαμά	ἡ	1
Ῥαχάβ	ἡ	1
Ῥαχήλ	ἡ	1
Ῥησά	ὁ	1
Ῥοβοάμ	ὁ	2
Ῥομφά	ὁ	1
Ῥουβήν	ὁ	1
Ῥούθ	ἡ	1
		64

Σαδώκ	ὁ	2
Σαλά	ὁ	2
Σαλαθιήλ	ὁ	3
Σαλείμ	τό	1
Σαλήμ	ἡ	2
Σαλμών	ὁ	2
Σαμουήλ	ὁ	3
Σαμψών	ὁ	1
Σαούλ (2)	ὁ	9
Σεμεείν	ὁ	1
Σερούχ	ὁ	1
Σήθ	ὁ	1
Σήμ	ὁ	1
σίκερα	τό	1
Σιλωάμ	ὁ	3
Σινά	–	4
Σιών	ἡ	7
Συμεών (5)	ὁ	7
Συχάρ	ἡ	1
Συχέμ	ἡ	2
Ταβειθά	ἡ	2
Φάλεκ	ὁ	1
Φανουήλ	ὁ	1
Φαραώ	ὁ	5
Φαρές	ὁ	3
Χαναάν	ἡ	2
Χαρράν	ἡ	2
Χοραζείν	ἡ	2
Ὡσηέ	ὁ	1

no desig 16

Ἐμμαούς	ἡ	1
Ζαρά	ὁ	1
Θυάτειρα	τά	4
Ἰαμβρῆς	ὁ	1
Ἰαννῆς	ὁ	1
καθότι	–	6
Κλήμης	ὁ	1
Κρήσκης	ὁ	1
Λύστρα	ἡ / τά	6
Νίγερ	ὁ	1
ὁ ὢν καὶ ὁ ἦν (a title-phrase)	–	5
Πούδης	ὁ	1
Σάρδεις	αἱ	3
σής	–	3
Φόρον	–	1
Ὦ II	–	3

Heb 8

ἀλληλουϊά	4
Κορβάν	1
μάννα	4
πάσχα	29
ῥαββεί (-Aram)	15
ῥαββουνεί (-Aram)	2
Σαβαώθ	2
Χερουβείν	1

Aram 8

ἀββά	3
Βοανηργές	1
ἐλωί	2
ἠλί	2
κορβανᾶς, ᾶ	1
μαμωνᾶς	4
ῥακά	1
ταλειθά	1
	53

2-1,1 180

ἀγαθός	104/103
ἀγαπητός	61/62
ἁγνός	8
Ἀδραμυντηνός	1
αἱρετικός	1
Ἀλεξανδρινός	2
ἀληθινός	28
ἁλυκός	1
ἀμαράντινος	1
ἀνεκτότερος	5
ἀνθρώπινος	7
ἀνωτερικός	1
ἁπαλός	2
ἀργός	8
ἀρεστός	4
ἀρκετός	3
αὐτόματος	2
βασιλικός	5
βδελυκτός	1
βιωτικός	3
βύσσινος	5
Γαλατικός	2
γεννητός	2
γνωστός	15
γραπτός	1
γυμνός	15
δειλός	3
δέκατος	3
δεκτός	5
δερμάτινος	2
δῆλος	3
διδακτικός	2
διδακτός	3
δοῦλος I	2
δυνατός	32
δωδέκατος	1
ἕβδομος	9
ἐθνικός	4
εἰρηνικός	2
ἕκαστος	82/80
ἐκλεκτός	22/24
ἕκτος	14
ἐλάχιστος	14
ἐλεεινός	2
ἐλεφάντινος	1
Ἑλληνικός	1
ἐμός (also, pron possess)	76
ἔνατος	10
ἑνδέκατος	3
ἔσχατος	52/53
ζεστός	3
ἡλίκος	2
	60

θαυμαστός	6
θνητός	6
θύϊνος	1
ἱκανός	40
Ἰουδαϊκός	1
ἴσος	8
Ἰταλικός	1
καθημερινός	1
καινός	42
κακός	50
καλός	101/102
κατώτερος	1
κενός	18
κεραμικός	1
κλητός	10/11
κοινός	14
κοινωνικός	1
κόκκινος	6
κοσμικός	2
κράτιστος	4
κρίθινος	2
κριτικός	1
κρυπτός	17
κυλλός	4
κυριακός	2
κωφός	14
λαξευτός	1
λειτουργικός	1
Λευειτικός	1
λευκός	25
λίθινος	3
λογικός	2
λοιπός (also, 2.7 and adv S)	55
μαλακός	4
μέγιστος	1
μέσος	58/59
μεστός	9
μόνος	47/48
μυλικός	1
μύλινος	1
νεωτερικός	1
νόθος	1
νομικός (also, 2.7)	9/10
ξένος (also, 2.7)	14
ξύλινος	2
ὄγδοος	5
ὀλίγος	41/43
ὅλος	108/110
ὀνικός	2
ὀπτός	1
ὁρατός	1
ὀργίλος	1
ὀρεινός: see ὀρεινή	
ὀρθός	2
ὀρθρινός	1
ὀρφανός	2
ὅσος	110
ὀστράκινος	2
παθητός	1
παραλυτικός: see 2.7	
πατρικός	1
πεδινός	1
πειθός	1
	61

πέμπτος	4
πεντεκαιδέκατος	1
περισσός	6
πηλίκος	2
πιστικός	2
πιστός	67
πλαστός	1
πλεῖστος	4
πνευματικός	26
πνικτός	3
ποικίλος	10
Ποντικός	1
πόσος	27
ποταπός	7
προβατικός	1
προφητικός	2
πρωϊνός	2
πρῶτος	93/97
πτωχός (also, 2.7)	34
πυκνός	3
πύρινος	1
σαρκικός	7
σάρκινος	4
σεβαστός	3
σεμνός	4
σιτευτός	3
σιτιστός	1
σκοτεινός	3
σκυθρωπός	2
σμαράγδινος	1
σός (also, pron possess)	27
σοφός	20
στενός	3
στυγητός	1
Στωϊκός	1
συνετός	4
συστατικός	1
σωματικός	2
τακτός	1
ταπεινός	8
ταχινός	2
τεσσαρεσκαιδέκατος	2
τέταρτος	10
τοιοῦτος	57
τομός	1
τοσοῦτος	19/20
τρίτος	48/47
τρίχινος	1
τυφλός	50
τυφωνικός	1
ὑακίνθινος	1
ὑάλινος	3
ὑδρωπικός	1
ὑφαντός	1
ὑψηλός	11
ὕψιστος	13
φαῦλος	6
φθαρτός	6
φθινοπωρινός	1
φίλος (also, 2.7)	29
	60

φυσικός	3
φωτεινός	5
χαλεπός	2
χοϊκός	4
χρηστός	7
χωλός	14
ψυχικός	6

2-1,1a 1

ἄλλος	156/157

2-1,2 112

ἅγιος	234/236
ἄγριος	3
Ἀθηναῖος	2
αἴγειος	1
Αἰγύπτιος	5
αἰσχρός	4
ἀκάνθινος	2
ἀκρογωνιαῖος	2
ἀλλότριος	14
ἀναγκαῖος	8
ἄξιος	41
ἀριστερός	4
ἄρτιος	1
ἀρχαῖος	11
ἀστεῖος	2
αὐστηρός	2
αὐχμηρός	1
βέβαιος	9
βίαιος	1
βλαβερός	1
βλητέος	1
γνήσιος	4
γυναικεῖος	1
δεξιός	54
δευτεραῖος	1
δεύτερος	44
δημόσιος	4
δίκαιος	79/80
δόλιος	1
ἑδραῖος	3
ἑκούσιος	1
ἐλαφρός	2
ἐλεύθερος	23
ἐναντίος	8
ἐνεός	1
ἐξώτερος	3
ἐπιτήδειος	1
ἐρυθρός	2
ἐσώτερος (also, prep w/gen)	2
ἕτερος	97/98
ἕτοιμος	17
εὐκοπώτερος	7
εὐλογητός	8
ἐχθρός (also, 2.7)	32
ἡμέτερος (also, pron possess)	8
ἤπιος	2
θαυμάσιος	1
θεῖος	3
	56

ADJS : 2-1,2 *to* 2-1,4 / 2,5 / 3-1,6 *to* 3-1,8

- ἴδιος 113/116
- ἱερός 2
- ἱλαρός 1
- ἰσχυρός 28/29
- καθαρός 26/27
- κόσμιος 2
- κραταιός 1
- κρυφαῖος 2
- λαμπρός 9
- λεῖος 1
- λόγιος 1
- μακάριος 50
- μακρός 4
- μάταιος 6
- μικρός 30
- μυρίος 3
- μωρός 12
- νεκρός 128/130
  - also, 2.7
- νεός 24/23
- νήπιος 14/15
  - also, 2.7
- νηφάλιος 3
- νωθρός 2
- ξηρός 8
- οἷος 14/15
- ὀκνηρός 3
- ὅμοιος 45
- ὅσιος 8
- ὀψίος : see ὀψία (1.2)
- παλαιός 19
- παραθαλάσσιος 1
- παρόμοιος 1
- πατρῷος 3
- πενιχρός 1
- περισσότερος 16
- πικρός 2
- Πισίδιος 1
- πλούσιος 28
- ποῖος 33
- πονηρός 78
- πρεσβύτερος 66
  - also, 2.7
- πρότερος 11/10
- πυρρός 2
- ῥυπαρός 2
- σαπρός 8
- Σιδώνιος 2
- σκληρός 5
- σκολιός 4
- σπουδαῖος 3
- στερεός 4
- ταλαντιαῖος 1
- τέλειος 19
- τεταρταῖος 1
- τίμιος 13
- τοιόσδε 1
- ὑγρός 1
- ὑμέτερος 10
  - also, pron possess
- ὑπεναντίος 2
  - also, 2.7
- ὕστερος 2

57

- φανερός 18
  - also, 2.8
- φοβερός 3
- Χαναναῖος 1
- χλιαρός 1
- χλωρός 4
- ψυχρός 4
- ὡραῖος 4

2-1,3 6

- ἁπλοῦς 2
- διπλοῦς 4
- τετραπλόος 1
- τετράπους :
  - nt pl n as a subst: τετράποδα 3
- χάλκεος 1
- χρύσεος 18

2-1,4 3

- ἀργύρεος 3
- ἀργυροῦς : see ἀργύρεος
- πορφύρεος 4
- σιδήρεος (-οῦς) 5

2,5 274

- ἀγαθοποιός 1
- ἀγενεαλόγητος 1
- ἄγναφος 2
- ἄγνωστος 1
- ἀγράμματος 1
- ἀδάπανος 1
- ἄδηλος 2
- ἀδιάκριτος 1
- ἀδιάλειπτος 2
- ἄδικος 12
- ἀδόκιμος 8
- ἄδολος 1
- ἀδύνατος 10
- ἄζυμος 9
- ἀθέμιτος 2
- ἄθεος 1
- ἄθεσμος 2
- ἀθῷος 2
- ἀΐδιος 2
- αἰφνίδιος 2
- αἰώνιος 70
- ἀκάθαρτος 31
- ἄκακος 2
- ἄκαρπος 7
- ἀκατάγνωστος 1
- ἀκατακάλυπτος 2
- ἀκατάκριτος 2
- ἀκατάλυτος 1
- ἀκατάπαυστος 1
- ἀκατάστατος 2
- ἀκέραιος 3
- ἄκρατος 1
- ἀλάλητος 1
- ἄλαλος 3

50

- ἀλλόφυλος 1
- ἄλογος 3
- ἄλυπος 1
- ἀμάραντος 1
- ἀμάρτυρος 1
- ἁμαρτωλός 47
  - also, 2.7
- ἄμαχος 2
- ἄμεμπτος 5
- ἀμέριμνος 2
- ἀμετάθετος 2
- ἀμετακίνητος 1
- ἀμεταμέλητος 2
- ἀμετανόητος 1
- ἄμετρος 2
- ἀμίαντος 4
- ἀμώμητος 1
- ἄμωμος 8
- ἀναίτιος 2
- ἄναλος 1
- ἀναμάρτητος 1
- ἀναντίρητος 1
- ἀνάξιος 1
- ἀνάπειρος 2
- ἀναπολόγητος 2
- ἀναρίθμητος 1
- ἀνέγκλητος 5
- ἀνεκδιήγητος 1
- ἀνεκλάλητος 1
- ἀνέκλειπτος 1
- ἀνέλεος 1
- ἀνένδεκτος 1
- ἀνεξεραύνητος 1
- ἀνεξίκακος 1
- ἀνεξιχνίαστος 2
- ἀνεπαίσχυντος 1
- ἀνεπίλημπτος 3
- ἀνεύθετος 1
- ἀνήμερος 1
- ἀνθρωπάρεσκος 2
- ἄνιπτος 2
- ἀνόητος 6
- ἄνομος 9/10
- ἀνόσιος 2
- ἀντίτυπος 2
- ἄνυδρος 4
- ἀνυπόκριτος 6
- ἀνυπότακτος 4
- ἀόρατος 5
- ἀπαίδευτος 1
- ἀπαράβατος 1
- ἀπαρασκεύαστος 1
- ἀπείραστος 1
- ἄπειρος 1
- ἀπέραντος 1
- ἀπερίτμητος 1
- ἄπιστος 23
- ἀπόβλητος 1
- ἀπόδεκτος 2
- ἀπόδημος 1
- ἀπόκρυφος 3
- ἀποσυνάγωγος 3
- ἀπρόσιτος 1
- ἀπρόσκοπος 3

63

- ἄπταιστος 1
- ἄραφος 1
- ἄρρητος 1
- ἄρρωστος 5
- ἀρτιγέννητος 1
- ἀρχιερατικός 1
- ἀσάλευτος 2
- ἄσβεστος 3
- ἄσημος 1
- ἄσιτος 1
- ἄσοφος 1
- ἄσπιλος 4
- ἄσπονδος 1
- ἀστήρικτος 2
- ἄστοργος 2
- ἀσύμφωνος 1
- ἀσύνετος 5
- ἀσύνθετος 1
- ἄτακτος 1
- ἄτεκνος 2
- ἄτιμος 4
- ἄτομος 1
- ἄτοπος 4
- αὐθαίρετος 2
- αὐτοκατάκριτος 1
- αὐτόφωρος 1
- ἄφαντος 1
- ἄφθαρτος 7
- ἀφιλάγαθος 1
- ἀφιλάργυρος 2
- ἄφωνος 4
- ἀχάριστος 2
- ἀχειροποίητος 3
- ἀχρεῖος 2
- ἄχρηστος 1
- ἄψυχος 1
- βαρύτιμος 1
- βασίλειος 2
- βέβηλος 5
- βλάσφημος 4
- βρώσιμος 1
- διάβολος 37/39
  - also, 2.7
- διάφορος 4
- διθάλασσος 1
- δίλογος 1
- δίστομος 3
- δίψυχος 2
- δόκιμος 7
- δυσβάστακτος 1
- δυσερμήνευτος 1
- δύσκολος 1
- δυσνόητος 1
- ἔκδηλος 1
- ἔκδοτος 1
- ἔκθαμβος 1
- ἔκθετος 1
- ἔκφοβος 2
- ἔμφοβος 5
- ἔμφυτος 1
- ἔνδικος 2
- ἔνδοξος 4
- ἔνκυος 1
- ἔννομος 2

63

- ἔνοχος 10
- ἔντιμος 5
- ἔντρομος 3
- ἔξυπνος 1
- ἐπάρατος 1
- ἐπάρχειος 1
- ἐπίγειος 7
- ἐπιθανάτιος 1
- ἐπικατάρατος 2
- ἐπίλοιπος 1
- ἐπιούσιος 2
- ἐπιπόθητος 1
- ἐπίσημος 2
- ἐπουράνιος 19
- ἑτερόγλωσσος 1
- εὐάρεστος 9
- εὔθετος 3
- εὔθυμος 1
- εὔκαιρος 2
- εὐμετάδοτος 1
- εὐπερίστατος 1
- εὐπρόσδεκτος 5
- εὐρύχωρος 1
- εὔσημος 1
- εὔσπλαγχνος 2
- εὔφημος 1
- εὐχάριστος 1
- εὔχρηστος 3
- εὐώνυμος 9
- ἐφήμερος 1
- ἤρεμος 1
- ἡσύχιος 2
- θανατηφόρος 1
- θεοδίδακτος 1
- θεομάχος 1
- θεόπνευστος 1
- θρῆσκος 1
- ἱερόθυτος 1
- ἰσάγγελος 1
- ἰσότιμος 1
- ἰσόψυχος 1
- καλοδιδάσκαλος 1
- καρποφόρος 1
- κατάδηλος 1
- καταχθόνιος 1
- κατείδωλος 1
- κενόδοξος 1
- μακροχρόνιος 1
- μεμψίμοιρος 1
- μογιλάλος 1
- μονόφθαλμος 2
- νεόφυτος 1
- οἰκουργός 1
- ὀκταήμερος 1
- ὀλιγόπιστος 5
- ὀλιγόψυχος 1
- ὁλόκληρος 2
- ὁμότεχνος 1
- οὐράνιος 9
- πανοῦργος 1
- παράσημος 1
- παρείσακτος 1
- πάροινος 2
- πατροπαράδοτος 1

64

- περίεργος 2
- περίλυπος 4
- περιούσιος 1
- περίχωρος 9
- πλάνος 5
  - also, 2.7
- πολυποίκιλος 1
- πολύσπλαγχνος 1
- πολύτιμος 3
- ποταμοφόρητος 1
- πρόδηλος 3
- πρόθυμος 3
- πρόσκαιρος 4
- πρόσπεινος 1
- πρόσφατος 1
- πρωτότοκος 8
- σητόβρωτος 1
- σκληροτράχηλος 1
- σκωληκόβρωτος 1
- σύμμορφος : see 2.8
- σύμφορος 2
- σύμφυτος 1
- συνκληρονόμος 4
- συνμέτοχος 2
- σύνσωμος 1
- σύνψυχος 1
- σωτήριος 1
- ταλαίπωρος 2
- τετράγωνος 1
- ὕπανδρος 1
- ὑπέρακμος 1
- ὑπερήφανος 5
- ὑπέρογκος 2
- ὑπήκοος 3
- ὑπόδικος 1
- φιλάγαθος 1
- φιλάδελφος 1
- φίλανδρος 1
- φιλάργυρος 2
- φίλαυτος 1
- φιλήδονος 1
- φιλόθεος 1
- φιλόνεικος 1
- φιλόξενος 3
- φιλόστοργος 1
- φιλότεκνος 1
- φλύαρος 1
- φρόνιμος 14
- χειροποίητος 6
- χρυσοδακτύλιος 1
- ψευδώνυμος 1
- ὠφέλιμος 4

3-1,6 2

- ἅπας 32
- πᾶς 1238/1249

3-1,7 0

none.

3-1,8 2

- ἄκων 1
- ἑκών 2

54

3-1,9 *to* ,12 — 0

none

3-1,13 — 13

βαθύς 4
βαρύς 6
βραδύς 3
βραχύς 7
γλυκύς 4
εὐθύς I 8
θῆλυς 5
ὀξύς 8
πλατύς 1
πραΰς 4
ταχύ as adv 12/18
ταχύς 1
τραχύς 2

3-1,14 & ,15 — 0

none

3-1,16 — 1

μέλας 3

(for μέλαν, see under **3 decl**)

Irr,17 — 1

μέγας 194/245

Irr,18 — 1

πολύς 354/358

3,19 — 11

ἀσχήμων 1
ἄφρων 11
ἐλεήμων 2
ἐπιστήμων 1
μείζων 48
οἰκτίρμων 3
ὁμόφρων 1
πολλαπλασίων 2
σώφρων 4
ταπεινόφρων 1
χείρων 11

3,20 — 1

ἄρσην 9

3,21 — 6

ἀνελεήμων 1
δεισιδαίμων 1
ἐλάσσων 4
ἥσσων 2
κρείσσων 19
or, -ττων
πλείων 55

33

3,22 — 66

ἀβαρής 1
ἀγενής 1
αἰσχροκερδής 2
ἀκλινής 1
ἀκρατής 1
ἀκριβής 1
ἀληθής 26
ἀλλογενής 1
ἀλυσιτελής 1
ἀμαθής 1
ἀνωφελής 2
ἀπειθής 6
ἀσεβής 9
ἀσθενής 25
ἀσφαλής 5
αὐθάδης 2
αὐτάρκης 1
ἀφανής 1
ἀψευδής 1
γραώδης 1
δαιμονιώδης 1
διαυγής 1
διετής 1
διηνεκής 4
διοπετής 1
Διοτρέφης cf; 1
ἐγκρατής 1
εἰλικρινής 2
ἑκατονταετής 1
ἐκτενής 1
ἐμφανής 2
ἐνδεής 1
ἐνεργής 3
ἐπιεικής 5
ἐπισφαλής 1
ἐπιφανής 1
Ἑρμογένης cf; 1
εὐγενής 3
εὐλαβής 4
εὐπειθής 1
εὐσεβής 3
ἡμιθανής 1
θειώδης 1
θεοσεβής 1
θεοστυγής 1
ἱεροπρεπής 1
Ἰωσῆς (2) cf; 3
μεγαλοπρεπής 1
μονογενής 9
ὁλοτελής 1
ὁμοιοπαθής 2
παντελής 2
περικρατής 1
πετρώδης 4
πλήρης 16
ποδήρης cf; 1
as a subst
πολυτελής 3
πρηνής 1

59

προπετής 2
προσφιλής 1
συγγενής 9/10
also, 1.4
συμπαθής 1
Σωσθένης (2) cf; 2
τεσσερα-κονταετής 2
ὑγιής 11/12
ψευδής 3

Adj,23 — 13

ἀμφότεροι 14
δέκα χίλιοι 1
διακόσιοι 8
δισχίλιοι 1
ἑξακόσιοι 2
ἑπτακισχίλιοι 1
πεντακισχίλιοι 6
πεντακόσιοι 2
τετρακισχίλιοι 5
τετρακόσιοι 4
τριακόσιοι 2
τρισχίλιοι 1
χίλιοι 11

Adj,24 — 20

δέκα 22/23
δέκα (κ.) ὀκτώ 3
δεκαπέντε 3
δεκατέσσαρες 5
w/ δεκατέσσαρα
δώδεκα 75/63
ἑβδομήκοντα 5
εἴκοσι 11
ἑκατόν 17/11
ἕνδεκα 6
ἐνενήκοντα ἐννέα 4
ἐννέα 1
ἕξ 13/10
ἑξήκοντα 9
ἑπτά 88/86
ὀγδοήκοντα 2
ὀκτώ 6
πέντε 38/34
πεντήκοντα 7
τεσσεράκοντα 22
τριάκοντα 11

Adj,25 — 3

δύο 136/134
τέσσαρες 41
τρεῖς 68

Adj,26 — 5

εἷς 338/339
μηδείς 88/89
μηθείς 1
οὐδείς 228
οὐθείς 7

48

no desig — 4

ἅρπαξ 5
as an adj
παραυτίκα 1
< adv T
παρεκτός 3
< adv M
also, prep w/ gen
ὑπερλίαν 2
< adv M

Article

(which is an adj)

ὁ, ἡ, τό M: 19734

C-A — 115

ἀγαλλιάω 11
ἀγαπάω 142/143
ἀλοάω 3
ἀμάω 1
ἀναβοάω 1
ἀναγεννάω 2
ἀναζάω spec 2
ἀναπηδάω 1
ἀνασπάω 2
ἀπαντάω 2
ἀπατάω 3
ἀποπλανάω 2
ἀποσπάω 4
ἀποτολμάω 1
ἀριστάω 3
ἀροτριάω 3
ἀφοράω 2
βοάω 12
γελάω 2
γεννάω 96/100
δαπανάω 5
δειλιάω 1
διαπεράω 6
διασπάω 2
διερωτάω 1
διψάω 16
ἐάω 11
εἰσπηδάω 1
ἐκδαπανάομαι 1
pass
ἐκκλάομαι 3
pass
ἐκκολυμβάω 1
ἐκπηδάω 1
ἐλεάω 3
ἐλλογάω 1
ἐμβριμάομαι 5
dep
ἐμπιπλάω 5
and ἐμπίμπλημι
ἐμφυσάω 1
ἐνκαυχάομαι 1
mid dep
ἐντρυφάω 1
ἐξαπατάω 6

46

ἐξεραυνάω 1
ἐπακροάομαι 1
mid or pass
ἐπερωτάω 56
ἐπισπάομαι 1
mid
ἐπιτιμάω 30
ἐραυνάω 6
ἐρωτάω 63
ζάω spec 140
θυμιάω 1
καθοράω 1
καταγελάω 3
κατακαυχάομαι 4
mid dep
κατακλάω 2
καταναρκάω 3
καταντάω 13
καταράομαι 5
mid dep
καταστρηνιάω 1
καταχράομαι 2
pass
καυχάομαι 36
dep
κλάω 14
κοιμάομαι 18
pass
κολλάομαι 12
pass
κολυμβάω 1
κομάω 2
κονιάω 2
κοπιάω 22/23
λακάω 1
or, λακέω
λικμάω 2
μασάομαι ? 1
μελετάω 2
μεριμνάω 19
μοιχάομαι 4
pass dep
μυκάομαι 1
dep
μωμάομαι 2
mid dep
νικάω 28
ξυράομαι 3
mid and pass
ὀδυνάομαι 4
pass
ὁράω in se 114
ὁρμάω 5
πεινάω 23
πειράομαι 1
mid
περισπάομαι 1
pass
πλανάω 39
προαιτιάομαι 1
mid dep
προμελετάω 1
προμεριμνάω 1
προοράω spec 2
προσδαπανάω 1
προσδοκάω 16

49

προσεάω 1
προσκολλάομαι 1
pass
σιγάω 10
σιωπάω 10
σκιρτάω 3
σπάομαι 2
mid
σπαταλάω 2
στρηνιάω 2
συλάω 1
συναντάω 6
συνζάω spec 3
συνθλάομαι 2
pass
συνχράομαι spec 1
mid dep
τελευτάω 11
τιμάω 21
τολμάω 16
τρυγάω 3
τρυφάω 1
ὑπαντάω 10
ὑπερνικάω 1
φρεναπατάω 1
χαλάω 7
χολάω 1
χράομαι spec 11
mid dep
χράω 1
ψηλαφάω 4

C-E — 392

ἀγαθοεργέω 1
ἀγαθοποιέω 9
ἀγαθουργέω 1
ἀγανακτέω 7
ἀγνοέω 22
ἀγραυλέω 1
ἀγρυπνέω 4
ἀδημονέω 3
ἀδικέω 28
ἀδυνατέω impers 2
ἀθετέω 16
ἀθλέω 2
ἀθυμέω 1
αἱμορροέω 1
αἰνέω 8
αἱρέομαι 3
mid
αἰτέω 70
ἀκαιρέομαι 1
pass
ἀκολουθέω 90/91
ἀλληγορέω 1
ἀμελέω 4
ἀναζητέω 3
ἀναζωπυρέω 1
ἀναθεωρέω 2
ἀναιρέω 24
ἀναφωνέω 1
ἀναχωρέω 14
ἀνθομολογέομαι 1
mid

54

VERBS : C-E

ἀνοικοδομέω 2
ἀντικαλέω 1
ἀντιλοιδορέω 1
ἀντιμετρέομαι 1 pass
ἀντλέω 4
ἀντοφθαλμέω 1
ἀπαιτέω 2
ἀπαλγέω 1
ἀπαρνέομαι 11 dep
ἀπειθέω 14
ἀπειλέω 2
ἀπιστέω 8
ἀποδημέω 6
ἀποκυέω 2
ἀπολογέομαι 10 dep
ἀποπλέω 4
ἀπορέω 6
ἀποστερέω 5
ἀποστυγέω 1
ἀποτελέω 2
ἀποχωρέω 3
ἀπωθέομαι 6 mid
ἀργέω 1
ἀριθμέω 3
ἀρκέω spec 8
ἀρνέομαι 33 dep
ἀσεβέω 2
ἀσθενέω 33/36
ἀσκέω 1
ἀστατέω 1
ἀστοχέω 3
ἀσχημονέω 2
ἀτακτέω 1
αὐθεντέω 1
αὐλέω 3
αὐχέω 1
ἀφαιρέω 10
ἀφυστερέω 1
βαρέω 6
βατταλογέω 1
βλασφημέω 34
βοηθέω 8
βραδυπλοέω 1
γαμέω 28
γενεαλογέομαι 1 pass
γεωργέομαι 1 pass
γονυπετέω 4
γρηγορέω 22/23
δειπνέω 4
δέομαι spec 22 dep
δέω 43
δημηγορέω 1
διαγρηγορέω 1
διαιρέω spec 2
διακονέω 37
διαλαλέω 2

56

διαπλέω spec 1
διαπονέομαι 2 pass
διαπορέω 4
διασαφέω 2
διατελέω spec 1
διατηρέω 2
διενθυμέομαι 1 mid or pass
διηγέομαι 8 dep
διχοτομέω 2
δοκέω 62/63
δουλαγωγέω 1
δυνατέω 3
δυσφημέω 1
δωρέομαι 3 mid
ἐγκαλέω 7
εἰρηνοποιέω 1
εἰσκαλέομαι 1 mid
ἐκδημέω 3
ἐκδιηγέομαι 2 dep ?
ἐκδικέω 6
ἐκζητέω 7
ἐκθαμβέομαι 4 pass
ἐκκεντέω 2
ἐκλαλέω 1
ἐκπλέω spec 3
ἐκπνέω spec 3
ἐκτελέω spec 2
ἐκφοβέω 1
ἐκχέω 16
ἐκχωρέω 1
ἐλαττονέω 1
ἐλεέω 31
ἐλλογέω 1
ἐμέω 1
ἐνδημέω 3
ἐνειλέω 1
ἐνεργέω 21
ἐνευλογέομαι 2 pass
ἐνθυμέομαι 2 dep
ἐνκακέω 6
ἐνκατοικέω 1
ἐνοικέω 6
ἐνοχλέω 2
ἐνπεριπατέω 1
ἐνπνέω spec 1
ἐξαιρέω spec 8
ἐξαιτέομαι 1 mid
ἐξακολουθέω 3
ἐξαπορέομαι 2 pass dep
ἐξηγέομαι 6 mid dep
ἐξηχέομαι 1 mid dep

51

ἐξομολογέω 10
ἐξουδενέω 1
ἐξουθενέω 11
ἐξωθέω 2
ἐπαινέω spec 6
ἐπαιτέω 2
ἐπακολουθέω 4
ἐπαρκέω spec 3
ἐπιβαρέω 3
ἐπιδημέω 2
ἐπιζητέω 13
ἐπιθυμέω 16
ἐπικαλέω 30
ἐπιμαρτυρέω 1
ἐπιμελέομαι 3 pass dep
ἐπιορκέω 1
ἐπιποθέω 9
ἐπισκοπέω 1
ἐπιτελέω 10
ἐπιφωνέω 4
ἐπιχειρέω 3
ἐπιχέω spec 1
ἐπιχορηγέω 5
ἐποικοδομέω 7
ἑτεροδιδασκαλέω 2
ἑτεροζυγέω 1
εὐαρεστέω 3
εὐδοκέω 21
εὐεργετέω 1
εὐθυδρομέω 2
εὐθυμέω 3
εὐκαιρέω 3
εὐλαβέομαι 1 pass dep
εὐλογέω 41
εὐνοέω 1
εὐπορέομαι 1 mid
εὐπροσωπέω 1
εὐσεβέω 2
εὐφορέω 1
εὐχαριστέω 38
εὐψυχέω 1
ζέω 2
ζητέω 117
ζωγρέω 2
ζωογονέω 3
ζωοποιέω 11
ἠχέω 1
θαμβέομαι 3 pass
θαρρέω 6
θαρσέω 7
θεωρέω 57
θηριομαχέω 1
θορυβέω 4
θρηνέω 4
θροέομαι 3 pass
θυμομαχέω 1
ἱεροσυλέω 1
ἱερουργέω 1
ἱστορέω 1

59

καθαιρέω spec 9
κακολογέω 4
κακοπαθέω 3
κακοποιέω 4
κακουχέομαι 2 pass
καλέω 148/146
καλοποιέω 1
καρποφορέω 8
καρτερέω 1
καταβαρέω 1
καταδέω spec 1
κατακληρονομέω 1
κατακολουθέω 2
καταλαλέω 5
καταμαρτυρέω 3
κατανοέω 14
καταπατέω 5
καταπλέω spec 1
καταπονέομαι 2 pass
καταργέω 27
καταριθμέω 1
κατασκοπέω 1
καταφιλέω 6
καταφρονέω 9
καταχέω spec 2
κατευλογέω 1
κατηγορέω 23
κατηχέω 8
κατοικέω 44
κινέω 8
κληρονομέω 18
κοινωνέω 8
κοσμέω 10
κρατέω 47
λακέω 1 or, λακάω
λαλέω 298/299
λατομέω 2
λειτουργέω 3
λιθοβολέω 7
λογομαχέω 1
λοιδορέω 4
λυπέω 26
λυσιτελεῖ impers 1
μακροθυμέω 10
μαρτυρέω 76
μετακαλέομαι 4 mid
μετακινέω (mid) 1
μετανοέω 34
μετρέω 11
μετριοπαθέω 1
μιμέομαι 4 mid dep
μισέω 39/40
μοσχοποιέω 1
μυέομαι 1 pass
ναυαγέω 2
νοέω 14
νομοθετέομαι 2 pass
νοσέω 1

58

νουθετέω 8
ξενοδοχέω 1
ὁδηγέω 5
ὁδοιπορέω 1
οἰκέω 8
οἰκοδεσποτέω 1
οἰκοδομέω 40
οἰκονομέω 1
ὀκνέω 1
ὀλιγωρέω 1
ὁμιλέω 4
ὁμολογέω 26
ὀρθοποδέω 1
ὀρθοτομέω 1
ὀρχέομαι 4 mid dep
ὀχλέομαι 1 pass
ὀχλοποιέω 1
παραθεωρέομαι 1 pass
παραινέω 2
παραιτέομαι 12 mid dep
παρακαλέω 109
παρακολουθέω 4
παραμυθέομαι 4 mid dep
παρανομέω 1
παραπλέω spec 1
παραρέω spec 1
παρατηρέω 6
παραφρονέω 1
παρενοχλέω 1
παροικέω 2
πατέω 5
πειθαρχέω 4
πενθέω 10
περιαιρέω spec 4
περιδέομαι 1 pass
περιοικέω 1
περιπατέω 95
περιποιέομαι 3 mid
περιφρονέω 1
πλεονεκτέω 5
πλέω spec 6
πληροφορέω 6
πλουτέω 12
πνέω 7
ποιέω 565/568
πολεμέω 7
πορθέω 3
προαιρέομαι 1 mid
προηγέομαι 1 mid dep
προκαλέομαι 1 mid
προνοέω 3
προσαιτέω 1
προσαπειλέομαι 1 mid

53

προσδέομαι 1 pass dep
προσκαλέομαι 29 mid
προσκαρτερέω 10
προσκυνέω 59/60
προσλαλέω 2
προσποιέομαι 1 mid
προσφωνέω 7
προσωπολημπτέω 1
προχειροτονέω 1
πτοέομαι 2 pass
πωλέω 22
ῥέω spec 1
ῥιπτέω 8 and, ῥίπτω
σκοπέω 6
στενοχωρέομαι 3 pass
στοιχέω 5
στρατολογέω 1
συκοφαντέω 2
συλαγωγέω 1
συμφωνέω 6
συναθλέω 2
συνακολουθέω 3
συναρμολογέομαι 2 pass
συνδέομαι 1 pass
συνεπιμαρτυρέω 1
συνεργέω 5
συνευδοκέω 6
συνευωχέομαι 2 pass
συνζητέω 10
συνζωοποιέω 2
συνκακοπαθέω 2
συνκακουχέομαι ? 1
συνκαλέω 8
συνκινέω (pass) 1
συνκοινωνέω 3
συνλαλέω 6
συνλυπέομαι 1 pass
συνμαρτυρέω 3
συνοικέω 1
συνοικοδομέω 1 (pass)
συνομιλέω 1
συνομορέω 1
συνπαθέω 2
συνπαρακαλέομαι 1 pass
συνστοιχέω 1
συντελέω 6
συντηρέω 3
συνυπουργέω 1
συνχέω 1
σωφρονέω 6
ταλαιπωρέω 1
τεκνογονέω 1
τεκνοτροφέω 1

53

VERBS: C-E / C-O / D

τελεσφορέω 1
τελέω 28
τετρααρχέω 3
τηρέω 71
τιμωρέω 2
τροποφορέω 1
ὑδροποτέω 1
ὑμνέω 4
ὑπερφρονέω 1
ὑπερετέω 3
ὑποδέομαι 3
mid
ὑπονοέω 3
ὑποπλέω spec 2
ὑποπνέω spec 1
ὑποχωρέω 2
ὑστερέω 16
ὑψηλοφρονέω 1
φθονέω 1
φιλέω 25
φιλοτιμέομαι 3
dep
φλυαρέω 1
φοβέομαι 95
pass dep
φορέω 6
φρονέω 26
φρουρέω 4
φωνέω 42/43
χαλιναγωγέω 2
χειραγωγέω 2
χειροτονέω 2
χορηγέω 2
χρονοτριβέω 1
χωρέω 10
ψευδομαρτυρέω 5
ὠφελέω 15

C-O 112

ἀκριβόω 2
ἀκυρόω 3
ἀνακαινόω (pass) 2
ἀνακεφαλαιόομαι 2
mid and pass
ἀνανεόομαι 1
mid
ἀναπληρόω 6
ἀναστατόω 3
ἀνασταυρόω 1
ἀνορθόω 3
ἀνταναπληρόω 1
ἀξιόω 7
ἀπαλλοτριόομαι 3
pass
ἀποδεκατόω 3
ἀφομοιόομαι 1
pass
ἀφυπνόω 1
ἀχρεόομαι 1
pass
βεβαιόω 8
βεβηλόω 2
βιόω 1
δεκατόω 2
δηλόω 7

55

διαβεβαιόομαι 2
mid dep
δικαιόω 39
διπλόω 1
δολιόω 1
δολόω 1
δουλόω 8
δυναμόω 2
ἐγκομβόομαι 1
mid
ἐκπληρόω 1
ἐκριζόω 4
ἐλαττόω 3
ἐλευθερόω 7
ἑλκόομαι 1
pass
ἐνδυναμόω 7
ἐντυπόω 1
ἐπιδιορθόω 1
ἐπισκηνόω 1
ἐρημόω (pass) 5
εὐοδόομαι 4
pass
ζηλόω 11
ζημιόω (pass) 6
ζυμόω 4
θανατόω 11
θεμελιόω 5
θυμόομαι 1
pass
ἱκανόω 2
κακόω 6
καταδουλόω 2
καταξιόομαι 3
pass
κατασκηνόω 4
κατιόομαι 1
pass
καυσόομαι 2
pass
κενόω 5
κεφαλιόω 1
κημόω 1
κληρόομαι 1
pass
κοινόω 14
κολοβόω 4
κραταιόομαι 4
pass
κυκλόω 4
κυρόω 2
λυτρόομαι 3
mid and pass
μαστιγόω 7
ματαιόομαι 1
pass
μεσόω 1
μεστόομαι 1
pass
μεταμορφόομαι 4
pass
μισθόομαι 2
mid
μονόομαι 1
pass

49

μορφόομαι 1
pass
νεκρόω 3
ὁμοιόω 15
παλαιόω 4
παραζηλόω 4
περικυκλόω (mid) 1
πιστόομαι 1
pass
πληρόω 86/87
προκυρόομαι 1
pass
προσαναπληρόω 2
προσηλόω 1
προσκληρόομαι 1
pass
πυρόομαι 6
pass
πωρόω 5
ῥιζόομαι 2
pass
σαρόω 3
σημειόομαι 1
mid
σθενόω 1
σκηνόω 5
σκοτόομαι 3
pass
σπαργανόω 2
σπιλόω 2
σταυρόω 46
στερεόω 3
στεφανόω 3
στρεβλόω 1
συμπληρόω 3
συσταυρόομαι 5
pass
ταπεινόω 14
ταρταρόω 1
τελειόω 23
τεφρόω 1
τυφλόω 3
τυφόομαι 3
pass
ὑπερυψόω 1
ὑψόω 20
φανερόω 49
φιμόω 7
φραγελλόω 2
φυσιόω 7
χαριτόω 2
χρυσόω 2

D 273

ἁγιάζω 29/28
ἁγνίζω 7
ἀγοράζω 30
ἀγωνίζομαι 8
mid
ᾄδω 5
ἀθροίζω 1
αἱρετίζω 1
αἰχμαλωτίζω 4

50

ἀκμάζω 1
ἀλαλάζω 2
ἀλήθω ? 2
ἁλίζω 2
ἀμφιάζω 1
ἀναβιβάζω 1
ἀναγκάζω 9
ἀναθεματιζω 4
ἀνακαινίζω 1
ἀναλογίζομαι 1
dep
ἀναπείθω 1
ἀνασκευάζω 1
ἀνδρίζομαι 1
mid
ἀνεμίζομαι 1
pass
ἀνετάζω 2
ἀνταγωνίζομαι 1
dep ?
ἀπασπάζομαι 1
mid ?
ἀπελπίζω 1
ἀποδιορίζω 1
ἀποδοκιμάζω 9
ἀποθησαυρίζω 1
ἀποκεφαλίζω 4
ἀπορφανίζω 1
ἀποστοματίζω 1
ἀποφορτίζομαι 1
dep?
ἀποχωρίζομαι 2
pass
ἁρμόζομαι 1
mid
ἀσπάζομαι 59
dep
ἀσφαλίζω 4
ἀτενίζω 14
ἀτιμάζω 7
αὐγάζω 1
αὐλίζομαι 2
pass
ἀφανίζω 5
ἀφορίζω 10
ἀφρίζω 2
βαπτίζω 76
βασανίζω 12
βαστάζω 27
βιάζομαι 2
mid dep
βολίζω 2
βυθίζω 2
γαμίζω 7
γεμίζω 9
γνωρίζω 26
γογγύζω 8
γυμνάζω 4
δαιμονίζομαι 13
dep
δαμάζω 4
δανίζω 4
δειγματίζω 2
δελεάζω 3

52

διαγογγύζω 2
διαλογίζομαι 16
mid dep
διαμερίζω 11
διασκορπίζω 9
διαυγάζω 1
διαφημίζω 3
διαχειρίζομαι 2
mid
διαχλευάζω 1
διαχωρίζομαι 1
pass
διϊσχυρίζομαι 2
pass or mid
διστάζω 2
διϋλίζω 1
διχάζω 1
δογματίζομαι 1
pass
δοκιμάζω 22
δοξάζω 60/61
ἐγγίζω 42
ἐδαφίζω spec 1
ἐθίζω 1
εἰώθα cf; 4
ἐκθαυμάζω 1
ἐκκομίζομαι 1
pass
ἐκμυκτηρίζω 2
ἐκπειράζω 4
ἐλπίζω 31
ἐμβιβάζω 1
ἐμπρήθω:
see ἐμπίπρημι
ἐμφανίζω 10
ἐναγκαλίζομαι 2
dep
ἐνδοξάζομαι 2
pass
ἐνκαινίζω 2
ἐνκεντρίζω 6
ἐνορκίζω 1
ἐνταφιάζω 2
ἐνυβρίζω 1
ἐνυπνιάζομαι 2
dep
ἐνωτίζομαι 1
dep ?
ἐξαγοράζω 4
ἐξαρτίζω 2
ἐξετάζω 3
ἐξορκίζω 1
ἐξουσιάζω 4
ἐξυπνίζω 1
ἑορτάζω 1
ἐπαγωνίζομαι 1
dep?
ἐπαθροίζομαι 1
pass
ἐπαφρίζω 1
ἐπηρεάζω 2
ἐπιβιβάζω 3
ἐπισκευάζομαι 1
mid

49

ἐπισκιάζω 5
ἐπιστηρίζω 3
ἐπιστομίζω 1
ἐπονομάζομαι 1
pass
ἐρεθίζω 2
ἐρείδω 1
ἐρίζω 1
ἑτοιμάζω 41
εὐαγγελίζομαι 54
mid
εὐνουχίζω 2
ἡσυχάζω 5
θαυμάζω 42/43
θεατρίζομαι 1
pass
θερίζω 21
θηλάζω 5
θησαυρίζω 8
θορυβάζω (pass) 1
ἱματίζομαι 2
pass
ἰουδαΐζω 1
καθέζομαι 2
?
καθοπλίζομαι 1
pass
καταγωνίζομαι 1
mid dep
καταδικάζω 5
καταθεματίζω 1
κατακλύζω 1
pass
κατακρημνίζω 1
καταλιθάζω 1
καταποντίζομαι 2
pass
καταρτίζω 13
κατασκευάζω 11
κατασκιάζω 1
κατασοφίζομαι 1
mid dep
κατασφάζω 1
κατασφραγίζω 1
κατεξουσιάζω 2
κατοικίζω 1
κατοπτρίζομαι 1
mid
καυματίζω 4
καυστηριάζομαι 1
pass
κιθαρίζω 2
κλυδωνίζομαι 1
pass ?
κνήθομαι 1
mid
κολάζω 2
κολαφίζω 5
κομίζω 11/12
κοπάζω 3
κουφίζω 1
κραυγάζω 9
κρυσταλλίζω 1
κτίζω 15

50

VERBS : D / D Irr / G / G in pr / G-I

λακτίζω 1
λιθάζω 9
λογίζομαι 40/41 dep
μακαρίζω spec 2
μαστίζω 1
μερίζω 14
μετασχηματίζω 5
μετεωρίζομαι 1 pass
μετοικίζω 2
μυκτηρίζομαι 1 pass
μυρίζω 1
μυωπάζω 1
νήθω 2
νηπιάζω 1
νομίζω 15/16
νοσφίζομαι 3 mid
νυστάζω 2
ξενίζω 10
ὄζω ? 1
ὀλολύζω ? 1
ὀνειδίζω 9/10
ὀνομάζω 9/10
ὁπλίζομαι 1 mid
ὀργίζομαι 8 pass
ὀρθρίζω 1
ὁρίζω 8
ὁρκίζω 2
παραβιάζομαι 2 mid dep
παραδειγματίζω 1
παρακαθέζομαι 1 mid dep
παραλογίζομαι 2 mid dep
παρασκευάζω 4
παραχειμάζω 4
παρομοιάζω 1
παροργίζω 2
παρρησιάζομαι 9 mid dep
πειράζω 39
πελεκίζομαι 1 pass
πιάζω 12
πιέζω (pass) 1
πλεονάζω 9
πλουτίζω 3
ποτίζω 15
πρίζω 1
προβιβάζω 1
προελπίζω 1
προετοιμάζω 2
προευαγγελίζομαι 1 dep
προκαταρτίζω 1
προορίζω 6
προσορμίζομαι 1 pass

51

προσοχθίζω 2
προχειρίζομαι 3 mid dep
πυρράζω 2
ῥαβδίζω 2
ῥαντίζω 5
ῥαπίζω 2
ῥιπίζομαι 1 pass
σαλπίζω 12
σεβάζομαι 1 dep
σεληνιάζομαι 2 pass
σινιάζω 1
σκανδαλίζω 29/30
σκορπίζω 5
σκοτίζομαι 5 pass
σμυρνίζω 1
σοφίζω 2
σπένδομαι 2 pass
σπεύδω 6
σπλαγχνίζομαι 12 dep
σπουδάζω 11
στηρίζω 14
στυγνάζω 2
συλλογίζομαι 1 mid
συμμορφίζομαι 1 mid
συμψηφίζω 1
συναγωνίζομαι 1 mid dep
συναθροίζω 2
συναλίζομαι 1 pass
συνβιβάζω 7
συνδοξάζομαι 1 pass
συνκαταψηφί-ζομαι pass 1
συνκομίζω 1 (pass)
συνμερίζομαι 1 mid
συνσχηματί-ζομαι pass 2
σφάζω 10
σφραγίζω 15
σχίζω 11
σχολάζω 2
σωφρονίζω 1
τραυματίζω 2
τραχηλίζομαι 1 pass
τρίζω 1
τυμπανίζω 1 pass
ὑβρίζω 5
ὑπερπλεονάζω 1
ὑπωπιάζω 2

46

φαντάζομαι 1 pass
φλογίζω 2
φορτίζω 2
φράζω 1
φροντίζω 1
φυλακίζω 1
φωτίζω 11
χαρίζομαι 23 mid dep and pass
χειμάζομαι pass 1
χλευάζω 1
χορτάζω 15
χρήζω ? 5
χρηματίζω 9
χρονίζω 5
χωρίζω 13
ψηφίζω 2
ψωμίζω 2

D Irr 26

ἀνακαθίζω 2
ἀναπίπτω 12
ἀντιπίπτω 1
ἀποπίπτω 1
διακαθαρίζω 1
διασώζω 8
ἐκπίπτω 10
ἐμπίπτω 7
ἐπικαθίζω 1
ἐπιπίπτω 11
ἐργάζομαι 41 dep
καθαρίζω 31
καθεύδω 22
καθίζω 46
καταπίπτω 3
κατεργάζομαι 22 dep
παραπίπτω 1
πείθω 52/53
περιεργάζομαι 1 mid dep
περιπίπτω 3
πίπτω 90
προσεργάζομαι 1 dep
προσπίπτω 8
συνκαθίζω 2
συνπίπτω 1
σώζω 106/108

G 95

ἄγω 67
ἀνάγω 23
ἀναδέχομαι 2 dep

46

ἀναψύχω 1
ἀνέχομαι 15 mid
ἀνήκω 3
ἀνοίγω 78
ἀντέχομαι 4 mid
ἀπάγω 15/17
ἀπεκδέχομαι 8 mid dep
ἀπέχομαι 6 mid
ἀπέχω 13 or 19
ἀποπνίγω 3
ἀποφεύγω 3
ἀποψύχω 1
ἄρχω 86
βρέχω 7
βρύχω 1
δέχομαι 56 dep
διάγω 2
διαδέχομαι 1 dep
διακατελέγχομαι 1 mid or pass
διαμάχομαι 1 mid or pass
διανοίγω 8
διαφεύγω 1
διώκω 45/46
εἴκω 1
εἰσάγω 11
εἰσδέχομαι 1 dep
ἐκδέχομαι 6 dep
ἐκδιώκω 1
ἐκλέγομαι 22 mid
ἐκφεύγω 8
ἐκψύχω 3
ἐλέγχω 17/18
ἐμπλέκομαι 2 pass
ἐνάρχομαι 2 dep
ἐνδέχεται 1 dep impers
ἐνέχω 3
ἐξάγω 12
ἐξέλκομαι 1 pass
ἐπάγω 3
ἐπανάγω 3
ἐπέχω 5
ἐπιδέχομαι 2 dep
ἐπιλέγομαι 2 mid and pass
ἐπιλείχω 1
ἐπισυνάγω 8
ἐρεύγομαι 1 dep ?

46

ἔχω 708
ἥκω pf-pr 25/26
κατάγω 9
καταδιώκω 1
καταλέγομαι 1 pass
καταφεύγω 2
καταψύχω 1
κατέχω 17/18
μετάγω 2
μετέχω 8
ὀρέγομαι 3 mid
παράγω 10
παραδέχομαι 6 dep
παραλέγομαι 2
—
παρεισάγω 1
παρέχω 16
περιάγω 6
περιέχω 2
πλέκω 3
πνίγω 2
προάγω 20
προενάρχομαι 2 dep
προέρχομαι 1 mid or pass
προσάγω 5
προσδέχομαι 14 mid dep
προσέχω 24
προϋπάρχω 2
στέγω 4
στήκω 11
συλλέγω 8
συνάγω 59
συναπάγομαι 3 pass
συνέχω 12
συνπνίγω 5
τήκομαι 1 pass
τίκτω √τεκ 18
τρώγω 6
ὑπάγω 79
ὑπάρχω 60
ὑπείκω 1
ὑπερέχω 5
ὑπέχω 1
ὑποδέχομαι 4 mid dep
φεύγω 29/31
ψύχομαι 1 pass
ψώχω 1

G in pr 32

ἀνέρχομαι 3 dep
ἀντιλέγω 9
ἀντιπαρέρχομαι 2 act !

49

ἀπέρχομαι 116/118 dep
διαλέγομαι 13 mid and pass
διέρχομαι 41 dep
εἰσέρχομαι 192/196 dep
εἰστρέχω 1
ἐξέρχομαι 217/222 dep
ἐπανέρχομαι 2 dep
ἐπεισέρχομαι 1 dep
ἐπέρχομαι 9 dep
ἐπισυντρέχω 1
ἔρχομαι 633/635 dep
κατατρέχω 1
κατέρχομαι 15/16 dep
λέγω 1322
παρεισέρχομαι 2 mid dep
παρέρχομαι 29/30 dep
περιέρχομαι 4 dep
περιτρέχω 1
προέρχομαι 9/10 dep
προλέγω 3
προσέρχομαι 87 dep
προσεύχομαι 86/87 mid dep
προστρέχω 3
προτρέχω 2
συνεισέρχομαι 2 dep
συνέρχομαι 30/32 dep
συντρέχω 3
τρέχω 19/20
ὑποτρέχω 1

G-I 56

ἀνακράζω 5
ἀναστενάζω 1
ἀνατάσσομαι mid 1
ἀντιτάσσομαι 5 mid
ἀπομάσσομαι mid 1
ἀποστεγάζω 1
ἀποτάσσομαι 6 mid
ἀποτινάσσω 2
ἁρπάζω 14
βδελύσσομαι 2 pass
διαρπάζω 3
διαρ(ρ)ήσσω 5

41

VERBS : G-I / L / LB / N

διαταράσσομαι	1
pass	
διατάσσω	16
διαφυλάσσω	1
διορύσσω	4
δράσσομαι	1
dep?	
ἐκμάσσω	5
ἐκπλήσσομαι	13
pass	
ἐκταράσσω	1
ἐκτινάσσω	4
ἑλίσσω	2
ἐμπαίζω	13
ἐντυλίσσω	3
ἐξορύσσω	2
ἐπιδιατάσσομαι	1
dep?	
ἐπιπλήσσω	1
ἐπιτάσσω	10
κατανύσσομαι	1
pass	
κηρύσσω	61
κράζω	55
νύσσω	1
ὀρύσσω	3
παίζω	1
πατάσσω	10
πλάσσω	2
πλήσσω	1
πράσσω	39
προκηρύσσω	1
προστάσσω	7
πτύσσω	1
πυρέσσω	2
ῥήσσω	7
and ῥήγνυμι	
σπαράσσω	3
στενάζω	6
συναρπάζω	4
συστενάζω	1
συντάσσω	3
συσπαράσσω	2
ταράσσω	17/18
τάσσω	8/10
ὑποτάσσω	38/39
φράσσω	3
φρίσσω	1
φρυάσσω	1
φυλάσσω	31

L 97

ἀγγέλλω	1
αἴρω	101
ἀλείφω	9
ἀμφιβάλλω	1
ἀναβάλλομαι	1
mid	
ἀναγγέλλω	13
ἀναθάλλω	1
ἀνατέλλω	9
ἀναφέρω	9/10
ἀντιβάλλω	1
	54

ἀπαγγέλλω	46
ἀπαίρομαι	3
pass	
ἀποβάλλω	2
ἀποστέλλω	131
ἀποφέρω	6
βάλλω	123/122
βούλομαι dep	37
δέρω	15
διαβάλλω	1
διαγγέλλω	3
διακαθαίρω	1
διασπείρω	3
διαστέλλομαι	7
mid	
διαφέρω	13
διαφθείρω	6
διεγείρω	6
ἐγείρω	143/144
εἰσφέρω	8
ἐκβάλλω	81
ἐκκαθαίρω	2
ἐκφέρω	8
ἐμβάλλω	1
ἐντέλλομαι	15/16
mid dep	
ἐξαγγέλλω	1
ἐξαίρω	1
ἐξανατέλλω	2
ἐξαποστέλλω	13
ἐξεγείρω	2
ἐπαγγέλλομαι	15
mid	
ἐπαίρω	19
ἐπεγείρω	2
ἐπιβάλλω	18
ἐπικέλλω	1
ἐπιλείπω	1
ἐπισπείρω	1
ἐπιστέλλω	3
ἐπιφέρω	2
θέλω	207/209
καθαίρω	1
καταβάλλω	2
καταγγέλλω	18
καταστέλλω	2
κατασύρω	1
καταφέρω	4
καταφθείρω	1
(pass)	
κείρω	4
μέλλω	110
μεταβάλλομαι	1
mid	
μεταίρω	2
οἰκτείρω	2
ὀφείλω	35
παραβάλλω	1
παραγγέλλω	30/31
παραφέρω	4
παρεισφέρω	1
παρεμβάλλω	1
περιβάλλω	23
περιπείρω	1
	58

περιφέρω	3
προβάλλω	2
προεπαγγέλλομαι	2
mid and pass	
προκαταγγέλλω	2
προσοφείλω ?	1
προσφέρω	46
προφέρω	2
πτύρομαι	1
pass	
σκύλλω	4
σπείρω	52
στέλλομαι	2
mid	
συμφέρω	15
συναίρω	3
συναποστέλλω	1
συνβάλλω	6
συνεγείρω	3
συνστέλλω	2
συνχαίρω	7
σύρω	5
τίλλω	3
ὑπεραίρομαι	3
mid and pass	
ὑπερβάλλω	5
ὑποβάλλω	1
ὑποστέλλω	4
ὑποφέρω	3
φέρω	68
φθείρω	9
χαίρω	74
ψάλλω	5

LB 118

ἀναβλέπω	25
ἀνακαλύπτω	2
ἀνακάμπτω	4
ἀνακύπτω	4
ἀνανήφω	1
ἀναπέμπω	5
ἀνάπτω	2
ἀναστρέφω	9/10
ἀνατρέπω	3
ἀνατρέφω	3
ἀποβλέπω	1
ἀπογράφομαι	4
mid and pass	
ἀποθλίβω	1
ἀποκαλύπτω	26
ἀποκόπτω	6
ἀποκρύπτω	4
ἀπολείπω	7
ἀπονίπτω	1
ἀπορίπτω	1
ἀποστρέφω	9
ἀποτρέπομαι	1
mid	
ἅπτομαι	35
mid dep	
ἅπτω	4
ἀστράπτω	2
βάπτω	4
	54

βλάπτω	2
βλέπω	132/133
γράφω	191/190
διαβλέπω	3
διαλείπω	1
διαστρέφω	7
διατρίβω	9/10
ἐγκαταλείπω	10
ἐγκρύπτω	1
ἐκκόπτω	10
ἐκλάμπω	1
ἐκλείπω	4
ἐκνήφω	1
ἐκπέμπω	2
ἐκστρέφομαι	1
pass	
ἐκτρέπομαι	5
pass	
ἐκτρέφω	2
ἐμβάπτω	2
ἐμβλέπω	11
ἐνγράφομαι	3
pass	
ἐνκόπτω	5
ἐντρέπω	9
ἐντρέφομαι	1
pass	
ἐξαλείφω	5
ἐξαστράπτω	1
ἐπιβλέπω	3
ἐπιγράφω	5
ἐπικαλύπτω	1
ἐπιράπτω	1
ἐπιρίπτω	2
ἐπιστρέφω	36
ἐπιτρέπω	18
θάλπω	2
θάπτω	11
θλίβω	10
καθάπτω	1
καλύπτω	8
κάμπτω	4
καταγράφω	1
κατακαλύπτομαι	3
mid	
κατακόπτω	1
κατακύπτω	1
καταλείπω	24
κατασκάπτω	1
καταστρέφω	3
κλέπτω	13
κόπτω	8
κρύπτω	19
κύπτω	2
λάμπω	7
λείπω	6
μεταπέμπω	9
μεταστρέφω	2
μετατρέπω	1
(pass)	
νήφω	6
νίπτω	17
παρακαλύπτομαι	1
pass	
	57

παρακύπτω	4
πέμπω	79
περιάπτω	1
περιαστράπτω	2
περιβλέπομαι	7
mid	
περικαλύπτω	3
περικρύπτω	1
(mid)	
περιλάμπω	2
περιλείπομαι	2
pass	
περιτρέπω	1
προβλέπομαι	1
mid	
προγράφω	4
προκόπτω	6
προπέμπω	9
προσκόπτω	8
προτρέπομαι	1
mid	
ῥίπτω	8
and ῥιπτέω	
σέβομαι	10
dep	
σήπω	1
(pass)	
σκάπτω	3
στίλβω	1
στρέφω	21
συνθάπτομαι	2
pass	
συνθλίβω	2
συνθρύπτω	1
συνκαλύπτω	1
συνκάμπτω	1
συνκύπτω	1
συνπέμπω	2
συντρίβω	7
συστρέφω	2
τρέφω	9
τύπτω	13
τύφομαι	1
pass	
ὑπολείπομαι	1
pass	
ὑποστρέφω	35/36

N 81

αἰσχύνομαι	5
mid and pass	
ἀμύνομαι	1
mid	
ἀνακλίνω	6
ἀνακρίνω	16
ἀναμένω	1
ἀναφαίνω	2
ἀνταποκρίνομαι	2
dep	
ἀπελαύνω	1
ἀποκρίνομαι	231/234
dep	
ἀποκτείνω	74
	46

ἀπονέμω	1
ἀποτίνω	1
βαθύνω	1
βασκαίνω	1
βραδύνω	2
γέμω	11
διακρίνω	19
διαμένω	5
διανέμομαι	1
pass	
ἐκκλίνω	3
ἐκτείνω	16
ἐκχύννομαι	11
pass	
ἐμμένω	4
ἐνκρίνω	1
ἐπεκτείνομαι	1
mid	
ἐπικρίνω	1
ἐπιμένω	16/17
ἐπιφαίνω	4
εὐθύνω	2
εὐφραίνω	14
θερμαίνομαι	6
mid	
καταβαρύνω	1
καταισχύνω	13
κατακλίνω	5
κατακρίνω	18
καταμένω	2
κατευθύνω	3
κερδαίνω	17
κλίνω	7
κρίνω	114/115
λευκαίνω	2
λυμαίνομαι	1
mid dep	
μαραίνομαι	1
pass	
μεγαλύνω	8
μένω	118/120
μηκύνομαι	1
pass	
μιαίνω	5
μολύνω	3
μωραίνω	4
ξηραίνω	15
παραμένω	3
παρατείνω	1
παροξύνομαι	2
pass	
παροτρύνω	1
παχύνομαι	2
pass	
περιμένω	1
πικραίνω	4
πλατύνω	3
πληθύνω	12
πλύνω	3
ποιμαίνω	11
προσκλίνομαι	1
pass	
προσμένω	7
προτείνω	1
	54

VERBS : N / +αν / +αν+ / κει / +ν / +ν+ / -νε- / +νυ / +(ι)σκ / ω

σαίνομαι 1
pass
σημαίνω 6
σκληρύνω 6
συνκρίνω 3
συνυποκρίνομαι 1
dep
συνχύννω 4
συνωδίνω 1
τίνω 1
τρέμω 3
ὑπερεκτείνω 1
ὑπερεκχύννομαι 1
pass
ὑποκρίνομαι 1
pass
ὑπολιμπάνω ? 1
ὑπομένω 17
ὑφαίνω 1
φαίνω 31
ὠδίνω 3

+αν 10

αἰσθάνομαι 1
dep
ἁμαρτάνω 43
ἀποκαθιστάνω 8
and ἀποκαθίστημι
αὐξάνω 22/23
βλαστάνω 4
μεθιστάνω 5
and μεθίστημι
προαμαρτάνω 2
συναυξάνομαι 1
pass
συνιστάνω 16
and συνίστημι
ὑπεραυξάνω 1

+αν+ 28

ἀναλαμβάνω 13
ἀντιλαμβάνομαι 3
mid
ἀπολαμβάνω 9
ἐκλανθάνομαι 1
mid
ἐντυγχάνω 5
ἐπιλαμβάνομαι 19
mid
ἐπιλανθάνομαι 8
mid
ἐπιτυγχάνω 5
θιγγάνω 3
καταλαμβάνω 15/16
καταμανθάνω 1
λαγχάνω 4
λαμβάνω 258/257
λανθάνω 6
μανθάνω 25
μεταλαμβάνω 7
παραλαμβάνω 49/50

44

παρατυγχάνω 1
προλαμβάνω 3
προσλαμβάνομαι 12
mid
συλλαμβάνω 16
and συνλαμβάνω
συναντιλαμβάνομαι
mid 2
συνπαραλαμβάνω 4
συνπεριλαμβάνω 1
συντυγχάνω 1
τυγχάνω 12
ὑπερεντυγχάνω 1
ὑπολαμβάνω 5

κει 10

ἀνάκειμαι 14
ἀντίκειμαι 8
ἀπόκειμαι 4
ἐπίκειμαι 7
κατάκειμαι 12
κεῖμαι 24
παράκειμαι 2
περίκειμαι 5
πρόκειμαι 5
συνανάκειμαι 7

+ν 12

δάκνω 1
δύνω 2
ἐνδύνω 1
κάμνω 2
καταπίνω 7
παρεισδύ(ν)ω 1
or, -δύω
περιτέμνω 17
πίνω 73/74
προφθάνω 1
συνπίνω 1
συντέμνω 1
φθάνω 7

+ν+ 19

ἀναβαίνω 81
ἀποβαίνω 4
διαβαίνω 3
ἐκβαίνω 1
ἐλαύνω 5
ἐμβαίνω 17/18
ἐπιβαίνω 6
καταβαίνω 81/82
μεταβαίνω 12
παραβαίνω 3
παραπικραίνω 1
(pass)
προβαίνω 5
προσαναβαίνω 1
ῥυπαίνομαι 1
pass
συμβαίνω 8
συναναβαίνω 2

49

συνκαταβαίνω 1
ὑγιαίνω 12
ὑπερβαίνω 1

-νε- 3

ἀφικνέομαι 1
mid
διϊκνέομαι 1
mid
ἐφικνέομαι 2
mid dep

+νυ

and like μι[4] 26

ἀμφιέννυμι 3
ἀναζώννυμι 1
ἀπόλλυμι 90/92
διαζώννυμι 3
ἐκκρεμάννυμι 1
ἐκπετάννυμι 1
ζώννυμι 3
κατάγνυμι 4
καταστρώννυμαι 1
pass
κεράννυμι 3
κορέννυμι 2
μίγνυμι 4
περιζώννυμι 6
περιρήγνυμι 1
πήγνυμι 1
προσπήγνυμι 1
προσρήγνυμι 2
ῥήγνυμι 7
and ῥήσσω
ῥώννυμαι 1
pass
σβέννυμι 6
στρώννυμι 6
and στρωννύω
συναναμίγνυμι 3
συναπόλλυμαι 1
mid
συνζεύγνυμι 2
συνκεράννυμι 2
ὑποζώννυμι 1

+ισκ 11

ἀναλίσκω 2
ἀναμιμνήσκω 6
ἀνευρίσκω 2
ἀποθνήσκω 113/112
γαμίσκομαι 1
pass
ἐπαναμιμνήσκω 1
θνήσκω 9
καταναλίσκω 1
μιμνήσκομαι 23/24
pass
συναποθνήσκω 3
ὑπομιμνήσκω 7

43

+σκ 23

ἀναγινώσκω 32
ἀρέσκω 17
βιβρώσκω 1
βόσκω 9
γηράσκω 2
γινώσκω 221
διαγινώσκω 2
διδάσκω 97
ἐνδιδύσκω 2
ἐπιγινώσκω 44
ἐπιφαύσκω 1
ἐπιφώσκω ? 2
εὑρίσκω 176/175
ἱλάσκομαι 2
mid dep
καταγινώσκω 3
λάσκω 1
μεθύσκομαι 3
pass
πάσχω 40/41
πιπράσκω 9
προγινώσκω 5
προπάσχω 1
συνπάσχω 2
φάσκω ? 3

ω 181

ἀγγαρεύω 3
ἀγρεύω 1
αἰχμαλωτεύω 1
ἀκούω 428/431
ἀληθεύω 2
ἁλιεύω 1
ἀνακυλίω 1
ἀναλύω 2
ἀναπαύω 12
ἀνασείω 2
ἀντιστρατεύομαι 1
dep ?
ἀπάγχομαι 1
mid
ἀπεκδύομαι 2
mid
ἀποδεκατεύω 1
ἀποκλείω 1
ἀποκυλίω 3
ἀπολούομαι 2
mid
ἀπολύω 66/67
ἀρτύω 3
βασιλεύω 21
βουλεύομαι 6
mid
βραβεύω 1
βρύω 1
γεύομαι 15
dep
γυμνιτεύω 1
δακρύω 1
δεικνύω 32/33
and δείκνυμι

50

δεσμεύω 3
διακούω 1
διακωλύω 1
διαλύομαι 1
pass
διανεύω 1
διανυκτερεύω 1
διανύω 1
διαπορεύομαι 5
dep
διαπραγματεύομαι
mid dep 1
διαπρίομαι 2
pass
διασείω 1
διερμηνεύω 6
διοδεύω 2
δουλεύω 25
ἐγκρατεύομαι 2
mid dep
ἐγχρίω 1
εἰρηνεύω 4
εἰσακούω 5
εἰσπορεύομαι 18
mid
ἐκδύω 5
ἐκκαίομαι 1
pass
ἐκκλείω 2
ἐκλύομαι 5
pass
ἐκνεύω 1
ἐκπορεύομαι
mid 33/34
ἐκπορνεύω 1
ἐκπτύω 1
ἐκφύω 2
ἑλκύω 8
ἐμβατεύω 1
ἐμπορεύομαι 2
dep
ἐμπτύω 6
ἐνδύω 28
ἐνεδρεύω 2
ἐνισχύω 2
ἐννεύω 1
ἐξισχύω 1
ἐξολεθρεύομαι 1
pass
ἐπακούω 1
ἐπαναπαύομαι 2
mid and pass
ἐπενδύομαι 2
mid
ἐπιγαμβρεύω 1
ἐπιδύω 1
ἐπιλύω 2
ἐπινεύω 1
ἐπιπορεύομαι 1
dep
ἐπισχύω 1
ἐπισωρεύω 1
ἐπιχρίω 1
ἐποπτεύω 2

50

ἑρμηνεύω 3
ἐσθίω 158/157
ζηλεύω 1
ἡγεμονεύω 2
θεραπεύω 43
θηρεύω 1
θραύω (pass) 1
θριαμβεύω 2
θύω 14
ἱερατεύω 1
ἰσχύω 28
καίω 12
καμμύω 2
καπηλεύω 1
καταβραβεύω 1
καταδυναστεύω 2
κατακαίω 12/13
κατακλείω 2
κατακυριεύω 4
καταλύω 17
κατανεύω 1
καταπαύω 4
κατασείω 4
κατεσθίω 14
κατισχύω 3
κελεύω 25/26
κινδυνεύω 4
κλαίω 40
κλείω 16
κρούω 9
κυκλεύω 1
κυλίομαι 1
pass
κυριεύω 7
κωλύω 23
λατρεύω 21
λούω 5
λύω 42
μαγεύω 1
μαθητεύω 4
μαντεύομαι 1
mid dep
μεθερμηνεύω 8
μεθύω 7
μεσιτεύω 1
μηνύω 4
μνημονεύω 21
μνηστεύομαι 3
mid and pass
μοιχεύω 15
νεύω 2
νηστεύω 20
ὁδεύω 1
ὀλοθρεύω 1
ὀμνύω 26
and ὄμνυμι
παγιδεύω 1
παιδεύω 13
παίω 5
παραβολεύομαι 1
mid
παρακούω 3
παραλύομαι 5
pass

58

VERBS : ω / μι$^{1 \text{ to } 6}$ / dep / impers / mid (dep) / no desig / pass (dep) / spec / suppl / Aram-Heb.   ADVS : adv M

παραπορεύομαι 5
mid dep
παρεδρεύω 1
παρεισδύω 1
or, -δύνω (+ν)
παύω 15
πεζεύω 1
περισσεύω 39
περπερεύομαι 1
mid dep ?
πιστεύω 241/243
πολιτεύομαι 2
mid
πορεύομαι 152/151
mid and pass
πορνεύω 8
πραγματεύομαι 1
mid dep
πρεσβεύω 2
προακούω 1
προπορεύομαι 2
dep
προσαγορεύω 1
προσκυλίω 2
προσπορεύομαι 1
dep
προσψαύω 1
προφητεύω 28
πρωτεύω 1
πταίω 5
πτύω 3
πτωχεύω 1
πυκτεύω 1
σαλεύω 15
σείω 5
στρατεύομαι ? 7
στρωννύω 6
and στρώννυμι
συμβουλεύω 4
συναναπαύομαι 1
mid
συνβασιλεύω 2
συνεσθίω 5
συνκλείω 4
συνοδεύω 1
συνπορεύομαι 4
dep
συνφύομαι 1
pass
σωρεύω 2
ὑπακούω 21
ὑπερπερισσεύω 2
ὑποστρωννύω 1
φιλοπρωτεύω 1
φονεύω 12
φυτεύω 11
φύω 3
χρίω 5

μι^1 24

ἀνθίστημι 14
ἀνίστημι 108
ἀντικαθίστημι 1

48

ἀποκαθίστημι 8
and ἀποκαθιστάνω
ἀφίστημι 14
διατίθεμαι 7
mid
διΐστημι 3
δύναμαι cf; 209
dep
ἐνίστημι 7
ἐξανίστημι 3
ἐξίστημι 17
ἐπανίσταμαι 2
mid
ἐπίσταμαι 14
pass dep
ἐφίστημι 21
ἵστημι 152
καθίστημι 21
κατεφίστημι 1
κρεμάννυμι 7
μεθίστημι 5
and μεθιστάνω
παρίστημι 41
περιΐστημι 4
προΐστημι 8
συνεφίστημι 1
(mid)
συνίστημι 16
and συνιστάνω

μι^2 21

ἀνατίθεμαι 2
mid
ἀντιδιατίθεμαι 1
\ mid
ἀποτίθημι 9
ἐκτίθεμαι mid 4
ἐμπίμπλημι cf; 5
and ἐμπιπλάω
ἐμπίπρημι cf; 1
ἐπιτίθημι 40
κατατίθημι 3
μετατίθημι 6
παρατίθημι 19
περιτίθημι 8
πίμπλημι cf; 24
πίμπρημι cf; 1
προσανατίθεμαι 2
mid
προστίθημι 18
προτίθεμαι 3
mid
συνεπιτίθεμαι 1
mid
συνκατατίθεμαι 1
mid
συντίθεμαι 3
mid
τίθημι 99
ὑποτίθημι 2

μι^3 10

42

ἀναδίδωμι 1
ἀνταποδίδωμι 7
ἀποδίδωμι 48
διαδίδωμι 4
δίδωμι 415
ἐκδίδομαι 4
mid
ἐπιδίδωμι 9/10
μεταδίδωμι 5
παραδίδωμι 120/119
προδίδωμι 1

μι^4 7

ἀναδείκνυμι 2
ἀποδείκνυμι 4
δείκνυμι 32/33
and δεικνύω
ἐνδείκνυμι 11
(mid)
ἐπιδείκνυμι 7
ὄμνυμι 26
and ὀμνύω
ὑποδείκνυμι 6

μι^5 5

ἀνίημι 4
ἀφίημι 142/146
καθίημι 4
παρίημι 2
συνίημι 26/28

μι^6 7

ἄπειμι II 1
εἴσειμι 4
ἔξειμι 4
ἐπιοῦσα f pt; 5
κάθημαι 91
dep ?
σύνειμι I 1
συνκάθημαι 2
dep ?

dep 15

ἀπογίνομαι 1
ἀποδέχομαι 7
γίνομαι 667
διαγίνομαι 3
διαμαρτύρομαι 15
ἐμμαίνομαι 1
ἐπιγίνομαι 1
εὔχομαι 6
ἡγέομαι 28
μαίνομαι 5
μαρτύρομαι 5
μέμφομαι ? 2
παραγίνομαι 37/38
πέτομαι ? 5
προγίνομαι 1

44

impers 7

δεῖ 102/104
ἔνι 6
ἔξεστιν 31/33
καθήκει (G) 2
μέλει 10
πρέπει (LB) 7
χρή 1

mid 4

ἀπαλλάσσω also, pass 3
ἐξάλλομαι ? 1
θεάομαι 22
also, pass; dep ?
ὀνίναμαι 1

mid dep 15

ἐπισκέπτομαι 11
ἰάομαι 26
also, pass
μάχομαι 4
παροίχομαι 1
προμαρτύρομαι 1
πυνθάνομαι 11
ῥύομαι 17
συνέπομαι 1
συνπαραγίνομαι 1
φείδομαι 10
φθέγγομαι 3
χρηστεύομαι 1
ψεύδομαι 12
ὠνέομαι 1
ὠρύομαι 1

no desig 6

ἄλλομαι 3
ἀποφθέγγομαι 3
ἐφάλλομαι 1
κτάομαι 7
οἶμαι 3
ὁμείρομαι 1

pass 10/11

ἀλλάσσω 6
ἀπαλλάσσω 3
also, mid
ἀποκαταλλάσσω 3
διαλλάσσομαι 1
ἡττάομαι 3
θεάομαι 22
also, mid; dep ?
ἰάομαι 26
also, mid dep
καταλλάσσω 6
μεταλλάσσω 2
ὀπτάνομαι 1
συναλλάσσω 1
(placed here, though not pass)

43

pass dep 3

ἐπαισχύνομαι 11
μεταμέλομαι 6
συνήδομαι 1

pf pr 1

ἔοικα 2

spec 9

ἄπειμι I 7
εἰμί in se 138
in toto 2441
ἔνειμι 1
οἶδα in se 321
πάρειμι 24
σύνειμι II 2
συνπάρειμι 1
σύνφημι 1
φημί 66/67

suppl 11

ἀντεῖπον 2
ἀπεῖπον 1
εἶδον 337
εἶπον 929
ἐπεῖδον 2
ἐρῶ 96
προεῖδον 2
προεῖπον 3
προερῶ 9
συνεῖδον 2
ὑπερεῖδον 1

NOTE: other suppls, e.g., καταφαγεῖν and φαγεῖν are listed in Moulton-Geden under their respective verbs.

Aram 4

ἐφφαθά 1
κούμ 1
(μαρὰν) ἀθά 1
σαβαχθανεί 2

Heb 1

ὡσαννά 6

adv M 123

ἁγνῶς 1
ἀδήλως 1
ἀδιαλείπτως 4
ἀδίκως 1
αἰσχροκερδῶς 1
ἀκριβέστερον 4
ἀκριβῶς 9
ἀκωλύτως 1

37

ἄλλως 1
ἀμέμπτως 2
ἀμήν Heb 126/135
ἀναγκαστῶς 1
ἀναντιρήτως 1
ἀναξίως 1
ἀξίως 6
ἀπερισπάστως 1
ἁπλῶς 1
ἀποτόμως 2
ἀπροσωπολήμπτως 1
ἀσμένως 1
ἀσφαλῶς 3
ἀσώτως 1
ἀτάκτως 2
ἀφόβως 4
βαρέως 2
βέλτιον 1
γνησίως 1
δεινῶς 2
δήπου 1
δικαίως 5
δυσκόλως 3
δωρεάν 9
Ἑβραϊστί 7
ἐθνικῶς 1
εἰκῇ 6
ἑκουσίως 2
ἐκπερισσῶς 1
ἐκτενῶς 3
Ἑλληνιστί 2
ἐξαίφνης 5
ἐξάπινα 1
ἐπάναγκες 1
ἐπιμελῶς 1
ἑτέρως 1
ἑτοίμως 3
εὖ 5
εὐαρέστως 1
εὖ γε 1
εὐθύμως 1
εὐκαίρως 2
εὐσεβῶς 2
εὐσχημόνως 3
εὐσχήμων 5
εὐτόνως 2
ἡδέως 5
Ἰουδαϊκῶς 1
καθεξῆς 5
καθό 4
and of degree
καθόλου 1
κακῶς 16
κενῶς 1
κρυφῇ 1
λάθρα 4
λαμπρῶς 1
λίαν 12
Λυκαονιστί 1
μακροθύμως 1
μάτην 2
μεγάλως 1
μετρίως 1
μόλις 7

63

ADVS: adv M, PL, S, T, *etc.* CONJS: coörd, subord, *etc.* PARTICLES.

νομίμως 2
νουνεχῶς 1
ὀλίγως 1
ὁμοθυμαδόν 11
ὁμολογουμένως 1
ὁμοῦ 4
ὅμως 3
ὄντως 10
ὀρθῶς 4
ὁσίως 1
πανοικεί 1
πανπληθεί 1
πάντη 1
πάντως 8
παραπλήσιον 1
< adj
παραπλησίως 1
πεζῇ 2
πικρῶς 2
πλουσίως 4
πνευματικῶς 2
πολυμερῶς 1
πολυτρόπως 1
προθύμως 1
ῥητῶς 1
ῥοιζηδόν 1
Ῥωμαϊστί 1
σπουδαίως 4
συντόμως 1
σφόδρα 11
σφοδρῶς 1
σχεδόν 3
σωματικῶς 1
σωφρόνως 1
τάχα 2
τάχειον 5
also, adv T
ταχέως 10
τάχιστα superl 1
τελείως 1
τηλαυγῶς 1
τολμηροτέρως 1
τυπικῶς 1
ὑπερβαλλόντως 1
ὑπερεκπερισσοῦ 2
also, prep w/gen
ὑπερεκπερισσῶς 1
ὑπερπερισσῶς 1
φανερῶς 3
φειδομένως 2
φιλανθρώπως 1
φιλοφρόνως 1
φρονίμως 1
φυσικῶς 1
χωρίς 41
also, prep w/gen

adv PL 49

ἀλλαχόθεν 1
ἀλλαχοῦ 1
ἄνω 9/11
ἄνωθεν 13
ἀνώτερον 2

57

ἆσσον 1
αὐτοῦ 4
δεῦρο 9
δεῦτε 12
ἐγγύς 31
also, adv T
ἐκεῖ 95
ἐκεῖθεν 27
ἐκεῖσε 2
ἔμπροσθεν 48
also, prep w/gen
ἐνθάδε 8
ἔνθεν 2
ἐντεῦθεν 9
ἔξω 62
also, prep w/gen
ἔξωθεν 13/12
also, prep w/gen
ἐπάνω 19
also, prep w/gen
ἔσω 9
also, prep w/gen
ἔσωθεν 12
also, prep w/gen
κἀκεῖ 10
contracted
κἀκεῖθεν 10
contracted
also, adv T
κατέναντι 9
also, prep w/gen
κάτω 10
κυκλόθεν 3
also, prep w/gen
κύκλῳ 8
also, prep w/gen
μακράν 10
μακρόθεν 14
μεταξύ 9
also, adv T
and, prep w/gen
ὅθεν 15
ὄπισθεν 7
also, prep w/gen
ὀπίσω 35
also, prep w/gen
ὅπου 82
οὗ 24
οὐρανόθεν 2
πανταχῇ 1
πανταχοῦ 7
πάντοθεν 3
περαιτέρω 1
πέραν 23
also, prep w/gen
πέριξ 1
πλησίον 17
also, m subst
and prep w/gen
πόρρω 4
πόρρωθεν 2
ὑποκάτω 11
χαμαί 2
ὧδε 60

adv S 15

44

ἀκμήν 1
ἔτι 92
καθά 1
καθάπερ 17
καθώσπερ 1
λοιπός 55
also, 2.7 and 2-1,1
οὐ, οὐκ, οὐχ 1525
οὐδέ 139
also, conj coörd
οὐχί 53
πλήν 31
also, prep w/gen
πότερον 1
ὑπέρ II 1
ὡσεί 21
ὥσπερ 36
ὡσπερεί 1

adv T 62

ἀεί 7
ἀκαίρως 1
ἅμα 10
also, prep w/dat
ἅπαξ 14
ἄρτι 36
αὔριον 14
ἄφνω 3
δίς 6
ἑβδομηκοντάκις 1
ἐγγύς 31
also, adv PL
εἶτα 13
ἑκάστοτε 1
ἔκπαλαι 2
ἔννυχα 1
< 2,5
ἐξαυτῆς 6
ἑξῆς 5
ἐπαύριον 17
ἔπειτα 16
ἑπτάκις 4
ἐσχάτως 1
εὐθέως 33
εὐθύς II 54
ἐφάπαξ 5
ἐχθές 3
ἤδη 60
κἀκεῖθεν 10
contracted
also, adv PL
μεταξύ 9
also, adv PL
and prep w/gen
μετέπειτα 1
μέχρι(ς) 18
also, prep w/gen
μηδέποτε 1
μηδέπω 1
μηκέτι 22
μήπω 2
νῦν 149
νυνί 18

50

νυχθήμερον 1
< 2.8
ὁσάκις 3
οὐδέποτε 16
οὐδέπω 4
οὐκέτι 48
οὔπω 26/27
ὀψέ 4
also, prep w/gen
παιδιόθεν 1
πάλαι 7
πάλιν 141
πάντοτε 41
παραχρῆμα 18
πεντάκις 1
πέρυσι 2
πολλάκις 18
πρίν 13
προσφάτως 1
πρωΐ 12
πρῶτον 60/61
πρώτως 1
πώποτε 6
σήμερον 41
τάχειον 5
also, adv M
τότε 159
τρίς 12
τρίτον 8
ὕστερον 11

ον 2

μόνον 66
τοὐναντίον 3
contracted

ως 13

ἀληθῶς 18
ἀνόμως 2
ἴσως 1
καθώς 178
καλῶς 37
μηδαμῶς 2
ὅλως 4
ὁμοίως 31
οὐδαμῶς 1
οὕτω(ς) 208
περισσῶς 4
ὡς I 410
ὡσαύτως 17

compar 4

ἔλαττον: 4
see ἐλάσσων
κομψότερον 1
μᾶλλον 81
περισσοτέρως 12

enclit 1

πού 4

47

interr 8

λαμά Heb 1
λεμά Aram 1
οὐκοῦν 1
πόθεν 29
ποσάκις 3
πότε 19
ποῦ 48/~~46~~
πῶς 104

superl 1

μάλιστα 12

—

of transition: 1
εἶτεν 2

—

CONJUNCTIONS:

coörd 8

ἀλλά 635/636
δέ 2771
ἤτοι 1
καί M: 8947
μηδέ 57
μήτε 34
οὐδέ 139
also, adv S
οὔτε 91

concessive: 1
καίπερ 5

subord 16

ἄχρι 48
also, prep w/gen
γάρ 1036
ἐάν 279
ἐὰν μή 62
w/neg particle
ἐάνπερ 2
εἰ 295
εἰ μή 105
w/neg particle
εἰ οὐ 33
w/neg particle
εἴτε 65
εἴ τις 83
w/indefin pron
ἐπεί 26
ἐπειδή 10
ἐπειδήπερ 1
μήποτε 25
ὅπως 53
ὥστε 84

interr 1

ἵνα τι 6
(*Nestle has* ἱνατί)

caus 4

διό inferent 53
διόπερ inferent 2
διότι 24
ὅτι 1284

s 3

ἑκατονταπλασίων 2
μέντοι 8
ὡς II 93

tempor 2

ἐπάν 3
ἕως I 59

35

—

particles 36

ἀλλ' ἤ advers 2
ἄν 166
ἄρα inferent 49
ἆρα interr 3
γέ enclit 31
δή emph 5
εἴπερ 6
ἤ 340
ἡνίκα 2
ἤπερ 1
ἰδού demonst 200
ἵνα 565
ἵνα μή 109
w/neg particle
καίτοι emph 2
καίτοι γε 1
μέν 181
μενοῦν emph 1
μενοῦν γε emph 3
μή 680
μήν II intens 1
μήτι 15
μήτι γε ellip 1
ναί affirm 34
νή affirm 1
ὁπότε tempor 1
ὅταν tempor 123
ὅτε 102
οὐ negat 17
οὐ μή 98
w/neg particle
οὖν inferent 491
ὄφελον participle 4
ποτέ indefin 29
πώς enclit 14
τέ enclit 205
τοιγαροῦν inferent 2
τοίνυν inferent 3

46

INTERJS / CONTR'D / PRONS / PREPS.

interj 6

ἄγε 2
ἔα 1
ἴδε 29
οὐά 1
οὐαί 46
Ὦ I 17

contr'd 7

κἀγώ 84
κἀκεῖ : 10
see adv PL
κἀκεῖθεν : 10
see adv PL, T
κἀκεῖνος (2-1,1a) 22
κἄν 18
τοὐναντίον : 3
see adv ον
τοὔνομα : 1
see 3.31

———

PRONOUNS :

correl 1

ὁποῖος as 2-1,2 5

demonst 5

ἐκεῖνος (as 2-1,1a) 243
ὅδε 10
οὗτος in se 189
in toto 1388
τηλικοῦτος 4
τουτ' ἔστιν cf; 18

indefin 1

τις 518

interr 1

τίς 553

person 3

αὐτός in se 151
in toto 5429
ὁ αὐτός 75
αὐτὸς ὁ 41
ἐγώ in se 347
in toto 2566
σύ in se 173
in toto 2889

possess 4

ἐμός 76
also, 2-1,1
ἡμέτερος 8
also, 2-1,2

26

σός 27
also, 2-1,1
ὑμέτερος 10
also, 2-1,2

recipr 1

ἀλλήλων 100

reflex 4

αὑτοῦ 6
ἑαυτοῦ 320
ἐμαυτοῦ 37
σεαυτοῦ 42

relat 2

ὅς in toto 1369
ὅστις 154

———

PREPOSITIONS :

w gen 43

ἄνευ 3
ἀντί 22
ἄντικρυς 1
ἀντίπερα 1
ἀπέναντι 4
ἀπό 648
ἄτερ 2
ἄχρι 48
also, conj subord
ἐκ, ἐξ 911
ἐκτός 8
also, conj subord
ἔμπροσθεν 48
also, adv PL
ἔναντι (adv) 2
ἐναντίον 5
ἕνεκα or -κεν 26
ἐντός 2
< adv PL
ἐνώπιον 93/94
ἔξω 62
also, adv PL
ἔξωθεν 13/12
also, adv PL
ἐπάνω 19
also, adv PL
ἐπέκεινα 1
ἔσω 9
also, adv PL
ἔσωθεν 12
also, adv PL
ἐσώτερος 2
also, 2-1,2
ἕως II 86
κατέναντι 9
also, adv PL
κατενώπιον 3
< adv PL
κυκλόθεν 3

36

also, adv PL
κύκλῳ 8
also, adv PL
μεταξύ 9
also, adv PL, T
μέχρι(ς) 18
also, adv T
ὄπισθεν 7
also, adv PL
ὀπίσω 35
also, adv PL
ὀψέ 4
also, adv T
παρεκτός 3
also, adj <adv M
πέραν 23
also, adv PL
πλήν 31
also, adv S
πλησίον 17
also, m subst
and adv PL
πρό 47
ὑπεράνω 3
< adv
ὑπερέκεινα 1
ὑπερεκπερισσοῦ 2
also, adv M
χάριν 9
χωρίς 41
also, adv M

w gen dat acc 3

ἐπί 879
παρά 191
πρός 697

w gen acc 6

διά 666
κατά 471
μετά 467
περί 331
ὑπέρ I 149
ὑπό 217

w dat 3

ἅμα 10
also, adv T
ἐν 2711
σύν 128

w acc 2

ἀνά 13
εἰς 1757

30

ORTHOGRAPHIC AND ACCENTUAL DIFFERENCES

BAUER-ARNDT-GINGRICH	MOULTON-GEDEN
῾Αβελ	Ἄβελ
Ἀβιαθάρ	Ἀβιάθαρ
Ἀβιληνή	Ἀβειληνή
῞Αγαβος	Ἄγαβος
῾Αγάρ	῞Αγαρ
Ἀδδί	Ἀδδεί
Ἀδμίν	Ἀδμείν
Ἀδραμυττηνός	῾Αδραμυντηνός
Ἀδρίας	῾Αδρίας
Ἀκελδαμάχ	Ἀχελδαμάχ
ἀλαζονεία	ἀλαζονία
Ἀλεξανδρῖνος	Ἀλεξανδρινός
ἁλιεύς	ἁλεεύς
῾Αλφαῖος	Ἀλφαῖος
ἀναίδεια	ἀναιδία
῾Ανανίας	Ἀνανίας
ἀναντίρρητος	ἀναντίρητος
ἀναντιρρήτως	ἀναντιρήτως
ἀνάπηρος	ἀνάπειρος
῞Αννα	Ἄννα
῞Αννας	Ἄννας
Ἀντιπᾶς	Ἀντίπας
ἀρεσκεία	ἀρεσκία
῾Αρέτας	Ἀρέτας
Ἀρνί	Ἀρνεί
ἀσπίς	ἄσπις
Ἆσσος	Ἄσσος
Ἀσύγκριτος	Ἀσύνκριτος
Ἀττάλεια	Ἀτταλία
Αὐγοῦστος	Αὔγουστος
Ἀχάζ	Ἄχαζ
Ἀχίμ	Ἀχείμ
ἀχρειόομαι	ἀχρεόομαι
βάϊον	βαΐον
Βαρναβᾶς	Βαρνάβας
Βαρτιμαῖος	Βαρτίμαιος
Βελιάρ	Βελίαρ
Βόες	Βοός or Βοές
Γάϊος	Γαῖος
Γεθσημανί	Γεθσημανεί
Γολγοθᾶ	Γολγοθά
δανείζω	δανίζω
δάνειον	δάνιον
δανειστής	δανιστής
Δαυίδ	Δαυείδ
ἐγγράφω	ἐνγράφομαι
ἐγκάθετος	ἐνκάθετος
ἐγκαίνια	ἐνκαίνια
ἐγκαινίζω	ἐνκαινίζω
ἐγκακέω	ἐνκακέω
ἐγκατοικέω	ἐνκατοικέω
ἐγκαυχάομαι	ἐνκαυχάομαι
ἐγκεντρίζω	ἐνκεντρίζω
ἐγκοπή	ἐκκοπή or ἐνκοπή
ἐγκόπτω	ἐνκόπτω
ἐγκρίνω	ἐνκρίνω
ἔγκυος	ἔνκυος
εἰδωλεῖον	εἰδώλιον

B-A-G	M-G
εἰλικρίνεια	εἰλικρινία
Ἐλαμίτης	Ἐλαμείτης
Ἐλιακίμ	Ἐλιακείμ
Ἐλισάβετ	Ἐλεισάβετ
Ἐμμαοῦς	Ἐμμαούς
ἐμπεριπατέω	ἐνπεριπατέω
ἐμπι(μ)πρημι	ἐμπίπρημι
ἐμπνέω	ἐνπνέω
῾Ενώχ	Ἐνώχ
ἐπιείκεια	ἐπιεικία
Ἐπικούρειος	Ἐπικούριος
ἑρμηνεία	ἑρμηνία
῾Εσλί	Ἐσλεί
Εὕα	Εὔα
Ζάρα	Ζαρά
Ζοροβαβέλ	Ζοροβάβελ
ἠλί	ἠλεί
Ἠλί	῾Ηλεί
Ἠλίας	Ἠλείας
Ἠσαΐας	Ἠσαίας
Θαμάρ	Θάμαρ
Θάρα	Θαρά
Θυάτιρα	Θυάτειρα
Ἰάϊρος	Ἰάειρος
Ἰεριχώ	Ἰερειχώ
῾Ιεροσολυμίτης	῾Ιεροσολυμεῖται
ἱνατί	ἵνα τί
Ἰουνιᾶς	Ἰουνίας
Ἰσραηλίτης	Ἰσραηλείτης
Ἰτουραῖος	Ἰτουραία
Ἰωαθάμ	Ἰωάθαμ
Ἰωάννα	Ἰωάνα
Ἰωάννης	Ἰωάνης
Ἰωρίμ	Ἰωρείμ
Ἰωσίας	Ἰωσείας
Κάϊν	Καίν
Καισάρεια	Καισαρία
Καλοὶ Λιμένες	listed under καλός
Κεγχρεαί	Κενχρεαί
Κίς	Κείς
Κλεοπᾶς	Κλεόπας
κολακεία	κολακία
Κορβᾶν	Κορβάν
κοῦμ	κούμ
κυβεία	κυβία
Κῶς	Κώς
Λαοδίκεια	Λαοδικία
Λασαία	Λασέα
Λευί(ς)	Λευεί(ς)
Λευίτης	Λευείτης
Λευιτικός	Λευειτικός
λογεία	λογία
Μάαθ	Μαάθ
μαγεία	μαγία
Μαθουσαλά	Μαθουσάλα

B-A-G	M-G
μαρὰν ἀθᾶ	μαρὰν ἀθά
Μᾶρκος	Μάρκος
Ματθάν	Μαθθάν
Ματθάτ	Μαθθάτ
μεθοδεία	μεθοδία
Μελχί	Μελχεί
Μελχισέδεκ	Μελχισεδέκ
μητρολῴας	μητρολῴης
Νέα Πόλις	listed under νεός
Νεφθαλίμ	Νεφθαλείμ
Νηρί	Νηρεί
Ὀζίας	Ὀζείας
οἰκτίρω	οἰκτείρω
ὁμείρομαι	ὁμείρομαι
παλιγγενεσία	παλινγενεσία
παμπληθεί	πανπληθεί
παραρρέω	παραρέω
Πατροβᾶς	Πατρόβας
πατρολῴας	πατρολῴης
περικρύβω	περικρύπτω
πετρῶδες	πετρώδες
Πιλᾶτος	Πειλᾶτος
πορφυροῦς	πορφύρεος
πραγματεῖαι	πραγματία
πραϋπάθεια	πραϋπαθία
ῥαββί	ῥαββεί
ῥαββουνί	ῥαββουνεί
῾Ραιφάν	῾Ρομφά
σαβαχθάνι	σαβαχθανεί
Σαλίμ	Σαλείμ
Σαμάρεια	Σαμαρία
Σαμαρίτης	Σαμαρείτης
Σαμαρῖτις	Σαμαρεῖτις
Σάπφειρα	Σαπφείρη
σάπφιρος	σάπφειρος
Σεκοῦνδος	Σέκουνδος
Σελεύκεια	Σελευκία
Σεμεΐν	Σεμεείν
σιδηροῦς	σιδήρεος
σιρός	σειρός
στάδιοι	στάδιον
Στοϊκός	Στωϊκός
listed under συγγενής	συγγενεύς
συγγνώμη	συνγνώμη
συγκάθημαι	συνκάθημαι
συγκαθίζω	συνκαθίζω
συγκακοπαθέω	συνκακοπαθέω
συγκακουχέομαι	συνκακουχέομαι
συγκαλέω	συνκαλέω
συγκαλύπτω	συνκαλύπτω
συγκάμπτω	συνκάμπτω
συγκαταβαίνω	συνκαταβαίνω
συγκατάθεσις	συνκατάθεσις
συγκατατίθεμαι	συνκατατίθεμαι
συγκαταψηφίζομαι	συνκαταψηφίζομαι
συγκεράννυμι	συνκεράννυμι
συγκινέω	συνκινέω

ORTHOGRAPHIC AND ACCENTUAL DIFFERENCES

B-A-G	M-G
συγκλείω	συνκλείω
συγκληρονόμος	συνκληρονόμος
συγκοινωνέω	συνκοινωνέω
συγκοινωνός	συνκοινωνός
συγκομίζω	συνκομίζω
συγκρίνω	συνκρίνω
συγκύπτω	συνκύπτω
συγχαίρω	συνχαίρω
συγχέω and συγχύννω	συνχέω and συνχύννω
συγχράομαι	συνχράομαι
συζάω	συνζάω
συζεύγνυμι	συνζεύγνυμι
συζητέω	συνζητέω
συζητητής	συνζητητής
σύζυγος	σύνζυγος
συζωοποιέω	συνζωοποιέω
συλλαλέω	συνλαλέω
συλλυπέομαι	συνλυπέομαι
συμβάλλω	συνβάλλω
συμβασιλεύω	συνβασιλεύω
συμβιβάζω	συνβιβάζω
συμμαθητής	συνμαθητής
συμμαρτυρέω	συνμαρτυρέω
συμμερίζομαι	συνμερίζομαι
συμμέτοχος	συνμέτοχος
συμμιμητής	συνμιμητής
συμπαθέω	συνπαθέω
συμπαραγίνομαι	συνπαραγίνομαι
συμπαρακαλέομαι	συνπαρακαλέομαι
συμπαραλαμβάνω	συνπαραλαμβάνω
συμπάρειμι	συνπάρειμι
συμπάσχω	συνπάσχω
συμπέμπω	συνπέμπω
συμπεριλαμβάνω	συνπεριλαμβάνω
συμπίνω	συνπίνω
συμπίπτω	συνπίπτω
συμπληρόω	συνπληρόω
συμπνίγω	συνπνίγω
συμπολίτης	συνπολίτης
συμπορεύομαι	συνπορεύομαι
συμπρεσβύτερος	συνπρεσβύτερος
σύμφημι	σύνφημι
συμφύομαι	συνφύομαι
σύμψυχος	σύνψυχος
σύσσωμος	σύνσωμος
συσταυρόομαι	συνσταυρόομαι
συστέλλω	συνστέλλω
συστενάζω	συνστενάζω
συστοιχέω	συνστοιχέω
συστρατιώτης	συνστρατιώτης
συσχηματίζομαι	συνσχηματίζομαι
Ταβιθά	Ταβειθά
ταλιθά	ταλειθά
τάχιον	τάχειον
τεσσαράκοντα	τεσσεράκοντα
τεσσαρακονταετής	τεσσερακονταετής
τετραπλοῦς	τετραπλόος
τίς	τις
τραπεζίτης	τραπεζείτης
Τυχικός	Τύχικος

B-A-G	M-G
φαιλόνης	φελόνης
Φάρες	Φαρές
φαρμακεία	φαρμακία
χαλκοῦς	χάλκεος
Χανάαν	Χαναάν
Χοραζίν	Χοραζείν
χρυσοῦς	χρύσεος

MOULTON-GEDEN	BAUER-ARNDT-GINGRICH
Ἀβειληνή	Ἀβιληνή
Ἄβελ	Ἅβελ
Ἀβιάθαρ	Ἀβιαθάρ
Ἄγαβος	Ἅγαβος
Ἅγαρ	Ἁγάρ
Ἀδδεί	Ἀδδί
Ἀδμείν	Ἀδμίν
Ἁδραμυντηνός	Ἀδραμυττηνός
Ἁδρίας	Ἀδρίας
ἀλαζονία	ἀλαζονεία
ἅλεευς	ἁλιεύς
Ἀλεξανδρινός	Ἀλεξανδρῖνος
Ἀλφαῖος	Ἁλφαῖος
ἀναιδία	ἀναίδεια
Ἀνανίας	Ἁνανίας
ἀναντίρητος	ἀναντίρρητος
ἀναντιρήτως	ἀναντιρρήτως
ἀνάπειρος	ἀνάπηρος
Ἄννα	Ἅννα
Ἄννας	Ἅννας
Ἀντίπας	Ἀντιπᾶς
ἀρεσκία	ἀρεσκεία
Ἀρέτας	Ἁρέτας
Ἀρνεί	Ἀρνί
ἄσπις	ἀσπίς
Ἄσσος	Ἆσσος
Ἀσύνκριτος	Ἀσύγκριτος
Ἀτταλία	Ἀττάλεια
Αὔγουστος	Αὐγοῦστος
Ἄχαζ	Ἀχαζ
Ἀχείμ	Ἀχίμ
Ἀχελδαμάχ	Ἀκελδαμάχ
ἀχρεόομαι	ἀχρειόομαι
βαΐον	βάϊον
Βαρνάβας	Βαρναβᾶς
Βαρτίμαιος	Βαρτιμαῖος
Βελίαρ	Βελιάρ
Βοός or Βοές	Βόες
Γαῖος	Γάϊος
Γεθσημανεί	Γεθσημανί
Γολγοθά	Γολγοθᾶ
δανίζω	δανείζω
δάνιον	δάνειον
δανιστής	δανειστής
Δαυείδ	Δαυίδ

M-G	B-A-G
εἰδώλιον	εἰδωλεῖον
εἰλικρινία	εἰλικρίνεια
Ἐλαμείτης	Ἐλαμίτης
Ἐλεισάβετ	Ἐλισάβετ
Ἐλιακείμ	Ἐλιακίμ
Ἐμμαούς	Ἐμμαοῦς
ἐμπίπρημι	ἐμπι(μ)πρημι
ἐνγράφομαι	ἐγγράφω
ἐνκάθετος	ἐγκάθετος
ἐνκαίνια	ἐγκαίνια
ἐνκαινίζω	ἐγκαινίζω
ἐνκακέω	ἐγκακέω
ἐνκατοικέω	ἐγκατοικέω
ἐνκαυχάομαι	ἐγκαυχάομαι
ἐνκεντρίζω	ἐγκεντρίζω
ἐνκοπή or ἐκκοπή	ἐγκοπή
ἐνκόπτω	ἐγκόπτω
ἐνκρίνω	ἐγκρίνω
ἔνκυος	ἔγκυος
ἐνπεριπατέω	ἐμπεριπατέω
ἐνπνέω	ἐμπνέω
Ἐνώχ	Ἑνώχ
ἐπιεικία	ἐπιείκεια
Ἐπικούριος	Ἐπικούρειος
ἑρμηνία	ἑρμηνεία
Ἐσλεί	Ἑσλί
Ἐύα	Εὔα
Ζαρά	Ζάρα
Ζοροβάβελ	Ζοροβαβέλ
ἠλεί	ἠλί
Ἡλεί	Ἠλί
Ἠλείας	Ἠλίας
Ἠσαίας	Ἠσαΐας
Θάμαρ	Θαμάρ
Θαρά	Θάρα
Θυάτειρα	Θυάτιρα
Ἰάειρος	Ἰάϊρος
Ἰερειχώ	Ἰεριχώ
Ἱεροσολυμεῖται	Ἱεροσολυμίτης
ἵνα τί	ἱνατί
Ἰουνίας	Ἰουνιᾶς
Ἰσραηλείτης	Ἰσραηλίτης
Ἰτουραία	Ἰτουραῖος
Ἰωάθαμ	Ἰωαθάμ
Ἰωάνα	Ἰωάννα
Ἰωάνης	Ἰωάννης
Ἰωρείμ	Ἰωρίμ
Ἰωσείας	Ἰωσίας
Καίν	Κάϊν
Καισαρία	Καισάρεια
listed under καλός:	Καλοὶ Λιμένες
Κείς	Κίς
Κενχρεαί	Κεγχρεαί
Κλεόπας	Κλεοπᾶς
κολακία	κολακεία
Κορβάν	Κορβᾶν
κούμ	κοῦμ

ORTHOGRAPHIC AND ACCENTUAL DIFFERENCES

M-G	B-A-G
κυβία	κυβεία
Κῶς	Κώς
Λαοδικία	Λαοδίκεια
Λασέα	Λασαία
Λευεί(ς)	Λευί(ς)
Λευείτης	Λευίτης
Λευειτικός	Λευιτικός
λογία	λογεία
Μαάθ	Μάαθ
μαγία	μαγεία
Μαθθάν	Ματθάν
Μαθθάτ	Ματθάτ
Μαθουσάλα	Μαθουσαλά
μαρὰν ἀθά	μαρὰν ἀθᾶ
Μάρκος	Μᾶρκος
μεθοδία	μεθοδεία
Μελχεί	Μελχί
Μελχισεδέκ	Μελχισέδεκ
μητρολῴης	μητρολῴας
listed under νεός:	Νέα Πόλις
Νεφθαλείμ	Νεφθαλίμ
Νηρεί	Νηρί
Ὀζείας	Ὀζίας
οἰκτείρω	οἰκτίρω
ὀμείρομαι	ὁμείρομαι
παλινγενεσία	παλιγγενεσία
πανπληθεί	παμπληθεί
παραρέω	παραρρέω
Πατρόβας	Πατροβᾶς
πατρολῴης	πατρολῴας
Πειλᾶτος	Πιλᾶτος
περικρύπτω	περικρύβω
πετρώδης	πετρῶδης
πορφύρεος	πορφυροῦς
πραγματία	πραγματεῖαι
πραϋπαθία	πραϋπάθεια
ῥαββεί	ῥαββί
ῥαββουνεί	ῥαββουνί
Ῥομφά	Ῥαιφάν
σαβαχθανεί	σαβαχθάνι
Σαλείμ	Σαλίμ
Σαμαρείτης	Σαμαρίτης
Σαμαρεῖτις	Σαμαρῖτις
Σαμαρία	Σαμάρεια
Σαπφείρη	Σάπφειρα
σάπφειρος	σάπφιρος
σειρός	σιρός
Σέκουνδος	Σεκοῦνδος
Σελευκία	Σελεύκεια
Σεμεείν	Σεμεΐν
σιδήρεος	σιδηροῦς
στάδιον	στάδιοι
Στωϊκός	Στοϊκός
συγγενεύς	listed under συγγενής
συνβάλλω	συμβάλλω

M-G	B-A-G
συνβασιλεύω	συμβασιλεύω
συνβιβάζω	συμβιβάζω
συνγνώμη	συγγνώμη
συνζάω	συζάω
συνζεύγνυμι	συζεύγνυμι
συνζητέω	συζητέω
συνζητητής	συζητητής
σύνζυγος	σύζυγος
συνζωοποιέω	συζωοποιέω
συνκάθημαι	συγκάθημαι
συνκαθίζω	συγκαθίζω
συνκακοπαθέω	συγκακοπαθέω
συνκακουχέομαι	συγκακουχέομαι
συνκαλέω	συγκαλέω
συνκαλύπτω	συγκαλύπτω
συνκάμπτω	συγκάμπτω
συνκαταβαίνω	συγκαταβαίνω
συνκατάθεσις	συγκατάθεσις
συνκατατίθεμαι	συγκατατίθεμαι
συνκαταψηφίζομαι	συγκαταψηφίζομαι
συνκεράννυμι	συγκεράννυμι
συνκινέω	συγκινέω
συνκλείω	συγκλείω
συνκληρονόμος	συγκληρονόμος
συνκοινωνέω	συγκοινωνέω
συνκοινωνός	συγκοινωνός
συνκομίζω	συγκομίζω
συνκρίνω	συγκρίνω
συνκύπτω	συγκύπτω
συνλαλέω	συλλαλέω
συνλυπέομαι	συλλυπέομαι
συνμαθητής	συμμαθητής
συνμαρτυρέω	συμμαρτυρέω
συνμερίζομαι	συμμερίζομαι
συνμέτοχος	συμμέτοχος
συνμιμητής	συμμιμητής
συνπαθέω	συμπαθέω
συνπαραγίνομαι	συμπαραγίνομαι
συνπαρακαλέομαι	συμπαρακαλέομαι
συνπαραλαμβάνω	συμπαραλαμβάνω
συνπάρειμι	συμπάρειμι
συνπάσχω	συμπάσχω
συνπέμπω	συμπέμπω
συνπεριλαμβάνω	συμπεριλαμβάνω
συνπίνω	συμπίνω
συνπίπτω	συμπίπτω
συνπληρόω	συμπληρόω
συνπνίγω	συμπνίγω
συνπολίτης	συμπολίτης
συνπορεύομαι	συμπορεύομαι
συνπρεσβύτερος	συμπρεσβύτερος
σύνσωμος	σύσσωμος
συνσταυρόομαι	συσταυρόομαι
συνστέλλω	συστέλλω
συνστενάζω	συστενάζω
συνστοιχέω	συστοιχέω
συνστρατιώτης	συστρατιώτης
συνσχηματίζομαι	συσχηματίζομαι
σύνφημι	σύμφημι
συνφύομαι	συμφύομαι
συνχαίρω	συγχαίρω
συνχέω	συγχέω

M-G	B-A-G
συνχράομαι	συγχράομαι
συνχύννω	συγχύννω
σύνψυχος	σύμψυχος
Ταβειθά	Ταβιθά
ταλειθά	ταλιθά
τάχειον	τάχιον
τεσσεράκοντα	τεσσαράκοντα
τεσσερακονταετής	τεσσαρακονταετής
τετραπλόος	τετραπλοῦς
τις	τὶς
τραπεζείτης	τραπεζίτης
Τύχικος	Τυχικός
Φαρές	Φάρες
φαρμακία	φαρμακεία
φελόνης	φαιλόνης
χάλκεος	χαλκοῦς
Χαναάν	Χανάαν
Χοραζείν	Χοραζίν
χρύσεος	χρυσοῦς

WORDS FOUND ONLY IN **Mt, Mk, Lk**

Words Found Only in Matthew:

Word	Reference	Frequency	Page
Ἀβιούδ, ὁ	1^{13} (bis)	2	61
ἀγγεῖον	25^{4}	1	43
ἄγγος	13^{48}	1	43
ἄγκιστρον	17^{27}	1	43
Ἀζώρ, ὁ	$1^{13,14}$	2	61
ἀθῷος	$27^{4,24}$	2	37
αἱμορροέω	9^{20}	1	44
αἱρετίζω	12^{18}	1	44
ἀκμήν	15^{16}	1	44
ἀκριβόω	$2^{7,16}$	2	37
ἀμφίβληστρον	4^{18}	1	44
ἀναβιβάζω	13^{48}	1	44
ἀναβοάω	27^{46}	1	44
ἀναίτιος	$12^{5,7}$	2	37
ἄνηθον	23^{23}	1	44
ἀπάγχομαι	27^{5}	1	45
ἀπονίπτω	27^{24}	1	45
Ἀρχέλαος, ὁ	2^{22}	1	61
Ἀσάφ, ὁ	$1^{7,8}$	2	61
Ἄχαζ, ὁ	1^{9} (bis)	2	61
Ἀχείμ, ὁ	1^{14} (bis)	2	61
Βαραχίας, ὁ	23^{35}	1	61
Βαριωνᾶς, ὁ	16^{17}	1	61
βαρύτιμος	26^{7}	1	46
βασανιστής	18^{34}	1	46
βατταλογέω	6^{7}	1	46
βιαστής	11^{12}	1	46
βροχή	$7^{25,27}$	2	38
Γαδαρηνός, ὁ	8^{28}	1	62
δαίμων	8^{31}	1	46
Δανιήλ, ὁ	24^{15}	1	62
δάνιον	18^{27}	1	46
δεῖνα	26^{18}	1	46
δέσμη	13^{30}	1	46
διακαθαρίζω	3^{12}	1	47
διακωλύω	3^{14}	1	47
διαλλάσσομαι	5^{24}	1	47
διασαφέω	$13^{36}18^{31}$	2	38
δίδραχμον	17^{24} (bis)	2	38
διέξοδος	22^{9}	1	47
διετής	2^{16}	1	47
διστάζω	$14^{31}28^{17}$	2	38
διϋλίζω	23^{24}	1	47
διχάζω	10^{35}	1	47
ἑβδομηκοντάκις	18^{22}	1	47
ἔγερσις	27^{53}	1	47
ἐγκρύπτω	13^{33}	1	47
Ἐζεκίας, ὁ	$1^{9,10}$	2	62
εἰδέα	28^{3}	1	47
εἰρηνοποιός	5^{9}	1	47
ἐκλάμπω	13^{43}	1	47
Ἐλεάζαρ, ὁ	1^{15} (bis)	2	62
Ἐλιούδ, ὁ	$1^{14,15}$	2	62
Ἐμμανουήλ, ὁ	1^{23}	1	62
ἐμπρήθω	22^{7}	1	48
ἐμπορία	22^{5}	1	48
ἐνθυμέομαι	$1^{20}9^{4}$	2	39
ἐξορκίζω	26^{63}	1	48
ἐξώτερος	$8^{12}22^{13}25^{30}$	3	34
ἐπιγαμβρεύω	22^{24}	1	48
ἐπικαθίζω	21^{7}	1	49
ἐπιορκέω	5^{33}	1	49
ἐπισπείρω	13^{25}	1	49
ἐρεύγομαι	13^{35}	1	49
ἐρίζω	12^{19}	1	49
ἐρίφιον	25^{33}	1	49
εὐδία	16^{2}	1	49
εὐνοέω	5^{25}	1	49
εὐνουχίζω	19^{12} (bis)	2	39
εὐρύχωρος	7^{13}	1	49
Ζαρά, ὁ	1^{3}	1	62
ζιζάνιον	$13^{25,26,27,29,30,36,38,40}$	8	25
ἠλ(ε)ί	27^{46} (bis)	2	39
Θάμαρ, ἡ	1^{3}	1	63
θαυμάσιος	21^{15}	1	49
θεριστής	$13^{30,39}$	2	39
θυμόομαι	2^{16}	1	50
Ἰερεμίας, ὁ	$2^{17}16^{14}27^{9}$	3	63
Ἰεχονίας, ὁ	$1^{11,12}$	2	63
Ἰωάθαμ, ὁ	1^{9} (bis)	2	63
Ἰωράμ, ὁ	1^{8} (bis)	2	63
Ἰωσαφάτ, ὁ	1^{8} (bis)	2	63
Ἰωσείας, ὁ	$1^{10,11}$	2	63
ἰῶτα	5^{18}	1	50
καθά	27^{10}	1	50
καθηγητής	23^{10} (bis)	2	40
καταθεματίζω	26^{74}	1	50
καταμανθάνω	6^{28}	1	50
καταποντίζομαι	$14^{30}18^{6}$	2	40
κῆτος	12^{40}	1	51
κορβανᾶς	27^{6}	1	51
κουστωδία	$27^{65,66}28^{11}$	3	34
κρυφαῖος	6^{18} (bis)	2	40
κύμινον	23^{23}	1	51
κώνωψ	23^{24}	1	51
λεμά	27^{46}	1	51
Μαγαδάν, ἡ	15^{39}	1	64
Μαθθάν, ὁ	1^{15} (bis)	2	64
μαλακία	$4^{23}9^{35}10^{1}$	3	35
μεταίρω	$13^{53}19^{1}$	2	40
μετοικεσία	$1^{11,12,17}$ (bis)	4	31
μίλιον	5^{41}	1	52
μισθόομαι	$20^{1,7}$	2	40
νόμισμα	22^{19}	1	52
νοσσίον	23^{37}	1	52
Ὀζείας, ὁ	$1^{8,9}$	2	65
οἰκετεία	24^{45}	1	52
οἰκιακός	$10^{25,36}$	2	41
ὀλιγοπιστία	17^{20}	1	52
ὄναρ	$1^{20}2^{12,13,19,22}27^{19}$	6	27
οὐδαμῶς	2^{6}	1	53
Οὐρίας, ὁ	1^{6}	1	65
παγιδεύω	22^{15}	1	53
παραθαλάσσιος	4^{13}	1	53
παρομοιάζω	23^{27}	1	53
παροψίς	23^{25}	1	§
πλατύς	7^{13}	1	54
πολυλογία	6^{7}	1	54
προβιβάζω	14^{8}	1	54
προφθάνω	17^{25}	1	54
πυρράζω	$16^{2,3}$	2	42
ῥακά	5^{22}	1	55
Ῥαμά, ἡ	2^{18}	1	65
ῥαπίζω	$5^{39}26^{67}$	2	42
Ῥαχάβ, ἡ	1^{5}	1	65
Ῥαχήλ, ἡ	2^{18}	1	65
Ῥοβοάμ, ὁ	1^{7} (bis)	2	65
Ῥούθ, ἡ	1^{5}	1	65
σαγήνη	13^{47}	1	55
Σαδώκ, ὁ	1^{14} (bis)	2	65
Σαλμών, ὁ	$1^{4,5}$	2	65
σεληνιάζομαι	$4^{24}17^{15}$	2	42
σιτιστός	22^{4}	1	55
στατήρ	17^{27}	1	55
συναίρω	$18^{23,24}25^{19}$	3	36
συναυξάνομαι	13^{30}	1	55
συντάσσω	$21^{6}26^{19}27^{10}$	3	36
τάλαντον	$18^{24}25^{15,16,20}$ (quater), 22 (ter), 24, 25, 28 (bis)	14	6
ταφή	27^{7}	1	56
τελευτή	2^{15}	1	56
τοὔνομα	27^{57}	1	56
τραπεζείτης	25^{27}	1	56
τύφομαι	12^{20}	1	57
φράζω	15^{15}	1	57
φυγή	24^{20}	1	57
φυλακτήριον	23^{5}	1	57
φυτεία	15^{13}	1	57
Χαναναῖος	15^{22}	1	66
χλαμύς	$27^{28,31}$	2	43
ψευδομαρτυρία	$15^{19}26^{59}$	2	43
ψύχομαι	24^{12}	1	58

Words Found Only in Mark:

Word	Reference	Frequency	Page
Ἀβιάθαρ, ὁ	2^{26}	1	61
ἀγρεύω	12^{13}	1	43
ἄλαλος	$7^{37}9^{17,25}$	3	33
ἀλεκτοροφωνία	13^{35}	1	44
ἀλλαχοῦ	1^{38}	1	44
ἀμφιβάλλω	1^{16}	1	44
ἄμφοδον	11^{4}	1	44
ἀνακυλίω	16^{4}	1	44
ἄναλος	9^{50}	1	44
ἀναπηδάω	10^{50}	1	44
ἀναστενάζω	8^{12}	1	44
ἀπόδημος	13^{34}	1	45
ἀποστεγάζω	2^{4}	1	45
ἀφρίζω	$9^{18,20}$	2	38
Βαρτίμαιος, ὁ	10^{46}	1	61
Βοανηργές	3^{17}	1	62
γναφεύς	9^{3}	1	46
Δαλμανουθά, ἡ	8^{10}	1	62
δισχίλιοι	5^{13}	1	47
δύσκολος	10^{24}	1	47
εἶτεν	4^{28} (bis)	2	§
ἐκθαμβέομαι	$9^{15}14^{33}16^{5,6}$	4	31
ἐκθαυμάζω	12^{17}	1	47
ἐκπερισσῶς	14^{31}	1	48
ἐναγκαλίζομαι	$9^{36}10^{16}$	2	38
ἐνειλέω	15^{46}	1	48
ἔννυχα	1^{35}	1	48
ἐξάπινα	9^{8}	1	48
ἐξουδενέω	9^{12}	1	48
ἐπιράπτω	2^{21}	1	49
ἐπισυντρέχω	9^{25}	1	49
ἐσχάτως	5^{23}	1	49
ἐφφαθά	7^{34}	1	49
θαμβέομαι	$1^{27}10^{24,32}$	3	34
θανάσιμον	16^{18}	1	49
θυγάτριον	$5^{23}7^{25}$	2	39
Ἰδουμαία, ἡ	3^{8}	1	63
καταβαρύνω	14^{40}	1	50
καταδιώκω	1^{36}	1	50
κατακόπτω	5^{5}	1	50
κατευλογέω	10^{16}	1	51
κατοίκησις	5^{3}	1	51
κεντυρίων	$15^{39,44,45}$	3	34
κεφαλιόω	12^{4}	1	51
Κορβάν	7^{11}	1	51
κούμ	5^{41}	1	51
κυλίομαι	9^{20}	1	51
κωμόπολις	1^{38}	1	51
λαμά	15^{34}	1	51
μηκύνομαι	4^{27}	1	52
μογιλάλος	7^{32}	1	52
μυρίζω	14^{8}	1	52
νουνεχῶς	12^{34}	1	52
ξέστης	7^{4}	1	52
οὐά	15^{29}	1	53
παιδιόθεν	9^{21}	1	53
παρόμοιος	7^{13}	1	53
περιτρέχω	6^{55}	1	54
πρασιά	6^{40} (bis)	2	41
προαύλιον	14^{68}	1	54
προμεριμνάω	13^{11}	1	54
προσάββατον	15^{42}	1	54
προσκεφάλαιον	4^{38}	1	54
προσορμίζομαι	6^{53}	1	54
προσπορεύομαι	10^{35}	1	54
πυγμή	7^{3}	1	55
Σαλώμη, ἡ	$15^{40}16^{1}$	2	65
σκώληξ	9^{48}	1	55
σμυρνίζω	15^{23}	1	55
σπεκουλάτωρ	6^{27}	1	55
στασιαστής	15^{7}	1	55
στιβάς	11^{8}	1	55
στίλβω	9^{3}	1	55
συμπόσιον	6^{39} (bis)	2	42
συνθλίβω	$5^{24,31}$	2	42
συλλυπέομαι	3^{5}	1	56
Συροφοινίκισσα, ἡ	7^{26}	1	66
σύσσημον	14^{44}	1	56
ταλειθά	5^{41}	1	56
τηλαυγῶς	8^{25}	1	56
Τιμαῖος, ὁ	10^{46}	1	66
τρίζω	9^{18}	1	57
τρυμαλιά	10^{25}	1	57
ὑπερηφανία	7^{22}	1	57
ὑπερπερισσῶς	7^{37}	1	57
ὑπολήνιον	12^{1}	1	57
χαλκίον	7^{4}	1	57

Words Found Only in Luke:

Word	Reference	Frequency	Page
Ἀβειληνή, ἡ	3^{1}	1	61
ἀγκάλη	2^{28}	1	43
ἄγρα	$5^{4,9}$	2	36
ἀγραυλέω	2^{8}	1	43

§ παροψίς and εἶτεν: see Corrigenda, p. 129.

WORDS FOUND ONLY IN Lk

Word	Reference		
ἀγωνία	22^{44}	1	43
Ἀδδεί, ὁ	3^{28}	1	61
Ἀδμείν, ὁ	3^{33}	1	61
ἀθροίζω	24^{33}	1	43
αἰσθάνομαι	9^{45}	1	44
αἰχμάλωτος	4^{18}	1	44
ἀλλογενής	17^{18}	1	44
ἀμπελουργός	13^{7}	1	44
ἀμφιάζω	12^{28}	1	44
ἀνάβλεψις	4^{18}	1	44
ἀνάδειξις	1^{80}	1	44
ἀνάθημα	21^{5}	1	44
ἀναιδία	11^{8}	1	44
ἀνάλημψις	9^{51}	1	44
ἀνάπειρος	$14^{13,21}$	2	37
ἀνατάσσομαι	1^{1}	1	44
ἀναφωνέω	1^{42}	1	44
ἀνέκλειπτος	12^{33}	1	44
ἀνένδεκτος	17^{1}	1	44
ἀνθομολογέομαι	2^{38}	1	45
Ἄννα, ἡ	2^{36}	1	61
ἀντιβάλλω	24^{17}	1	45
ἀντικαλέω	14^{12}	1	45
ἀντιμετρέομαι	6^{38}	1	45
ἀντιπαρέρχομαι	$10^{31,32}$	2	37
ἀντίπερα	8^{26}	1	45
ἀπαιτέω	$6^{30} 12^{20}$	2	37
ἀπαρτισμός	14^{28}	1	45
ἀπελπίζω	6^{35}	1	45
ἀποδεκατεύω	18^{12}	1	45
ἀποθλίβω	8^{45}	1	45
ἀποκλείω	13^{25}	1	45
ἀπομάσσομαι	10^{11}	1	45
ἀπορία	21^{25}	1	45
ἀποστοματίζω	11^{53}	1	45
ἀποψύχω	21^{26}	1	45
ἀρήν	10^{3}	1	45
Ἀρνεί	3^{33}	1	61
ἄροτρον	9^{62}	1	45
Ἀρφαξάδ, ὁ	3^{36}	1	61
ἀρχιτελώνης	19^{2}	1	45
ἀστράπτω	$17^{24} 24^{4}$	2	37
ἀσώτως	15^{13}	1	45
ἄτεκνος	$20^{28,29}$	2	37
ἄτερ	$22^{6,35}$	2	37
Αὔγουστος, ὁ	2^{1}	1	61
αὐστηρός	$19^{21,22}$	2	38
αὐτόπτης	1^{2}	1	46
ἄφαντος	24^{31}	1	46
ἀφρός	9^{39}	1	46
ἀφυπνόω	8^{23}	1	46
βαθύνω	6^{48}	1	46
βαλλάντιον	$10^{4} 12^{33} 22^{35,36}$	4	30
βάτος I	16^{6}	1	46
βελόνη	18^{25}	1	46
βλητέος	5^{38}	1	46
βολή	22^{41}	1	46
βουνός	$3^{5} 23^{30}$	2	38
βρώσιμος	24^{41}	1	46
βύσσος	16^{19}	1	46
Γαβριήλ, ὁ	$1^{19,26}$	2	62
γαμίσκομαι	20^{34}	1	46
γελάω	$6^{21,25}$	2	38
γῆρας	1^{36}	1	46
δακτύλιος	15^{22}	1	46
δανιστής	7^{41}	1	46
δαπάνη	14^{28}	1	46
διαβάλλω	16^{1}	1	46
διαγογγύζω	$15^{2} 19^{7}$	2	38
διαγρηγορέω	9^{32}	1	46
διακαθαίρω	3^{17}	1	47
διαλαλέω	$1^{65} 6^{11}$	2	38
διαλείπω	7^{45}	1	47
διαμερισμός	12^{51}	1	47
διανεύω	1^{22}	1	47
διανόημα	11^{17}	1	47
διανυκτερεύω	6^{12}	1	47
διαπραγματεύομαι	19^{15}	1	47
διασείω	3^{14}	1	47
διαταράσσομαι	1^{29}	1	47
διαφυλάσσω	4^{10}	1	47
διαχωρίζομαι	9^{33}	1	47
διήγησις	1^{1}	1	47
δοχή	$5^{29} 14^{13}$	2	38
δραχμή	$15^{8(bis),9}$	3	34
δυσβάστακτος	11^{46}	1	47
ἔα	4^{34}	1	47
Ἔβερ, ὁ	3^{35}	1	62
ἐδαφίζω	19^{44}	1	47
ἐθίζω	2^{27}	1	47
εἰμί : ἐσόμενος	22^{49}	1	
ἐκκομίζομαι	7^{12}	1	47
ἐκκρεμάννυμι	19^{48}	1	47
ἐκμυκτηρίζω	$16^{14} 23^{35}$	2	38
ἐκτελέω	$14^{29,30}$	2	38
ἐκχωρέω	21^{21}	1	48
Ἐλεισάβετ, ἡ	$1^{5,7,13,24,36,40,41(bis),57}$	9	62
Ἐλιέζερ, ὁ	3^{29}	1	62
Ἐλισαῖος, ὁ	4^{27}	1	62
ἑλκόομαι	16^{20}	1	48
Ἐλμαδάμ, ὁ	3^{28}	1	62
ἐμβάλλω	12^{5}	1	48
Ἐμμαούς, ἡ	24^{13}	1	62
ἐνδέχεται	13^{33}	1	48
ἔνειμι	11^{41}	1	48
ἐνκάθετος	20^{20}	1	48
ἔνκυος	2^{5}	1	48
ἐννέα	17^{17}	1	48
ἐννεύω	1^{62}	1	48
Ἐνώς, ὁ	3^{38}	1	62
ἐξαιτέομαι	22^{31}	1	48
ἐξαστράπτω	9^{29}	1	48
ἐπαθροίζομαι	11^{29}	1	48
ἐπαιτέω	$16^{3} 18^{35}$	2	39
ἐπανέρχομαι	$10^{35} 19^{15}$	2	39
ἐπειδήπερ	1^{1}	1	48
ἐπεισέρχομαι	21^{35}	1	48
ἐπικρίνω	23^{24}	1	49
ἐπιλείχω	16^{21}	1	49
ἐπιμελῶς	15^{8}	1	49
ἐπιπορεύομαι	8^{4}	1	49
ἐπισιτισμός	9^{12}	1	49
ἐπιστάτης	$5^{5} 8^{24(bis),45} 9^{33,49} 17^{13}$	7	26
ἐπισχύω	23^{5}	1	49
ἐπιχέω	10^{34}	1	49
Ἐσλεί, ὁ	3^{25}	1	62
εὖ γε	19^{17}	1	49
εὐεργέτης	22^{25}	1	49
εὐφορέω	12^{16}	1	49
ἐφημερία	$1^{5,8}$	2	39
Ζακχαῖος, ὁ	$19^{2,5,8}$	3	62
ζεῦγος	$2^{24} 14^{19}$	2	39
ἡγεμονεύω	$2^{2} 3^{1}$	2	39
ἡγεμονία	3^{1}	1	49
Ἡλεί, ὁ	3^{23}	1	62
ἡμιθανής	10^{30}	1	49
Ἤρ, ὁ	3^{28}	1	62
ἦχος II	21^{25}	1	49
Θαρά, ὁ	3^{34}	1	63
θεωρία	23^{48}	1	50
θηρεύω	11^{54}	1	50
θορυβάζω	10^{41}	1	50
θραύω	4^{18}	1	50
θρόμβος	22^{44}	1	50
θυμιάω	1^{9}	1	50
Ἰανναί, ὁ	3^{24}	1	63
Ἰάρετ, ὁ	3^{37}	1	63
ἱδρώς	22^{44}	1	50
ἱερατεύω	1^{8}	1	50
ἰκμάς	8^{6}	1	50
ἰσάγγελος	20^{36}	1	50
ἴσως	20^{13}	1	50
Ἰτουραία, ἡ	3^{1}	1	63
Ἰωάνα, ἡ	$8^{3} 24^{10}$	2	63
Ἰωανάν, ὁ	3^{27}	1	63
Ἰωδά, ὁ	3^{26}	1	63
Ἰωνάμ, ὁ	3^{30}	1	63
Ἰωρείμ, ὁ	3^{29}	1	63
Ἰωσήχ, ὁ	3^{26}	1	63
καθοπλίζομαι	11^{21}	1	50
Καϊνάμ (2), ὁ	$3^{36,37}$	2	64
κατάβασις	19^{37}	1	50
καταδέω	10^{34}	1	50
κατακλίνω	$7^{36} 9^{14,15} 14^{8} 24^{30}$	5	29
κατακρημνίζω	4^{29}	1	50
καταλιθάζω	20^{6}	1	50
κατανεύω	5^{7}	1	50
καταπλέω	8^{26}	1	50
κατασύρω	12^{58}	1	50
κατασφάζω	19^{27}	1	50
καταψύχω	16^{24}	1	51
κέραμος	5^{19}	1	51
κεράτιον	15^{16}	1	51
Κλεόπας, ὁ	24^{18}	1	64
κλινίδιον	$5^{19,24}$	2	40
κλισία	9^{14}	1	51
κοπρία	14^{35}	1	51
κόπριον	13^{8}	1	51
κόραξ	12^{24}	1	51
κόρος	16^{7}	1	51
κραιπάλη	21^{34}	1	51
κρύπτη	11^{33}	1	51
Κυρήνιος, ὁ	2^{2}	1	64
Κωσάμ, ὁ	3^{28}	1	64
Λάμεχ, ὁ	3^{36}	1	64
λαμπρῶς	16^{19}	1	51
λαξευτός	23^{53}	1	51
λεῖος	3^{5}	1	51
λῆρος	24^{11}	1	51
Λυσανίας, ὁ	3^{1}	1	64
λυσιτελεῖ	17^{2}	1	51
Μαάθ, ὁ	3^{26}	1	64
Μαθθάτ, ὁ	3^{29}	1	64
Μαθουσάλα, ὁ	3^{37}	1	64
Μαλελεήλ, ὁ	3^{37}	1	64
Ματθάτ, ὁ	3^{24}	1	64
Ματταθά, ὁ	3^{31}	1	64
Ματταθίας (2), ὁ	$3^{25,26}$	2	64
Μελεά, ὁ	3^{31}	1	64
Μελχεί (2), ὁ	$3^{24,28}$	2	64
Μεννά, ὁ	3^{31}	1	64
μενοῦν	11^{28}	1	52
μεριστής	12^{14}	1	52
μετεωρίζομαι	12^{29}	1	52
μίσθιος	$15^{17,19}$	2	40
μνᾶ	$19^{13,16(bis),18(bis),20,24(bis),25}$	9	24
μυλικός	17^{2}	1	52
Ναγγαί, ὁ	3^{25}	1	65
Ναθάμ, ὁ	3^{31}	1	65
Ναιμάν, ὁ	4^{27}	1	65
Ναΐν, ἡ	7^{11}	1	65
Ναούμ, ὁ	3^{25}	1	65
Ναχώρ, ὁ	3^{34}	1	65
Νηρεί, ὁ	3^{27}	1	65
νοσσιά	13^{34}	1	52
νοσσός	2^{24}	1	52
ὀγδοήκοντα	$2^{37} 16^{7}$	2	41
ὁδεύω	10^{33}	1	52
οἰκονομέω	16^{2}	1	52
ὄμβρος	12^{54}	1	52
ὄνειδος	1^{25}	1	53
ὁπότε	6^{3}	1	51
ὀπτός	24^{42}	1	53
ὀρεινή	$1^{39,65}$	2	41
ὀρθρίζω	21^{38}	1	53
ὀρθρινός	24^{22}	1	53
οὐσία	$15^{12,13}$	2	41
ὀφρύς	4^{29}	1	53
πανδοχεῖον	10^{34}	1	53
πανδοχεύς	10^{35}	1	53
πανπληθεί	23^{18}	1	53
παράδοξον	5^{26}	1	53
παρακαθέζομαι	10^{39}	1	53
παρακαλύπτομαι	9^{45}	1	53
παράλιος	6^{17}	1	53
παρατήρησις	17^{20}	1	53
παρεμβάλλω	19^{43}	1	53
παρθενία	2^{36}	1	53
πεδινός	6^{17}	1	53
πενιχρός	21^{2}	1	53
πεντεκαιδέκατος	3^{1}	1	53
περιάπτω	22^{55}	1	53
περικρύπτω	1^{24}	1	53
περικυκλόω	19^{43}	1	53
περιοικέω	1^{65}	1	53
περίοικος	1^{58}	1	53

WORDS FOUND ONLY IN Lk, Lk-Ac, Jn

Word	References	Count	Page
περισπάομαι	10^{40}	1	54
πήγανον	11^{42}	1	54
πιέζω	6^{38}	1	54
πινακίδιον	1^{63}	1	54
πλήμμυρα	6^{48}	1	54
πραγματεύομαι	19^{13}	1	54
πράκτωρ	12^{58}(bis)	2	41
πρεσβεία	$14^{32}19^{14}$	2	41
προμελετάω	21^{14}	1	54
προσαναβαίνω	14^{10}	1	54
προσδαπανάω	10^{35}	1	54
προσεργάζομαι	19^{16}	1	54
προσποιέομαι	24^{28}	1	54
προσρήγνυμι	$6^{48,49}$	2	42
προσψαύω	11^{46}	1	54
προφέρω	6^{45}(bis)	2	42
πτοέομαι	$21^{9}24^{37}$	2	42
πτύσσω	4^{20}	1	55
Ῥαγαύ, ὁ	3^{35}	1	65
ῥῆγμα	6^{49}	1	55
Ῥησά, ὁ	3^{27}	1	65
Σαλά, ὁ	$3^{32,35}$	2	65
σάλος	21^{25}	1	55
Σάρεπτα, τά	4^{26}	1	65
Σεμεείν, ὁ	3^{26}	1	65
Σερούχ, ὁ	3^{35}	1	66
Σήθ, ὁ	3^{38}	1	66
Σήμ, ὁ	3^{36}	1	66
σίκερα	1^{15}	1	55
σινιάζω	22^{31}	1	55
σιτευτός	$15^{23,27,30}$	3	36
σιτομέτριον	12^{42}	1	55
σκάπτω	$6^{48}13^{8}16^{3}$	3	36
σκιρτάω	$1^{41,44}6^{23}$	3	36
σκῦλον	11^{22}	1	55
σορός	7^{14}	1	55
Σουσάννα, ἡ	8^{3}	1	66
σπαργανόω	$2^{7,12}$	2	42
στιγμή	4^{5}	1	55
στρατόπεδον	21^{20}	1	55
συγγενίς	1^{36}	1	55
συγκυρία	10^{31}	1	55
συκάμινος	17^{6}	1	55
συκομορέα	19^{4}	1	55
συκοφαντέω	$3^{14}19^{8}$	2	42
συλλογίζομαι	20^{5}	1	55
συμφωνία	15^{25}	1	55
σύνειμι I	8^{4}	1	56
συνκαλύπτω	12^{2}	1	56
συνκατατίθεμαι	23^{51}	1	56
συνκύπτω	13^{11}	1	56
συνοδία	2^{44}	1	56
συνπαραγίνομαι	23^{48}	1	56
συνπίπτω	6^{49}	1	56
συντυγχάνω	8^{19}	1	56
συνφύομαι	8^{7}	1	56
Σύρος, ὁ	4^{27}	1	66
τελεσφορέω	8^{14}	1	56
τετρααρχέω	3^{1}(ter)	3	36
τετραπλόος	19^{8}	1	56
Τιβέριος, ὁ	3^{1}	1	66
τραῦμα	10^{34}	1	56
Τραχωνῖτις, ἡ	3^{1}	1	66
τρυγών	2^{24}	1	57
ὑγρός	23^{31}	1	57
ὑδρωπικός	14^{2}	1	57
ὑπερεκχύννομαι	6^{38}	1	57
ὑποκρίνομαι	20^{20}	1	57
ὑποστρωννύω	19^{36}	1	57
ὑποχωρέω	$5^{16}9^{10}$	2	43
ὑφαίνω	12^{27}	1	57
Φάλεκ, ὁ	3^{35}	1	66
Φανουήλ, ὁ	2^{36}	1	66
φάραγξ	3^{5}	1	57
φάτνη	$2^{7,12,16}13^{15}$	4	32
φιλονεικία	22^{24}	1	57
φόβητρον	21^{11}	1	57
φρονίμως	16^{8}	1	57
χάραξ	19^{43}	1	57
χάσμα	16^{26}	1	58
χορός	15^{25}	1	58
Χουζᾶς, ὁ	8^{3}	1	66
χράω	11^{5}	1	58
χρεοφειλέτης	$7^{41}16^{5}$	2	43
ψώχω	6^{1}	1	58
ᾠόν	11^{12}	1	58

Words Found Only in Luke-Acts:

Word	References	Count	Page
αἴτιον	Lk $23^{4,14,22}$ Ac 19^{40}	4	30
ἀναδείκνυμι	Lk 10^{1} Ac 1^{24}	2	37
ἀναζητέω	Lk $2^{44,45}$ Ac 11^{25}	3	33
ἀνακαθίζω	Lk 7^{15} Ac 9^{40}	2	37
ἀνασπάω	Lk 14^{5} Ac 11^{10}	2	37
ἀναφαίνω	Lk 19^{11} Ac 21^{3}	2	37
ἀνευρίσκω	Lk 2^{16} Ac 21^{4}	2	37
ἀντεῖπον	Lk 21^{15} Ac 4^{14}	2	37
ἀπογραφή	Lk 2^{2} Ac 5^{37}	2	37
ἀποδέχομαι	Lk $8^{40}9^{11}$ Ac $2^{41}18^{27}21^{17}24^{3}28^{30}$	7	25
ἀποτινάσσω	Lk 9^{5} Ac 28^{5}	2	37
διαπορέω	Lk 9^{7} Ac $2^{12}5^{24}10^{17}$	4	30
διατηρέω	Lk 2^{51} Ac 15^{29}	2	38
διΐστημι	Lk $22^{59}24^{51}$ Ac 27^{28}	3	33
διϊσχυρίζομαι	Lk 22^{59} Ac 12^{15}	2	38
διοδεύω	Lk 8^{1} Ac 17^{1}	2	38
δούλη	Lk $1^{38,48}$ Ac 2^{18}	3	34
ἑβδομήκοντα	Lk $10^{1,17}$ Ac $7^{14}23^{23}27^{37}$	5	28
εἰμί: εἴην	Lk $1^{29}3^{15}8^{9}9^{46}15^{26}18^{36}22^{23}$ Ac $8^{20}10^{17}20^{16}21^{33}$	11	17
ἐλαιών	Lk $19^{29}21^{37}$ Ac 1^{12}	3	34
ἔναντι	Lk 1^{8} Ac 8^{21}	2	38
ἐναντίον	Lk $1^{6}20^{26}24^{19}$ Ac $7^{10}8^{32}$	5	28
ἐνεδρεύω	Lk 11^{54} Ac 23^{21}	2	39
ἐνισχύω	Lk 22^{43} Ac 9^{19}	2	39
ἑξῆς	Lk $7^{11}9^{37}$ Ac $21^{1}25^{17}27^{18}$	5	28
ἐπεῖδον	Lk 1^{25} Ac 4^{29}	2	39
ἐπιβιβάζω	Lk $10^{34}19^{35}$ Ac 23^{24}	3	34
ἐπιφωνέω	Lk 23^{21} Ac $12^{22}21^{34}22^{24}$	4	31
ἐπιχειρέω	Lk 1^{1} Ac $9^{29}19^{13}$	3	34
ἑσπέρα	Lk 24^{29} Ac $4^{3}28^{23}$	3	34
εὐλαβής	Lk 2^{25} Ac $2^{5}8^{2}22^{12}$	4	31
εὐτόνως	Lk 23^{10} Ac 18^{28}	2	39
θάμβος	Lk $4^{36}5^{9}$ Ac 3^{10}	3	34
Θεόφιλος, ὁ	Lk 1^{3} Ac 1^{1}	2	63
ἴασις	Lk 13^{32} Ac $4^{22,30}$	3	34
καθεξῆς	Lk $1^{3}8^{1}$ Ac $3^{24}11^{4}18^{23}$	5	29
καθίημι	Lk 5^{19} Ac $9^{25}10^{11}11^{5}$	4	31
καθότι	Lk $1^{7}19^{9}$ Ac $2^{24,45}4^{35}17^{31}$	6	27
κατακλείω	Lk 3^{20} Ac 26^{10}	2	40
κατακολουθέω	Lk 23^{55} Ac 16^{17}	2	40
καταπίπτω	Lk 8^{6} Ac $26^{14}28^{6}$	3	34
κλάσις	Lk 24^{35} Ac 2^{42}	2	40
λοιμός	Lk 21^{11} Ac 24^{5}	2	40
ὀδυνάομαι	Lk $2^{48}16^{24,25}$ Ac 20^{38}	4	32
ὁμιλέω	Lk $24^{14,15}$ Ac $20^{11}24^{26}$	4	32
ὄρθρος	Lk 24^{1} Ac 5^{21} (this count excludes Jn 8^{2})	2	35
παραβιάζομαι	Lk 24^{29} Ac 16^{15}	2	41
περιλάμπω	Lk 2^{9} Ac 26^{13}	2	41
προβάλλω	Lk 21^{30} Ac 19^{33}	2	41
προπορεύομαι	Lk 1^{76} Ac 7^{40}	2	42
προσδοκία	Lk 21^{26} Ac 12^{11}	2	42
προϋπάρχω	Lk 23^{12} Ac 8^{9}	2	42
Σιδώνιος	Lk 4^{26} Ac 12^{20}	2	66
στρατηγός	Lk $22^{4,52}$ Ac $4^{1}5^{24,26}16^{20,22,35,36,38}$	10	5
στρατιά	Lk 2^{13} Ac 7^{42}	2	42
συγγένεια	Lk 1^{61} Ac $7^{3,14}$	3	36
συναρπάζω	Lk 8^{29} Ac $6^{12}19^{29}27^{15}$	4	32
συνβάλλω	Lk $2^{19}14^{31}$ Ac $4^{15}17^{18}18^{27}20^{14}$	6	28
σύνειμι II	Lk 9^{18} Ac 22^{11}	2	42
συνπληρόω	Lk $8^{23}9^{51}$ Ac 2^{1}	3	36
τραυματίζω	Lk 20^{12} Ac 19^{16}	2	43
τραχύς	Lk 3^{5}; Ac 27^{29}	2	43

Words Found Only in John:

Word	References	*	Count	Page
ἀγγέλλω	20^{18}		1	43
Αἰνών, ἡ	3^{23}		1	61
ἁλιεύω	21^{3}		1	44
ἀλλαχόθεν	10^{1}		1	44
ἀλόη	19^{39}		1	44
ἀναμάρτητος	8^{7}	*	1	44
ἀνθρακιά	$18^{18}21^{9}$		2	37
ἀντλέω	$2^{8,9}4^{7,15}$		4	30
ἄντλημα	4^{11}		1	45
ἀποσυνάγωγος	$9^{22}12^{42}16^{2}$		3	33
ἄραφος	19^{23}		1	45
ἀρχιτρίκλινος	$2^{8,9}$(bis)		3	33
αὐτόφωρος	8^{4}	*	1	46
βαΐον	12^{13}		1	46
Βηθζαθά, ἡ	5^{2}		1	61
βιβρώσκω	6^{13}		1	46
Γαββαθά	19^{13}		1	62
γενετή	9^{1}		1	46
γέρων	3^{4}		1	46
γλωσσόκομον	$12^{6}13^{29}$		2	38
δακρύω	11^{35}		1	46
δειλιάω	14^{27}		1	46
διαζώννυμι	$13^{4,5}21^{7}$		3	33
Δίδυμος, ὁ	$11^{16}20^{24}21^{2}$		3	62
ἐκνεύω	5^{13}		1	47
ἐμπόριον	2^{16}		1	48
ἐμφυσάω	20^{22}		1	48
ἐνκαίνια	10^{22}		1	48
ἐξυπνίζω	11^{11}		1	48

WORDS FOUND ONLY IN **Jn, Ac**

Word	Reference		
ἐπάρατος	7^{49}	1	48
ἐπενδύτης	21^{7}	1	48
ἐπιχρίω	9^{11}	1	49
Ἐφραίμ, ὁ	11^{54}	1	62
ἧλος	20^{25}(bis)	2	39
ἥπερ	12^{43}	1	49
θεοσεβής	9^{31}	1	50
θήκη	18^{11}	1	50
θρέμμα	4^{12}	1	50
καθαίρω	15^{2}	1	50
καίτοι γε	4^{2}	1	50
Κανά, ἡ	$2^{1,11}4^{46}21^{2}$	4	64
καταγράφω	8^{6} *	1	50
κατακύπτω	8^{8} *	1	50
Κεδρών, ὁ	18^{1}	1	64
κειρία	11^{44}	1	51
κέρμα	2^{15}	1	51
κερματιστής	2^{14}	1	51
κηπουρός	20^{15}	1	51
κλῆμα	$15^{2,4,5,6}$	4	31
Κλωπᾶς, ὁ	19^{25}	1	64
κοίμησις	11^{13}	1	51
κολυμβήθρα	$5^{2,7}9^{7}$	3	34
κομψότερον	4^{52}	1	51
κρίθινος	$6^{9,13}$	2	40
λέντιον	$13^{4,5}$	2	40
λιθόστρωτον (spelled also Λιθόστρωτον)	19^{13}	1	51
λίτρα	$12^{3}19^{39}$	2	40
Μάλχος, ὁ	18^{10}	1	64
μεσόω	7^{14}	1	52
Μεσσίας, ὁ	$1^{41}4^{25}$	2	64
μετρητής	2^{6}	1	52
μίγμα	19^{39}	1	52
μονή	$14^{2,23}$	2	40
Ναθαναήλ, ὁ	$1^{45,46,47,48,49}21^{2}$	6	65
Νικόδημος, ὁ	$3^{1,4,9}7^{50}19^{39}$	5	65
νιπτήρ	13^{5}	1	52
νύσσω	19^{34}	1	52
ὄζω	11^{39}	1	52
ὀθόνιον	$19^{40}20^{5,6,7}$	4	32
ὀνάριον	12^{14}	1	53
οὐκοῦν	18^{37}	1	53
ὀψάριον	$6^{9,11}21^{9,10,13}$	5	29
παιδάριον	6^{9}	1	53
πενθερός	18^{13}	1	53
περιδέομαι	11^{44}	1	53
πότερον	7^{17}	1	54
προβατικός	5^{2}	1	54
προβάτιον	$21^{16,17}$	2	41
προσαιτέω	9^{8}	1	54
προσκυνητής	4^{23}	1	54
προσφάγιον	21^{5}	1	54
πτέρνα	13^{18}	1	54
πτύσμα	9^{6}	1	55
ῥέω	7^{38}	1	55
Ῥωμαϊστί	19^{20}	1	65
Σαλείμ, τό	3^{23}	1	65
Σαμαρεῖτις, ἡ	4^{9}(bis)	2	65
σκέλος	$19^{31,32,33}$	3	36
σκηνοπηγία	7^{2}	1	55
συνεισέρχομαι	$6^{22}18^{15}$	2	42
συμμαθητής	11^{16}	1	56
συγχράομαι	4^{9}	1	56
Συχάρ, ἡ	4^{5}	1	66
τεταρταῖος	11^{39}	1	56
τετράμηνος	4^{35}	1	56
Τιβεριάς, ἡ	$6^{1,23}21^{1}$	3	66
τίτλος	$19^{19,20}$	2	42
ὑδρία	$2^{6,7}4^{28}$	3	36
ὑφαντός	19^{23}	1	57
φανός	18^{3}	1	57
φραγέλλιον	2^{15}	1	57
χαμαί	$9^{6}18^{6}$	2	43
χείμαρρος	18^{1}	1	58
χολάω	7^{23}	1	58
ψωμίον	13^{26}(bis)^{27,30}	4	33

Words Found Only in Acts:

Word	Reference		
Ἅγαβος, ὁ	$11^{28}21^{10}$	2	61
ἀγαθουργέω	14^{17}	1	43
ἁγνισμός	21^{26}	1	43
ἄγνωστος	17^{23}	1	43
ἀγοραῖος	$17^{5}19^{38}$	2	36
ἀγράμματος	4^{13}	1	43
Ἀγρίππας, ὁ	$25^{13,22,23,24,26}26^{1,2,19,27,28,32}$	11	61
Ἀδραμυττηνός	27^{2}	1	61
Ἀδρίας, ὁ	27^{27}	1	61
Ἄζωτος, ἡ	8^{40}	1	61
Ἀθηναῖος	$17^{21,22}$	2	61
Αἰθίοψ, ὁ	8^{27}(bis)	2	61
Αἰνέας, ὁ	$9^{33,34}$	2	61
αἰτίωμα	25^{7}	1	44
ἀκατάκριτος	$16^{37}22^{25}$	2	37
ἀκρίβεια	22^{3}	1	44
ἀκριβέστερον	$18^{26}23^{15,20}24^{22}$	4	30
ἀκριβής	26^{5}	1	44
ἀκροατήριον	25^{23}	1	44
ἀκωλύτως	28^{31}	1	44
Ἀλεξανδρεύς, ὁ	$6^{9}18^{24}$	2	61
Ἀλεξανδρινός	$27^{6}28^{11}$	2	61
ἀλίσγημα	15^{20}	1	44
ἀλλόφυλος	10^{28}	1	44
ἀμάρτυρος	14^{17}	1	44
ἀμύνομαι	7^{24}	1	44
Ἀμφίπολις, ἡ	17^{1}	1	61
ἀναβαθμός	$21^{35,40}$	2	37
ἀναβάλλομαι	24^{22}	1	44
ἀναβολή	25^{17}	1	44
ἀναδίδωμι	23^{33}	1	44
ἀναίρεσις	8^{1}	1	44
ἀνάκρισις	25^{26}	1	44
ἀναντίρρητος	19^{36}	1	44
ἀναντιρρήτως	10^{29}	1	44
ἀναπείθω	18^{13}	1	44
ἀνασκευάζω	15^{24}	1	44
ἀνατρέφω	$7^{20,21}22^{3}$	3	33
ἀνάψυξις	3^{19}	1	44
ἀνετάζω	$22^{24,29}$	2	37
ἀνεύθετος	27^{12}	1	44
ἀνθύπατος	$13^{7,8,12}18^{12}19^{38}$	5	28
ἀνοικοδομέω	15^{16}(bis)	2	37
ἄντικρυς	20^{15}	1	45
Ἀντιοχεύς, ὁ	6^{5}	1	61
Ἀντιπατρίς, ἡ	23^{31}	1	61
ἀντιπίπτω	7^{51}	1	45
ἀντοφθαλμέω	27^{15}	1	45
ἀνωτερικός	19^{1}	1	45
ἀπασπάζομαι	21^{6}	1	45
ἄπειμι II	17^{10}	1	45
ἀπελαύνω	18^{16}	1	45
ἀπελεγμός	19^{27}	1	45
ἀπερίτμητος	7^{51}	1	45
ἀποκατάστασις	3^{21}	1	45
Ἀπολλωνία, ἡ	17^{1}	1	61
ἀποπίπτω	9^{18}	1	45
ἀποπλέω	$13^{4}14^{26}20^{15}27^{1}$	4	30
ἀπορίπτω	27^{43}	1	45
ἀποφορτίζομαι	21^{3}	1	45
Ἄππιος, ὁ	28^{15}	1	61
Ἄραψ, ὁ	2^{11}	1	61
ἀργυροκόπος	19^{24}	1	45
Ἄρειος Πάγος, ὁ	$17^{19,22}$	2	61
Ἀρεοπαγίτης, ὁ	17^{34}	1	61
Ἄρτεμις, ἡ	$19^{24,27,28,34,35}$	5	61
ἀρτέμων	27^{40}	1	45
ἀρχιερατικός	4^{6}	1	45
ἄσημος	21^{39}	1	45
Ἀσιανός, ὁ	20^{4}	1	61
Ἀσιάρχης, ὁ	19^{31}	1	61
ἀσιτία	27^{21}	1	45
ἄσιτος	27^{33}	1	45
ἀσκέω	24^{16}	1	45
ἀσμένως	21^{17}	1	45
ἆσσον	27^{13}	1	45
Ἄσσος, ἡ	$20^{13,14}$	2	61
ἀσύμφωνος	28^{25}	1	45
Ἀτταλία, ἡ	14^{25}	1	61
αὐγή	20^{11}	1	45
αὐτόχειρ	27^{19}	1	46
ἀφελότης	2^{46}	1	46
ἄφιξις	20^{29}	1	46
ἄφνω	$2^{2}16^{26}28^{6}$	3	33
Ἀχελδαμάχ	1^{19}	1	61
ἀχλύς	13^{11}	1	46
Βαριησοῦς, ὁ	13^{6}	1	61
Βαρσαββᾶς (2), ὁ	$1^{23}15^{22}$	2	61
βάσις	3^{7}	1	46
Βερνίκη, ἡ	$25^{13,23}26^{30}$	3	61
Βέροια, ἡ	$17^{10,13}$	2	61
Βεροιαῖος, ὁ	20^{4}	1	61
βία	$5^{26}21^{35}27^{41}$	3	33
βίαιος	2^{2}	1	46
βίωσις	26^{4}	1	46
Βλάστος, ὁ	12^{20}	1	62
βολίζω	27^{28}(bis)	2	38
βραδυπλοέω	27^{7}	1	46
βρύχω	7^{54}	1	46
βυρσεύς	$9^{43}10^{6,32}$	3	33
βωμός	17^{23}	1	46
Γάζα, ἡ	8^{26}	1	62
γάζα	8^{27}	1	46
Γαλατικός	$16^{6}18^{23}$	2	62
Γαλλίων, ὁ	$18^{12,14,17}$	3	62
Γαμαλιήλ, ὁ	$5^{34}22^{3}$	2	53
γερουσία	5^{21}	1	48
γλεῦκος	2^{13}	1	46
γνώστης	26^{3}	1	46
Δάμαρις, ἡ	17^{34}	1	62
δεισιδαιμονία	25^{19}	1	46
δεισιδαίμων	17^{22}	1	46
δεξιολάβος	23^{23}	1	46
Δερβαῖος, ὁ	20^{4}	1	62
Δέρβη, ἡ	$14^{6,20}16^{1}$	3	62
δεσμοφύλαξ	$16^{23,27,36}$	3	33
δεσμώτης	$27^{1,42}$	2	38
δευτεραῖος	28^{13}	1	46
δημηγορέω	12^{21}	1	46
δῆμος	$12^{22}17^{5}19^{30,33}$	4	30
δημόσιος	$5^{18}16^{37}18^{28}20^{20}$	4	30
διαγινώσκω	$23^{15}24^{22}$	2	38
διάγνωσις	25^{21}	1	46
διαδέχομαι	7^{45}	1	46
διάδοχος	24^{27}	1	46
διακατελέγχομαι	18^{28}	1	47
διακούω	23^{35}	1	47
διαλύομαι	5^{36}	1	47
διαμάχομαι	23^{9}	1	47
διανέμομαι	4^{17}	1	47
διανύω	21^{7}	1	47
διαπλέω	27^{5}	1	47
διαπρίομαι	$5^{33}7^{54}$	2	38
διασπείρω	$8^{1,4}11^{19}$	3	33
διάστημα	5^{7}	1	47
διατελέω	27^{33}	1	47
διαφεύγω	27^{42}	1	47
διαφθορά	$2^{27,31}13^{34,35,36,37}$	6	27
διαχειρίζομαι	$5^{30}26^{21}$	2	38
διαχλευάζω	2^{13}	1	47
διενθυμέομαι	10^{19}	1	47
διερωτάω	10^{17}	1	47
διετία	$24^{27}28^{30}$	2	38
διθάλασσος	27^{41}	1	47
δικάστης	$7^{27,35}$	2	38
Διονύσιος, ὁ	17^{34}	1	62
διοπετής	19^{35}	1	47
διόρθωμα	24^{2}	1	47
Διόσκουροι, οἱ	28^{11}	1	62
Δορκάς, ἡ	$9^{36,39}$	2	62
Δρούσιλλα, ἡ	24^{24}	1	62
δυσεντέριον	28^{8}	1	47
δωδεκάφυλον	26^{7}	1	47
Ἑβραΐς, ἡ	$21^{40}22^{2}26^{14}$	3	62
ἔγκλημα	$23^{29}25^{16}$	2	38
ἔδαφος	22^{7}	1	47
εἰμί:			
ἔσεσθαι	$11^{28}23^{30}24^{15}27^{10}$	4	17
εἰσπηδάω	16^{29}	1	47
εἰστρέχω	12^{14}	1	47
ἐκβολή	27^{18}	1	47

WORDS FOUND ONLY IN **Ac**

Word	References	Count	Page
ἐκδιηγέομαι	$13^{41}15^{3}$	2	38
ἔκδοτος	2^{23}	1	47
ἐκεῖσε	$21^{3}22^{5}$	2	38
ἔκθαμβος	3^{11}	1	47
ἔκθετος	7^{19}	1	47
ἐκκολυμβάω	27^{42}	1	47
ἐκλαλέω	23^{22}	1	47
ἐκπέμπω	$13^{4}17^{10}$	2	38
ἐκπηδάω	14^{14}	1	48
ἐκπλέω	$15^{39}18^{18}20^{6}$	3	34
ἐκπληρόω	13^{33}	1	48
ἐκπλήρωσις	21^{26}	1	48
ἐκταράσσω	16^{20}	1	48
ἐκτένεια	26^{7}	1	48
ἐκτίθεμαι	$7^{21}11^{4}18^{26}28^{23}$	4	31
ἐκψύχω	$5^{5,10}12^{23}$	3	34
Ἐλαμείτης, ὁ	2^{9}	1	62
ἔλευσις	7^{52}	1	48
Ἑλλάς, ἡ	20^{2}	1	62
Ἑλληνιστής, ὁ	$6^{1}9^{29}$	2	62
Ἐλύμας, ὁ	13^{8}	1	62
ἐμβιβάζω	27^{6}	1	48
ἐμμαίνομαι	26^{11}	1	48
Ἑμμώρ, ὁ	7^{16}	1	62
ἐνδεής	4^{34}	1	48
ἐνέδρα	$23^{16}25^{3}$	2	38
ἐνεός	9^{7}	1	48
ἐνπνέω	9^{1}	1	48
ἐντόπιος	21^{12}	1	48
ἐνύπνιον	2^{17}	1	48
ἐνωτίζομαι	2^{14}	1	48
ἐξάλλομαι	3^{8}	1	48
ἔξειμι	$13^{42}17^{15}20^{7}27^{43}$	4	31
ἐξολεθρεύομαι	3^{23}	1	48
ἐξορκιστής	19^{13}	1	48
ἐξοχή	25^{23}	1	48
ἔξυπνος	16^{27}	1	48
ἐξωθέω	$7^{45}27^{39}$	2	39
ἐπακροάομαι	16^{25}	1	48
ἐπάναγκες	15^{28}	1	48
ἐπαρχεία	23^{34}	1	48
ἐπάρχειος	25^{1}	1	48
ἔπαυλις	1^{20}	1	48
ἐπεγείρω	$13^{50}14^{2}$	2	39
ἐπέκεινα	7^{43}	1	48
ἐπιβουλή	$9^{24}20^{3,19}23^{30}$	4	31
ἐπιγίνομαι	28^{13}	1	48
ἐπιδημέω	$2^{10}17^{21}$	2	39
ἐπικέλλω	27^{41}	1	49
ἐπικουρία	26^{22}	1	49
Ἐπικούριος, ὁ	17^{18}	1	62
ἐπιμέλεια	27^{3}	1	49
ἐπινεύω	18^{20}	1	49
ἐπίνοια	8^{22}	1	49
ἐπιοῦσα	$7^{26}16^{11}20^{15}21^{18}23^{11}$	5	28
ἐπισκευάζομαι	21^{15}	1	49
ἐπιστηρίζω	$14^{22}15^{32,41}$	3	34
ἐπιστροφή	15^{3}	1	49
ἐπισφαλής	27^{9}	1	49
ἐπιτροπή	26^{12}	1	49
ἐπιφανής	2^{20}	1	49
ἐρείδω	27^{41}	1	49
ἔσθησις	1^{10}	1	49
εὐεργετέω	10^{38}	1	49
εὐθυδρομέω	$16^{11}21^{1}$	2	39
εὔθυμος	27^{36}	1	49
εὐθύμως	24^{10}	1	49
εὐπορέομαι	11^{29}	1	49
εὐπορία	19^{25}	1	49
Εὐρακύλων	27^{14}	1	49
Εὔτυχος, ὁ	20^{9}	1	62
εὐφροσύνη	$2^{28}14^{17}$	2	39
ἐφάλλομαι	19^{16}	1	49
Ἐφέσιος	$19^{28,34,35(bis)}21^{29}$	5	62
ζευκτηρία	27^{40}	1	49
Ζεύς, ὁ	$14^{12,13}$	2	62
ζήτημα	$15^{2}18^{15}23^{29}25^{19}26^{3}$	5	29
θάρσος	28^{15}	1	49
θεά	19^{27}	1	49
θεομάχος	5^{39}	1	50
θεός, ἡ	19^{37}	1	42
θέρμη	28^{3}	1	50
Θευδᾶς, ὁ	5^{36}	1	63
θυμομαχέω	12^{20}	1	50
ἱερόσυλος	19^{37}	1	50
Ἰόππη, ἡ	$9^{36,38,42,43}10^{5,8,23,32}11^{5,13}$	10	63
Ἰούλιος, ὁ	$27^{1,3}$	2	63
ἱππεύς	$23^{23,32}$	2	39
Ἰταλικός	10^{1}	1	63
Ἰωάννης, ὁ	4^{6}	1	63
Ἰωήλ, ὁ	2^{16}	1	63
καθάπτω	28^{3}	1	50
καθημερινός	6^{1}	1	50
καθόλου	4^{18}	1	50
κάκωσις	7^{34}	1	50
Καλοί Λιμένες	27^{8}	1	–
Κανδάκη, ἡ	8^{27}	1	64
καρδιογνώστης	$1^{24}15^{8}$	2	40
καρποφόρος	14^{17}	1	50
καταγγελεύς	17^{18}	1	50
καταδίκη	25^{15}	1	50
κατακληρονομέω	13^{19}	1	50
κατάλοιπος	15^{17}	1	50
κατανύσσομαι	2^{37}	1	50
καταριθμέω	1^{17}	1	50
κατασείω	$12^{17}13^{16}19^{33}21^{40}$	4	31
κατασοφίζομαι	7^{19}	1	50
καταστέλλω	$19^{35,36}$	2	40
κατάσχεσις	$7^{5,45}$	2	40
κατατρέχω	21^{32}	1	50
καταφέρω	$20^{9}(bis), 25^{7}26^{10}$	4	31
καταφρονητής	13^{41}	1	50
κατείδωλος	17^{16}	1	51
κατεφίστημι	18^{12}	1	51
κατήγορος	$23^{30,35}25^{16,18}$	4	31
κατοικία	17^{26}	1	51
Κ(λ)αῦδα	27^{16}	1	64
Κείς, ὁ	13^{21}	1	64
Κλαύδιος (2) ὁ	$11^{28}18^{2}23^{26}$	3	64
κλινάριον	5^{15}	1	51
Κνίδος, ἡ	27^{7}	1	64
κοιτών	12^{20}	1	51
κολυμβάω	27^{43}	1	51
κολωνία	16^{12}	1	51
κοπετός	8^{2}	1	51
Κορνήλιος, ὁ	$10^{1,3,17,22,24,25,30,31}$	8	64
κουφίζω	27^{38}	1	51
κτήτωρ	4^{34}	1	51
Κύπριος, ὁ	$4^{36}11^{20}21^{16}$	3	64
Κύπρος, ἡ	$11^{19}13^{4}15^{39}21^{3}27^{4}$	5	64
Κυρήνη, ἡ	2^{10}	1	64
Κῶς, ἡ	21^{1}	1	64
λακάω or -έω	1^{18}	1	51
λακτίζω	26^{14}	1	51
λαμπρότης	26^{13}	1	51
Λασέα, ἡ	27^{8}	1	64
λάσκω	1^{18}	1	51
λεπίς	9^{18}	1	51
Λιβερτῖνος	6^{9}	1	51
Λιβύη, ἡ	2^{10}	1	64
λιμήν	$27^{8,12(bis)}$	3	35
λίψ	27^{12}	1	51
λόγιος	18^{24}	1	51
Λύδδα, ἡ	$9^{32,35,38}$	3	64
Λυδία, ἡ	$16^{14,40}$	2	64
Λυκαονία, ἡ	14^{6}	1	64
Λυκαονιστί	14^{11}	1	64
Λυκία, ἡ	27^{5}	1	64
λυμαίνομαι	8^{3}	1	51
Λυσίας, ὁ	$23^{26}24^{22}$	2	64
λυτρωτής	7^{35}	1	51
μαγεύω	8^{9}	1	51
μαγία	8^{11}	1	51
Μαδιάμ, ὁ	7^{29}	1	64
μαθήτρια	9^{36}	1	51
Μαθθίας, ὁ	$1^{23,26}$	2	64
μακροθύμως	26^{3}	1	51
Μαναήν, ὁ	13^{1}	1	64
μανία	26^{24}	1	51
μαντεύομαι	16^{16}	1	51
μαστίζω	22^{25}	1	51
μεγαλεῖον	2^{11}	1	52
Μελίτη, ἡ	28^{1}	1	64
μεσημβρία	$8^{26}22^{6}$	2	40
Μεσοποταμία, ἡ	$2^{9}7^{2}$	2	64
μεστόομαι	2^{13}	1	52
μεταβάλλομαι	28^{6}	1	52
μετακαλέομαι	$7^{14}10^{32}20^{17}24^{25}$	4	31
μεταπέμπω	$10^{5,22,29(bis)}11^{13}20^{1}24^{24,26}25^{3}$	9	24
μετοικίζω	$7^{4,43}$	2	40
μετρίως	20^{12}	1	52
μηδαμῶς	$10^{14}11^{8}$	2	40
Μῆδος, ὁ	2^{9}	1	64
μηθείς	27^{33}	1	52
μίσθωμα	28^{30}	1	52
Μιτυλήνη, ἡ	20^{14}	1	64
Μνάσων, ὁ	21^{16}	1	64
Μολόχ, ὁ	7^{43}	1	65
μοσχοποιέω	7^{41}	1	52
Μύρα, τά	27^{5}	1	65
Μυσία, ἡ	$16^{7,8}$	2	65
ναύκληρος	27^{11}	1	52
ναῦς	27^{41}	1	52
νεανίας	$7^{58}20^{9}23^{17}$	3	35
νεωκόρος	19^{35}	1	52
νησίον	27^{16}	1	52
Νίγερ, ὁ	13^{1}	1	65
Νικάνωρ, ὁ	6^{5}	1	65
Νικόλαος, ὁ	6^{5}	1	65
ὁδοιπορέω	10^{9}	1	52
ὀθόνη	$10^{11}11^{5}$	2	41
οἴκημα	12^{7}	1	52
οἰκοδόμος	4^{11}	1	52
ὀκνέω	9^{38}	1	52
ὁλοκληρία	3^{16}	1	52
ὁμότεχνος	18^{3}	1	52
ὀπτάνομαι	1^{3}	1	53
ὀργυιά	$27^{28}(bis)$	2	41
ὁροθεσία	17^{26}	1	53
οὐρανόθεν	$14^{17}26^{13}$	2	41
ὀχλέομαι	5^{16}	1	53
ὀχλοποιέω	17^{5}	1	53
παθητός	26^{23}	1	53
Παμφυλία, ἡ	$2^{10}13^{13}14^{24}15^{38}27^{5}$	5	65
πανοικεί	16^{34}	1	53
πανταχῇ	21^{28}	1	53
πάντῃ	24^{3}	1	53
παραβάλλω	20^{15}	1	53
παραθεωρέομαι	6^{1}	1	53
παραινέω	$27^{9,22}$	2	41
παραλέγομαι	$27^{8,13}$	2	41
παρανομέω	23^{3}	1	53
παραπλέω	20^{16}	1	53
παράσημος	28^{11}	1	53
παρατείνω	20^{7}	1	53
παρατυγχάνω	17^{17}	1	53
παραχειμασία	27^{12}	1	53
παρενοχλέω	15^{19}	1	53
Πάρθοι, οἱ	2^{9}	1	65
Παρμενᾶς, ὁ	6^{5}	1	65
παροίχομαι	14^{16}	1	53
παροτρύνω	13^{50}	1	53
Πάταρα, τά	21^{1}	1	65
πατρῷος	$22^{3}24^{14}28^{17}$	3	35
Πάφος, ἡ	$13^{6,13}$	2	65
πεζεύω	20^{13}	1	53
πειράομαι	26^{21}	1	53
περαιτέρω	19^{39}	1	53
Πέργη, ἡ	$13^{13,14}14^{25}$	3	65
περιαστράπτω	$9^{3}22^{6}$	2	41
περικρατής	27^{16}	1	53
περιμένω	1^{4}	1	53
πέριξ	5^{16}	1	53
περιοχή	8^{32}	1	54
περιρήγνυμι	16^{22}	1	54
περιτρέπω	26^{24}	1	54
πίμπρημι	28^{6}	1	54
Πισιδία, ἡ	14^{24}	1	65

WORDS FOUND ONLY IN **Ac, Rm**

Πισίδιος	13^{14}	1	65
πλόος	$21^{7}\,27^{9,10}$	3	35
πνικτός	$15^{20,29}\,21^{25}$	3	35
πνοή	$2^{2}\,17^{25}$	2	41
πολιτάρχης	$17^{6,8}$	2	41
Ποντικός	18^{2}	1	65
Πόπλιος, ὁ	$28^{7,8}$	2	65
Πόρκιος, ὁ	24^{27}	1	65
πορφυρόπωλις	16^{14}	1	54
Ποτίολοι, οἱ	28^{13}	1	65
πρηνής	1^{18}	1	54
προκαταγγέλλω	$3^{18}\,7^{52}$	2	41
προκηρύσσω	13^{24}	1	54
προοράω	$2^{25}\,21^{29}$	2	41
πρός :			
w/genitive	27^{34}	1	21
προσαπειλέομαι	4^{21}	1	54
προσδέομαι	17^{25}	1	54
προσεάω	27^{7}	1	54
προσκληρόομαι	17^{4}	1	54
προσκλίνομαι	5^{36}	1	54
προσλαλέω	$13^{43}\,28^{20}$	2	42
πρόσπεινος	10^{10}	1	54
προσπήγνυμι	2^{23}	1	54
προσφάτως	18^{2}	1	54
προσωπολήμπτης	10^{34}	1	54
προτείνω	22^{25}	1	54
προτρέπομαι	18^{27}	1	54
προχειρίζομαι	$3^{20}\,22^{14}\,26^{16}$	3	35
προχειροτονέω	10^{41}	1	54
Πρόχορος, ὁ	6^{5}	1	65
πρῷρα	$27^{30,41}$	2	42
πρωτοστάτης	24^{5}	1	54
πρώτως	11^{26}	1	54
Πτολεμαΐς, ἡ	21^{7}	1	65
πύθων	16^{16}	1	55
πυρά	$28^{2,3}$	2	42
Πύρρος, ὁ	20^{4}	1	65
ῥαβδοῦχος	$16^{35,38}$	2	42
ῥᾳδιούργημα	18^{14}	1	55
ῥᾳδιουργία	13^{10}	1	55
Ῥήγιον, τό	28^{13}	1	65
ῥήτωρ	24^{1}	1	55
Ῥόδη, ἡ	12^{13}	1	65
Ῥόδος, ἡ	21^{1}	1	65
Ῥομφά, ὁ	7^{43}	1	65
ῥώννυμαι	15^{29}	1	55
Σαλαμίς, ἡ	13^{5}	1	65
Σαλμώνη, ἡ	27^{7}	1	65
Σαμοθρᾴκη, ἡ	16^{11}	1	65
Σάμος, ἡ	20^{15}	1	65
σανίς	27^{44}	1	55
Σαούλ (2), ὁ	$9^{4(bis),17}\,13^{21}\,22^{7(bis),13}\,26^{14(bis)}$	9	65
Σαπφείρη, ἡ	5^{1}	1	65
Σαρών, ὁ	9^{35}	1	65
Σαῦλος, ὁ	$7^{58}\,8^{1,3}\,9^{1,8,11,22,24}\,11^{25,30}\,12^{25}\,13^{1,2,7,9}$	15	65
σεβαστός	$25^{21,25}\,27^{1}$	3	35
Σέκουνδος, ὁ	20^{4}	1	65
Σελευκία, ἡ	13^{4}	1	65
Σέργιος, ὁ	13^{7}	1	65
σικάριος	21^{38}	1	55
Σίλας, ὁ	$15^{22,27,32,40}\,16^{19,25,29}\,17^{4,10,14,15}\,18^{5}$	12	66
σιμικίνθιον	19^{12}	1	55
σιτίον	7^{12}	1	55
σκάφη	$27^{16,30,32}$	3	36
Σκευᾶς, ὁ	19^{14}	1	66
σκευή	27^{19}	1	55
σκηνοποιός	18^{3}	1	55
σκληροτράχηλος	7^{51}	1	55
σκωληκόβρωτος	12^{23}	1	55
σπερμολόγος	17^{18}	1	55
στέμμα	14^{13}	1	55
στερεόω	$3^{7,16}\,16^{5}$	3	36
Στέφανος, ὁ	$6^{5,8,9}\,7^{59}\,8^{2}\,11^{19}\,22^{20}$	7	66
Στωϊκός	17^{18}	1	66
σύγχυσις	19^{29}	1	55
συμψηφίζω	19^{19}	1	55
συναθροίζω	$12^{12}\,19^{25}$	2	42
συναλίζομαι	1^{4}	1	55
συναλλάσσω	7^{26}	1	55
συνδρομή	21^{30}	1	56
συνεπιτίθεμαι	24^{9}	1	56
συνέπομαι	20^{4}	1	56
συνεφίστημι	16^{22}	1	56
συνθρύπτω	21^{13}	1	56
συνκαταβαίνω	25^{5}	1	56
συνκαταψηφίζομαι	1^{26}	1	56
συνκινέω	6^{12}	1	56
συνκομίζω	8^{2}	1	56
συνοδεύω	9^{7}	1	56
συνομιλέω	10^{27}	1	56
συνομορέω	18^{7}	1	56
συνπάρειμι	25^{24}	1	56
συνπεριλαμβάνω	20^{10}	1	56
συνπίνω	10^{41}	1	56
συντόμως	24^{4}	1	56
σύντροφος	13^{1}	1	56
συνχέω	21^{27}	1	56
συνχύννω	$2^{6}\,9^{22}\,19^{32}\,21^{31}$	4	32
συνωμοσία	23^{13}	1	56
Συράκουσαι, αἱ	28^{12}	1	66
Σύρτις, ἡ	27^{17}	1	66
συστροφή	$19^{40}\,23^{12}$	2	42
Συχέμ, ἡ	$7^{16}(bis)$	2	66
σφάγιον	7^{42}	1	56
σφοδρῶς	27^{18}	1	56
σφυδρόν	3^{7}	1	56
σχολή	19^{9}	1	56
Σώπατρος, ὁ	20^{4}	1	66
Ταβειθά, ἡ	$9^{36,40}$	2	66
Ταβέρνη, ἡ	28^{15}	1	66
τακτός	12^{21}	1	56
τάραχος	$12^{18}\,19^{23}$	2	42
Ταρσεύς, ὁ	$9^{11}\,21^{39}$	2	66
Ταρσός, ἡ	$9^{30}\,11^{25}\,22^{3}$	3	66
τάχιστα	17^{15}	1	56
τεκμήριον	1^{3}	1	56
Τέρτυλλος, ὁ	$24^{1,2}$	2	66
τεσσαρεσκαιδέκατος	$27^{27,33}$	2	42
τεσσερακονταετής	$7^{23}\,13^{18}$	2	42
τετράδιον	12^{4}	1	56
Τίμων, ὁ	6^{5}	1	66
τιμωρέω	$22^{5}\,26^{11}$	2	42
Τίτιος, ὁ	18^{7}	1	66
τοῖχος	23^{3}	1	56
τριετία	20^{31}	1	57
τρίστεγον	20^{9}	1	57
τρισχίλιοι	2^{41}	1	57
τροποφορέω	13^{18}	1	57
Τύραννος, ὁ	19^{9}	1	66
Τύριος, ὁ	12^{20}	1	66
τυφωνικός	27^{14}	1	57
ὑπερεῖδον	17^{30}	1	57
ὑπερῷον	$1^{13}\,9^{37,39}\,20^{8}$	4	32
ὑπηρετέω	$13^{36}\,20^{34}\,24^{23}$	3	36
ὑποβάλλω	6^{11}	1	57
ὑποζώννυμι	27^{17}	1	57
ὑπονοέω	$13^{25}\,25^{18}\,27^{27}$	3	36
ὑποπλέω	$27^{4,7}$	2	43
ὑποπνέω	27^{13}	1	57
ὑποτρέχω	27^{16}	1	57
φαντασία	25^{23}	1	57
φάσις	21^{31}	1	57
Φῆλιξ, ὁ	$23^{24,26}\,24^{3,22,24,25,27(bis)}\,25^{14}$	9	66
Φῆστος, ὁ	$24^{27}\,25^{1,4,9,12,13,14,22,23,24}\,26^{24,25,32}$	13	66
φιλανθρώπως	27^{3}	1	57
φιλόσοφος	17^{18}	1	57
φιλοφρόνως	28^{7}	1	57
Φοινίκη, ἡ	$11^{19}\,15^{3}\,21^{2}$	3	66
Φοῖνιξ, ὁ	27^{12}	1	66
Φόρον	28^{15}	1	66
φρυάσσω	4^{25}	1	57
φρύγανον	28^{3}	1	57
Φρυγία, ἡ	$2^{10}\,16^{6}\,18^{23}$	3	66
φυλακίζω	22^{19}	1	57
φύλαξ	$5^{23}\,12^{6,19}$	3	36
Χαλδαῖος, ὁ	7^{4}	1	66
Χαναάν, ἡ	$7^{11}\,13^{19}$	2	66
Χαρράν, ἡ	$7^{2,4}$	2	66
χειμάζομαι	27^{18}	1	58
χειραγωγέω	$9^{8}\,22^{11}$	2	43
χειραγωγός	13^{11}	1	58
Χίος, ἡ	20^{15}	1	66
χλευάζω	17^{32}	1	58
χόρτασμα	7^{11}	1	58
χρονοτριβέω	20^{16}	1	58
χρώς	19^{12}	1	58
χῶρος	27^{12}	1	58
ὠνέομαι	7^{16}	1	58

Words Found Only in Romans :

ἀγριέλαιος	$11^{17,24}$	2	36
ἀλάλητος	8^{26}	1	44
ἀμετανόητος	2^{5}	1	44
Ἀμπλιᾶτος, ὁ	16^{8}	1	61
ἀναλογία	12^{6}	1	44
ἀναπολόγητος	$1^{20}\,2^{1}$	2	37
Ἀνδρόνικος, ὁ	16^{7}	1	61
ἀνελεήμων	1^{31}	1	44
ἀνεξεραύνητος	11^{33}	1	44
ἄνθραξ	12^{20}	1	45
ἀνόμως	$2^{12}(bis)$	2	37
ἀνοχή	$2^{4}\,3^{26}$	2	37
ἀντιστρατεύομαι	7^{23}	1	45
Ἀπελλῆς, ὁ	16^{10}	1	61
ἀποστυγέω	12^{9}	1	45
ἀποτολμάω	10^{20}	1	45
ἀποτομία	$11^{22}(bis)$	2	37
ἀρά	3^{14}	1	45
Ἀριστόβουλος, ὁ	16^{10}	1	61
ἀσθένημα	15^{1}	1	45
ἀσπίς	3^{13}	1	45
ἀσύνθετος	1^{31}	1	45
Ἀσύνκριτος, ὁ	16^{14}	1	61
ἀφικνέομαι	16^{19}	1	46
ἀχρεόομαι	3^{12}	1	46
Βάαλ, ὁ	11^{4}	1	61
γραπτός	2^{15}	1	46
δικαιοκρισία	2^{5}	1	47
δικαίωσις	$4^{25}\,5^{18}$	2	38
δολιόω	3^{13}	1	47
δοῦλος	$6^{19}(bis)$	2	38
ἑκατονταετής	4^{19}	1	47
ἐκκαίομαι	1^{27}	1	47
ἐκκλάομαι	$11^{17,19,20}$	3	34
ἐκπετάννυμι	10^{21}	1	48
ἐλλογέω	5^{13}	1	48
ἐνκεντρίζω	$11^{17,19,23(bis),24(bis)}$	6	27
Ἐπαίνετος, ὁ	16^{5}	1	62
ἐπαναμιμνήσκω	15^{15}	1	48
ἐπικαλύπτω	4^{7}	1	49
ἐπιποθία	15^{23}	1	49
ἐπονομάζομαι	2^{17}	1	49
ἑπτακισχίλιοι	11^{4}	1	49
Ἑρμᾶς, ὁ	16^{14}	1	62
ἐφευρετής	1^{30}	1	49
Ἡρῳδίων, ὁ	16^{11}	1	63
ἤτοι	6^{16}	1	49
θειότης	1^{20}	1	49
θεοστυγής	1^{30}	1	50
θήρα	11^{9}	1	50
ἱεροσυλέω	2^{22}	1	50
ἱερουργέω	15^{16}	1	50
ἱλαρότης	12^{8}	1	50
Ἰλλυρικόν, τό	15^{19}	1	63
Ἰουλία, ἡ	16^{15}	1	63
Ἰουνίας, ὁ	16^{7}	1	63
καθοράω	1^{20}	1	50
καινότης	$6^{4}\,7^{6}$	2	40
κακοήθεια	1^{29}	1	50
καλλιέλαιος	11^{24}	1	50
κατάκριμα	$5^{16,18}\,8^{1}$	3	34
κατάλαλος	1^{30}	1	50
κατάνυξις	11^{8}	1	50
κατασκάπτω	11^{3}	1	50
Κούαρτος, ὁ	16^{23}	1	64
λάρυγξ	3^{13}	1	51
λεῖμμα	11^{5}	1	51
ματαιόομαι	1^{21}	1	52

WORDS FOUND ONLY IN **Rm, 1-C, 2-C**

Word	Reference	Count	Page
μεταλλάσσω	$1^{25,26}$	2	40
Νάρκισσος, ὁ	16^{11}	1	65
Νηρεύς, ὁ	16^{15}	1	65
νομοθεσία	9^{4}	1	52
νῶτος	11^{10}	1	52
οἰκτείρω	9^{15}	2	41
Ὀλυμπᾶς, ὁ	16^{15}	1	65
ὄρεξις	1^{27}	1	53
Οὐρβανός, ὁ	16^{9}	1	65
παλαιότης	7^{6}	1	53
παράκειμαι	$7^{18,21}$	2	41
πάρεσις	3^{25}	1	53
Πατρόβας, ὁ	16^{14}	1	65
Περσίς, ἡ	16^{12}	1	65
πιότης	11^{17}	1	54
πλάσμα	9^{20}	1	54
προαιτιάομαι	3^{9}	1	54
προδίδωμι	11^{35}	1	54
προέχομαι	3^{9}	1	54
προηγέομαι	12^{10}	1	54
προπάτωρ	4^{1}	1	54
πρόσλημψις	11^{15}	1	54
προστάτις	16^{2}	1	54
Ῥεβέκκα, ἡ	9^{10}	1	65
σεβάζομαι	1^{25}	1	55
σκληρότης	2^{5}	1	55
Σπανία, ἡ	$15^{24,28}$	2	66
Στάχυς, ὁ	16^{9}	1	66
σύμβουλος	11^{34}	1	55
σύμφυτος	6^{5}	1	55
συναγωνίζομαι	15^{30}	1	55
συναναπαύομαι	15^{32}	1	55
συνδοξάζομαι	8^{17}	1	56
συνήδομαι	7^{22}	1	56
συνκάμπτω	11^{10}	1	56
συνμαρτυρέω	$2^{15}8^{16}9^{1}$	3	36
συνπαρακαλέομαι	1^{12}	1	56
συνστενάζω	8^{22}	1	56
συντέμνω	9^{28}	1	56
σύντριμμα	3^{16}	1	56
σύνφημι	7^{16}	1	56
συνωδίνω	8^{22}	1	56
Σωσίπατρος, ὁ	16^{21}	1	66
Τέρτιος, ὁ	16^{22}	1	66
τολμηροτέρως	15^{15}	1	56
Τρύφαινα, ἡ	16^{12}	1	66
Τρυφῶσα, ἡ	16^{12}	1	66
ὕπανδρος	7^{2}	1	57
ὑπερεντυγχάνω	8^{26}	1	57
ὑπερνικάω	8^{37}	1	57
ὑπερφρονέω	12^{3}	1	57
ὑπόδικος	3^{19}	1	57
ὑπόλειμμα	9^{27}	1	57
ὑπολείπομαι	11^{3}	1	57
Φιλόλογος, ὁ	16^{15}	1	66
φιλόστοργος	12^{10}	1	57
Φλέγων, ὁ	16^{14}	1	66
Φοίβη, ἡ	16^{1}	1	66
φρόνημα	$8^{6(bis),7,27}$	4	33
χρηματισμός	11^{4}	1	58
χρῆσις	$1^{26,27}$	2	43
χρηστολογία	16^{18}	1	58
ψεῦσμα	3^{7}	1	58
ψιθυριστής	1^{29}	1	58
Ὡσηέ	9^{25}	1	66

Words Found Only in 1st Corinthians:

Word	Reference	Count	Page
ἄγαμος	$7^{8,11,32,34}$	4	30
ἀγενής	1^{28}	1	43
ἀδάπανος	9^{18}	1	43
ἀδήλως	9^{26}	1	43
αἴνιγμα	13^{12}	1	44
ἀκατακάλυπτος	$11^{5,13}$	2	37
ἄκων	9^{17}	1	44
ἀμετακίνητος	15^{58}	1	44
ἀνάξιος	6^{2}	1	44
ἀναξίως	11^{27}	1	44
ἀνδρίζομαι	16^{13}	1	44
ἀντίλημψις	12^{28}	1	45
ἀπελεύθερος	7^{22}	1	45
ἀπερισπάστως	7^{35}	1	45
ἀπόδειξις	2^{4}	1	45
ἀρχιτέκτων	3^{10}	1	45
ἀστατέω	4^{11}	1	45
ἀσχημονέω	$7^{36}13^{5}$	2	37
ἀσχήμων	12^{23}	1	45
ἄτομος	15^{52}	1	45
αὐλός	14^{7}	1	45
Ἀχαϊκός, ὁ	16^{17}	1	61
ἄψυχος	14^{7}	1	46
βρόχος	7^{35}	1	46
γεώργιον	3^{9}	1	46
γυμνιτεύω	4^{11}	1	46
διαίρεσις	$12^{4,5,6}$	3	33
διερμηνευτής	14^{28}	1	47
διόπερ	$8^{13}10^{14}$	2	38
δουλαγωγέω	9^{27}	1	47
δράσσομαι	3^{19}	1	47
δυσφημέω	4^{13}	1	47
ἐγκρατεύομαι	$7^{9}9^{25}$	2	38
εἰδώλιον	8^{10}	1	47
ἐκνήφω	15^{34}	1	47
ἔκτρωμα	15^{8}	1	48
ἐνέργημα	$12^{6,10}$	2	39
ἐνκοπή	9^{12}	1	48
ἐντροπή	$6^{5}15^{34}$	2	39
ἐξαίρω	5^{13}	1	48
ἑορτάζω	5^{8}	1	48
ἐπιθανάτιος	4^{9}	1	48
ἐπιθυμητής	10^{6}	1	48
ἐπισπάομαι	7^{18}	1	49
ἑρμηνία	$12^{10}14^{26}$	2	39
ἑτερόγλωσσος	14^{21}	1	49
εὐπάρεδρον	7^{35}	1	49
εὔσημος	14^{9}	1	49
εὐσχημοσύνη	12^{23}	1	49
ἦθος	15^{33}	1	49
ἠχέω	13^{1}	1	49
θηριομαχέω	15^{32}	1	50
ἴαμα	$12^{9,28,30}$	3	34
ἱερόθυτος	10^{28}	1	50
καλάμη	3^{12}	1	50
κατακαλύπτομαι	$11^{6(bis),7}$	3	34
καταστρώννυμαι	10^{5}	1	50
καταχράομαι	$7^{31}9^{18}$	2	40
κημόω	9^{9}	1	51
κομάω	$11^{14,15}$	2	40
κόμη	11^{15}	1	51
κυβέρνησις	12^{28}	1	51
κύμβαλον	13^{1}	1	51
λογία	$16^{1,2}$	2	40
λοίδορος	$5^{11}6^{10}$	2	40
λύσις	7^{27}	1	51
μάκελλον	10^{25}	1	51
μαρὰν ἀθά	16^{22}	1	51
μέθυσος	$5^{11}6^{10}$	2	40
μήτι γε	6^{3}	1	52
μωρία	$1^{18,21,23}2^{14}3^{19}$	5	29
νή	15^{31}	1	52
νηπιάζω	14^{20}	1	52
ὀλοθρευτής	10^{10}	1	52
ὁμιλία	15^{33}	1	52
ὄσφρησις	12^{17}	1	53
παίζω	10^{7}	1	53
παραμυθία	14^{3}	1	53
παρεδρεύω	9^{13}	1	53
πάροδος	16^{7}	1	53
πειθός	2^{4}	1	53
πένης	9^{9}	1	53
περικάθαρμα	4^{13}	1	53
περίψημα	4^{13}	1	54
περπερεύομαι	13^{4}	1	54
πτηνόν	15^{39}	1	55
πυκτεύω	9^{26}	1	55
ῥιπή	15^{52}	1	55
Στεφανᾶς, ὁ	$1^{16}16^{15,17}$	3	66
σύμφορον	$7^{35}10^{33}$	2	42
σύμφωνον	7^{5}	1	55
συγγνώμη	7^{6}	1	55
συνζητητής	1^{20}	1	56
συνμερίζομαι	9^{13}	1	56
τάγμα	15^{23}	1	56
τυπικῶς	10^{11}	1	57
ὑπέρακμος	7^{36}	1	57
φιλόνεικος	11^{16}	1	57
Φορτούνατος, ὁ	16^{17}	1	66
φρήν	14^{20}(bis)	2	43
Χλόη, ἡ	1^{11}	1	66
χοϊκός	$15^{47,48(bis),49}$	4	33
χρηστεύομαι	13^{4}	1	58
ὡσπερεί	15^{8}	1	58

Words Found Only in 2nd Corinthians:

Word	Reference	Count	Page
ἀβαρής	11^{9}	1	43
ἀγανάκτησις	7^{11}	1	43
ἁγνότης	$6^{6}11^{3}$	2	36
ἀγρυπνία	$6^{5}11^{27}$	2	36
ἁδρότης	8^{20}	1	43
ἄμετρος	$10^{13,15}$	2	37
ἀνακαλύπτω	$3^{14,18}$	2	37
ἀνεκδιήγητος	9^{15}	1	44
ἀπαρασκεύαστος	9^{4}	1	45
ἀπεῖπον	4^{2}	1	45
ἀπόκριμα	1^{9}	1	45
Ἀρέτας, ὁ	11^{32}	1	61
ἁρμόζομαι	11^{2}	1	45
ἄρρητος	12^{4}	1	45
αὐγάζω	4^{4}	1	45
αὐθαίρετος	$8^{3,17}$	2	38
Βελίαρ, ὁ	6^{15}	1	61
βυθός	11^{25}	1	46
Δαμασκηνός, ὁ	11^{32}	1	62
δίψος	11^{27}	1	47
δόλιος	11^{13}	1	47
δολόω	4^{2}	1	47
δότης	9^{7}	1	47
δυσφημία	6^{8}	1	47
ἐθνάρχης	11^{32}	1	47
εἰσδέχομαι	6^{17}	1	47
ἐκδαπανάομαι	12^{15}	1	47
ἐκδημέω	$5^{6,8,9}$	3	34
ἐκφοβέω	10^{9}	1	48
ἐλαττονέω	8^{15}	1	48
ἐλαφρία	1^{17}	1	48
ἐνδημέω	$5^{6,8,9}$	3	34
ἐνκρίνω	10^{12}	1	48
ἐνπεριπατέω	6^{16}	1	48
ἐντυπόω	3^{7}	1	48
ἐξαπορέομαι	$1^{8}4^{8}$	2	39
ἐπακούω	6^{2}	1	48
ἐπενδύομαι	$5^{2,4}$	2	39
ἐπιπόθησις	$7^{7,11}$	2	39
ἐπισκηνόω	12^{9}	1	49
ἐπιτιμία	2^{6}	1	49
ἑτεροζυγέω	6^{14}	1	49
εὐφημία	6^{8}	1	49
ἐφικνέομαι	$10^{13,14}$	2	39
ἡνίκα	$3^{15,16}$	2	39
ἱκανότης	3^{5}	1	50
ἱλαρός	9^{7}	1	50
καθαίρεσις	$10^{4,8}13^{10}$	3	34
κάλυμμα	$3^{13,14,15,16}$	4	31
καπηλεύω	2^{17}	1	50
καταβαρέω	12^{16}	1	50
κατάκρισις	$3^{9}7^{3}$	2	40
καταναρκάω	$11^{9}12^{13,14}$	3	34
κατάρτισις	13^{9}	1	50
κατοπτρίζομαι	3^{18}	1	51
μετοχή	6^{14}	1	52
μολυσμός	7^{1}	1	52
μωμάομαι	$6^{3}8^{20}$	2	40
νυχθήμερον	11^{25}	1	52
ὀχύρωμα	10^{4}	1	53
πανοῦργος	12^{16}	1	53
παραυτίκα	4^{17}	1	53
παραφρονέω	11^{23}	1	53
πεντάκις	11^{24}	1	53
πέρυσι	$8^{10}9^{2}$	2	41
προαιρέομαι	9^{7}	1	54
προαμαρτάνω	$12^{21}13^{2}$	2	41
προενάρχομαι	$8^{6,10}$	2	41
προκαταρτίζω	9^{5}	1	54
προσαναπληρόω	$9^{12}11^{9}$	2	42
προσκοπή	6^{3}	1	54
πτωχεύω	8^{9}	1	55
σαργάνη	11^{33}	1	55
σκῆνος	$5^{1,4}$	2	42
σκόλοψ	12^{7}	1	55
σπουδαῖος	$8^{17,22(bis)}$	3	36
στενοχωρέομαι	$4^{8}6^{12(bis)}$	3	36
συλάω	11^{8}	1	55

WORDS FOUND ONLY IN 2-C, Ga, Eph, Phl, Col, 1-Th, 2-Th, 1-Ti

Word	Reference		
συμφώνησις	6^{15}	1	55
συναποστέλλω	12^{18}	1	55
συνκατάθεσις	6^{16}	1	56
συνπέμπω	$8^{18,22}$	2	42
συνυπουργέω	1^{11}	1	56
συστατικός	3^{1}	1	56
ὑπέρ II	11^{23}	1	57
ὑπερβαλλόντως	11^{23}	1	57
ὑπερέκεινα	10^{16}	1	57
ὑπερεκτείνω	10^{14}	1	57
ὑπερλίαν	$11^{5}\,12^{11}$	2	43
φειδομένως	9^{6}(bis)	2	43
φυσίωσις	12^{20}	1	57
φωτισμός	$4^{4,6}$	2	43
ψευδαπόστολος	11^{13}	1	58
ψιθυρισμός	12^{20}	1	58

Words Found Only in Galatians:

Word	Reference		
Ἁγάρ, ἡ	$4^{24,25}$	2	61
ἀλληγορέω	4^{24}	1	44
Ἀραβία, ἡ	$1^{17}\,4^{25}$	2	61
βασκαίνω	3^{1}	1	46
Γαλάτης, ὁ	3^{1}	1	62
δάκνω	5^{15}	1	46
ἐθνικῶς	2^{14}	1	47
εἴκω	2^{5}	1	47
ἐκπτύω	4^{14}	1	48
ἐπιδιατάσσομαι	3^{15}	1	48
ἐπικατάρατος	$3^{10,13}$	2	39
εὐπροσωπέω	6^{12}	1	49
ἰουδαΐζω	2^{14}	1	50
Ἰουδαϊκῶς	2^{14}	1	63
Ἰουδαϊσμός	$1^{13,14}$	2	39
ἱστορέω	1^{18}	1	50
κατασκοπέω	2^{4}	1	50
κενόδοξος	5^{26}	1	51
μορφόομαι	4^{19}	1	52
μυκτηρίζομαι	6^{7}	1	52
ὀρθοποδέω	2^{14}	1	53
παρείσακτος	2^{4}	1	53
πατρικός	1^{14}	1	53
πεισμονή	5^{8}	1	53
προευαγγελίζομαι	3^{8}	1	54
προθεσμία	4^{2}	1	54
προκαλέομαι	5^{26}	1	54
προκυρόομαι	3^{17}	1	54
προσανατίθεμαι	$1^{16}\,2^{6}$	2	42
στίγμα	6^{17}	1	55
συνηλικιώτης	1^{14}	1	56
συνστοιχέω	4^{25}	1	56
συνυποκρίνομαι	2^{13}	1	56
φθονέω	5^{26}	1	57
φρεναπατάω	6^{3}	1	57

Words Found Only in Ephesians:

Word	Reference		
ἄθεος	2^{12}	1	43
αἰσχρότης	5^{4}	1	44
αἰχμαλωτεύω	4^{8}	1	44
ἀνανεόομαι	4^{23}	1	44
ἄνοιξις	6^{19}	1	45
ἀπαλγέω	4^{19}	1	45
ἄσοφος	5^{15}	1	45
βέλος	6^{16}	1	46
ἐκτρέφω	$5^{29}\,6^{4}$	2	38
ἑνότης	$4^{3,13}$	2	39
ἐξισχύω	3^{18}	1	48
ἐπιδύω	4^{26}	1	48
ἐπιφαύσκω	5^{14}	1	49
ἑτοιμασία	6^{15}	1	49
εὔνοια	6^{7}	1	49
εὐτραπελία	5^{4}	1	49
θυρεός	6^{16}	1	50
καταρτισμός	4^{12}	1	50
κατώτερος	4^{9}	1	51
κληρόομαι	1^{11}	1	51
κλυδωνίζομαι	4^{14}	1	51
κοσμοκράτωρ	6^{12}	1	51
κρυφῇ	5^{12}	1	51
κυβία	4^{14}	1	51
μακροχρόνιος	6^{3}	1	51
μέγεθος	1^{19}	1	52
μεθοδία	$4^{14}\,6^{11}$	2	40
μεσότοιχον	2^{14}	1	52
μωρολογία	5^{4}	1	52
πάλη	6^{12}	1	53
παροργισμός	4^{26}	1	53
πολυποίκιλος	3^{10}	1	54
προελπίζω	1^{12}	1	54
προσκαρτέρησις	6^{18}	1	54
προσκολλάομαι	5^{31}	1	54
ῥυτίς	5^{27}	1	55
συναρμολογέομαι	$2^{21}\,4^{16}$	2	42
συνμέτοχος	$3^{6}\,5^{7}$	2	42
συνοικοδομέω	2^{22}	1	56
συνπολίτης	2^{19}	1	56
σύνσωμος	3^{6}	1	56

Words Found Only in Philippians:

Word	Reference		
ἁγνῶς	1^{17}	1	43
αἴσθησις	1^{9}	1	44
ἀκαιρέομαι	4^{10}	1	44
ἀλυπότερος	2^{28}	1	44
ἀναθάλλω	4^{10}	1	44
ἀπουσία	2^{12}	1	45
ἁρπαγμός	2^{6}	1	45
αὐτάρκης	4^{11}	1	46
γνησίως	2^{20}	1	46
ἐξανάστασις	3^{11}	1	48
Ἐπαφρόδιτος, ὁ	$2^{25}\,4^{18}$	2	62
ἐπεκτείνομαι	3^{13}	1	48
ἐπιπόθητος	4^{1}	1	49
ἑτέρως	3^{15}	1	49
Εὐοδία, ἡ	4^{2}	1	62
εὔφημος	4^{8}	1	49
εὐψυχέω	2^{19}	1	49
ἰσόψυχος	2^{20}	1	50
κατατομή	3^{2}	1	50
καταχθόνιος	2^{10}	1	51
κενοδοξία	2^{3}	1	51
Κλήμης, ὁ	4^{3}	1	64
λῆμψις	4^{15}	1	51
μεγάλως	4^{10}	1	52
μυέομαι	4^{12}	1	52
ὀκταήμερος	3^{5}	1	52
παραβολεύομαι	2^{30}	1	53
παραμύθιον	2^{1}	1	53
παραπλήσιον	2^{27}	1	53
πολίτευμα	3^{20}	1	54
προσφιλής	4^{8}	1	54
πτύρομαι	1^{28}	1	55
σκοπός	3^{14}	1	55
σκύβαλον	3^{8}	1	55
συμμορφίζομαι	3^{10}	1	55
συναθλέω	$1^{27}\,4^{3}$	2	42
σύνζυγος	4^{3}	1	56
συνμιμητής	3^{17}	1	56
Συντύχη, ἡ	4^{2}	1	66
σύνψυχος	2^{2}	1	56
ὑπερυψόω	2^{9}	1	57
Φιλιππήσιος	4^{15}	1	66

Words Found Only in Colossians:

Word	Reference		
ἀθυμέω	3^{21}	1	43
αἰσχρολογία	3^{8}	1	44
ἀνεψιός	4^{10}	1	44
ἀνταναπληρόω	1^{24}	1	45
ἀνταπόδοσις	3^{24}	1	45
ἀπεκδύομαι	$2^{15}\,3^{9}$	2	37
ἀπέκδυσις	2^{11}	1	45
ἀπόχρησις	2^{22}	1	45
ἀρεσκία	1^{10}	1	45
ἀφειδία	2^{23}	1	46
βραβεύω	3^{15}	1	46
δογματίζομαι	2^{20}	1	47
ἐθελοθρησκία	2^{23}	1	47
εἰρηνοποιέω	1^{20}	1	47
ἐμβατεύω	2^{18}	1	48
εὐχάριστος	3^{15}	1	49
θεότης	2^{9}	1	50
Ἱεράπολις, ἡ	4^{13}	1	63
καταβραβεύω	2^{18}	1	50
Κολοσσαί, αἱ	1^{2}	1	64
Λαοδικεύς, ὁ	4^{16}	1	64
μετακινέω	1^{23}	1	52
μομφή	3^{13}	1	52
νεομηνία	2^{16}	1	52
Νύμφα	4^{15}	1	65
ὁρατός	1^{16}	1	53
παρηγορία	4^{11}	1	53
πιθανολογία	2^{4}	1	54
πλησμονή	2^{23}	1	54
προακούω	1^{5}	1	54
προσηλόω	2^{14}	1	54
πρωτεύω	1^{18}	1	54
Σκύθης, ὁ	3^{11}	1	66
στερέωμα	2^{5}	1	55
συλαγωγέω	2^{8}	1	55
σωματικῶς	2^{9}	1	56
φιλοσοφία	2^{8}	1	57
χειρόγραφον	2^{14}	1	58

Words Found Only in 1ST Thessalonians:

Word	Reference		
ἀμέμπτως	$2^{10}\,5^{23}$	2	37
ἀναμένω	1^{10}	1	44
ἀπορφανίζω	2^{17}	1	45
ἄτακτος	5^{14}	1	45
ἐκδιώκω	2^{15}	1	47
ἐνορκίζω	5^{27}	1	48
ἐξηχέομαι	1^{8}	1	48
θεοδίδακτος	4^{9}	1	50
κέλευσμα	4^{16}	1	51
κολακία	2^{5}	1	51
ὀλιγόψυχος	5^{14}	1	52
ὁλοτελής	5^{23}	1	52
ὀμείρομαι	2^{8}	1	52
ὁσίως	2^{10}	1	53
περιλείπομαι	$4^{15,17}$	2	41
προπάσχω	2^{2}	1	54
σαίνομαι	3^{3}	1	55
συμφυλέτης	2^{14}	1	55
τροφός	2^{7}	1	57
ὑπερβαίνω	4^{6}	1	57
ὑπερεκπερισσῶς	5^{13}	1	57

Words Found Only in 2ND Thessalonians:

Word	Reference		
ἀτακτέω	3^{7}	1	45
ἀτάκτως	$3^{6,11}$	2	37
ἔνδειγμα	1^{5}	1	48
ἐνδοξάζομαι	$1^{10,12}$	2	38
ἐνκαυχάομαι	1^{4}	1	48
καλοποιέω	3^{13}	1	50
περιεργάζομαι	3^{11}	1	53
σημειόομαι	3^{14}	1	55
τίνω	1^{9}	1	56
ὑπεραυξάνω	1^{3}	1	57

Words Found Only in 1ST Timothy:

Word	Reference		
ἀγαθοεργέω	6^{18}	1	43
ἁγνεία	$4^{12}\,5^{2}$	2	36
ἀδηλότης	6^{17}	1	43
αἰδώς	2^{9}	1	43
ἄλλως	5^{25}	1	44
ἀμοιβή	5^{4}	1	44
ἀνδραποδιστής	1^{10}	1	44
ἀνδροφόνος	1^{9}	1	44
ἀνεπίλημπτος	$3^{2}\,5^{7}\,6^{14}$	3	33
ἀντίθεσις	6^{20}	1	45
ἀντίλυτρον	2^{6}	1	45
ἀπέραντος	1^{4}	1	45
ἀπόβλητος	4^{4}	1	45
ἀπόδεκτος	$2^{3}\,5^{4}$	2	37
ἀποδοχή	$1^{15}\,4^{9}$	2	37
ἀποθησαυρίζω	6^{19}	1	45
ἀπρόσιτος	6^{16}	1	45
αὐθεντέω	2^{12}	1	45
βαθμός	3^{13}	1	46
βλαβερός	6^{9}	1	46
γραώδης	4^{7}	1	46
γυμνασία	4^{8}	1	46
διαπαρατριβή	6^{5}	1	47
διατροφή	6^{8}	1	47
δίλογος	3^{8}	1	47
διώκτης	1^{13}	1	47
ἑδραίωμα	3^{15}	1	47
ἔκγονον	5^{4}	1	47
ἐκζήτησις	1^{4}	1	47

WORDS FOUND ONLY IN 1-Ti, 2-Ti, Tit, Phm, Hb

Word	Ref.	Count	Page
ἔντευξις	$2^{1}4^{5}$	2	39
ἐντρέφομαι	4^{6}	1	48
ἐπαρκέω	$5^{10,16(bis)}$	3	34
ἐπίορκος	1^{10}	1	49
ἐπιπλήσσω	5^{1}	1	49
ἑτεροδιδασκαλέω	$1^{3}6^{3}$	2	39
εὐμετάδοτος	6^{18}	1	49
ἤρεμος	2^{2}	1	49
θεοσέβεια	2^{10}	1	50
καταλέγομαι	5^{9}	1	50
καταστολή	2^{9}	1	50
καταστρηνιάω	5^{11}	1	50
καυστηριάζομαι	4^{2}	1	51
κοινωνικός	6^{18}	1	51
κόσμιος	$2^{9}3^{2}$	2	40
λογομαχία	6^{4}	1	51
ματαιολογία	1^{6}	1	51
μετάλημψις	4^{3}	1	52
μητρολῴης	1^{9}	1	52
μονόομαι	5^{5}	1	52
νεόφυτος	3^{6}	1	52
νοσέω	6^{4}	1	52
ξενοδοχέω	5^{10}	1	52
οἰκοδεσποτέω	5^{14}	1	52
ὁμολογουμένως	3^{16}	1	52
πατρολῴης	1^{9}	1	53
περιπείρω	6^{10}	1	54
πλέγμα	2^{9}	1	54
πορισμός	$6^{5,6}$	2	41
πραϋπαθία	6^{11}	1	54
πρόκριμα	5^{21}	1	54
πρόσκλισις	5^{21}	1	54
ῥητῶς	4^{1}	1	55
σκέπασμα	6^{8}	1	55
στόμαχος	5^{23}	1	55
τεκνογονέω	5^{14}	1	56
τεκνογονία	2^{15}	1	56
τεκνοτροφέω	5^{10}	1	56
ὑδροποτέω	5^{23}	1	57
ὑπερπλεονάζω	1^{14}	1	57
ὑπόνοια	6^{4}	1	57
ὑψηλοφρονέω	6^{17}	1	57
φιλαργυρία	6^{10}	1	57
φλύαρος	5^{13}	1	57
ψευδολόγος	4^{2}	1	58
ψευδώνυμος	6^{20}	1	58

Words Found Only in 2nd Timothy :

Word	Ref.	Count	Page
ἀγωγή	3^{10}	1	43
ἀθλέω	2^{5}(bis)	2	37
ἀκαίρως	4^{2}	1	44
ἀκρατής	3^{3}	1	44
ἀναζωπυρέω	1^{6}	1	44
ἀνάλυσις	4^{6}	1	44
ἀνανήφω	2^{26}	1	44
ἀναψύχω	1^{16}	1	44
ἀνεξίκακος	2^{24}	1	44
ἀνεπαίσχυντος	2^{15}	1	44
ἀνήμερος	3^{3}	1	44
ἀντιδιατίθεμαι	2^{25}	1	45
ἀπαίδευτος	2^{23}	1	45
ἀποτρέπομαι	3^{5}	1	45
ἄρτιος	3^{17}	1	45
ἄσπονδος	3^{3}	1	45
ἀφιλάγαθος	3^{3}	1	46
βέλτιον	1^{18}	1	46
γάγγραινα	2^{17}	1	46
γόης	3^{13}	1	46
γυναικάριον	3^{6}	1	46
Δαλματία, ἡ	4^{10}	1	62
δειλία	1^{7}	1	46
ἔκδηλος	3^{9}	1	47
ἐλεγμός	3^{16}	1	48
ἐνδύνω	3^{6}	1	48
ἐπανόρθωσις	3^{16}	1	48
ἐπισωρεύω	4^{3}	1	49
Ἑρμογένης, ὁ	1^{15}	1	62
Εὔβουλος, ὁ	4^{21}	1	62
Εὐνίκη, ἡ	1^{5}	1	62
θεόπνευστος	3^{16}	1	50
Ἰαμβρῆς, ὁ	3^{8}	1	63
Ἰαννῆς, ὁ	3^{8}	1	63
Κάρπος, ὁ	4^{13}	1	64
καταφθείρω	3^{8}	1	50
Κλαυδία, ἡ	4^{21}	1	64
κνήθομαι	4^{3}	1	51
Κρήσκης, ὁ	4^{10}	1	64
Λίνος, ὁ	4^{21}	1	64
λογομαχέω	2^{14}	1	51
Λωΐς, ἡ	1^{5}	1	64
μάμμη	1^{5}	1	51
μεμβράνα	4^{13}	1	52
μηδέποτε	3^{7}	1	52
νεωτερικός	2^{22}	1	52
Ὀνησίφορος, ὁ	$1^{16}4^{19}$	2	65
ὀρθοτομέω	2^{15}	1	53
πιστόομαι	3^{14}	1	54
Πούδης, ὁ	4^{21}	1	65
πραγματία	2^{4}	1	54
στρατολογέω	2^{4}	1	55
συνκακοπαθέω	$1^{8}2^{3}$	2	42
σωφρονισμός	1^{7}	1	56
φελόνης	4^{13}	1	57
φίλαυτος	3^{2}	1	57
φιλήδονος	3^{4}	1	57
Φίλητος, ὁ	2^{17}	1	66
φιλόθεος	3^{4}	1	57
Φύγελος, ὁ	1^{15}	1	66
χαλκεύς	4^{14}	1	57
χρήσιμον	2^{14}	1	58

Words Found Only in Titus :

Word	Ref.	Count	Page
αἱρετικός	3^{10}	1	44
ἀκατάγνωστος	2^{8}	1	44
Ἀρτεμᾶς, ὁ	3^{12}	1	61
αὐτοκατάκριτος	3^{11}	1	46
ἀφθορία	2^{7}	1	46
ἀψευδής	1^{2}	1	46
βδελυκτός	1^{16}	1	46
ἐγκρατής	1^{8}	1	47
ἐκστρέφομαι	3^{11}	1	48
ἐπιδιορθόω	1^{5}	1	48
ἐπιστομίζω	1^{11}	1	49
Ζηνᾶς, ὁ	3^{13}	1	62
ἱεροπρεπής	2^{3}	1	50
Ἰουδαϊκός	1^{14}	1	63
καλοδιδάσκαλος	2^{3}	1	50
κατάστημα	2^{3}	1	50
ματαιολόγος	1^{10}	1	52
Νικόπολις, ἡ	3^{12}	1	65
οἰκουργός	2^{5}	1	52
ὀργίλος	1^{7}	1	53
περιούσιος	2^{14}	1	54
περιφρονέω	2^{15}	1	54
πρεσβῦτις	2^{3}	1	54
στυγητός	3^{3}	1	55
σωτήριος	2^{11}	1	56
σωφρονίζω	2^{4}	1	56
σωφρόνως	2^{12}	1	56
φιλάγαθος	1^{8}	1	57
φίλανδρος	2^{4}	1	57
φιλότεκνος	2^{4}	1	57
φρεναπάτης	1^{10}	1	57
φροντίζω	3^{8}	1	57

Words Found Only in Philemon :

Word	Ref.	Count	Page
ἀποτίνω	v. 19	1	45
Ἀπφία, ἡ	2	1	61
ἄχρηστος	11	1	46
ἑκούσιος	14	1	47
ἐλλογάω	18	1	48
ὀνίναμαι	20	1	53
προσοφείλω	19	1	54
Φιλήμων, ὁ	1	1	66

Words Found Only in Hebrews:

Word	Ref.	Count	Page
ἀγενεαλόγητος	7^{3}	1	43
ἀγνόημα	9^{7}	1	43
ἀθέτησις	$7^{18}9^{26}$	2	37
ἄθλησις	10^{32}	1	43
αἴγειος	11^{37}	1	43
αἱματεκχυσία	9^{22}	1	44
αἴνεσις	13^{15}	1	44
αἰσθητήριον	5^{14}	1	44
αἴτιος	5^{9}	1	44
ἀκατάλυτος	7^{16}	1	44
ἀκλινής	10^{23}	1	44
ἀκροθίνιον	7^{4}	1	44
ἀλυσιτελής	13^{17}	1	44
ἀμετάθετος	$6^{17,18}$	2	37
ἀμήτωρ	7^{3}	1	44
ἀνακαινίζω	6^{6}	1	44
ἀναλογίζομαι	12^{3}	1	44
ἀναρίθμητος	11^{12}	1	44
ἀνασταυρόω	6^{6}	1	44
ἀνταγωνίζομαι	12^{4}	1	45
ἀντικαθίστημι	12^{4}	1	45
ἀπαράβατος	7^{24}	1	45
ἀπάτωρ	7^{3}	1	45
ἀπαύγασμα	1^{3}	1	45
ἄπειρος	5^{13}	1	45
ἀποβλέπω	11^{26}	1	45
ἁρμός	4^{12}	1	45
ἀφανής	4^{13}	1	46
ἀφανισμός	8^{13}	1	46
ἀφομοιόομαι	7^{3}	1	46
Βαράκ, ὁ	11^{32}	1	61
βοηθός	13^{6}	1	46
βοτάνη	6^{7}	1	46
Γεδεών, ὁ	11^{32}	1	62
γενεαλογέομαι	7^{6}	1	46
γεωργέομαι	6^{7}	1	46
γνόφος	12^{18}	1	46
δάμαλις	9^{13}	1	46
δεκάτη	$7^{2,4,8,9}$	4	30
δεκατόω	$7^{6,9}$	2	38
δέος	12^{28}	1	46
δέρμα	11^{37}	1	46
δημιουργός	11^{10}	1	46
δήπου	2^{16}	1	46
διάταγμα	11^{23}	1	47
διηνεκής	$7^{3}10^{1,12,14}$	4	30
διϊκνέομαι	4^{12}	1	47
διόρθωσις	9^{10}	1	47
δοκιμασία	3^{9}	1	47
δυσερμήνευτος	5^{11}	1	47
ἐάνπερ	$3^{14}6^{3}$	2	38
ἔγγυος	7^{22}	1	47
ἐκβαίνω	11^{15}	1	47
ἐκδοχή	10^{27}	1	47
ἐκλανθάνομαι	12^{5}	1	47
ἔλεγχος	11^{1}	1	48
ἐμπαιγμός	11^{36}	1	48
ἐνκαινίζω	$9^{18}10^{20}$	2	39
ἐνυβρίζω	10^{29}	1	48
ἕξις	5^{14}	1	48
ἐπεισαγωγή	7^{19}	1	48
ἐπιλείπω	11^{32}	1	49
ἐπισκοπέω	12^{15}	1	49
ἔπος	7^{9}	1	49
εὐαρεστέω	$11^{5,6}13^{16}$	3	34
εὐαρέστως	12^{28}	1	49
εὐθύτης	1^{8}	1	49
εὐλάβεια	$5^{7}12^{28}$	2	39
εὐλαβέομαι	11^{7}	1	49
εὐπερίστατος	12^{1}	1	49
εὐποιΐα	13^{16}	1	49
θεατρίζομαι	10^{33}	1	49
θέλησις	2^{4}	1	49
θεράπων	3^{5}	1	50
θύελλα	12^{18}	1	50
θυμιατήριον	9^{4}	1	50
ἱερωσύνη	$7^{11,12,24}$	3	34
Ἰεφθάε, ὁ	11^{32}	1	63
ἱκετηρία	5^{7}	1	50
καθαρότης	9^{13}	1	50
καθώσπερ	5^{4}	1	50
κακουχέομαι	$11^{37}13^{3}$	2	40
καρτερέω	11^{27}	1	50
καταγωνίζομαι	11^{33}	1	50
κατάδηλος	7^{15}	1	50
καταναλίσκω	12^{29}	1	50
κατασκιάζω	9^{5}	1	50
κατάσκοπος	11^{31}	1	50
καῦσις	6^{8}	1	51
κεφαλίς	10^{7}	1	51
κοπή	7^{1}	1	51
κριτικός	4^{12}	1	51
κῶλον	3^{17}	1	51
λειτουργικός	1^{14}	1	51
Λευειτικός	7^{11}	1	64

WORDS FOUND ONLY IN **Hb, Jm, 1-Pt, 2-Pt**

Μελχισεδέκ, ὁ $5^{6,10}6^{20}7^{1,10,11,15,17}$ 8 64
μερισμός $2^{4}4^{12}$ 2 40
μεσιτεύω 6^{17} 1 52
μετάθεσις $7^{12}11^{5}12^{27}$ 3 35
μετέπειτα 12^{17} 1 52
μετριοπαθέω 5^{2} 1 52
μηδέπω 11^{7} 1 52
μηλωτή 11^{37} 1 52
μήν II 6^{14} 1 52
μισθαποδοσία $2^{2}10^{35}11^{26}$ 3 35
μισθαποδότης 11^{6} 1 52
μυελός 4^{12} 1 52
νέφος 12^{1} 1 52
νόθος 12^{8} 1 52
νομοθετέομαι $7^{11}8^{6}$ 2 41
νωθρός $5^{11}6^{12}$ 2 41
ὄγκος 12^{1} 1 52
ὀλιγωρέω 12^{5} 1 52
ὀλοθρεύω 11^{28} 1 52
ὁμοιότης $4^{15}7^{15}$ 2 41
ὁρκωμοσία $7^{20(bis),21,28}$ 4 32
πανήγυρις 12^{23} 1 53
παραδειγματίζω 6^{6} 1 53
παραπικραίνω 3^{16} 1 53
παραπικρασμός $3^{8,15}$ 2 41
παραπίπτω 6^{6} 1 53
παραπλησίως 2^{14} 1 53
παραρέω 2^{1} 1 53
πεῖρα $11^{29,36}$ 2 41
πήγνυμι 8^{2} 1 54
πολυμερῶς 1^{1} 1 54
πολυτρόπως 1^{1} 1 46
πρίζω 11^{37} 1 54
προβλέπομαι 11^{40} 1 54
πρόδρομος 6^{20} 1 54
προσαγορεύω 5^{10} 1 54
προσοχθίζω $3^{10,17}$ 2 42
πρόσφατος 10^{20} 1 54
πρόσχυσις 11^{28} 1 54
πρωτοτόκια 12^{16} 1 54
σαββατισμός 4^{9} 1 55
Σαλήμ, ἡ $7^{1,2}$ 2 65
Σαμψών, ὁ 11^{32} 1 65
στάμνος 9^{4} 1 55
συναπόλλυμαι 11^{31} 1 55
συνδέομαι 13^{3} 1 55
συνεπιμαρτυρέω 2^{4} 1 56
συνκακουχέομαι 11^{25} 1 56
συνπαθέω $4^{15}10^{34}$ 2 42
τελειωτής 12^{2} 1 56
τιμωρία 10^{29} 1 56
τομός 4^{12} 1 56
τράγος $9^{12,13,19}10^{4}$ 4 32
τραχηλίζομαι 4^{13} 1 56
τρίμηνον 11^{23} 1 57
τροχιά 12^{13} 1 57
τυμπανίζω 11^{35} 1 57
ὑπείκω 13^{17} 1 57
ὑποστολή 10^{39} 1 57
φαντάζομαι 12^{21} 1 57
φοβερός $10^{27,31}12^{21}$ 3 36
χαρακτήρ 1^{3} 1 57
Χερουβείν 9^{5} 1 58

Words Found Only in James :

ἄγε $4^{13}5^{1}$ 2 36
ἀδιάκριτος 3^{17} 1 43
ἁλυκός 3^{12} 1 44
ἀμάω 5^{4} 1 44
ἀνέλεος 2^{13} 1 44
ἀνεμίζομαι 1^{6} 1 44
ἀπείραστος 1^{13} 1 45
ἁπλῶς 1^{5} 1 45
ἀποκυέω $1^{15,18}$ 2 37
ἀποσκίασμα 1^{17} 1 45
αὐχέω 3^{5} 1 46
ἀφυστερέω 5^{4} 1 46
βοή 5^{4} 1 46
βρύω 3^{11} 1 46
γέλως 4^{9} 1 46
δαιμονιώδης 3^{15} 1 46
δίψυχος $1^{8}4^{8}$ 2 38
ἔμφυτος 1^{21} 1 48
ἐνάλιον 3^{7} 1 48
ἐξέλκομαι 1^{14} 1 48
ἔοικα $1^{6,23}$ 2 39
ἐπιλησμονή 1^{25} 1 49
ἐπιστήμων 3^{13} 1 49
ἐπιτήδειος 2^{16} 1 49
εὐπειθής 3^{17} 1 49
εὐπρέπεια 1^{11} 1 49
ἐφήμερος 2^{15} 1 49
θανατηφόρος 3^{8} 1 49
θρῆσκος 1^{26} 1 50
Ἰώβ, ὁ 5^{11} 1 63
κακοπάθεια 5^{10} 1 50
κατήφεια 4^{9} 1 51
κατιόομαι 5^{3} 1 51
κατοικίζω 4^{5} 1 51
κενῶς 4^{5} 1 51
μαραίνομαι 1^{11} 1 51
μετάγω $3^{3,4}$ 2 40
μετατρέπω 4^{9} 1 52
νομοθέτης 4^{12} 1 52
ὀλολύζω 5^{1} 1 52
ὁμοίωσις 3^{9} 1 52
ὄψιμος 5^{7} 1 53
παραλλαγή 1^{17} 1 53
πικρός $3^{11,14}$ 2 41
ποίησις 1^{25} 1 54
πολύσπλαγχνος 5^{11} 1 54
πρόϊμος 5^{7} 1 54
προσωπολημπτέω 2^{9} 1 54
ῥιπίζομαι 1^{6} 1 55
ῥυπαρία 1^{21} 1 55
σήπω 5^{2} 1 55
σητόβρωτος 5^{2} 1 55
ταλαιπωρέω 4^{9} 1 56
ταχύς 1^{19} 1 56
τροπή 1^{17} 1 57
τροχός 3^{6} 1 57
τρυφάω 5^{5} 1 57
ὕλη 3^{5} 1 57
φιλία 4^{4} 1 57
φλογίζω 3^{6} 2 43
φρίσσω 2^{19} 1 57
χαλιναγωγέω $1^{26}3^{2}$ 2 43
χρή 3^{10} 1 58
χρυσοδακτύλιος 2^{2} 1 58

Words Found Only in 1ST Peter :

ἀγαθοποιΐα 4^{19} 1 43
ἀγαθοποιός 2^{14} 1 43
ἀδελφότης $2^{17}5^{9}$ 2 36
ἀδίκως 2^{19} 1 43
ἄδολος 2^{2} 1 43
αἰσχροκερδῶς 5^{2} 1 44
ἀλλοτριεπίσκοπος 4^{15} 1 44
ἀμαράντινος 5^{4} 1 44
ἀμάραντος 1^{4} 1 44
ἀναγεννάω $1^{3,23}$ 2 37
ἀναγκαστῶς 5^{2} 1 44
ἀναζώννυμι 1^{13} 1 44
ἀνάχυσις 4^{4} 1 44
ἀνεκλάλητος 1^{8} 1 44
ἀντιλοιδορέω 2^{23} 1 45
ἀπογίνομαι 2^{24} 1 45
ἀπονέμω 3^{7} 1 45
ἀπροσωπολήμπτως 1^{17} 1 45
ἀρτιγέννητος 2^{2} 1 45
ἀρχιποίμην 5^{4} 1 45
βιόω 4^{2} 1 46
γυναικεῖος 3^{7} 1 46
ἐγκομβόομαι 5^{5} 1 47
ἐκτενής 4^{8} 1 48
ἐμπλοκή 3^{3} 1 48
ἔνδυσις 3^{3} 1 48
ἐξαγγέλλω 2^{9} 1 48
ἐξεραυνάω 1^{10} 1 48
ἐπερώτημα 3^{21} 1 48
ἐπικάλυμμα 2^{16} 1 49
ἐπίλοιπος 4^{2} 1 49
ἐπιμαρτυρέω 5^{12} 1 49
ἐποπτεύω $2^{12}3^{2}$ 2 39
ἱεράτευμα $2^{5,9}$ 2 39
κακοποιός $2^{12,14}4^{15}$ 3 34
κλέος 2^{20} 1 51
κραταιός 5^{6} 1 51
κτίστης 4^{19} 1 51
μώλωψ 2^{24} 1 52
οἰνοφλυγία 4^{3} 1 52
ὁμόφρων 3^{8} 1 52
ὁπλίζομαι 4^{1} 1 53
πατροπαράδοτος 1^{18} 1 53
περίθεσις 3^{3} 1 53
πότος 4^{3} 1 54
προθύμως 5^{2} 1 54
προμαρτύρομαι 1^{11} 1 54
πτόησις 3^{6} 1 55
ῥύπος 3^{21} 1 55
σθενόω 5^{10} 1 55
σπορά 1^{23} 1 55
συμπαθής 3^{8} 1 55
συνεκλεκτή 5^{13} 1 56
συνοικέω 3^{7} 1 56
συνπρεσβύτερος 5^{1} 1 56
ταπεινόφρων 3^{8} 1 56
τελείως 1^{13} 1 56
ὑπογραμμός 2^{21} 1 57
ὑπολιμπάνω 2^{21} 1 57
φιλάδελφος 3^{8} 1 57
ὠρύομαι 5^{8} 1 58

Words Found Only in 2ND Peter:

ἄθεσμος $2^{7}3^{17}$ 2 37
ἀκατάπαυστος 2^{14} 1 44
ἅλωσις 2^{12} 1 44
ἀμαθής 3^{16} 1 44
ἀμώμητος 3^{14} 1 44
ἀποφεύγω $1^{4}2^{18,20}$ 3 33
ἀργέω 2^{3} 1 45
ἀστήρικτος $2^{14}3^{16}$ 2 37
αὐχμηρός 1^{19} 1 46
Βεώρ, ὁ 2^{15} 1 61
βλέμμα 2^{8} 1 46
βόρβορος 2^{22} 1 46
βραδυτής 3^{9} 1 46
διαυγάζω 1^{19} 1 47
δυσνόητος 3^{16} 1 47
ἑκάστοτε 1^{15} 1 47
ἔκπαλαι $2^{3}3^{5}$ 2 38
ἔλεγξις 2^{16} 1 48
ἐμπαιγμονή 3^{3} 1 48
ἐνκατοικέω 2^{8} 1 48
ἐντρυφάω 2^{13} 1 48
ἐξακολουθέω $1^{16}2^{2,15}$ 3 34
ἐξέραμα 2^{22} 1 48
ἐπάγγελμα $1^{4}3^{13}$ 2 39
ἐπίλυσις 1^{20} 1 49
ἐπόπτης 1^{16} 1 49
ἰσότιμος 1^{1} 1 50
κατακλύζω 3^{6} 1 50
καυσόομαι $3^{10,12}$ 2 40
κυλισμός 2^{22} 1 51
λήθη 1^{9} 1 51
μεγαλοπρεπής 1^{17} 1 52
μέγιστος 1^{4} 1 52
μίασμα 2^{20} 1 52
μιασμός 2^{10} 1 52
μνήμη 1^{15} 1 52
μυωπάζω 1^{9} 1 52
μῶμος 2^{13} 1 52
ὀλίγως 2^{18} 1 52
ὁμίχλη 2^{17} 1 52
παρανομία 2^{16} 1 53
παραφρονία 2^{16} 1 53
παρεισάγω 2^{1} 1 53
παρεισφέρω 1^{5} 1 53
πλαστός 2^{3} 1 54
ῥοιζηδόν 3^{10} 1 55
σειρός 2^{4} 1 55
στηριγμός 3^{17} 1 55
στρεβλόω 3^{16} 1 55
ταρταρόω 2^{4} 1 56
ταχινός $1^{14}2^{1}$ 2 42
τεφρόω 2^{6} 1 56
τήκομαι 3^{12} 1 56

WORDS FOUND ONLY IN 2-Pt, 1-2-3-Jn, Jd, Rv

τοιόσδε	1^{17}	1	56
τολμητής	2^{10}	1	56
ὗς	2^{22}	1	57
φωσφόρος	1^{19}	1	57
ψευδοδιδάσκαλος	2^{1}	1	58

Words Found Only in 1st John:

ἀγγελία	1^{5} 3^{11}	2	36
ἱλασμός	2^{2} 4^{10}	2	39
νίκη	5^{4}	1	52
χρίσμα	$2^{20,27(bis)}$	3	36

Words Found Only in 2nd John:

κυρία	vv. 1, 5	2	40

Words Found Only in 3rd John:

Διοτρέφης	v. 9	1	62
ἐπιδέχομαι	vv. 9,10	2	39
φιλοπρωτεύω	v. 9	1	57
φλυαρέω	10	1	57

Words Found Only in Jude :

ἀποδιορίζω	v. 19	1	45
ἄπταιστος	24	1	45
γογγυστής	16	1	46
δεῖγμα	7	1	46
ἐκπορνεύω	7	1	48
ἐπαγωνίζομαι	3	1	48
ἐπαφρίζω	13	1	48
Κορέ, ὁ	11	1	64
μεμψίμοιρος	16	1	52
παρεισδύ(ν)ω	4	1	53
πλανήτης	13	1	54
σπιλάς	12	1	55
ὑπέχω	7	1	57
φθινοπωρινός	12	1	57
φυσικῶς	10	1	57

Words Found Only in Revelation:

Ἀβαδδών, ὁ	9^{11}	1	61
ἀκμάζω	14^{18}	1	44
ἄκρατος	14^{10}	1	44
ἁλληλουϊά	$19^{1,3,4,6}$	4	30
ἄλφα	1^{8} 21^{6} 22^{13}	3	33
ἀμέθυστος	21^{20}	1	44
ἄμωμον	18^{13}	1	44
Ἀντίπας, ὁ	2^{13}	1	61
Ἀπολλύων, ὁ	9^{11}	1	61
ἄρκος	13^{2}	1	45
Ἁρμαγεδών	16^{16}	1	61
ἄψινθος	8^{11} (bis)	2	38
Βαλάκ, ὁ	2^{14}	1	61
βασανισμός	9^{5}(bis), 14^{11} $18^{7,10,15}$	6	27
βάτραχος	16^{13}	1	46
βήρυλλος	21^{20}	1	46
βιβλαρίδιον	$10^{2,9,10}$	3	33
βότρυς	14^{18}	1	46
βύσσινος	$18^{12,16}$ $19^{8(bis),14}$	5	28
Γάδ, ὁ	7^{5}	1	62
Γώγ, ὁ	20^{8}	1	62
διάδημα	12^{3} 13^{1} 19^{12}	3	33
διαυγής	21^{21}	1	47
διπλόω	18^{6}	1	47
δισμυριάς	9^{16}	1	47
δράκων	$12^{3,4,7(bis),9,13,16,17}$ $13^{2,4,11}$ 16^{13} 20^{2}	13	6
δωδέκατος	21^{20}	1	47
ἐγχρίω	3^{18}	1	47
ἐλεφάντινος	18^{12}	1	48
Ἑλληνικός	9^{11}	1	62
ἐμέω	3^{16}	1	48
ἐνδώμησις	21^{18}	1	48
ἑξακόσιοι	13^{18} 14^{20}	2	39
Εὐφράτης, ὁ	9^{14} 16^{12}	2	62
ζεστός	$3^{15(bis),16}$	3	34
ζηλεύω	3^{19}	1	49
ἡμιώριον	8^{1}	1	49
θειώδης	9^{17}	1	49
θύϊνος	18^{12}	1	50
ἴασπις	4^{3} $21^{11,18,19}$	4	31
Ἰεζάβελ, ἡ	2^{20}	1	63
ἱππικόν	9^{16}	1	50
ἶρις	4^{3} 10^{1}	2	39
Ἰσσαχάρ, ὁ	7^{7}	1	63
κατάθεμα	22^{3}	1	50
κατασφραγίζω	5^{1}	1	50
κατήγωρ	12^{10}	1	51
καῦμα	7^{16} 16^{9}	2	40
κεραμικός	2^{27}	1	51
κεράννυμι	14^{10} $18^{6(bis)}$	3	34
κιθαρῳδός	14^{2} 18^{22}	2	40
κιννάμωμον	18^{13}	1	51
κλέμμα	9^{21}	1	51
κολλούριον	3^{18}	1	51
κριθή	6^{6}	1	51
κρυσταλλίζω	21^{11}	1	51
κρύσταλλος	4^{6} 22^{1}	2	40
κυκλεύω	20^{9}	1	51
κυκλόθεν	$4^{3,4,8}$	3	34
λιβανωτός	$8^{3,5}$	2	40
λιπαρόν	18^{14}	1	51
Μαγώγ, ὁ	20^{8}	1	64
μάρμαρος	18^{12}	1	51
μασάομαι	16^{10}	1	51
μεσουράνημα	8^{13} 14^{6} 19^{17}	3	35
μέτωπον	7^{3} 9^{4} 13^{16} $14^{1,9}$ 17^{5} 20^{4} 22^{4}	8	25
μηρός	19^{16}	1	52
μουσικός	18^{22}	1	52
μυκάομαι	10^{3}	1	52
μύλινος	18^{21}	1	52
νεφρός	2^{23}	1	52
Νικολαΐτης, ὁ	$2^{6,15}$	2	65
ὄλυνθος	6^{13}	1	52
ὀπώρα	18^{14}	1	53
ὅρμημα	18^{21}	1	53
ὄρνεον	18^{2} $19^{17,21}$	3	35
οὐρά	$9^{10(bis),19(bis)}$ 12^{4}	5	29
ὁ ὢν καὶ ὁ ἦν	$1^{4,8}$ 4^{8} 11^{17} 16^{5}	5	29
πάρδαλις	13^{2}	1	53
Πάτμος, ὁ	1^{9}	1	65
πελεκίζομαι	20^{4}	1	53
πέμπτος	6^{9} 9^{1} 16^{10} 21^{20}	4	32
Πέργαμος, ἡ	1^{11} 2^{12}	2	65
πέτομαι	4^{7} 8^{13} 12^{14} 14^{6} 19^{17}	5	29
πλήσσω	8^{12}	1	54
ποδήρης	1^{13}	1	54
ποταμοφόρητος	12^{15}	1	54
πρωϊνός	2^{28} 22^{16}	2	42
πύρινος	9^{17}	1	55
πυρρός	6^{4} 12^{3}	2	42
ῥέδη	18^{13}	1	55
Ῥουβήν, ὁ	7^{5}	1	65
ῥυπαίνομαι	22^{11}	1	55
σαλπιστής	18^{22}	1	55
σάπφειρος	21^{19}	1	55
Σάρδεις, αἱ	1^{11} $3^{1,4}$	3	65
σάρδιον	4^{3} 21^{20}	2	42
σαρδόνυξ	21^{20}	1	55
σεμίδαλις	18^{13}	1	55
σίδηρος	18^{12}	1	55
σιρικόν	18^{12}	1	55
σμαράγδινος	4^{3}	1	55
σμάραγδος	21^{19}	1	55
Σμύρνα, ἡ	1^{11} 2^{8}	2	66
στρηνιάω	$18^{7,9}$	2	42
στρῆνος	18^{3}	1	55
ταλαντιαῖος	16^{21}	1	56
τετράγωνος	21^{16}	1	56
τιμιότης	18^{19}	1	56
τόξον	6^{2}	1	56
τοπάζιον	21^{20}	1	56
τρίχινος	6^{12}	1	57
ὑακίνθινος	9^{17}	1	57
ὑάκινθος	21^{20}	1	57
ὑάλινος	4^{6} $15^{2(bis)}$	3	36
ὕαλος	$21^{18,21}$	2	43
φαρμακός	21^{8} 22^{15}	2	43
φιάλη	5^{8} 15^{7} $16^{1,2,3,4,8,10,12,17}$ 17^{1} 21^{9}	12	3
Φιλαδέλφεια, ἡ	1^{11} 3^{7}	2	66
χάλαζα	8^{7} 11^{19} $16^{21(bis)}$	4	33
χάλκεος	9^{20}	1	57
χαλκηδών	21^{19}	1	57
χαλκολίβανον	1^{15} 2^{18}	2	43
χλιαρός	3^{16}	1	58
χοῖνιξ	6^{6}	2	43
χρυσόλιθος	21^{20}	1	58
χρυσόπρασος	21^{20}	1	58
χρυσόω	17^{4} 18^{16}	2	43
Ὦ II	1^{8} 21^{6} 22^{13}	3	36

CORRIGENDA FOR ENTIRE BOOK

p. 41 παροψίς : occurs once, not twice: Mt 23.25.

p. 47 εἶτεν : occurs twice, not once: Mk 4.28 (bis).

p. 48 ἐλλογάω : read Phm, not Phl.

p. 52 νόσημα : not found in Nestle ; add to words on p. 97.

NOTES CONCERNING SOME TOWNS LISTED IN ACTS

Having followed the word order of Moulton-Geden's Concordance, a few problems arise with some names of towns :

1- Ἀππίου Φόρον found once in Ac 28.15 is listed by them under Ἄππιος and Φόρον.

2- Καλοί Λιμένες found once in Ac 27.8 is listed by them under καλός and λιμήν.

3- Νέα Πόλις found once in Ac 16.11 is listed by them under νέος and πόλις.

4- Τρεῖς Ταβέρνη found once in Ac 28.15 is listed by them under τρεῖς and ταβέρνη.

A Complete Categorized Greek-English New Testament Vocabulary

Corrections :

			Pages involved :		
ἀλαλάζω	read	G-I	37	69	109
ἀλείφω	"	LB	(24)	69	111
ἀνεκτότερος	"	2,5	28	70	105
ἀπάγχομαι	"	G	45	71	112
ἀπελαύνω	"	+ν+	45	71	111
ἀποκαθιστάνω	"	+ν; =ω	25	71	112
Ἀπολλῶς	"	ώς, ώ	(61)	71	104
ἀποτίθημι ($\mu\iota^2$)	"	mid	24	71	113
ἐπιστηρίζω	"	G-I	34	77	109
ἠλί	"	Heb	39	78	105
κατασφάζω	"	G-I	50	79	109
λάσκω	"	√G	51	81	112
Μαριάμ (.footnote)	"	26 ts	–	81	–
μαστίζω	"	G-1	51	81	110
μεθιστάνω	"	+ν; =ω	29	81	112
νυστάζω	"	G-1/D	41	83	110
ὀλολύζω	"	G-I	52	83	110
Παρμενᾶς	"	1.6	65	84	100
Πατρόβας	"	1.6	65	84	100
πλάσσω	"	D	41	85	111
στηρίζω	"	G-1/D	14	87	110
συνιστάνω	"	+ν; =ω	16	88	112
σφάζω	"	G-I	14	88	110
ὑποκάτω	"	prep w gen	18	90	114
ὑπολιμπάνω	"	+αν+	57	90	112

Additions :

Ἰωάνης III (2)	*also*	Simon's father (4ts; *cf* Jn 1.42)	63	79	99
καθιστάνω	read with	+ν; =ω καθίστημι	16	79	112
Λευεί(ς)	*also*	*declinable*: GEN: Λευεί; ACC: Λευείν	64	81	105
Παῦλος (2)	*also*	Sergius Paulus (*cf* Ac 13.7)	65	84	101
Σαλά (2)	*both*	1- *father of Boaz* Lk 3.32 2- *father of Eber* Lk 3.35	65	87	105
Σολομών	*also*	gen in ῶντος	66	87	103

WORDS FOUND ONLY IN :

			ts:			
Mt:	Ἀράμ	$1^{3,4}$	2	61	104	→ 119
	ἑταῖρος	$20^{13} 22^{12} 26^{50}$	3	34	100	→ 119
Mk:	ἐλωΐ	15^{34} (*bis*)	2	38	105	→ 119
	Ἰωσῆς (2)	$6^{3} 15^{40,47}$	3	63	107	→ 119
w/o Jn:	κύπτω	1^{7}	1/2	40	111	→ 119
Lk-Ac:	κράτιστος	Lk 1^{3} Ac $23^{26} 24^{3} 26^{25}$	4	31	105	→ 121
Jn:	Ἰωάνης III: (as Simon's father)	$1^{42/43} 21^{15,16,17}$	4	63	99	→ 122
	λόγχη	19^{34}	1	51	98	→ 122
Ac:	ἀποφθέγγομαι	$2^{4,14} 26^{25}$	3	33	113	→ 122
	διάλεκτος	$1^{19} 2^{6,8} 21^{40} 22^{2} 26^{14}$	6	27	101	→ 122
	διαπονέομαι	$4^{2} 16^{18}$	2	38	108	→ 122
	εἰσκαλέομαι	10^{23}	1	47	108	→ 122
	Ἰωάνης III: (as John Mark)	$12^{12,25} 13^{5,13} 15^{37}$	5	63	99	→ 123
Jm:	ἀκατάστατος	$1^{8} 3^{8}$	2	37	106	→ 128
2-Jn:	χάρτης	v 12	1	57	100	→ 129